浙江大学公法与比较法研究所　编

公法研究

第20卷

主编　章剑生

ZHEJIANG UNIVERSITY PRESS
浙江大学出版社

图书在版编目(CIP)数据

公法研究. 第20卷 / 章剑生主编. —杭州：浙江大学出版社，2020.11
ISBN 978-7-308-20856-7

Ⅰ.①公… Ⅱ.①章… Ⅲ.①公法—研究—文集 Ⅳ.①D90-53

中国版本图书馆 CIP 数据核字(2020)第241161号

公法研究·第20卷
章剑生 主编

责任编辑 傅百荣
责任校对 高士吟 牟杨茜
封面设计 杭州隆盛图文制作有限公司
出版发行 浙江大学出版社
(杭州市天目山路148号 邮政编码310007)
(网址：http://www.zjupress.com)
排　　版 杭州隆盛图文制作有限公司
印　　刷 浙江新华数码印务有限公司
开　　本 710mm×1000mm 1/16
印　　张 25.75
字　　数 409千
版 印 次 2020年11月第1版 2020年11月第1次印刷
书　　号 ISBN 978-7-308-20856-7
定　　价 75.00元

浙江大学出版社市场运营中心联系方式：(0571) 88925591；http://zjdxcbs.tmall.com

目　录

专题论文

判例评析

域外公法

名作书评

专题论文

履责之诉、请求权及其规则

——基于张月仙诉太原市政府不履行法定职责案展开分析

周楚韩*

内容提要：对于一般的履责之诉，法院将行政机关"法定职责"作为审查重点，并遵循以下审查逻辑：第一步考察行政机关是否存在法定职责（法定职责的来源），第二步审查行政机关是否履行职责（履责的方式及效果），"张月仙案"也是这种审查逻辑的体现。在"张月仙案"中，最高人民法院对于"被告是否存在法定职责"的判定思路是：首先检索公法规范中是否有条款授予太原市政府"责令居委会补发村民福利"的行政管理职责，其次引用《中华人民共和国地方各级人民代表大会和地方各级人民政府组织法》第59条第六项、第九项，《中华人民共和国居民委员会组织法》第20条等"组织规范"，因认为其"保护财产权"和"业务指导"的立法表述过于笼统，所以难以推导出被告有具体的法定职责。回顾最高人民法院的审理思路可以看到，如何从概括式的"组织规范"里推导出个案中具体的法定职责是审理的关键，而两者连接的断裂造成了实际中判定行政机关法定职责的难度。

本文通过"张月仙案"的切入，梳理履责之诉中行政机关"法定职责"的来源，探求中国法语境下"组织规范"的内涵，进而明确"组织规范"在履责之诉"法"范围中的定位。随之合理借鉴公法请求权与保护规范理论，遵循"检索相关的公法规范——考察规范是否存在保护私人利益之目的"两个步骤，尝试构建请求权解释框架。通过原告请求权搭建起连接"组织规范"与"具

* 周楚韩，浙江大学光华法学院法律（非法学）专业2019届硕士。

体的法定职责”的装置,从而加强法院对此类涉及依照行政机关“法定职责”判断框架裁判履责之诉的可操作性,亦借助请求权认定标准对相对人的公法权利建立更加全面的考察。

关键词:履责之诉;法定职责;组织规范;公法请求权;保护规范理论

一、引　言

现代行政法渊源于“依法行政”原理,以行政行为作为核心概念,搭建了行政主体—行政行为—司法救济的体系。在该理念的影响下,行政法的重心落于对行政机关“行政行为”的规制上,而缺乏对相对人“公法权利”的关注。这种“冷落”容易导致个案中形成一种在行政法上难以对私人权利进行确认的困境。在德国现代公法中,对私人权利进行确认的独特标识是“主观公权利”,其核心是在法治国框架下重新构建公民独立于国家的法地位,“主观公权利”理论体系的架构使得权利成为审视和整序公法的全新线索。目前我国对该理论的借鉴局限在行政诉讼中原告资格的判定,然而这一传统理论处理的本质问题并不仅仅限于诉讼法,实际上,借助请求权解释框架和教义,在实体法规范中探求个人权利的连接点,使得个人权利获得稳定清晰的实证法基础,才是该理论在当代的新命题。[1]“公法权利”作为行政诉讼隐含的前提性问题,且作为向行政机关提出作为或者不作为要求的逻辑起点,是行政法研究无法绕过的话题。当公民因“权利受到损害”而向法院提起不履行法定职责之诉时,法官可否倾向于关注相对人的“公法权利”及其规范基础,进而判断相对人是否享有行政法上的请求权,这是本文选题的最初缘由。

关于履责之诉,2017年修正后的《行政诉讼法》第12条、第72条、第73条规定了行政主体须履责的具体情形和履责之诉的裁判方式,逐步回应了实践适用的需要。学界对于履责之诉审理的核心要件是行政机关具有法定职责业已形成通说,且基本认同法定职责源于“法”,并对“法”作了较为宽泛

〔1〕 参见赵宏:《主观公权利的历史嬗变与当代价值》,《中外法学》2019年第3期。

的解释。但在司法实务中产生的问题是:面对原告提出的诉请,往往在实体法规范下难以检索到与之吻合的行政机关"法定职责",法院要作出裁判,则需返回"组织规范"中,考察其能否推导出原告诉请行政主体履行的法定职责。此时问题转化为,如何从概括式划分行政主体权责范围、事权划分的"组织规范"中推导出个案特定的"法定职责"。

一方面,笔者借助探讨"张月仙案"的契机,进一步对履责之诉"法定职责"的来源和"组织规范"在"法"范围中的定位进行梳理,厘清两者关系。另一方面,本文采用"张月仙案"提供的素材,论证公法请求权与保护规范理论在中国行政法制度下的可行性,尝试构建请求权解释框架,以期对"组织规范"作出具体化的解释,也为个体公法权利的探求提供指示。

二、"张月仙案"的切分

(一)基本案情

张月仙系太原市晋源区金胜镇武家庄社区居民。武家庄居委会于2013年6月取消了张家的村民福利。按照武家庄居委会在城中村改造中形成的《武家庄新村产权置换方案》,张月仙符合宅基地的分配条件。据此,张月仙于2017年1月15日通过邮政快件的书面形式向太原市政府申请权利保护,请求太原市政府履行保护其财产权、妇女的男女平等权利之法定职责,具体到本案,是请求太原市政府履行"责令武家庄居委会补发村民福利"的法定职责。直到起诉前,太原市政府未作出任何处理和答复。故张月仙提起诉讼,请求山西省阳泉市中级人民法院判令太原市政府履行其保护公民人身权财产权、保护妇女男女平等的法定职责,责令武家庄居委会补发村民福利。

一审法院作出行政裁定,依据《行政诉讼法》第12条第一款第六项以及第49条第一款第四项,以张月仙要求行政机关履行的是法律法规抽象的职责义务,行政机关"不履行"的不是针对相对人特定的职责义务,不属于行政诉讼的受案范围为由,驳回起诉。二审法院以同样的裁判理由驳回上诉,维持原裁定。张月仙不服,向最高院申请再审。[2]

(二)问题提炼

1.最高人民法院的裁判思路解析

最高人民法院将本案的争议焦点归纳为:张月仙能否请求太原市政府责令居委会发放村民福利。最高人民法院的裁判思路层层递进,依次阐明了三个层次。

第一层次:居民委员会或者村民委员会是否当然成为行政诉讼的被告。

最高人民法院认为,依据《最高人民法院关于适用〈中华人民共和国行政诉讼法〉的解释》(以下简称《行诉解释》)第24条第一款[3]的规定,居民委员会或者村民委员会可以成为行政诉讼的被告,但前提是,居民委员会或者村民委员会作出的是依据"法律、法规、规章的授权履行行政管理职责的行为"。换言之,居民委员会不同于行政机关,不会当然地成为行政诉讼的被告。居民委员会作为基层群众性自治组织,只有在特定情形下,即居民委员会依据法律、法规、规章的授权,行使了带有行政管理职责性质的行为时,才可以成为行政诉讼中的被告。

最高人民法院首先对居民委员会以及村民委员会所作行为的可诉性进行了阐明。本案再审申请人张月仙在提起该次诉讼之前,曾多次以太原市晋源区政府、武家庄村社区居民委员会为被告分别提起民事和行政诉讼,均被驳回诉请。其中在一次以武家庄村社区居民委员会为被告的诉讼中,以争议内容为"村民自治范畴"事项而不予立案。因此,最高人民法院在阐明居委会以及村委会何时可以成为被告的问题时,"开篇明义"地指出了对本案争议事项的性质界定,也指明了原告以太原市政府为被告的缘由。

第二层次:指明履行法定职责之诉的核心审理要件——行政机关是否具有法定职责。

最高人民法院进一步言明,对履行法定职责之诉而言,不仅要考察原告

---

[2] 张月仙诉太原市政府不履行法定职责案,最高人民法院〔2018〕最高法行申906号。

[3] 《最高人民法院关于适用〈中华人民共和国行政诉讼法〉的解释》第24条第一款规定:"当事人对村民委员会或者居民委员会依据法律、法规、规章的授权履行行政管理职责的行为不服提起诉讼的,以村民委员会或者居民委员会为被告。"

的“申请”和行政机关的“明确拒绝或逾期不予答复”，更重要的是审查原告诉请行政机关履行的事项是否属于行政机关的法定职责。再审申请人张月仙依据《行政诉讼法》第12条第一款第六项[4]、《中华人民共和国地方各级人民代表大会和地方各级人民政府组织法》第59条第六项以及第九项[5]，提出太原市政府具有“保护公民财产权、妇女的男女平等”的法定职责。而最高人民法院认为原告依据的前述条文并未明确规定“法定职责”具体由哪一级政府履行以及履行的方式，行政机关的“保护公民财产权、男女平等的法定职责”需要其他法律、法规或者规章的具体规定来细化，因而无法推导出太原市政府具有责令居委会补发村民福利的法定职责。

解析最高人民法院的审理思路，法院实际阐明的是在现有法律框架下履责之诉的起诉规则和胜诉规则。履行法定职责之诉的起诉要件主要涵盖以下几个方面：其一，行政相对人确有向行政机关提出过申请，行政相对人对此负有举证责任，但行政机关应当依职权主动履行法定职责及行政相对人有正当理由不能提供证据的除外[6]；其二，行政机关拒绝履行法定职责或者逾期不予答复，《行政诉讼法》在第12条第三项、第六项、第十项、第十一项等列举了诸多不履行法定职责或者逾期不予答复的情形，明确了部分不履行法定职责的表现形式；其三，履责之诉须满足一定的期限要件，指法定职责履行其届满后六个月的起诉期[7]。最高人民法院指明，“原告的申请”和“行政机关的明确拒绝或逾期不予答复”，是履行法定职责之诉起诉规则的两个要件。

对于不履行法定职责案件的胜诉规则而言，最高人民法院认为审理的重点是“当事人申请行政机关履行的行为属于该行政机关的法定职责”，即

---

〔4〕《中华人民共和国行政诉讼法》第12条第一款第六项规定：“申请行政机关履行保护人身权、财产权等合法权益的法定职责，行政机关拒绝履行或者不予答复的。”

〔5〕《中华人民共和国地方各级人民代表大会和地方各级人民政府组织法》第59条第六项、第九项规定：“保护公民私人所有的合法财产，……保障公民的人身权利、民主权利和其他权利；……保障宪法和法律赋予妇女的男女平等、同工同酬和婚姻自由等各项权利。”

〔6〕《中华人民共和国行政诉讼法》第38条规定：“在起诉被告不履行法定职责的案件中，原告应当提供其向被告提出申请的证据。但有下列情形之一的除外：(一) 被告应当依职权主动履行法定职责的；(二) 原告因正当理由不能提供证据的。”

〔7〕《最高人民法院关于适用〈中华人民共和国行政诉讼法〉的解释》第66条规定：“公民、法人或者其他组织依照行政诉讼法第四十七条第一款的规定，对行政机关不履行法定职责提起诉讼的，应当在行政机关履行法定职责期限届满之日起六个月内提出。”

《行诉解释》第 91 条所述之“原告请求被告履行法定职责的理由成立”。法院对“被告是否存在法定职责”在本案中的具体认定路径是,检索公法规范中是否有条款授予太原市政府“责令居委会补发村民福利”的行政管理职责,显然公法规范中没有直接对该“职责”作出规定的条款。法院随后引用《中华人民共和国地方各级人民代表大会和地方各级人民政府组织法》第 59 条第六项、第九项,认为“保护财产权”这一笼统的立法表述难以推导出太原市政府在本案中需要履行的具体法定职责。

第三层次:履行法定职责之诉能否要求作出“行政指导”。

最高人民法院就各级人民政府与居委会的关系再次补强了第二层次的裁判理由。依据《中华人民共和国城市居民委员会组织法》第 20 条〔8〕,太原市政府作为市辖区的政府,可以对居委会作出业务指导。最高人民法院首先认定这类业务指导行为在性质上属于行政指导。行政指导不具有羁束力和强制力,不能成为撤销之诉的对象,类似地,履行法定职责之诉也要求作出法律行为,而行政指导不属于旨在设定某种法律后果的个别调整,不能成为履行法定职责之诉的对象。对于本案而言,同样没有法律规范规定了太原市政府具有这样一种法定职责,即直接责令居委会调整其所属成员福利待遇的行政指导。故最终裁定,驳回再审申请人张月仙的再审申请。

法院的审理思路似乎是通过对撤销判决、履行判决以及给付判决适用的混同而否定了太原市政府的“行政指导”职责。在履责之诉中,曾出现过撤销判决、履行判决以及给付判决三种裁判形式,其中撤销判决意在消除违法行政行为引起的对相对人权利的侵害后果,使违法行政行为溯及既往地失去效力,既而相对人受侵害的合法权益恢复原状。而履行判决和给付判决,《行政诉讼法》第 72 条和第 73 条的规定已对其适用范围进行了界分,第 72 条将履行判决的适用范围限定在行政决定,第 73 条旨在通过给付判决回应一般给付请求权。因此,笔者对于最高人民法院从判决形式的内容倒推出行政指导不是行政机关法定职责的审查思路是存疑的。

笔者认为,正是法院在审理履行法定职责之诉时,审查的本质仍然还是

〔8〕《中华人民共和国城市居民委员会组织法》第 20 条规定:“市、市辖区的人民政府的有关部门,可以对居民委员会有关的下属委员会进行业务指导。”

撤销诉讼的诉讼物，即行政行为违法性层面的审查，才会以撤销之诉的审查逻辑审视履责之诉，要求履行法定职责必须是作出一个法律行为。实际上，行政机关“履行法定职责”范围应大于“法律行为”。有学者对于不履责案件进行实证研究，将样本内的不履行法定职责案件中的履行义务划分为具体行政行为的作出、财产的给付以及事实行为的作出[9]，也侧面佐证了履行法定职责之诉的内容不限于作出法律行为。

实际上，对于诸如“张月仙案”等相对人依申请提出的履行法定职责案件，因可能涉及侵害公民基本权利，故法院在审查时也须对相对人的“公法权利”给予同样关注，才能真正回应履责之诉的本质。此外，法院从基于“和撤销之诉同理”，论证“行政指导不能成为履行法定职责之诉要求行政机关作出的行为”，与“再审申请人是否具有行政指导请求权”也是两个不同面向的问题。

2. 问题提出

(1)经梳理，最高人民法院的裁判要点如下：

a. 最高人民法院对于张月仙主张太原市政府履责的诉请，以“组织规范”并未授予太原市政府直接责令居委会发放村民福利行政管理职责这一判断，阻断了当事人直接要求太原市政府保护其财产权的进路(C—A)。

b. 与此同时，最高人民法院“答非所问”地提出《中华人民共和国城市居民委员会组织法》第20条中的“业务指导”条文，认为判令履行法定职责之诉作出的行为必须是一个“法律行为”，提前阻断了当事人可以要求太原市政府履行行政指导职责的路径(A—B—C)，如图1所示。

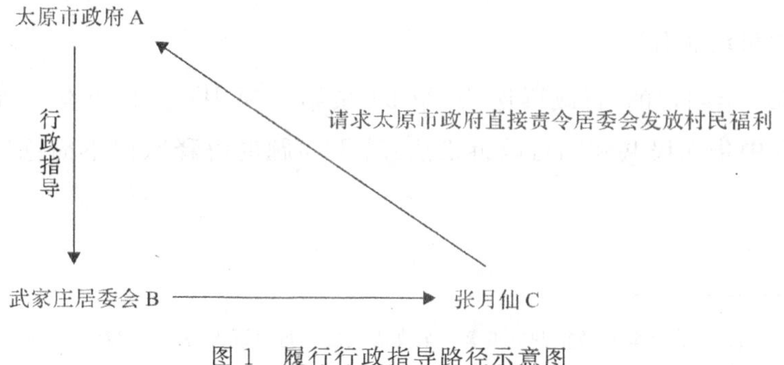

图1 履行行政指导路径示意图

---

〔9〕 温泽彬、曹高鹏:《论行政诉讼履行判决的重构》,《政治与法律》2018年第9期。

(2)基于最高人民法院的裁判要点,笔者提出以下两个问题:

a.“张月仙案”中最高人民法院依然是遵循以“行政机关须具备法定职责”为要件的审查路径。本文尝试提炼该案法官的审理思路,同时观照我国履责之诉的现实样态和法定职责来源,梳理现有履责之诉所考察的“法”的范围,并提出疑问:当现行法律框架下检索不到原告诉请被告履行的法定职责时,如何从概括式的“组织规范”中解释出行政机关具体的法定职责。

b.除却考察客观层面,是否可以构建以原告请求权为基础的解释框架,更好地对“组织规范”作出具体化的解释?对此,本文引入公法权利和请求权理论,以“张月仙案”为样本,推演“组织规范”框架下原告的两条请求权进路,尝试构建履责之诉的请求权解释框架,以更好地回应履责之诉的本质。

三、履责之诉:“法”范围

(一)“不履行法定职责”的现实样态

考察履行法定职责诉讼中“法”的范围之前,本文对“不履行法定职责”的几种样态进行简要梳理,明确本文所讨论“不履行法定职责案件”的范围。最高法在条文释义中将“不履行法定职责”归纳为:(1)拒绝履行;(2)不予答复;(3)拖延履行;(4)不完全履行;(5)不适当履行。[10] 本文通过立法变迁和司法案例的梳理将其整合为以下两种情形。

1.“拒绝履行”

1989年制定的《行政诉讼法》第54条第三项[11]与2000年发布的《关于执行〈中华人民共和国行政诉讼法〉若干问题的解释》(以下简称《执行解

---

〔10〕 最高人民法院行政审判庭编著:《最高人民法院行政诉讼法司法解释理解与适用(上)》,人民法院出版社2018年版,第424页。

〔11〕 1989年《行政诉讼法》第54条第三项规定:“被告不履行或者拖延履行法定职责的,判决其在一定期限内履行。”

释》)第57条[12]、第60条第二款[13]共同构成了当时法院裁判不履行法定职责案件的依据。当时立法对于不履行法定职责的情形表述为"不履行"或者"拖延履行"法定职责,并规定适用履行判决。

在当时,行政法学界对于"拒绝履行"应定位为行政作为还是行政不作为,出现两种截然相反的主张。主张程序主义进路的学者提出,只要行政主体以积极的作为行为态度作出了实质性的程序行为,那么不论该行为在实体内容上反映出的是"为"还是"不为",都认定为行政作为,因而"拒绝履行"不属于"不履行"的情形。遵从实质主义进路的学者则主张,拒绝相对人的申请从程序上来看具有行为的特征,但对于相对人请求行政主体履行法定职责来讲,"拒绝履行"等同于"不履行",属于行政不作为的范畴。章剑生教授将此归纳为:基于程序的立场出发,"拒绝履行"不属于"不履行",而基于实体的要求考察,"拒绝履行"针对相对人实质产生的法律效果则等同于"不履行",两个观点的分歧主要取决于解释中的立场和视角。[14] 随后,现已失效的《最高人民法院关于适用〈中华人民共和国行政诉讼法〉若干问题的解释》(以下简称《适用解释》)第22条[15]作出了相应解释,从逻辑上将"不履行法定职责"界分为"违法拒绝履行"和"无正当理由不予答复"两种情形,回应了上文所述学界对于"拒绝履行"属于行政作为还是行政不作为两种对立的观点,将"拒绝履行"收入不履行法定职责的范围内,平息了旷日持久的"拒绝履行"性质之争。

"拒绝履行"在现实中的样态为行政主体对于行政相对人提出的履行法定职责之要求,作出明确拒绝的答复,一般有书面答复或者口头答复两种类型。例如,行政主体对于行政相对人提出的合法合理之行政许可申请作出

---

〔12〕《关于执行〈中华人民共和国行政诉讼法〉若干问题的解释》第57条规定:"被告不履行法定职责,但判决责令其履行法定职责已无实际意义的。"

〔13〕《关于执行〈中华人民共和国行政诉讼法〉若干问题的解释》第60条第二款规定:"人民法院判决被告履行法定职责,应当指定履行的期限,因情况特殊难于确定期限的除外。"

〔14〕章剑生:《行政诉讼履行法定职责判决论——基于〈行政诉讼法〉第54条第三项规定之展开》,《中国法学》2011年第1期。

〔15〕《最高人民法院关于适用〈中华人民共和国行政诉讼法〉若干问题的解释》第22条规定:"原告请求被告履行法定职责的理由成立,被告违法拒绝履行或者无正当理由逾期不予答复的,人民法院可以根据行政诉讼法第七十二条的规定,判决被告在一定期限内依法履行原告请求的法定职责;尚需被告调查或者裁量的,应当判决被告针对原告的请求重新作出处理。"

不予办理的明确回复,又如,行政主体对于应当作出行政处罚的行政相对人作出不予处罚的决定。除此之外,拒绝履行还包括一种特殊的默示拒绝的表现形式,即一般所认为的“不予答复”,其主要是指对于行政相对提出的履行法定职责的请求,行政主体采取消极应对、漠不处理等方式。对于此种无正当理由逾期不予答复的默示拒绝的拒绝履行行为,亦同样适用于履行判决。最典型的情形如,对行政申请人提出的对采矿权、山林权、土地权等权属确认,行政主体置之不理,不作回应。

2.“拖延履行”

“拖延履行”则侧重从程序视角观察履行行为,指的是行政主体无法定理由且在法定自由裁量时限内应履行而未履行的行政行为。它属于滥用职权性的行政不作为违法。这种拖延既可能出于故意,也可能出于疏忽或误解。〔16〕 在1989年制定的《行政诉讼法》第54条第三款中被立法表述为不履责的情形之一,后2014年修订的《行政诉讼法》,第72条〔17〕,删除了“拖延履行”这一备受争议的表述,与之相对应,《适用解释》第22条将“拖延履行”的表述转化为“无正当理由逾期不予答复”。

在司法实践中,拖延履行主要包括法定期限内行政主体无法履行完毕、请求事项已不可实现才开始履行以及履行时间过于靠后导致当事人利益受损扩大等情况。例如在杜逢河等诉邢台市公安局桥西分局不履行法定职责一案〔18〕中,邢台市桥西区公安分局南大郭派出所于2013年5月26日作出受案登记,并经传唤、询问、延长、鉴定等程序,至2014年3月案件受理后,仍未结案,扣除鉴定期间,超过公安机关办理治安案件的期限,且无正当理由,构成拖延履行法定职责,法院最终判决邢台市桥西区公安分局南大郭派出所于判决生效之日起15日内作出处理决定。而在珲春市人民检察院诉珲春市林业局不履行法定职责一案〔19〕中,珲春市林业局在接收到检查建议

〔16〕 朱新力:《论行政不作为违法》,《法学研究》1998年第2期。

〔17〕 2014年《行政诉讼法》第72条规定:“人民法院经过审理,查明被告不履行法定职责的,判决被告在一定期限内履行。”

〔18〕 杜逢河等诉邢台市公安局桥西分局不履行法定职责案,沙河市人民法院〔2014〕沙行初字第13号。

〔19〕 珲春市人民检察院诉珲春市林业局不履行法定职责案,延吉市人民法院〔2018〕吉2401行初11号。

后，对于其下达的《处罚决定书》未按照《中华人民共和国行政强制法》的规定向人民法院申请强制执行或实施代履行，属于拖延履行其法定职责，致使公共利益处于持续受到侵害的状态，因此法院最终判决责令被告珲春林业局履行珲森公林罚书字[2016 板石所]第 07 号《处罚决定》，对非法修建的房屋进行拆除，对遭受围墙破坏的林地进行原状恢复。

除上述两种情形之外，“不当履行”也是司法实践认定的情形之一。不当履行亦称为不完全履行，主要是指行政主体未能完全完成申请人提出的合理合法之申请。例如，在环境保护领域，环保部门对于污染企业的违法行为，在可以采取责令拆除或者关闭污染设备等处罚方式的情况下，仅对其处以罚款，以致污染继续扩大，就属于典型的不当履行法定职责。不当履行法定职责之行为在现实中往往具有某种隐蔽性，容易对行政相对人的合法权益造成损害。不当履行区别于上述其他两类不履行法定职责类型的最大特点是，虽然行政主体作出了履行行为，但履行法定职责的效果不充分、不完全，履责的行为未能达到社会的预期效果和法律的规定要求。因此对此类行为也采用不同于“是否存在法定职责”的审查标准：其一，考察行政机关履行法定职责的方式是否正确。例如，在吴某诉江苏省环境保护厅不履行法定职责案[20]中，吴某通过政府网络受理平台进行投诉，向江苏省环境保护厅（以下简称省环保厅）对其住宅旁道路噪声超标进行投诉，省环保厅收到投诉后，并未直接处理，而是经由网络转交至下属无锡市环保局办理，该局签收后再次转交下属江阴市环保局办理具体事项。此后，江阴市环保局对吴某投诉事项作出不予受理的决定，吴某对江阴市环保局的处理结果表示不服，一纸诉状将省环保厅诉至法院，请求法院判令其履行监督管理法定职责。法院审理后认为，省环保厅对涉案路段进行了环保验收，且在验收公示中明确说明在涉案工程检测到“夜间噪声有不同程度的超标”，因此，省环保厅负有不可推卸的法定监督管理职责，对于原告吴某提出的履责要求，省环保厅未采取切实措施，仅作为一般投诉逐级转交其下属环保局处理，属于典型的履责方式不正确，未能履行其相应的法定职责，法院最终责令环保厅对

---

〔20〕 最高人民法院第二批《环境保护行政案例十大案例》：http://v5. pkulaw. cn/fulltext_form. aspx? Db=chl&Gid=267523 或[法宝引证码]CLI. 3. 267523。

原告的投诉履行相应法定职责。其二,行政机关履行职责能否达到应有之效果。如在叶某诉湖南省株洲市规划局、株洲市石峰区人民政府不履行拆除违法建筑法定职责案[21]中,虽然被告株洲市石峰区人民政府依法对沈某的违法建房行为作出了行政处罚,对沈某违法建设进行协调等,但未进一步积极采取措施,对违法建筑进行拆除,履职工作未到位,履责之效果达不到法律的要求,最终法院认为其仍构成不完全履行法定职责,要求该行政机关进一步履责到位。

(二)"法定职责"的来源

我国行政法渊源并没有对行政机关的各项法定职责规定得"面面俱到",仅在一些特定领域规定了行政主体的具体法定职责,例如《行政诉讼法》第12条以及《食品安全法》《进出口商品检疫法》《劳动合同法》《生产安全事故应急条例》《气象灾害防御条例》等法律、行政法规中规定了具体的法定职责条款。此外,在行政组织法中则以概括式的方法,笼统地表述了行政主体职责的大致范围。此种规定方式在一定程度上保持了立法的弹性需求,但在面对纷繁复杂的具体案件时,同样地,经常无法明确界定行政机关是否履行了法定职责。学理上,对不履行法定职责的认定,基本上都认可行政管理职责来源于"法"。但对于"法"的范围尚未形成明确的界定标准。

"法定职责"如果仅从文义解释而言,其来源必须来自实定法,不限于法律、行政法规、部门规章、地方性法规和政府规章,此外还包括司法解释、其他规范性文件等较低位阶的法源。但依笔者收集整理到的相关司法判例,笔者观察到在司法实践中法定职责中"法"的外延被不断拓宽的事实,法定职责的来源除了上述提及的之外,还出现了诸如行政协议、行政允诺等义务来源。具体如下:

法定职责来源于法律、法规和规章。"职权法定"是现代行政法的一项基本原则,法律、法规和规章也就理所应当地成为行政主体法定职责的最主要来源,有关案件在我国的司法实践中出现的频率最高、次数最多。例如,

---

[21] 最高法全国法院征收拆迁十大典型案例:www.chinacourt.org/article/detail/2014/08/id/1429378.shtml。

在刘平光诉珙县人民政府案[22]中，四川省高级人民法院最终判决责令珙县人民政府依法履行《地质灾害防治条例》中规定的保证地质灾害危险区以内的居民的生命和财产安全的法定职责。又如，张德兴诉哈尔滨市南岗区人民政府案[23]中，黑龙江省高级人民法院最终判决哈尔滨市南岗区人民政府根据《国有土地上房屋征收与补偿条例》依法对张德兴的被征收房屋作出征收补偿决定。再如，王刚诉章丘区公安局官庄派出所案[24]，济南市中级人民法院根据《中华人民共和国治安管理处罚法》确认章丘区公安局作出的《不予处罚决定书》行政行为违法。此类案件数量较多，笔者不再一一举例，仅就该类案件所呈现出的特点作几点简单的说明：第一，该类案件中行政主体的法定职责均来源于明确的法律法规规定；第二，虽然此类案件数量众多，但司法实践中法定职责认定来源却仍旧以法律法规的明文规定为主；第三，此类案件中行政相对人的合法权益较容易得到保护。

法定职责来源于规范性文件。所谓的规范性文件，是指行政主体在法律法规的授权范围内制定不违法上位法的相关规范，进而达到为自身设立一定的权责的目的。公权力运用涉及的领域广泛，行政主体为了满足其行政管理的需要制定了数量相当的规范性文件，司法实践中也将此类行政规范性文件作为法定职责的重要来源。例如，阳泽新诉马关县人民政府案[25]中，云南省高级人民法院判决马关县人民政府对阳泽新请求的测量并办理除修建圆路外剩余土地使用手续事项作出相应处理的法定职责之依据就是马关县政府于 2000 年 1 月 1 号出台的 2 号文件，该文件第 12 条明确规定：作为在规划区内按规划设计要求投资兴建道路的投资者，经过政府批准后，其可以经营道路两侧的土地使用权。

法定职责还来源于行政合同以及行政允诺协议。行政合同，又称为行政协议，是行政主体为了行使其行政管理职权或者公共利益的需要，与行政相对人之间签订的建立行政法律关系的约定。在《行政诉讼法》第 12 条有关受案范围的规定中，明确了对于一些特许经营协议、土地房屋征收补偿协

---

〔22〕 刘平光诉珙县人民政府案，四川省高级人民法院〔2016〕川行终 402 号。

〔23〕 张德兴诉哈尔滨市南岗区人民政府案，黑龙江高级人民法院〔2017〕黑行终 358 号。

〔24〕 王刚诉章丘区公安局官庄派出所案，济南市中级人民法院〔2018〕鲁 01 行终 127 号。

〔25〕 阳泽新诉马关县人民政府案，云南省高级人民法院〔2017〕云行终 103 号。

议等行政主体与行政相对人所订立的协议,协议行政主体不依法履行、未按照约定履行,以及违反法律变更、解除的,行政相对人可以向法院提起行政诉讼。除上述两类外,典型的行政合同还包括国有土地出让合同、公共工程承包合同等等。作为行政主体进行行政管理的一种重要方式,行政合同越来越多地出现,其也成为行政主体履行法定职责的主要依据之一。至于行政允诺,较为典型的案件为张某、裘某诉浙江省绍兴市政府不履行招商引资奖励案,法院认为行政允诺类似于民法上的要约,当被特定的社会主体接受并实施相应行为时,行政主体与行政相对人之间即形成类似于合同的法律关系,承诺的义务构成行政主体应当履行的职责之一,司法机关对行政主体行为的合法性审查的依据涵盖了其作出的行政承诺。〔26〕

通过梳理,笔者认为,首先法定职责须来源于实定法,司法实践中将约定职责、源于先行行为的后续义务等情形纳入法定职责的范围,一方面可以缓解“法定职责”文义解释限制和实践适用需要的紧张,但另一方面“法定职责”外延的不确定性也会导致司法实践对于履行判决与给付判决的混用,因此有必要厘清“法定职责”等相关概念的内涵和外延,限定不履行法定职责案件中“法”的范围。

(三)“法定职责”与“作为义务”的区分

1.“行政不作为”概念的学理分析

探讨“不履行法定职责”绕不开“行政不作为”的概念,“行政不作为”概念最初被学者提出是作为行政行为的一种分类,后在行政法学研究中被不断提及和论述。〔27〕

本文对于“行政不作为”的概念作如下梳理。对于行政不作为违法的界

〔26〕 案例引自最高人民法院行政审判庭编:《中国行政审判案例(第二卷)》第 56 号案例,中国法制出版社 2011 年版,第 97 页。

〔27〕 张焕光、胡建淼在《行政法学原理》(劳动人事出版社 1989 年版,第 228 页)最早提及“行政不作为”概念。

定，学界可以概括为以下几种主流观点：(1)不履行法定职责说〔28〕，将行政不作为与不履行法定职责的内涵等同，认为行政不作为是行政主体有法定职责却不履行或者拖延履行的行为。(2)不为法定义务说〔29〕，以行政法定作为程序为标准来界定行政不作为违法，可以概括为行政机关有积极作为义务却不为的状态。周佑勇教授对此进行了细化，认为行政不作为是以消极不作为的状态表现出来，从存在论的角度出发进行考察，行政不作为不是“行为”，因为其没有积极的外在动作和明确的意思表示。行政不作为只是在法律意义上被认定为“行为”，换言之，只有在行政主体的不作为背后存在了法律规范要求的——“被期待的应当作为行为”，“不为”才可认定为“不作为行为”。因而应从法律规范论的立场出发，认定行政行为之法律评价意义，即以法律规范所规定的条文为依据来观察行政主体的行为，这也是“法”定职责的根本原理。〔30〕因而它的形成必须具备以下特殊条件：一是行政主体负有“作为”之法规范义务〔31〕；二是行政主体及其工作人员在程序上〔32〕表现为消极地有所不为，即行政主体没有履行该作为的法定义务。前者法规范义务来源包含规定了行政职责和行政职权的条款，后者从程序主义视

---

〔28〕 朱新力教授在《论行政不作为违法》(《法学研究》1998 年第 2 期)一文中详细梳理了学界对于行政不作为违法界定的几种观点，采纳此观点的有罗豪才教授(罗豪才主编：《中国司法审查制度》，北京大学出版社 1993 年版，第 168 页)和黄曙海法官(黄曙海主编：《行政诉讼法 100 问》，法律出版社 1989 年版，第 79 页)，该观点将其定义为：“行政不作为是行政机关不履行或者拖延履行法定职责的行为形式，与当时《行政诉讼法》第 54 条第三款的立法表述相近。”

〔29〕 吴偕林在《关于不作为行政行为与不作为行政案件范围的思考》(载《行政法学研究》1995 年第 1 期)一文中提出，后陈小君、方世荣在《具体行政行为几个疑难问题的识别研析》(载《中国法学》1996 年第 1 期)一文中也主张相似表述。

〔30〕 周佑勇：《论行政作为与行政不作为的区别》，《法商研究》(中南政法学院学报)1996 年第 5 期。

〔31〕 周佑勇教授认为法定作为义务不仅来源于法规范中对于行政主体职责的规定，相应地，职权规范也应成为作为义务的来源。因为基于行政职权与职责相统一的原理，行政职权和职责都是行政主体依据法律维护社会秩序、分配公共利益的有效手段，其包含了行政主体必须为一定行为或不为一定行为的法规范义务。因此行政主体不履行法定义务，不仅应包括不履行法定职责，也应涵盖不行使行政职权，只有兼采行政职责和行政职权中的法定义务，才能更加全面地评价行政行为的各种形式。同前注〔30〕。

〔32〕 周佑勇教授主张从行为的形式角度出发来评判行政不作为更加合理，即从行为的外在表现形式和存在状态来认定作为还是不作为。只要行政主体在程序上是积极的“为”，无论其反映的实体内容是“为”还是“不为”，都是行政作为；而只有行政主体在程序上是消极的“不为”时，才是一种行政不作为。同前注〔30〕。

角出发考察行政行为。(3)义务态度说[33],其认为:区分不履行法定职责和行政不作为的标准在于行政机关面对义务的态度,行政机关明确拒绝相对人申请或者不予答复、拖延答复的都属不履行法定职责的情形。但行政机关明确拒绝、不予答复、拖延答复时的态度是积极的,同时法院可以判决撤销这类行政行为时,则不属于行政不作为。行政不作为是指行政机关没有作出任何作为且态度消极。这一观点通过行政机关面对义务时的态度以及裁判方式来区分“不履行法定职责”与“行政不作为”,可采价值也不高。

朱新力教授则指出,当时学界从司法审查中裁判的种类出发研究行政作为违法与不作为违法存在重大缺陷,1989年《行政诉讼法》第54条第三款规定只表明对“被告不履行或拖延履行法定职责的”法院应作出履行判决,而不能反证只有行政主体“不履行”或“拖延履行”法定职责才是行政不作为违法。[34] 在此论述基础上改进第三种观点,提出了行政作为义务来源说[35],该观点认为从判决结果倒溯考察行政行为违法是不合理的,应从行政主体是否存在行政作为义务来考察行政行为违法问题。

2.“不履行法定职责”与“行政不作为”之辨

本文对于“行政不作为”的认定上采纳行政作为义务来源说,“不履行法定职责”与“行政不作为”有以下两项关系:

(1)“不履行法定职责”与“行政不作为”的重要区分在于,法定职责来源与作为义务来源的不同。“不履行法定职责”的应为依据限于“法”,当然在实践中为更好地保护行政相对人,已经对“法”作了扩张解释。而“行政不作为”的应为依据则既来源于“法”,也来源于“作为义务”,与法定职责来源于“法”相比,行政作为义务的来源更为广泛。除了法律直接规定的行政主体及其工作人员的职责当然地属于行政作为义务;与职责相对应的法律规

---

〔33〕 该观点引自蔡小雪:《行政复议与行政诉讼的衔接》,中国法制出版社2003年版,第143页。

〔34〕 朱新力:《论行政不作为违法》,《法学研究》1998年第2期。

〔35〕 朱新力教授提出的行政作为义务来源说,认为构成行政不作为违法的行政作为义务只能是法律义务,其来源主要有以下五类:(1)法律直接规定的行政作为义务;(2)法律间接体现的行政作为义务;(3)先行行为引起的行政作为义务;(4)合同引起的行政作为义务;(5)特定领域的行政作为义务。其中法律间接体现的行政作为义务主要来源于授权性规范和行政相对人行政法上的权利义务规范。

定为行政主体及其工作人员相关职权的条款,法律字面含义未明确行政行为职权或职责性质的条款,以及以行政相对人行政法权利或义务形式出现的法律规范也隐含有行政作为义务。从行政机关的履责依据或者作为义务为起点考察是"不履行法定职责"还是"行政不作为"可以扭转从行政机关行为形式以及判决倒溯的认定方式,更能回应两者的本质差异。

(2)法无规定不作为不当然构成违法。当行政机关不履行法定职责时当然构成违法,但当行政机关对于不属于自己法定职责范围内的事项不作出行为时,构成行政不作为,但不构成不履行法定职责。例如,公民前往派出所举报"卖假货",派出所不作出回应,在学理上属于行政不作为,但不一定构成不履行现行法规范所规定的法定职责。在"行政不作为"的对照观察下,行政主体不履行法定职责当然构成违法,但行政主体在"法"没有明确其职责情形下的不作为,不当然构成违法。

(四)"组织规范"——"法"范围中的定位

1.何为"组织规范"

在"张月仙"案中,最高人民法院以"组织规范"并未授予太原市政府直接责令居委会发放村民福利行政管理职责,驳回了原告的诉请。"组织规范"这一表述引起了笔者的关注,在前文梳理的不履行法定职责案件的审理规则中,法院往往考察的是法定职责的来源和范围,学界并未对"组织规范"进行界定和研究。

关于"组织规范",在知网上以"组织法""组织规范""行政组织规范"为关键词进行检索,并未找到我国行政法学者对这个概念的相关讨论。在我国,"组织规范"的内涵和外延尚未统一,也鲜有学者对其进行研究。

与"组织规范"概念较为类似的是"行政组织法","行政组织法"是指有关行政组织法律、内部设置和结构、相互关系、程序、履行组织职能的工作人员任免及其地位的法律规范,其任务在于落实行政组织的原则性规定,为行政系统内部提供明确的法律后果归属,为行政活动提供依据。[36] 有学者认

---

〔36〕 [德]汉斯·J.沃尔夫、奥托·巴霍夫、罗尔夫·施托贝尔:《行政法(第三卷)》,高家伟译,商务印书馆2007年版,第10-12页。

为在我国行政组织法包括行政机关组织法、行政编制法和公务员法三个部分,即定职能、定编制、定人员的成文法化。该学者还指出,在我国行政组织法学的研究中行政组织法学呈现边缘化,一方面在教科书和专题著作的版图中占比微弱,主流法学期刊上也只能检索到少量文献,尚无学者对其基本原理进行深入阐释,通说远未形成,无法传递精准的知识体系。另一方面行政组织法学也无法直面司法实践产生回应和引领,面对我国行政管理体制的重大变革,行政组织法学缺乏批判的声音。〔37〕

在法理学中,法律条文是形式载体,承载了法律规范蕴含的意涵,两者既有联系也有区别。具体而言,每一个法律条文和法律规范并非一一对应的关系,一个法律条文可以表述一个法律规范也可以表述多个法律规范;相应地,一个法律规范可以体现在同一个法律条文中,也可以指涉不同的法律条文。〔38〕由此看出,法律规范和法律条文具有不同的含义,不应将法律条款与法律规范混同。因而借助法理予以衡量,笔者认为,对于"组织规范"也应采广义的理解,不应重条文而轻内容,僵化地把"组织规范"限定为行政机关对内的规范性文件,行政法渊源中实质上具有"组织规范"内涵的都可以视为"组织规范",因此首先须明确何为实质上具有"组织规范"的内涵。

2."组织规范"内涵之域外经验借鉴

盐野宏教授在《行政法总论》一书中将其定义为:"某自然人的行为要作为国家、公共团体的行为得到评价,该自然人就必须处于国家或者公共团体行政机关的地位,并且其行为必须在该行政机关所掌管事务范围内。规定这种行为的归属关系的规范称为组织规范。"〔39〕杨建顺教授在翻译中将其译为"组织规范"而非"组织条文",为其保留了一定的解释空间。通过对这一概念的品味和界定,可以考察出"组织规范"具有以下性质:(1)"组织规范"赋予了行政主体或者说是代表行政主体来行动的公务人员相应的地位;(2)"组织规范"将整个行政活动即行政事务分配给了行政主体;(3)在"组织规范"范围内的活动归属于国家。如果说"行为规范"是对行政主体"积极作

〔37〕 章志远:《深化行政体制改革与行政组织法学研究的新课题》,《江淮论坛》2017 年第 2 期。

〔38〕 李龙:《法理学》,武汉大学出版社 2011 年版,第 115-126 页。

〔39〕 [日]盐野宏:《行政法总论》,杨建顺译,北京大学出版社 2008 年版,第 137 页。

出行为"这一动态的行权过程作了限制，那么"组织规范"可以理解为是静态地、事先地对行政主体及其工作人员设置了相应的地位，并对其权责及管辖的具体事项作出了分配。当然地，规定了上下级政府之间关系、界定了各级政府职责的实定组织法规范在"组织规范"的范围内，如各级政府组织法、政府工作条例等。

在美国立法中也有"组织规范"的身影，且立法体现出很高的规范密度。宪法首先排除了执行机构对组织的设置权限。而国会的行政组织立法，则在内容上呈现出组织法与作用法的合一，在体系上表现出多元化和法典化，行政组织的设置规范也远超于其他领域的立法。由于国会无权执法，随即需要创设执行作用法的特定行政机构，换言之，设置组织法的直接原因是执行特定作用法的需要。执行一项特定作用法就创设相应组织结构虽然不利于行政职能的整合协调，但也提升了行政的效率和专业化。组织法规定的内容包括机构的名称及其职能，部门首长的官职头衔、任免程序、该官职的职权及限制以及内务管理权限。以及通过授权性规范为上级机构和官员给下级机构和官员委任权限创设职务代理关系，使授权性规范成为上下级机构内部设置和分工的法律依据。〔40〕

3."组织规范"的本土化理解

"组织规范"因承载形式的差异，笔者将其归纳为以下几种类型。(1)直接规定了上下级政府关系、权责分配的组织法规范。我国现行行政组织法律制度下多数是概括式的规定，例如《中华人民共和国国务院组织法》《中华人民共和国地方各级人民代表大会和地方各级人民政府组织法》，以及散见在单行法律法规中对行政机关享有职权、负担职责的规范语句，这类规范语句的经典表述为"负责本行政区域××的管理和监督工作""确定××监督管理职责"。(2)行政规定中的创设性规定。例如行政机关在行政规定中为自己创设应当履行、有利于相对人的行政职责。如顾俊生诉咸阳市渭城区人民政府不履行用财政拨款给付退休金职责案，法院认为，被告制定的咸渭发〔1990〕44 号《关于扶持发展区属工业的若干规定》第 9 条"国家干部到集体企业任职，由区财政拨款解决退休金问题，以免除后顾之忧"的规定，属行

〔40〕 步超:《论美国宪法中的行政组织法定原则》,《中外法学》2016 年第 2 期。

政机关通过规范性文件为自己设定行政义务。法院依照此行政规定支持了原告的诉讼请求。〔41〕(3)各级政府编制的“三定方案”。“三定方案”的经典表述为“××人民政府办公室(厅)关于印发××局职能配置内设机构和人员编制规定的通知”,是各级政府对于本部门具体的职责范围加以细化和明确,如设定行政裁量基准,或者是将具体的行政事项管辖权垂直分配至职能部门或者内设机构,在现实中往往是行政权责来源最直接的依据。研究“三定方案”须观察行政权力的现实运作情况,在此不再赘述,本文主要探讨的是第一种概括式的“组织规范”类型。

承接上文所言,若要考察本文所指的“组织规范”与“法定职责”关系,在同一部法律中作对照观察便于更好地理解其在法范围中的定位。如《道路交通安全法》第 5 条第二款规定了,政府的交通管理部门和建设管理部门有权“依据各自职责,负责有关的道路交通工作”。其中政府相关管理部门的“各自职责”,可以认定为作用法意义上的“组织规范”。不同于“组织规范”,“法定职责”在立法中的表述则会更加细化,如《道路交通安全法》第 9 条第二款规定了,公安机关的交通管理部门“应当自受理申请之日起五个工作日内完成机动车登记审查工作,对符合前款规定条件的,应当发放机动车登记证书、号牌和行驶证;对不符合前款规定条件的,应当向申请人说明不予登记的理由”。该款不同于前述第 5 条第二款“各自职责”的宽泛表述,该条文具体详细地指出了公安机关交通管理部门具有法定期限内办理“机动车登记审查工作”、符合条件的“发放机动车登记证书”、不符条件的“说明不予登记理由”的“法定职责”,可以视为规定了行政主体具体法定职责的“分则”条款。

再如《食品安全法》第 6 条第二款规定了,县级以上地方人民政府依照法律、行政法规,“确定本级食品安全监督管理、卫生行政部门和其他有关部门的职责。有关部门在各自职责范围内负责本行政区域的食品安全监督管理工作”。第 8 条第二款规定了,县级以上人民政府的食品安全监督管理部

〔41〕 顾俊生诉咸阳市渭城区人民政府不履行用财政拨款给付退休金职责案,陕西省咸阳市中级人民法院〔2001〕咸行初字第 10 号。案例转引自章剑生:《现代行政法总论》,法律出版社 2019 年版,第 65-66 页。

门和其他有关部门“应当加强沟通、密切配合，按照各自职责分工，依法行使职权，承担责任”。以上两个条款可以视为“组织规范”对行政机关及其相关部门权责范围作出的概括式规定。相较于前述两款，《食品安全法》第 21 条第二款的规定则更具有可操作性，则可视为“法定职责”条款，该款规定当经过食品安全风险评估后得出食品以及相关产品不安全结论的，国务院食品安全监督管理等部门“应当依据各自职责立即向社会公告，告知消费者停止食用或者使用，并采取相应措施，确保该食品、食品添加剂、食品相关产品停止生产经营；需要制定、修订相关食品安全国家标准的，国务院卫生行政部门应当会同国务院食品安全监督管理部门立即制定、修订”。其中“立即向社会公告”“告知消费者”“采取相应措施”“制定、修订相关食品安全国家标准”则均是行政机关及其相关部门的具体“法定职责”，也可以视为规定了行政主体具体法定职责的“分则”条款。

（五）小结

在我国，履责之诉的“法”范围可以作如下认定：首先，法定职责须来源于“法”，即法律、行政法规、规章，地方性法规、司法解释、其他规范性文件，这一观点在学界已形成通说。但是“法定职责”的认定在法规范与司法实践之间产生了龃龉，在司法实践中将约定职责、源于先行行为的后续义务纳入法定职责的范围，“法”定的限制难以满足审理实践的需要，“法”的外延被不断扩充。其次，面对原告提出要求行政主体履行法定职责的诉请，可能在实定法中无法找到与之相对吻合的条款，此时需要“求助”于“组织规范”中对行政主体权责规定得较为宽泛的条文，因而在确定履责之诉“法”范围时，首先应该明确“组织规范”的内涵和定位。

“组织规范”在学理上尚未形成精准的知识谱系，面对行政体制改革推进的实践回应性也较为孱弱。实际上，在我国，有学者认为“组织规范”中更多的是“职权规范”，而不是“职责规范”，前者是“赋权”，而后者是“促责”。〔42〕 但也有学者提出“组织规范授予行政主体职权，也赋予行政主体义

〔42〕 柳砚涛：《论积极行政法的构建——兼及以法律促进行政》，《山东大学学报（哲学社会科学版）》2013 年第 3 期。

务与职责"[43],因而只关注"组织规范"的职权层面而忽视其对行政主体履责的督促,则不利于发挥"组织规范"的指引和监督作用,因此有必要厘清"组织规范"通过对于中央与地方政府纵向的事权范围划分、政府职能部门之间横向的权责整合之功能,对其进行规范定位和合法化设计,使其对行政主体在社会管理、市场监管、公共服务等领域发挥起更加重要的作用。

通过前述结合具体法条的阐释,可梳理出"组织规范"与"法定职责"更为清晰的关系,以考察"组织规范"在履责之诉"法"范围中的定位。首先,"组织规范"可以视为"法定职责"的来源之一。"组织规范"中概括性的权责条款可以成为"法定职责"的来源,前提是"组织规范"相对笼统的条文可以解释出个案中行政主体特定的行政管理职责。其次,作用法意义上的"组织规范"可以理解为履责之诉中"法"范围中概括性的条文,相当于法体系的"总则"部分;"法"范围中具体规定了行政主体特定职责的条文,则可以视为"分则"条文。在"分则"中无法检索到相应的法定职责时,则返回"组织规范",探求其是否具有保护私主体的特定意旨。

因此,在依申请的履行法定职责诉讼中,当面对相对人提出的诉请,无法在现有法律框架下检索到行政主体相应的法定职责,如何从"组织规范"中对行政主体职责规定得较为概括的条款,解释出行政主体具体的法定职责,是后文着重探讨的问题。

四、履责之诉:请求权

(一)请求权理论引入的价值

1."课以义务之诉"之引子

在德国,课以义务之诉的理由具备要件有以下四项:(1)被动适格。行政机关须具备事物管辖权。(2)对行政行为的拒绝或停止行为之违法性。违法性审查包含请求权基础、一般管辖权和程序、请求权被拒绝。(3)权利

---

[43] 李步云、刘士平:《论行政权力与公民权利关系》,《中国法学》2004年第1期。

侵害。与撤销之诉不同,义务之诉违法性的客观和主观方面往往重合。如果行政机关的拒绝行为违反了某个支持相对人请求权的法律规范,即违法。只有在存疑时,才须在"权利侵害"项下澄清权利。(4)裁判时机成熟。作出履行判决之前需要裁判时机成熟,即事实和法律的前提皆具备。〔44〕对于"课以义务之诉",德国法作了如下考量:与撤销之诉不同,在义务之诉中起决定性作用的不是被诉的行政行为及其时点,而是主要取决于行政机关的"负有义务性"。〔45〕在义务之诉中,也有必要事先指明对争议有决定作用的法律规范。但此处考察的重点不是行政机关的"拒绝理由",而是原告的请求权基础。〔46〕

在日本,课以义务之诉是 2004 年《行政事件诉讼法》为扩大公民救济范围而新设的诉讼类型。以原告是否提出过申请区分为"直接型课以义务诉讼"和"满足申请型课以义务诉讼"。后者的胜诉要件有以下两项:(1)诉讼请求有理由;(2)义务成熟要件。两个要件具有重叠性,第一个要件充足即可胜诉。课以义务之诉因其蕴含的给付诉讼性质,决定了其诉讼物的设定可以与民事诉讼法有更加贴合的对接,将诉讼物设定为实体法上的请求权,且据此诉的成立条件、诉讼要件应该由解释具体的实体法加以确定,而不作诉讼法上的统一规定。〔47〕

因此,在德、日法制下,在课以义务之诉中司法机关审查的重点不是行政机关的"拒绝理由",而是找寻原告的请求权基础。这一审查要件对于本案的借鉴则是:若法院在"法"的范围内未能检索到行政机关具体的法定职责,在本案中是"责令武家庄居委会给原告补发村民福利",能否借助行政法视域下的请求权解释框架,通过行为法意义上的"组织规范",解释出行政机关具体的职责。

2. 行政撤销诉讼中心之克服

当行政主体作出一个行政行为,相对人认为该行政行为违法,侵犯了其

〔44〕[德]胡芬:《行政诉讼法》,莫光华译,法律出版社 2003 年版,第 443 页。

〔45〕同前注〔44〕,第 402 页。

〔46〕同前注〔44〕,第 439 页。

〔47〕王天华:《行政诉讼的构造——日本行政诉讼法研究》,法律出版社 2010 年版,第 192-201 页。

合法权益,故请求法院撤销该行政行为而提起的诉讼被称为行政撤销诉讼。行政撤销诉讼的诉讼目的在于通过行政诉讼判决溯及既往的法律效力,撤销违法行政行为以保障相对人的合法权益,为典型的权利防御型诉讼。行政撤销诉讼中心主义则是指在行政诉讼制度构建之初以行政撤销诉讼为中心,对履行法定职责诉讼和给付诉讼类型特殊性的缺乏关注,将行政撤销诉讼的一般制度规则适用于其他行政诉讼类型的情形。〔48〕司法在行政撤销诉讼中心主义的影响下遵从合法性审查原则,合法性审查的客体为行政机关的"违法"行政行为。根据我国现行《行政诉讼法》第6条的规定,法院审理行政案件,对行政行为的合法性予以审查。

以撤销违法行政行为和维系合法行政为基本目标的撤销诉讼符合我国行政法制度建立之初在依法行政原理的影响下,对行政权行使的规制。但随着给付行政的兴起、行政目的多元化和行政手段多样化的转变,许多行政争议问题所要审查的不再是行政行为合法性问题。如在给付诉讼领域,行政赔偿诉讼中法院审查的核心是原告是否享有实体法上的赔偿请求权;在政府信息公开领域,法院审查的重点是原告在实体法上是否享有信息公开的请求权。

在行政法学理论上,履责之诉作为行政给付类诉讼的子类型,有着与撤销诉讼截然不同的诉讼对象和诉讼规则,因此在履责之诉中的审查阶段考察客观层面的行政机关是否具有法定职责的同时也兼察主观面向的原告请求权基础,无论是应对多样化的新型行政争议,还是扩大对公民权利的保护范围,都具有长远意义。

3.给付行政兴起之回应

在1989年《行政诉讼法》颁布之初,行政案件的争议集中在行政处罚、行政强制等侵犯相对人人身权、财产权的情形。在规制行政理念的倡导下,立法严格限制行政权,提倡"依法行政"以确保公民人身权、财产权等合法权益不受行政行为的侵犯。但是,在传统行政行为理论下,建立了以权力性作为行政行为的核心考察要素,这种审查思路使得日益增长的非权力行为被排除在行政诉讼的救济范围之外,由此产生了当非权力性行为侵害私人合

〔48〕 熊勇先:《论行政撤销诉讼中心主义及其缓和》,《政治与法律》2013年第6期。

法权益时的救济途径问题。[49] 因此，在行政撤销诉讼中心主义的影响下，在行政给付中占据重要位置的事实行为、拘束力较弱的行为被排除在行政诉讼司法审查的范围之外，导致在行政给付的兴起过程中，诸如给付请求权等公民重要的公法权利难以进入司法审查的视野，进而出现公权权利的司法保护漏洞。

随着经济发展深入行政领域，以及现代行政理念下政府行政职能的转变，给付行政、政府提供和购买公共服务等非权力行为正在兴起。其中，给付行政又称为服务行政、福利行政，指为公民提供公共服务、给付或其他利益的行政，包含了行政给付、行政奖励、行政救助、社会保障服务等等，是现代法治国家的重要行政任务之一。[50] 在我国行政法中，行政给付分为广义和狭义，狭义的行政给付指政府提供的物质帮助，与《宪法》规定的物质帮助权相联系的，指行政主体根据申请，依法赋予相对人相应物质权益的具体行政行为。[51] 广义的行政给付则范围较广，涵盖了行政机关履行法定职责，包括为人民提供给付、公共服务或其他利益，在给付行政视野下公民享有公法上的给付请求权。

回应给付行政的兴起，国家应该为公民提供更全面的保障，首先立法应该逐步将公法上的请求权纳入法律体系，同时司法机关也应在履责之诉以及给付诉讼类案件下将审查的视角转向公民请求权，给予其更多的关注。

(二)请求权理论引入的具体尝试

1.“李国秀案”：请求权基础成为“起诉条件之一”

在司法实践中已出现审查请求权基础的有益尝试，在李国秀诉山东省人民政府不履行法定职责案[52]中，最高人民法院将原告须具有实体法上的请求权基础列为履责之诉的五个起诉要件之一，判决主文这样写道：“提起履行职责之诉应具备以下五个要件：其一，向行政机关提出过申请，并且行

---

〔49〕 江利红：《日本行政法学基础理论》，知识产权出版社 2008 年版，第 406 页。

〔50〕 翁岳生编：《行政法（上）》，台湾原照出版社 2006 年版，第 23 页。

〔51〕 姜明安主编：《行政法与行政诉讼法》，北京大学出版社 2007 年版，第 273 页。

〔52〕 李国秀诉山东省人民政府不履行法定职责案，最高人民法院〔2016〕最高法行申 2864 号。案例收录于李广宇：《理性诉权观与实质法治主义》，法律出版社 2017 年版，第 215-224 页。

政机关明确予以拒绝或逾期不予答复。其二,申请的事项须具有实体法上的请求权基础。这种请求权基础来源于法律、行政机关的保证、行政合同。其三,行政机关具有管辖权。其四,申请行政机关作出的行为应当是一个具体的、特定的行政行为。其五,行政机关对于原告申请的拒绝,可能侵害的须为原告的主观权利。”

行政法上的请求权基础在现有的法律框架内并无直接规定,最高人民法院在“李国秀案”中将原告请求权基础引入履责之诉,“创设”其为诉之合法要件,构成了一般起诉规则在履责之诉中的具体化和特殊化,更好地回应了履责之诉的实质。然而参考德国和日本法制的“两分式结构”,法院依次对“实体裁判条件审查”与“理由具备性审查”两个阶段作出诉的审查。〔53〕“实体裁判条件审查”负责诉的开启,是确定诉权的依据,“理由具备性审查”则指案件的法律与事实要件都已具备,法院能够就行政机关是否有对原告作出特定行政行为的义务作出裁判。〔54〕对此笔者理解为,最高人民法院通过“李国秀案”将请求权基础引进履责之诉是司法实践的有益尝试,合理吸收和借鉴了“课以义务之诉”的审查路径,但在不同的阶段对于原告请求权基础的审查也应区分强弱,在起诉要件审查阶段,简单地考察原告的请求权即可,正如胡芬教授所言:“如果原告能够引用一项笼统的法定请求权规范,而其可以证明其为受益者,就应当给予其诉权。”〔55〕而应在审理阶段对原告请求权基础进行充分的讨论,使其作为审查的核心要件之一。

2.“刘广明案”等:保护规范理论适用于原告资格的判定

在我国,目前对于保护规范理论的研究主要集中在对德国公权理论的梳理与评介,此外也有学者通过引入保护规范理论,研究行政复议中的复议申请资格和行政强制中的第三人权益保障问题。〔56〕《行政复议法》规定,当事人是否具有复议申请资格的核心判断标准是当事人与被申请行政行为之

---

〔53〕 段文波:《起诉条件前置审理论》,《法学研究》2016 年第 6 期。

〔54〕 同前注〔44〕,第 244 页。

〔55〕 同前注〔44〕,第 289 页。

〔56〕 参见王贵松:《行政法上利害关系的判断基准——黄陆军等人不服金华市工商局工商登记行政复议案评析》,《交大法学》2016 年第 3 期;李大勇:《行政强制中的第三人权益保障》,《行政法学研究》2018 年第 2 期;赵宏:《原告资格从“不利影响”到“主观公权利”的转向与影响——刘广明诉张家港市人民政府行政复议案评析》,《交大法学》2019 年第 2 期。

间的“利害关系”，其实质与行政诉讼的原告资格问题相同，即对“利害关系”进行判定。在黄陆军等人不服金华市工商局工商登记行政复议案〔57〕中，最高人民法院对原告资格“利害关系”判断中暗含着保护规范理论的学理框架，该裁判思路与德国、日本的做法具有共通之处。在德国和日本，法院判断行政救济的原告资格，一般采取保护规范说，具体的判断标准是考察个案中所适用的法规是否存在保护私人利益的目的，存在则为保护规范。私人基于这种规范，即享有请求权。〔58〕 在刘广明诉张家港市人民政府行政复议案〔59〕中，法院的论证和说理则更加饱满，递进式地论证了如何借助主观公权利和保护规范理论判定原告资格。首先通过主观公权利概念划定了何谓“利害关系”，“利害关系不宜包括反射性利益受到影响的公民”，仅有主观公权利，即公法领域的权利和利益受到行政行为损害可能性的当事人，才具有法律上的利害关系；其次阐明如何认定主观公权利，遵循德国法的基本思路，诉诸保护规范理论，考察实体法规范是否具有“私人利益保护的指向”，“将法律规范保护的权益与请求权基础相结合”；最后刘案裁定也给出了法律解释方法的操作指南，“参酌整个行政法规范体系、行政法的立法宗旨以及行政行为的目的、内容和性质进行判断”，但解释的扩张也应有其限度，不仅需要“兼顾司法体制和资源”，且应“限定于通过语义解释法、体系解释法、历史解释法、立法意图解释法和法理解释法”。由两个最高人民法院案例对于“利害关系”论证思路的转向来看，德、日的保护规范理论和请求权理论为个案中原告资格中“利害关系”的判定提供了相当具有可操作性的框架。

随着更多案件的涌现，私人主观公权利的证立标准也会不断具体化，如何判断公共利益和私人利益，在个案中须结合实体法的规范，进行具体的解释。正如前文引言所述，“主观公权利”在德国法上历经流变，其丰富的意涵和价值远不止已在司法实践中“崭露头角”的原告资格判定框架，保护规范理论在一个公法权利亟待确立的时代，价值更在于：借助请求权解释框架，

---

〔57〕 黄陆军等人不服金华市工商局工商登记行政复议案，案例引自《最高人民法院公报》2012 年第 5 期，第 44-48 页。

〔58〕 王贵松：《行政法上利害关系的判断基准——黄陆军等人不服金华市工商局工商登记行政复议案评析》，《交大法学》2016 年第 3 期。

〔59〕 刘广明诉张家港市人民政府行政复议案，最高人民法院〔2017〕最高法行申 169 号。

在现有公法规范中找到个人权利和利益的连接点，使得公民权利获得稳固清晰的实证法基础，得以在主观公权利的视角下对于整个公法秩序进行审视。"张月仙案"正是为主观公权利与保护规范理论的引入提供了这一特殊情境：在履责之诉中，当实定法中无法搜寻到可以满足原告特定诉请的，须被告履行"法定职责"的条款，能否借助这一理论要旨，在较为概括笼统的"组织规范"条文中解释出行政机关须履行的具体职责。

(三)公法请求权与保护规范理论

请求权概念，最初源于私法。根据权利的功能和作用的不同，民法上将权利分为支配权、形成权、抗辩权和请求权。请求权乃要求特定人为特定行为的权利，在权利体系中居于枢纽地位，其中特定行为包括作为和不作为。请求权基于基础权利而发生，依其基础权利的不同，请求权可分为人格权上的请求权、身份权上的请求权及财产上的请求权。〔60〕无独有偶，具备上述三项基本要素，即特定权利主体、特定义务主体、为或不为一定行为的权利形态同样存在于公法之中，并可从民法请求权的概念和划分中得到启示。"公法权利"一词在相当程度上即是民法基础权利在公法中的映射，但由于行政法的特殊构造，公法权利的内涵又远不同于民法中的基础权利。

在德国，"公法权利"是行政法学中的基础概念，日本和我国台湾地区的学者翻译时将其表述为"公法上的权利""公权力"或者"公权"。〔61〕经典的公法权利概念构造为——公民基于法律行为或者为保护私人利益之法规范，得请求国家为或不为某种行为之法律地位。〔62〕与公法权利相对应，公法请求权表现为公民为实现其公法权利，向行政机关提出的作为或者不作为的要求。

若要进一步理解"公法权利"的内涵，则有必要了解德国公权理论的发

〔60〕王泽鉴：《民法概要》，北京大学出版社2011年版，第34页。

〔61〕我国有学者认为，德国行政法学上的"公法"概念核心指向就是行政法，公法权利主要是行政法权利，因而该概念最没有歧义的表达应当是"行政法权利"。除此之外还有学者将其表述为"相对人权利"。参见鲁鹏宇：《论行政法权利的确认与功能——以德国公权理论为核心的考察》，《行政法学研究》2010年第3期。

〔62〕鲁鹏宇：《德国公权理论评介》，《法制与社会发展》2010年第5期。

展史。最早提出并系统阐述公法请求权的是德国学者耶利内克,耶氏于1892年出版了《主观公法权利体系》,其借鉴民法请求权的体系和理论,提到作为实现特定个人利益的意志能力,私法权利表现为私法上的请求权,实际上,公法权利也具备该特征。耶氏认为,主观公法权利是"由法制所承认和保护的针对益或利益的人的意志权力,只有当某个针对益或利益的意志权力被法律承认时,相应的权利才能被个人化,这一权利才能与特定的人发生关联"〔63〕。尽管耶氏借助自然法证成了个体的自由,但他提出如果将主观权利理解为"原初性""先国家性",则是混淆了事实和法律。"任何主观权利都以法制的存在为前提,主观权利被法制创设、承认,并被法制或强或弱地加以保护。"〔64〕从而从自然法转向了法律实证主义。在前述论述基础上,耶氏在分论中提出"地位理论",认为公民在与国家关系中体现了不同的法律地位,公法规范作为请求权基础的状态称为一种特定法律关系,分别为:(1)主动地位,指向公民的政治权利;(2)消极地位,指向公民个人自由的领域;(3)积极地位,指向公民从国家获得的给付请求权;(4)被动地位,指向公民对国家的服从义务。前三种地位支持公民个人的公法权利。耶利内克还指出,公法请求权作为一种意志能力是一种表征,实际支持公法请求权的是公民相对于国家不同的法律地位。〔65〕

而最早在法释义学上精确阐释和细化公权判断标准的是德国学者布勒,他提出"公法权利是指公民基于法律行为或为保护私人利益而制定的强行规范,可以援引该法规范要求国家为某种行为或不为某种行为之法律上地位",在这一经典定义基础上,布勒提出"公权三原则"判断标准,即如果某一法律规范符合以下三项要件即成立保护私人利益的公法权利,分别为:(1)强行法规性要件(不存在行政裁量),指公法规范课予行政主体一定的行为义务,包括作为、不作为和容忍行为,并且该规范指明的是一种强制性义务,而非裁量授权的规定;(2)私人利益保护性,指该公法规范的目的并非仅仅单纯维护公共利益,只有同时也具有保护私人利益的意旨,该受益的私主

---

〔63〕 [德]格奥格·耶利内克:《主观公法权利体系》,曾韬、赵天书译,中国政法大学出版社2012年版,第41页。

〔64〕 同前注〔63〕,第10页。

〔65〕 同前注〔63〕,第87-171页。

体才能取得这种特殊的行政法律地位——公权,否则个体只能享有公法规范形成的“反射利益”;(3)援用可能性,指公法规范所保护的私主体有对行政机关实现其受益的法律上之力。换言之,法规保护的利益能否诉请法院救济也是公权成立的判断标准之一。

第二次世界大战以后,著名公法学家巴霍夫对布勒的“公权三原则”提出了修正:(1)关于法规的强行性,巴霍夫认为关于裁量权限的规定,并不意味行政主体不受任何法律约束得以自由行为;(2)关于私人利益保护性,巴霍夫主张,要探寻该公法法规是否以蕴含私人利益为保护目的,需要借助法解释方法探求,如文义解释、原意解释、历史解释等;(3)关于援用可能性要件,巴霍夫剔除了这一要件,原因在于德国基本法已全面承认私人诉权,且行政诉讼法律规范对此采用概括性条款,诉权的享有不再是判定公法权利成立的要件。因此,在巴霍夫的修正下,“公法权利”与“法律保护的利益”的含义趋于一致,所以传统公权理论又被称为“保护规范理论”或者“保护目的理论”。〔66〕

至此,公权的判断标准已经明晰,在法律规范没有明文规定私人公法权利时,结合规范的保护目的论证私人公法权利是否存在。但由于保护规范理论过于依赖立法者的意志,对于公权权利还是反射利益的判断须依赖对实定法保护目的之解释,且作为请求权基础的法律规范始终以行政行为的授权规范(根据规范)作为唯一判断基准的方法过于狭隘,在此基础上,德国又发展出了新保护规范理论,将公法权利的载体从原本限定在行政行为所直接依据的法律规范扩展到整个法律规范体系甚至到整体制度环境,同时不再过于追究立法者的原意,而立足于当下的法律秩序,去探求“客观化的规范目的”。〔67〕 正如行政法学者李建良所言,新旧保护理论基本思路并无二致,认为“所谓公法上权利的探寻,终归就是法律解释的问题”,仍维持“客观法规”“保护个人利益”两个要素,以及遵循“先确认是否有客观法规的存

〔66〕 鲁鹏宇、宋国:《论行政法权利的确认与功能——以德国公权理论为核心的考察》,《行政法学研究》2010年第3期。

〔67〕 徐以祥:《行政法上请求权的理论构造》,《法学研究》2010年第6期。

在，再进一步索解该法规之保护取向是否兼而保护个人利益”两个步骤。[68]通过学者对德国公权理论发展历史的观察与评介可以考察出，保护规范理论可以为研究个案提供一个推导出主观权利的思考框架，然而如同这个理论本身带有“强烈的德国法释义学”的色彩，既不能脱离具体案例，也离不开法律解释技术，只有这样才能借助保护规范理论在具体案例中对私人主观公权利进行探寻。

(四)构建请求权解释框架

本章通过介绍请求权理论的历史流变、德日“课以义务之诉”中的请求权审查要件，以及阐述了引入请求权理论可以适当克服撤销诉讼中心主义的影响以及回应给付行政的兴起，阐明了主观公权利和保护规范理论的借鉴价值。

除了请求权理论本身具有的可采价值外，在我国，司法实践和学术界也对合理“吸收”请求权理论作出了有益尝试。最高人民法院在“李国秀案”中作出了有益尝试，将原告的请求权基础作为起诉要件之一。学者和法官们也通过引入请求权和保护规范理论，研究了行政诉讼的原告资格、行政复议的申请资格和行政强制中的第三人权益保障问题。

“张月仙案”提供的素材同样为请求权和保护规范理论的引入提供了一个更为深入的情境。在履行法定职责诉讼中，因无法在具体的条文中检索到法定职责，通过返回“总则”，在规定行政主体权责范围的“组织规范”中能否解释出存在相应的法定职责？借助这样一个问题契机，本文在“张月仙案”中引入主观公权利与保护规范理论，对履责之诉的审理构建请求权解释框架，对于该案具体的法定职责进行详细推导和论证，可以说，“张月仙案”对于在撤销诉讼逻辑惯性下形成的以行政行为违法性为起点的审理思路，转换至在法定职责认定标准下同时考察原告是否享有请求权的审查规则，提供了一个整序公法权利观的案例范本。

---

〔68〕 参见李建良：《保护规范理论之思维与运用——行政法院裁判若干问题举隅》，载黄丞仪主编：《2010行政管制与行政争讼》，台湾“中研院”法律学研究所2011年版，第4-5页。

五、"组织规范"与请求权之连接考察

(一)以"组织规范"作为法定职责的"总则"

诚如前文所述,"组织规范"在履责之诉"法"范围中定位为"总则"。当在履行法定职责诉讼的法律框架下找寻不到具体规定了行政主体特定职责的条文,具体的审查方法是返回"组织规范"中的概括性条文,考察其是否将保护个别性私人利益作为保护事项。

在履行法定职责诉讼中,一般法院审查主要遵循以下规则:"行政机关是否存在法定职责(法定职责的来源)——行政机关是否履行职责(履责的方式及效果)。"法院审查的重点仍然围绕着考察行政主体"法定职责"之来源展开。"张月仙案"中最高人民法院的裁判思路也是这种审查逻辑的体现。

在"张月仙案"中,原告张月仙以书面形式向太原市政府申请,请求太原市政府履行保护其财产权的法定职责,具体而言是责令武家庄居委会补发村民福利。法院审查思路如下:(1)首先在规定了行政主体具体法定职责的"分则"中检索,在成文法的具体规定下无法检索到太原市政府具有"责令居民委员会给张月仙补发村民福利"的法定职责。(2)进一步考察"总则"的规定,即作用法意义上的"组织规范"中是否有较为笼统的规定,在本案中,这一"笼统"的规定是《行政诉讼法》第12条第一款第六项"行政机关履行保护人身权、财产权"的职责;以及《城市居民委员会组织法》第20条规定的市级政府对"居委会有关的下属委员会进行业务指导"的职责。

因此,在"张月仙案"案中,法院将"不履行法定职责"与"组织规范"连接是预设了一个前提,即法院没有在行政法渊源中检索到具体的法定职责规定,因而返回"总则"中,在"组织规范"寻找是否有概括式的职责条款,可以在个案中进行推导。

至此,本案探求的问题归结为:能否从具有概括意味的"组织规范"中,即从"保护财产权""进行业务指导"规定中,解释出"责令居民委员会为所属成员补发村民福利"。

(二)"组织规范"与请求权解释框架在本案中的连接适用

本文将以"张月仙案"为例,通过保护规范理论构建请求权的解释框架推演以下两条进路:(1)在现有法规范体系下,无法寻找到对应原告"要求太原市政府责令居委会发放村民福利"诉请的具体法定职责条款,那么能否在各级政府"组织规范"中推导出图1中张月仙有要求太原市政府直接责令居委会发放村民福利的请求权?(C—A)(2)我国现行法规定了行政指导行为不可诉,但是没有对行政指导能否成为行政法上请求权的客体进行明确规定,即行政指导的相对人或利害关系人能否请求行政机关作出行政指导行为。依据《中华人民共和国城市居民委员会组织法》第20条以及其他相关"组织规范"能否解释出图1中居民具有的业务指导请求权?(A—B—C)。

1.进路一(C—A):指涉太原市政府保护相对人财产权的请求权

在德国,对不履行法定职责行政案件的救济主要是通过一般给付之诉和不作为之诉,就不作为之诉而言,行政机关的违法性判断主要涉及是否存在原告请求权基础,被告是否存在管辖权,等等。由此可以观察到,行政机关不履行法定职责与相对人是否享有行政法上的请求权具有密切的关联性,最高法院的裁判思路也似乎暗含了保护规范理论的思考框架。进一步而言,借助保护规范理论在具体案例中对相对人主观权利,抑或说请求权进行确认,对于该类侵害公民基本权利的不履行法定职责行政案件,视角的转化似乎更有利于对相对人权利的保护。

根据前述对保护规范理论的梳理,可以提炼出保护规范理论的核心要素:判断法规范的保护目的是否具有保护个人利益的意旨,即区分受益的个体是具有公法权利还是只能享有公法规范形成的反射利益之标准。

保护规范理论在该案中的适用可以遵循以下两个步骤:

(1)检索与本案相关的课予行政主体一定的行为义务的公法规范

在中国制定法传统上,公法权利可以在宪法、法律、行政法规、部门规章、地方性法规、地方政府规章等行政法渊源中检索。从逻辑上讲,就是在上述规范中找寻有没有语句对应公法权利的分析构造。[69] 通过详细的法

---

[69] 王本存:《论行政法上的公法权利》,《现代法学》2015年第3期。

条检索,未能搜索到有类似条款规定了政府有"责令居委会/村委会发放村民福利"的具体职责,回到本文定义为"总则"的"组织规范"中,借助"保护规范理论",尝试从"组织规范"中进行解释。

在该案中,课予行政主体相关行为义务的"组织规范"如下:

a.《中华人民共和国宪法》第 13 条规定:"公民的合法的私有财产不受侵犯。国家依照法律规定保护公民的私有财产权和继承权。"

b.《中华人民共和国地方各级人民代表大会和地方各级人民政府组织法》第 59 条第六项、第九项,县级以上的地方各级人民政府有下列职权:"保护社会主义的全民所有的财产和劳动群众集体所有的财产,保护公民私人所有的合法财产,……保障宪法和法律赋予妇女的男女平等、同工同酬和婚姻自由等各项权利。"

(2)考察前述"组织规范"是否存在保护私人利益之目的

依据《宪法》第 13 条和《地方各级人民代表大会和地方各级人民政府组织法》第 59 条第六项、第九项的规定,上述相关法条仅为国家和县级以上的地方各级人民政府预设了保护公民的私有财产权和保障男女平等的行为义务,不同于另一类法条清晰地在规范语句中给出了公民的公法权利三要素(权利人、义务人、权利客体),例如《宪法》第 41 条规定的,公民对于国家机关和公职人员,有提出批评和建议的权利,对其违法失职行为,有提出申诉、控告或者检举的权利。再如《行政处罚法》第 6 条规定的:相对人对行政机关作出的行政处罚,享有陈述权和申辩权;对行政处罚不服的,有权依法申请行政复议或者提起行政诉讼。因行政机关违法给予行政处罚受到损害的,有权依法提出赔偿要求。通过举例可以看出,这一类法条清晰明确地告知了公民享有的具体"公法权利"。

而前述本案涉及的两个法条则须从立法为行政机关的设置的行为义务中反推出特定主体是否享有要求行政机关为特定保护义务的请求权。此时可以引入保护规范理论中的重要概念——公法权利和反射利益。反射利益是为了保护公共利益而给行政机关设定义务的法规范偶然产生的,犹如偶然享受镜子反射的太阳光芒。[70]"国家依照法律规定保护公民的私有财产

〔70〕 徐以祥:《行政法上请求权的理论构造》,《法学研究》2010 年第 6 期。

权”“县级以上的地方各级人民政府保护公民私人所有的合法财产”等语句中的表述无法确定该行为义务对应的特定权利人，国家和政府保护公民财产带来的利益也具有不可分配性，该条规范保护的是典型的公共利益，本案原告享有的利益可以说是这一公共利益的反射。从各国的司法实践来看，也不承认宪法中社会基本权的条款赋予公民能够直接向国家社会保障机构行使的给付请求权，只是把这类条款解释为国家的社会保障义务，因为其在给付主体和给付内容这两个方面都不特定。〔71〕《中华人民共和国地方各级人民代表大会和地方各级人民政府组织法》第59条第六项、第九项的规定与宪法规定的基本权条款是类似的，无论是遵从历史解释还是立足于当前的法律秩序，相较于保护个别化的私人利益，更类似于发挥政府宣示作用的条款。据此，从上述规范基础上难以推导出原告具有请求太原市政府责令武家庄居委会给其补发村民福利的公法权利。

2.进路二(A—B—C)：关于要求太原市政府履行行政指导职责的请求权

我国从日本法制中引入了“行政指导”制度，行政指导被定义为：行政机关为谋求行政相对人作出或不作出某种行为以实现一定行政目的而实现的指导、劝告、建议等不具有国家强制力且不直接产生法律效果的行为。〔72〕其具有如下特质：(1)行政指导为事实行为，不直接产生法律效果；(2)非权力行为，亦不具有法律约束力和强制性，其期待行政相对人之任意协助；(3)行政指导的实施是为了达成行政上的目的；(4)行政指导的单方性，行政指导为行政机关在其职权或所掌事务范围内之单方行为，但区别于行政处分所具有的强迫、规制之性质。〔73〕根据行政指导的内涵，本案中原告要求太原市政府履行的业务指导可以划入行政指导范畴，但须注意，行政指导作为一种事实行为，其目的并非课予相对人以义务，对相对人不直接产生法律效果，但不排除对相对人产生事实上的抑制效果或者对相对人以外的利害关系人之合法权益产生实质影响。由此看来，最高院通过界定行政机关作出的是事实行为还是法律行为以区分行政机关是否具有法定职责是不准确

〔71〕 参见[德]康拉德·黑塞：《联邦德国宪法纲要》，李辉译，商务出版社2007年版，第236页。

〔72〕 莫于川：《论行政指导的立法约束》，《中国法学》2004年第2期。

〔73〕 林腾鹞：《行政法总论》，三民书局1999年版，第482页。

的。本案中张月仙作为行政指导行为的利害关系人,太原市政府不履行对居委会的行政指导职责,可能会对其产生法律效果或者事实上的影响力。

在前述规则框架下,本文探讨第二条进路的可行性。通过检索公法规范,也没有寻找到法律规范的直接规定可以对应本案所指涉的公法权利,即张月仙请求太原市政府对武家庄居委会发放村民福利的工作事项进行业务指导和监督。依据《中华人民共和国城市居民委员会组织法》第二十条以及其他相关"组织规范"中解释出居民具有向法院请求判令行政主体对基层自治组织履行业务指导职责之请求权。

(1)课予行政主体业务指导职责的"组织规范"

a.《中华人民共和国城市居民委员会组织法》第20条规定:"市、市辖区的人民政府的有关部门,可以对居民委员会有关的下属委员会进行业务指导。"

b.《中华人民共和国村民委员会组织法》第5条规定:"乡、民族乡、镇的人民政府对村民委员会的工作给予指导、支持和帮助,但是不得干预依法属于村民自治范围内的事项。"

c.规范性文件中涉及业务指导职责的相关规定则可操作性较强,如《上海市人民政府批转市住房城乡建设管理委关于进一步贯彻实施〈上海市住宅物业管理规定〉若干意见的通知》第一部分规定,乡镇政府和街道办对业主大会、业主委员会的"组建、换届改选和日常运作,办理备案手续"具有指导监督职责。再如《南昌市人民政府印发关于加强农村低保与扶贫开发制度衔接的实施方案的通知》第22条规定,发挥村民委员会最了解农村贫困群众生活状况和救助需求的优势,政府对村民委员会协助政府"做好救助对象发现报告、申请审核、动态管理、政策宣传"具有指导职责。又如《来宾市人民政府关于全面推进依法行政加快建设法治政府的实施意见》第二十八条规定,政府具有"积极指导居民委员会和村民委员会等基层组织开展人民调解工作"的职责。

d.除此之外,其他的业务指导规范还涉及公共安全或特定专业领域,如《中华人民共和国反恐怖主义法》第74条第二款[74]、《中华人民共和国消防法》第32条[75]、《森林防火条例(修订)》第21条[76]、《全国农业普查条例》第17条第二款[77]等。

(2)考察前述规范是否存在对基层群众自治组织进行业务指导的空间

上述规范可以划分为三类:a.组织法中关于行政主体对于基层自治组织进行工作指导的规定,例如《中华人民共和国城市居民委员会组织法》第2条、第20条以及《中华人民共和国村民委员会组织法》第5条的规定,此类立法表述得较为宽泛,在具体的案件中难以具体适用。b.在特定公共安全领域对基层自治组织的业务指导,例如指导建立反恐工作力量、指导开展群众性消防工作、指导建立森林火灾扑救队伍、指导做好农业普查工作、指导文物保护活动等等。此类规范主要涉及公共安全事项或者集中在特定专业领域,旨在通过地方政府对基层群众组织进行专业化的业务指导以保证工作的开展。c.程序性的业务指导,如指导监督业主大会、业主委员会在组建、换届改选和日常运作中的相关程序,指导督促社区和村民委员会定期公示参保和领取人员情况[78]等。

首先,在本案中太原市政府属于市、市辖区的人民政府,适用《中华人民共和国城市居民委员会组织法》第20条,但其仅对业务指导职责作出了宽泛的规定,如何进行指导、指导的内容都未详尽说明,难以探求到其给予了指涉张月仙这一类私主体相应的公法权利。其次,该条规范保护的是典型的公共利益,更为贴切的说法是发挥着适用于行政主体内部的组织规范效

[74] 《中华人民共和国反恐怖主义法》第74条第二款:"县级、乡级人民政府根据需要,指导有关单位、村民委员会、居民委员会建立反恐怖主义工作力量、志愿者队伍,协助、配合有关部门开展反恐怖主义工作。"

[75] 《中华人民共和国消防法》第32条:"乡镇人民政府、城市街道办事处应当指导、支持和帮助村民委员会、居民委员会开展群众性的消防工作。村民委员会、居民委员会应当确定消防安全管理人,组织制定防火安全公约,进行防火安全检查。"

[76] 《森林防火条例(修订)》第21条:"县级以上地方人民政府应当指导森林经营单位和林区的居民委员会、村民委员会、企业、事业单位建立森林火灾群众扑救队伍。"

[77] 《全国农业普查条例》第17条第二款:"村民委员会应当在乡镇人民政府的指导下做好本区域内的农业普查工作。"

[78] 《商洛市人民政府办公室关于印发商洛市城乡居民基本养老保险制度实施办法的通知》第28条:"……简化领取人员资格月报年审年检制度,指导督促社区和村民委员会定期公示参保和领取人员情况,接受群众和社会监督。"

力,人民政府对于居委会和村委会进行的更多是“上级”对于“下级”的专业领域指导或者日常事务的“操作指南”,因此本案原告享有的利益也是公共利益的反射,推导不出张月仙要求法院判令太原市政府对居委会履行发放福利的业务指导职责之请求权。且将视野扩展到整个规范体系再到整体制度环境,村民福利事项也往往由自治章程或村民自治公约规定[79],属于自治事项的范畴。

综上所述,虽然地方政府无法对自治组织发放福利作出实体的干涉,但通过体系解释和目的解释,考察部分地方政府出台的规范性文件,各级地方政府对下级机构进行申请审核、动态管理、备案手续、人员公示等涉及程序的事项可以作出业务指导职责,是存在解释空间的,但难以解释出本案中太原市政府有“责令居委会发放村民福利”的业务指导职责。

(三)“张月仙案”法定职责判定思路小结

通过对“组织规范”在履责之诉中法体系定位,以及“张月仙案”中原告两条请求权进路的推导,进一步抽象和提炼步骤,对该类履责之诉的“法定职责”判定思路进行完善。

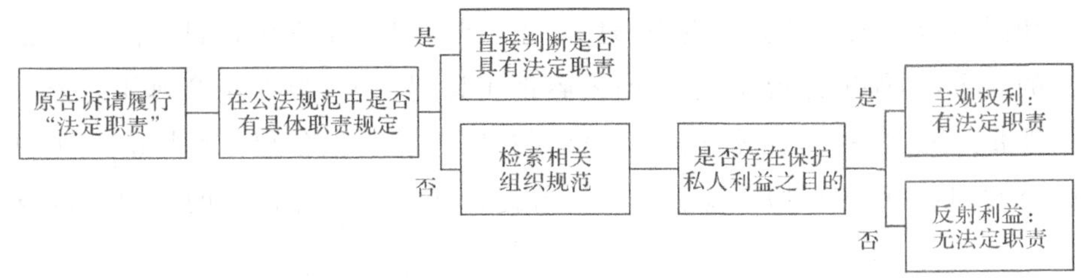

图2　履责之诉中“法定职责”判定思路示意图

从图2可以直观地看到,在该类履责之诉中,当面对原告提出申请行政主体履行法定职责请求时,首先在公法规范中寻找与之对应的“法定职责”条文,有则直接适用。现实的情况是往往是难以对应到具体的条文,“张月

[79]《上海市实施〈中华人民共和国村民委员会组织法〉办法》第20条:“村规民约一般针对村民福利、房屋管理、租赁管理、环境卫生、社会治安、精神文明建设、奖惩措施等事项逐一约定。”《南京市人民政府关于加快村级能力建设的意见》《上海市民政局关于推进本市居(村)民自治章程规范化建设的指导意见》等均有相应规定。

仙案”中也无法检索到太原市政府具有“责令居委会发放村民福利”的法定职责。此时的核心问题是，如何从规定了行政主体权责范围、事权划分、概括的“组织规范”中推导出个案中特定的法定职责？此时引入请求权与保护规范理论，构建请求权解释框架，考察“组织规范”是否蕴含了保护个别性私人利益作为保护事项，有则是相对人的主观权利，行政机关具有法定职责，无则是反射利益，行政机关不具有法定职责。在“张月仙案”中是具体考察《政府组织法》第59条第六项、第九项，《居委会组织法》第20条，均难以推导出政府具有“责令居委会发放村民福利”的法定职责。综上，这一解释框架有如下优势：

其一，具有操作性。当在现有行政法渊源下搜索不到特定的法定职责时，返回“组织规范”进一步解释，而保护规范理论可以为其提供一个推导相对人主观权利的思考框架，通过引入保护规范理论中的重要概念——公法权利和反射利益，再借助法解释技术在具体案例中对“组织规范”中私人主观公权利进行探寻，来确认行政机关是否具有特定的法定职责。

其二，通过解释框架连接了行政主体的法定职责和原告的请求权。对于履责之诉而言，审理的核心要件是行政机关具有法定职责，且基本认同法定职责源于“法”，并对“法”作了扩张解释。但在面对相对人“各式各样”的请求主张时，行政主体的“法”定职责能否一一作出回应？这一请求权解释框架弥补了在司法中仅面向行政主体考察其“法定职责”，与在该类履责之诉中实质蕴含的公民请求权认定标准之间的落差，填补了公民权利保护的漏洞。

六、结　语

本文通过对“张月仙案”的评析，就目前我国履责之诉的“法定职责”审查标准进行了研究。“法定职责”审查标准主要分为以下两个要件：第一，行政机关是否存在法定职责；第二，行政机关是否恰当履行了职责。“张月仙案”主要集中在对第一个要件的审查。这一典型的判定思路置于法体系中考察，反映出了以下两个问题：第一，“法定职责”单一的认定标准，导致法规范与实践中不断丰富的纠纷类型产生了冲突，“法”定难以涵盖司法实践中出现的约定职责、行政允诺、先行行为等情形。第二,在司法实务中,人民法院在面对原告的诉请时,往往难以找到与之吻合的法定职责条文,从而增加了法定职责判定的难度和不确定性。

对此,本文研究了两个问题:第一,探析了“组织规范”在履责之诉中的法体系定位,当具体法定职责条款阙如时,“组织规范”可以充当类似于“总则”性质的条文,为法定职责的判定提供了规范依据。第二,论证了公法请求权和保护规范理论对于推动我国行政诉讼发展的价值和可行性,借助“张月仙案”素材构建了请求权解释框架,连接了宽泛的“组织规范”与个案中具体的“法定职责”,当“组织规范”蕴含了保护个别性私人利益作为保护事项时,才可以推导出原告的公法请求权,进而认定该“组织规范”蕴含了要求行政机关履行某项特定法定职责的意旨。也正是在论证过程中合理取舍和借鉴公法请求权和保护规范理论,使其适用于中国行政诉讼产生的问题,使“行政诉讼由单向度的‘行为诉讼’转向多向度‘关系诉讼’”,推进中国行政诉讼制度“迈向科学、完善和成熟的道路”〔80〕。

诚如一位行政法学者所言:“公法权利虽是提起行政救济的门槛要件,但其问题根源并非在行政诉讼法上,而是如何从实体法规范探求并建构人民完整的公法上实体权利。保护规范理论的续造与运用也应根植于此。”〔81〕最高人民法院最初旨在通过“张月仙案”指明:“行政指导不能成为撤销之诉和履责之诉的对象。”但现在看来,“张月仙案”对于明确“组织规范”在履责之诉“法”范围中的定位、发展公法请求权与保护规范理论在中国法语境下的适用,引出了更加深远的思考。

【推荐人及推荐理由】

行政诉讼履职之诉的争点核心在于何谓“法定职责”?进而言之,“法定”之法是否应当包括不成文法?在法规范中是否仅限于行为规范而不及组织规范?在个案司法审查中,法院通常将这个问题简而括之为“被告是否有应当履行的法定职责”。本文以“张月仙案”为例,重点分析了《中华人民共和国地方各级人民代表大会和地方各级人民政府组织法》中相关“组织规

〔80〕　梁凤云:《不断迈向类型化的行政诉讼判决》,《中国法律评论》2014年第4期。

〔81〕　同前注〔68〕。

范”中是否包含了原告在行政实体法上是否有“保护公民财产权、妇女的男女平等”的公法请求权。作者以“检索相关的公法规范——考察规范是否存在保护私人利益之目的”两个判断步骤，尝试构建了一个公法请求权解释框架。推荐人认为，本文至少有以下几点值得肯定：(1)基于“组织规范”构建请求权的解释框架，具有创新性和可操作性，对司法实务具有指引性。(2)基于个案分析方法提出的上述“解释框架”，具有法理上的独特性，对中国问题具有较强的解释力。关于行政诉讼履职之诉学理上的讨论至今仍持续不断，司法实务中遇到的相关问题也并不少见，这足以证明作者在本文选题上是有学术眼界的。推荐人相信，本文的公开发表将有助于推进行政诉讼履职之诉的学理研讨。

——章剑生，浙江大学光华法学院教授、博士生导师

Abstract: In regard to the liability discharge suit, the court takes legal responsibility as the focus of examination and follows the following logic: The first step is to examine whether the administrative agency has legal responsibility (the source of legal responsibility), and the second step is to examine whether the administrative agency performs its responsibility(the ways and effects). “Zhang Yuexian Case” is also the embodiment of this review logic. The court regards the “legal responsibility” of the administrative organs as the focus of the review. In the “Zhang Yuexian Case”, the Supreme Court’s decision on whether the defendant has a statutory duty follows the following logic: Firstly, whether there are provisions in the public law norms that give the Taiyuan municipal government the responsibility of “rescending the residents’ committee to reissue the welfare of the villagers”. Secondly, it refers to Article 59, Item 6, Item 9 of the Organic Law of the People’s Governments at Various Levels and Article 20 of the Organizational Law of the Residents’ Committee, etc. Because the legislative expression of “protecting property rights” and “business guidance” is too general, it is difficult to derive specific statutory duties. Reviewing the thinking of the

Supreme Court, it can be seen that how to derive the specific statutory duties in a case from the general "organizational norms" is the core issue of such cases. The break between the two links causes the difficulty of determining the statutory duties in practice.

Based on the case, this article sorts out the source of "statutory duties" in the complaints, explores the Connotation of "Organizational Norms" in China, and clarifies the positioning of "organizational norms" in the scope of the lawsuit of the law. Moreover, we draw on the claim of public law and the theory of protection norms, follow the two steps of "retrieving relevant public law norms—examining whether the norm has the purpose of protecting private interests", and try to build a request interpretation framework. Through the plaintiff's request, a device connecting "organizational norms" and "specific statutory duties" is set up, so as to strengthen the operability of the court in judging the "statutory duties" of the administrative organs in this type of performance grievance and to establish a more comprehensive investigation of the public law rights of the relatives with the help of the right of claim.

Keywords: Liability Discharge Suit; Legal Responsibility; Organizational Norms; Public Law Claim; the Theory of Protective Norms

(特约编辑:朱可安)

论行政形式作为下的实质不作为

——基于实证的分析

郑 琳[*]

内容提要：行政形式作为下的实质不作为，作为行政不作为的一个下位概念，在传统的行政不作为理论中常常被忽视，王顺升诉寿光市人民政府行政不作为案后使得该种不作为情形更具有理论研究的价值。结合行政不作为理论与司法实践定义行政形式作为下的实质不作为，重点探讨在司法实践中行政主体自身不完全履职、负有职责的行政主体交由第三方行政主体履职、行政主体未及时履职、行政主体未有效履职以及行政主体未尽合理监管职责等五种表现形式，进一步厘清其与行政主体拒绝作为以及作为除外情形的实质不能作为的区别，最后尝试概括形式作为下的实质不作为对于传统行政不作为在判断标准、判决方式、责任认定以及赔偿方面的理论完善。以求理论提炼于实践又能服务于司法，方便法官在今后的司法实践中有相对同一的裁量基准，从而既督促行政主体自身及时、完整、合理、有效履职，又能够给行政相对人提供权益受到侵犯后的救济途径。

关键词：形式作为；实质不作为；行政不作为；完善

一、典型案例引发的思考

在2015年最高人民法院公布的十大行政不作为典型案例中，王顺升诉寿光市人民政府行政不作为案有着不同于其他行政不作为案的特殊意义。

* 郑琳，大连海事大学法学院讲师，法学博士。研究方向：行政法学、行政诉讼法学。

2014年2月11日,寿光市人民政府(以下简称市政府)收到了王顺升提交的请求责令洛城街道褚庄村村民委员会(以下简称褚庄村村委会)公开村务的申请书,市政府在调查核实后于同年4月4日作出〔2014〕第009号《责令公布村务通知书》,主要内容为:“洛城街道褚庄村村民委员会,本机关于2014年2月11日受理了你村村民王顺升提出的《责令洛城街道褚庄村村委会公布村务申请书》。根据《中华人民共和国村民委员会组织法》第三十一条和《山东省实施〈中华人民共和国村民委员会组织法〉办法》第三十八条规定,现责令你单位依法向王顺升公布有关村务信息。特此通知。”并于同日向褚庄村村委会进行了送达。市政府认为其已履行了法定职责。但至本案庭审时,褚庄村村委会并未就王顺升申请事项向其公开。王顺生遂以市政府为被告向法院提起行政诉讼,请求确认被告不履行责令褚庄村村委会公开村务职责的行为违法;判令被告及时履行责令褚庄村村委会公开村务的职责。在裁判结果中有这样一段表述,本案中市政府从形式上已责令褚庄村村委会公布有关村务信息,似乎已经履行了法定职责;但是,由于该《责令公布村务通知书》既未明确具体内容,更未明确具体期限或者合理期限,实际上构成未全面履行法定职责,造成原告等村民对村务的知情权和监督权迟迟得不到落实。〔1〕归根结底,寿光市人民政府虽然形式上有所作为,但实质上未全面履职的行为最终仍被认定为行政不作为。其实关于行政形式作为而实质不作为的研究,在学界已在理论层面进行了探讨〔2〕。虽然在此前的司法裁判中对此类行政形式作为而实质不作为的行政案件亦有涉及,但在司法实务界作为典型案件予以公布,对其他各级法院予以指导,尚属首次。笔者认为,王顺升案的意义在于,这是进一步从理论迈向实践,如果之前的探讨还是停留在理论层面的分析,强调对行政主体形式作为而实质不作为的行为的认定,那现在就必须带着理论的工具去司法实践中对形

---

〔1〕《人民法院关于行政不作为十大案例》,《人民法院报》2015年1月16日第3版。

〔2〕参见黄学贤:《形式作为而实质不作为行政行为探讨——行政不作为的新视角》,《中国法学》2009年第5期;王兰玉:《“不完全作为”行政行为的法律性质及分类归属》,《政治与法律》2009年第2期;虽然有学者将行政不完全作为与形式作为而实质不作为分别讨论,都认为属于行政不作为。参见杜仪方:《行政不作为的国家赔偿》,中国法制出版社2017年版,第109-111页。但笔者认为,两者在本质上是一回事。

形色色、纷繁复杂的此类案件进行检验，在丰富完善理论的同时，指导并服务于司法实践也同样重要。笔者在此文中将分析归纳行政主体常见的几种形式作为而实质不作为的表现形式，力求从实证的角度去阐释和补充行政不作为理论，在督促行政主体全面履职的同时，也为行政相对人针对此类隐性的行政不作为行为提供救济的渠道。

二、什么是行政形式作为下的实质不作为

(一)行政形式作为下的实质不作为概念界定

行政形式作为下的实质不作为属于行政不作为的下位概念，在界定此概念的同时，必须对行政不作为这样一个上位概念有所界定。在美国行政法上，行政不作为可以发生在行政机关没有采取行动的任何场合。多数情况下它是指，行政机关对于违法或者有违法嫌疑的行政相对人拒绝作出法定的命令或者禁令。例如环境保护机构拒绝依据《洁净空气方案》(Clear Air Act)对污染制造者作出禁令。[3] 在英国行政法上，行政机关不履行法律规定的义务属于实质的越权情形，行政机关不履行义务可以采取多种形式，包括不行使权利在内。[4] 在我国，行政不作为一般认定为行政主体对法定作为义务的不履行，与英美理论虽有一些差异，但基本相通，目前国内关于行政不作为的学说有“程序说”“实质说”“违法说”三种。持行政不作为“程序说”的，有周佑勇、黄志强等学者。周佑勇教授认为：当行政主体在程序上是积极的“为”时，无论其反映的实体内容是“为”还是“不为”，都是行政作为；而只有当行政主体在程序上是消极的“不为”时，才是一种行政不作为。[5] 黄志强持相同观点，行政作为与行政不作为的区分，应从行政程序方面认定，只要行政主体作出了一系列的实质性程序行为，即表现出积极的

〔3〕 [美]Lisa Schultz Bressman，杜仪方译：《行政不作为的司法审查：恣意进路》，载胡建淼主编《公法研究》，浙江大学出版社 2011 年版，第 322 页。

〔4〕 王名扬：《英国行政法》，北京大学出版社 2007 年版，第 131-132 页。

〔5〕 周佑勇：《论行政作为与行政不作为的区别》，载《法商研究》1996 年第 5 期。

作为状态,无论该行为在实质内容上反映的是“为”还是“不为”,都应该是行政作为,反之,就是不作为。[6] 持行政不作为“实质说”的,以陈小君、方世荣为代表,他们认为,在判断“作出一定动作”和“不作出一定的动作”时既要看动作方式,又要看其所反映的内容。当一行为在方式上就是不为时,它肯定是不作为,因为连行为都没有,行为所反映的内容当然是什么也没做;当一行为在方式上是“为”时,它可能是作为,也有可能是不作为,这就要看其“为”这个动作反映的实质内容是什么,这个行为在外部形态上有动作,实质内容上却是要表达“不做”,那么它仍是不作为。[7] 持行政不作为“违法说”的有朱新力、霍震宇等学者,如朱新力教授认为,行政不作为违法是指行政主体(通过其工作人员)有积极实施法定行政作为的义务,并且能够履行而未履行(包括没有正确履行)的状态。[8] 霍振宇认为,行政不作为违法,指行政主体负有某种作为的法定义务且具有作为之可能性,而在程序上逾期消极地有所不为的行政违法形态,例如对申请不予答复、拖延履行救助义务。[9]

在梳理了行政不作为“程序说”“实质说”和“违法说”之后,行政主体形式作为下的实质不作为究竟属于上述哪一种学说?笔者认为,许多人会凭直觉将其归于“实质说”中,这其实是对形式作为下的实质不作为的误读,形式作为下的实质不作为并非是“实质说”中的方式有为而实质不为,换种方式表达,即行政主体形式作为下的实质不作为并非“实质说”中的内容不为。两者概念的区别在哪里呢?“实质说”中的行政不作为,指行政主体在启动行政程序后,直接拒绝行政相对人请求的行为。行政主体的拒绝行为,是产生实体法上的否定后果的,但在持该学说的学者看来,行政主体的拒绝行为就属于行政不作为。最常见的是在行政许可申请当中,行政相对人向行政主体申请许可证,行政主体在审查后发现该申请人不具备申请资格,于是作

---

〔6〕 黄志强:《行政不作为相关法律问题探析》,中国法院网,http://www.chinacourt.org/article/detail/2002/11/id/17739.shtml,最后访问日期:2016年8月6日。

〔7〕 陈小君、方世荣:《具体行政行为几个疑难问题的识别研析》,《中国法学》1996年第1期。

〔8〕 朱新力:《论行政不作为违法》,《法学研究》1998年第2期。

〔9〕 霍振宇:《行政不作为与否定性作为之辨析》,中国法院网,http://www.chinacourt.org/article/detail/2002/07/id/9102.shtml,最后访问日期:2016年8月6日。

出拒绝发放许可证的决定。行政主体拒绝授予许可证的行为，即是“实质说”的行政不作为。但在同样的申请行政许可的事例当中，如果行政主体对行政相对人的申请作出授予决定，告知了申请人，但迟迟未发放许可证，此时行政主体的行为就属于形式作为下的实质不作为。由此可见，“实质说”中的行政不作为是行政主体完整履行职责的表现，其实已走完行政程序，只不过外在的表现形式是以拒绝的方式，而形式作为下的实质不作为是行政主体未完整履职的表现，虽然外在的表现形式是有所作为，但实质却是在程序和内容上都未完整有效履职。

在排除了“实质说”后，形式作为下的实质不作为究竟是属于“程序说”还是“违法说”，笔者认为，可以一一判断。首先看“程序说”，行政不作为“程序说”强调程序上的积极主动，只要行政主体在程序上采取积极行为，不管在实体内容上是否作为，都属于行政作为。我们同样以行政许可为例，行政相对人在申请行政许可后，行政主体明确表示受理行政许可的申请，并接受了行政相对人提供的材料，然而在法定期限内却未将许可证发放给申请人，行政主体的行为属于典型的形式作为而实质不作为。行政主体在整个受理行政许可申请的程序中是积极作为的，然而在申请行政许可的终极目标发放许可证上，行政主体却是实体不作为的。按照行政不作为“程序说”，行政主体的行为不应被认定为行政不作为〔10〕，这与形式作为而实质不作为得出的结论是矛盾的，很明显形式作为而实质不作为也不属于行政不作为“程序说”。

最后就剩下行政不作为违法说，笔者是赞同将形式作为下的实质不作为归类于行政不作为“违法说”中的，形式作为下的实质不作为这一表述的目的就是将行政主体负有法定职责，但却形式敷衍、未完全履职的行为纳入行政不作为的范畴，结合司法实践，此类行为法院最终都会认定为行政不作为而责令行政主体履行，甚至承担相应的赔偿责任。而在“实质说”与之风

〔10〕 虽然周佑勇教授后来认为，程序上的不为也包括没有完成一系列的程序行为，尤其是具有实质性的最后行为，例如行政许可机关对相对人提出颁发许可证的申请虽已受理但不予审查，更谈不上决定，或虽已受理、审查，但拖延不作出决定等都是程序上的不为。但笔者认为，最后的实质性行为颁发许可证更多的是实体意义上的，而并非程序意义上的，解释为程序不为过于牵强。参见周佑勇：《行政不作为构成要件的展开》，《中国法学》2001 年第 5 期。

马牛不相及,“程序说”又不能体现其精义的情形下,将形式作为而实质不作为归类于行政不作为“违法说”,不仅能为其寻求学说理论支撑,也能够表明此种行为就是违反法定职责的不作为,行政主体在实践中应予以杜绝。

在明确形式作为下的实质不作为属于行政不作为“违法说”后,对此种行为加以定义也就十分重要。黄学贤教授对形式作为下的实质不作为曾下过这样的定义,“行政主体虽然启动了行政程序但是并未实质性地履行法定义务的行为。其主要表现为行政主体方法、措施、手段不当,或者未尽到注意义务,或者根本就未进行实质性行为,且从常理上就便于认知的行政行为”〔11〕。黄学贤教授是第一位将此类行为概括为形式作为而实质不作为的学者,虽然此前也有学者认识到司法实践中大量存在行政主体不完全履职的情况或者说是不完全作为的情形,但传统的行政不作为理论并不能将这种行为囊括进去,司法实践中的斑斓多姿与理论研究的苍白无力也形成了鲜明对比。王顺升诉寿光市人民政府行政不作为案作为十大行政不作为案的典型之一刊登于人民法院报,其裁判要旨也是司法实务界对于理论界的呼吁,司法实践中层出不穷的行政主体形式作为而实质不作为的情形需要理论的提炼总结与指导,学术界必须要予以重视。当然,笔者认为黄学贤教授对于形式作为下的实质不作为的定义并非完全没有瑕疵,实质性地履行法定义务在实践中缺乏评判标准,此外尽管黄学贤教授在文章中对行政不能情形予以区分,但在定义中并未加以区别,笔者看来,行政主体实质不能行为的情形必须要予以排除,否则对行政主体的作为要求过高也不切实际。为此,结合行政不作为违法说观点,笔者认为行政主体形式作为下的实质不作为指的是行政主体启动行政程序后,排除事实与法律不能外,自身未及时、完整、合理、有效地履行法定职责而构成违法的行为。关于实质履行的评判标准以及事实与法律不能的除外情形,笔者将在下文结合司法实践中的真实案例具体阐述,此处不再赘述。

(二)区别于一般行政不作为的必要性

为何要将行政不作为进一步细分,尤其是对于行政形式作为下的实质

---

〔11〕 黄学贤:《形式作为而实质不作为行政行为探讨——行政不作为的新视角》,《中国法学》2009 年第 5 期。

不作为进行进一步研究，虽然前文也有所涉及，但笔者认为，主要是基于以下三点理由。

1. 进一步明确行政不作为的内涵和外延

行政行为的实质性是整个行政不作为判断过程的终点，实质性行作为行为的判断要件旨在分清行政机关在积极履行行政职责的过程中，是否依法促成了行政法律效果的产生、变更或消灭。[12] 在实践中，对于行政主体完全不履行职责的行为很容易被认定为行政不作为，这是毋庸置疑的。然而，行政主体形式上作为而实质上不作为的行为却常常处于灰色地带，如派出所接到一起民事纠纷报案而出警，民警到达报案现场后对双方当事人批评教育了一番就离开了，并没有实质解决纠纷，在民警走后，双方当事人又扭打在一起，最后造成一方当事人受伤较重。在这样的案件中，公安机关的行为如何认定是目前行政不作为理论的困境所在。如果纯粹从作为角度去看，公安机关的行为已符合作为标准，派出所已出警而且民警到达报案现场后也费了一番口舌。然而公安机关的出警行为只是形式上履行职责，对于纠纷并没有实质性地解决，而没有解决并非是因为事实不能等不可抗力因素，而完全是因为公安机关主观未全面履职。由是观之，只有正确界定行政形式作为而实质不作为的概念，丰富行政不作为的内涵和外延，这样的案件才能从根本上被纳入到行政不作为的范畴，行政主体也无法为其实质不作为行为寻找借口。

2. 督促行政主体自身及时、全面、合理、有效地履行职责，规范行政行为

法治政府的建设强调行政主体要有所为、有所不为。笔者认为，这里有所为的标准就是要求行政主体及时、全面、有效地履行法定职责。具体言之，各行政主体在行使行政职权时，必须要以上述标准作为执法准绳。例如交警部门在接到报案后，应及时迅速地赶到案发现场，客观分析交通肇事原因后出具交通事故认定书，妥善解决事故现场的责任纠纷；工商部门在确认有假冒伪劣产品的来源后，要第一时间抵达现场进行查处，对于假冒伪劣产品进行及时有效的查封扣押，这同样与公众的切身利益密切相关；环保部门

〔12〕 章志远主编：《行政法学基本范畴研究——基于经典案例的视角》，北京大学出版社2018年版，第282-285页。

在环境执法时,不姑息、不枉纵,对污染生态环境的行为及时作出予以罚款等惩罚行为,直到污染问题解决为止。目前行政机关直接突破法律底线的行政不作为案件越来越少,比较常见的就是行政机关在履职开始阶段以及履职过程中都积极作出履职行为,但是在行政法律效果将要发生改变的关键步骤上却消极不作为或有意识地逃避。〔13〕行政机关作出一系列程序上、过程上履职的行为,但在关键的实质性的步骤上,却未完全、及时地履职,未产生实际的行政法律效果,毫无疑问属于不作为。诸如此类,行政主体在履行法定职责时,必须要以上述标准严格要求自身,这也是法治政府、服务型政府建设的内在要求,对于规范行政主体的行政行为,从作出到终止一直在法治的轨道上运行,形成制度化的模式同样有着不可或缺的意义。

3.保障公民权益救济,对此类行政不作为行为提出赔偿

相较于行政主体纯粹的不作为而言,行政主体形式作为下的实质不作为很容易成为行政主体的避风港,在行政相对人针对此类行政行为提起行政诉讼时,行政主体往往会拿出其所谓作为的相关证据,一定程度上阻碍行政相对人合法权益的保护。唯有把此类形式作为下的实质不作为的情形严格界定为行政不作为,才能扯下行政主体实质不作为的面纱,行政相对人针对此类行政行为提起行政诉讼时,行政主体的辩驳理由就会显得苍白无力,因为无论其如何"力证"自己有所作为,其行为在实质意义上最终仍会被法院认定为行政不作为,这也有利于行政相对人获得国家赔偿。总而言之,在较于行政主体而处于弱势地位的行政相对人而言,行政形式作为下的实质不作为概念界定毫无疑问为行政相对人的合法权益保障开辟了更为广阔的救济路径。

三、司法实践中的表现形式

在实践中,行政主体形式作为下的实质不作为的表现形式其实是错综

〔13〕 章志远主编:《行政法学基本范畴研究——基于经典案例的视角》,北京大学出版社2018年版,第282-285页。

复杂的，而这些形式各异的表现形式正是形式作为下实质不作为理论研究的源泉，从丰富的司法实践中提炼总结，完善行政不作为理论，继而再指导服务于司法实践，也是理论与实践互动、升华的宗旨。下面笔者将结合生活实践与司法案例〔14〕尝试着归纳如下几种情形，便于今后更直观地对此类行为进行认定。

(一)行政主体自身不完全履行职责

行政主体自身不完全履行职责，是行政主体形式作为下的实质不作为的最典型表现形式。但笔者经过研究发现，行政主体自身不完全履行职责又可以进一步划分为内容上不完全履行与程序上不完全履行两种情形。

1. 行政主体内容上不完全履行

行政主体内容上不完全履行是指行政主体在实体内容上未完成其基本责任，如在上文提到的王顺升诉寿光市人民政府行政不作为案中，寿光市政府虽已按法律规定向褚庄村委作出责令公开村务信息通知，但未限定公开的合理期限，亦未对褚庄村委执行通知情况进行核实〔15〕，寿光市政府的行为只能算是完成其履职内容最初始的部分，即责令通知部分，后续的执行情况监督内容则并未履行，这样的内容上不完全履行的行为直接导致的后果，正如判决书上所写的一样，责令通知缺乏约束力和执行力，责令通知最终只是流于形式，对于村民村务信息的知情权无任何保障。类似的是，在绩溪县黄山塑胶制瓶厂诉绩溪县建设委员会不履行法定职责案中，作为被告的绩溪县建设委员会同样以发出《关于妥善处理房屋拆迁中有关问题的通知》辩称已履行监管职责，但一审法院认为，该通知从内容上看，不具有对违法拆迁行为作出相应处理并责令停止不合法拆迁行为等履行职责的实质内容，最终仍认定绩溪县建设委员会行政不作为。〔16〕 行政主体发放《通知》往往是履行法定职责的第一步，但在实践中，行政主体的作为内容往往到这一步就停止，当然也不排除《通知》发完后，行政主体职责完全履行的情况，但在

〔14〕 本文中所引用的司法案例主要是最高人民法院发布的公报案例、典型案例以及其他有影响力的行政不作为案例。

〔15〕 《人民法院关于行政不作为十大案例》,《人民法院报》2015 年 1 月 16 日第 3 版。

〔16〕 参见安徽省宣城市中级人民法院行政判决书，〔2005〕宣中行终字第 21 号。

大多数的情形下,《通知》发完后留下的是行政相对人对未解决问题的一堆问号。为避免《通知》成为行政主体对行政相对人所反映问题的形式敷衍,《通知》具备实质内容,载有处理问题的合理期限是行政主体履职的第一步,在此基础上,行政主体必须要执行监督《通知》的实际履行状况,确保《通知》的内容得到完整有效的履行。

除了发放《通知》外,行政主体的"催告""协调"等行为都是内容不完全履行的体现。在最高人民法院同时公布的另一起十大行政不作为案"彭某诉深圳市南山区规划土地监察大队行政不作为案"中,被告作出限期依法拆除的行政决定后,在行政相对人未申请行政复议亦未提起行政诉讼且拒不履行的情况下,至开庭审理之日止,在长达一年多的时间里,其仅作出催告而未对案件作进一步处理,且未提供证据证明有相关合法、合理的事由,其行为显然不当,已构成怠于履行法定职责,应予纠正。〔17〕还有在叶汉祥诉湖南省株洲市规划局、株洲市石峰区人民政府不履行拆除违法建筑法定职责案中,法院认为,虽然被告株洲市石峰区人民政府在履行职责中有对沈富湘违法建设进行协调等工作,但未积极采取措施,其拆除违法建设工作未到位,属于不完全履行拆除违法建筑的法定职责。〔18〕行政主体内容不完全履行是形式作为下实质不作为的典型表现形式,也是司法实践中比较容易判断的行政主体不作为的情形。当然对于行政主体而言,也是完全可以避免的情形,凡是有责任担当的行政主体,内容上不完全履行的行为都是应当杜绝的。

2. 行政主体程序上不完全履行

不同于行政主体内容上不完全履行,行政主体程序上不完全履行一般是指代有固定步骤程序的行政行为,此类行政行为已形成专门的一套行政流程。如在征地拆迁案件中,履行征地公告程序即是不可逾越的法定程序。在郝龙只等15人诉屯留县人民政府不履行征地方案公告和征地补偿、安置方案公告法定职责案中,征地公告制度,包括征收土地方案公告和征收土地补偿安置方案公告,是保证被征地农民知情权的法定程序,是征地及补偿安

〔17〕《人民法院关于行政不作为十大案例》,《人民法院报》2015年1月16日第3版。

〔18〕《人民法院征收拆迁十大案例》,[法宝引证码]CLI. C. 3252428。

置工作透明化的程序保障。如果行政主体未履行法定的征地公告程序，即使对被征地人予以相应的经济补偿，仍然构成行政不作为。〔19〕例如入选《人民法院案例选》中3例起诉规划局行政不作为的典型案例，规划局查处违章建筑都有固定的步骤和程序，一般分成五步走，先立案组织查处，再作出处理决定，然后送达告知原告，再次督促履行，最后申请法院执行，规划局只有按照程序走完上述流程，才属于履行法定职责，缺少其中任何一个环节都会被认定为行政不作为。在王宗孝诉连云港市规划局不履行规划管理职责案中，该市规划局就只完成了立案查处和处理决定两个程序，最终被法院认定为行政不作为。在刘秀兰诉沈阳市皇姑区规划土地局不履行规划管理职责案中，该区土地规划局只进行了立案查处，毫无疑问属于行政不作为。而在张福康诉上海市徐汇区规划土地管理局不申请人民法院强制执行案中，即使该区规划土地管理局完成前述四个程序，但最后一个程序没有走完，最终仍被法院认定为行政不作为。〔20〕如果行政主体在实践中针对某一问题已形成一套专门的程序流程，当然不仅局限于上述规划部门在查处违章建筑过程中的流程规范，如在交通事故处理流程中，交警在接到报案抵达事故现场后，首要先进行现场勘查，其次进行责任认定，再次对违法行为进行处罚，最后达成赔偿调解，而交警在抵达事故现场后，只是完成其中一个或两个程序，并没有完成从现场勘查到赔偿调解整个流程，最终影响当事人的合法权益，那么事故任何一方当事人都可以提起行政诉讼，按上述理论，交通部门的行为完全可以认定为行政不作为。具体到不同行政主体，针对常见的特定的问题，行政主体一般都会出台相应的操作流程和规范，如交通部出台的《道路交通处理程序规定》，即使一方当事人不熟悉行政主体针对特定问题的程序规定，在查阅相关法律法规规章以及其他规范性文件后，就能够了解相应的流程规范。按照流程规范对比行政主体的行政行为所必经的程序是否缺失，一旦有漏洞，行政相对人即可以向法院提起行政诉讼从而寻找权利救济。

当然，行政主体内容不完全履行与程序不完全履行并不是截然分离的，

---

〔19〕 参见《最高人民法院公报》2015年第3期。

〔20〕 参见章志远：《司法判决中的行政不作为》，《法学研究》2010年第5期。

往往会相互交织在一起,有些内容不完全履行的案件必然涉及程序没有完全走完,而有些程序未完全履行的案件必然与实体内容紧密相连。如果要仔细区分的话,笔者认为,针对有专门操作流程规范的行政行为,可先以程序是否走完判断是否完全履行,然后再从实体内容角度进一步判断。

(二)负有职责的行政主体交由第三方行政主体履行

负有职责的行政主体没有自行调查处理,而转交给其他行政主体了事,是不适当地履职〔21〕,形式上似乎已履行职责,实质上是严重的行政不作为。在实践中最常见的莫过于行政主体上下级之间转交,然而无论是上级推卸给下级,还是下级推诿给上级,都被认定为不作为。在吴某诉江苏省环境保护厅不履行法定职责案中,省环保厅收到投诉后,网上转交无锡市环保局办理,该局网上签收又转交江阴市环保局办理。最终法院判决被告于判决生效之日起30日内针对原告的投诉履行相应法定职责。〔22〕在杨宝玺诉天津服装技校不履行法定职责案中,教育机构不直接向受教育者颁发毕业证书的行为,以受教育者的毕业证书已经交上级主管机关为由,不履行法定职责,缺乏法律依据,侵犯了受教育者的受教育权,其行为构成违法。〔23〕除了上下级机关之间转交,不同机关之间转交的问题也十分严重。

如在汤晋诉当涂县劳动局不履行保护人身权、财产权法定职责案中,原告汤晋在写给当涂县劳动局的信中控诉其所在工作单位当涂县建材公司违反劳动法律、法规,滥用职权,停发及乱扣其经济收入的行为,而当涂县劳动局长仅在信上批示:“将此文转交物资局处理。”最终,当涂县人民法院认为,当涂县劳动局把要求查处违法行为的来信批转无处理权的物资局去处理,自己既不履行监督检查的职责,也不向物资局了解监督的结果如何,并且不给来信人答复,不能认为其已履行了法定职责。〔24〕在该案中,当涂县劳动局对用人单位遵守劳动法律、法规的行为进行检查,对违法行为进行制止并

---

〔21〕何海波:《行政诉讼法》,法律出版社2016年版,第330页。

〔22〕参见《最高法通报十起环境保护行政典型案例》(第二批),http://legal.people.com.cn/n1/2016/0330/c42510-28238353.html,最后访问日期:2017年2月25日。

〔23〕参见《最高人民法院公报》2005年第7期。

〔24〕参见《最高人民法院公报》1996年第4期。

责令其改正是其法定职责，而当涂县物资局只是对其主管劳动法律、法规的行为进行监督，而无权对违法行为进行处理，当涂县劳动局将本属于自己应当履行的职责交给无权处理的物资局处理，很明显是行政不作为的表现。

那么问题来了，假如第三方行政主体无权处理，但代替负有责任的行政主体履行了职责，此种行为又该如何认定呢？在廖某诉万安县国土资源局不予查处案中，万安县人民法院认为，被告国土资源局以芙蓉镇社会治安综合治理委员会对第三人的土地违法行为已作处理及按惯例建寿坟无须批准为由而不作为。被告的理由不能成立，因为法律没有赋予综合治理机构对土地违法行为享有管理权，同时惯例与法律相抵触，故被告仍属行政不作为。〔25〕由此可见，即使第三方行政主体替代负有职责的行政主体履行相应职责，只要其该第三方行政主体无权处理，负有职责的行政主体最终仍被认定为行政不作为。

接下来，必定有人要提到另一种情形，假如第三方有权处理，并且代替了同样负有责任的行政主体履行了职责，而行政相对人不服提起行政诉讼，状告的行政主体是负责而未履职的行政主体，此时应该如何处理？笔者认为，每个行政主体都有其特定的行政职能，一般情形下不会出现两个行政主体对于同一问题都有行政管理职权的情形，但实践中确实会出现对于同一违法行为，两个行政主体都有执法权的情形。在这样的一个例子当中，甲是一家纯净水加工厂，生产过程中偷工减料，导致生产的一批纯净水存在安全问题，其结果有消费者中毒住院，后有中毒的消费者家属向工商局举报，但工商局接到举报后交由卫生局处理，卫生局依据相关卫生法律对甲生产不安全纯净水一事作出5000元处罚，中毒的消费者对处罚行为不满，提起行政诉讼，并认为工商机关未履行法定职责，后经查明，该纯净水加工厂还存在无照经营的情形，那么工商局转交卫生部门处理的行为就符合不作为的构成要件，尽管卫生局也有权处罚，但工商局未对无照经营处罚，也属于形式作为下的实质不作为。但如果查明，该纯净水加工厂不存在无照经营的情形，只是违法生产不卫生矿泉水，那么卫生部门进行5000元罚款后，只要

〔25〕 周迎飙、王小丽：《农民买地建寿坟 国土局接报不查败诉》，中国法院网，http://old.chinacourt.org/html/article/200511/01/183513.shtml，最后访问日期：2016年7月31日。

罚款额度在合理范围内,并且违法情形未严重达到暂扣或吊销营业执照的程度,那么根据“一事不再罚”的处罚原则,工商局的处罚职责已由卫生局完全有效履行,也就不符合不作为的构成要件。[26]

总而言之,判断负有职责的行政主体交由第三方行政主体处理的行为是否构成形式作为而实质不作为,需要结合第三方行政主体是否有权履职来判断。如果第三方行政主体无权履职,那么负有职责的原行政主体必然构成形式作为而实质不作为。如果第三方行政主体有权履职,需要结合原行政主体与第三方行政主体的履职事由、履职方式来进行判断,如果履职事由不同,则仍构成形式作为而实质不作为,如果履职事由相同,并且履职方式可替代,这种情形就不应认定为原行政主体形式作为而实质不作为,因为原行政主体的行政行为完全可由第三方行政主体替代,从事实与法理上完全行得通。不过笔者需要最后提及的是,即使行政主体没有职责,也要予以必要的说明指导[27]或是及时把案件移送[28],否则在司法实践中也会被认定为行政不作为。

(三)行政主体未及时履行职责

行政主体虽然启动行政程序,但在法定的或合理的期限内没有全部完成行政程序而履行其作为义务,也属于行政不作为。[29] 因此,行政主体及时履行职责是判断行政主体是否实质作为的判断标准。任何行政行为都有一定的履行期限,这里的履行期限或是由法律法规决定,或是根据实际情况判定。笔者认为,对于及时标准的把握,最重要的就是结合法定期限和实际合理情况来确定。第一种是法定期限,在法定期限内行政主体没有作出相

---

〔26〕 案例改编自徐金桂:《徐金桂讲行政》,中国政法大学出版社2014年版,第121页。

〔27〕 在“齐来发诉山东省交通运输厅道路运输局不履行法定职责案”中,虽然山东省交通运输厅道路运输局客车对齐来发客车是否存在不按规定线路行驶的行为进行路检路查不负有执法职责,但是法院最终判决按照其职权范围的规定对齐来发的申请作出处理。参见《最高人民法院发布的八起典型案例》,[法宝引证码]CLI. C. 3084739。

〔28〕 在“钟华诉北京市工商行政管理局通州分局行政不作为案”中,工商机关发现群众对于食品安全问题的举报事项是属于其他行政机关管辖的,应当移送相关主管机关,不能一推了之。积极移送也是一种法定职责。参见《人民法院关于行政不作为十大案例》,《人民法院报》2015年1月16日第3版。

〔29〕 马生安:《行政行为研究》,山东人民出版社2008年版,第207页。

应的行政行为,即行政主体没有及时履行职责,此种行为该如何认定?周佑勇教授认为,行政主体及其工作人员在程序上的不为已经超过一定的时限才能认定为行政不作为,而如果法定期限届满而"为",则是作为迟延,不能视为是行政不作为。[30] 笔者不赞同周佑勇教授的观点,既然法律已经规定了一定的期限,行政主体就应当在法定期限内履职,超过法定期限而为,虽然有所作为,但必定会给行政相对人的权益带来影响。例如在行政许可申请中,行政主体未在法定期限给行政相对人颁发许可证,行政相对人因未及时获得行政许可而导致的生产经营上的一系列损失,如果只是将行政主体的行为认定为迟延,并不能对行政相对人的权益提供充分的救济保障,因为行政诉讼法中并未将行政主体迟延履行纳入受案范围,而行政不作为则是明确纳入受案范围的,将此种行为直接认定为行政不作为既能督促行政主体及时履职,又能给行政相对人提供救济途径。

关于在法定时限内要求行政主体履职的法律法规规章其实大量存在,如《行政许可法》第 42 条就规定,除可以当场作出行政许可决定的外,行政机关应当自受理行政许可申请之日起 20 日内作出行政许可决定。20 日内不能作出决定的,经本行政主体负责人批准,可以延长 10 日,并应当将延长期限的理由告知申请人。但是,法律、法规另有规定的,依照其规定。依照本法第 26 条的规定,行政许可采取统一办理或者联合办理、集中办理的,办理的时间不得超过 45 日;45 日内不能办结的,经本级人民政府负责人批准,可以延长 15 日,并应当将延长期限的理由告知申请人。[31]《政府信息公开条例》第 33 条规定,行政机关收到政府信息公开申请,能够当场答复的,应当当场予以答复。行政机关不能当场答复的,应当自收到申请之日起 20 个工作日内予以答复;需要延长答复期限的,应当经政府信息公开工作机构负责人同意并告知申请人,延长的期限最长不得超过 20 个工作日。第 34 条也规定,申请公开的政府信息由两个以上行政机关共同制作的,牵头制作的行政机关收到政府信息公开申请后可以征求相关行政机关的意见,被征求意见机关应当自收到征求意见书之日起 15 个工作日内提出意见,逾

---

〔30〕 周佑勇:《论行政作为与行政不作为的区别》,《法商研究》1996 年第 5 期。

〔31〕 参见《行政许可法》(2003 年),中华人民共和国主席令第 7 号。

期未提出意见的视为同意公开。〔32〕《网络预约出租汽车经营服务管理暂行办法》第 7 条规定,出租汽车行政主管部门应当自受理之日起 20 日内作出许可或者不予许可的决定。20 日内不能作出决定的,经实施机关负责人批准,可以延长 10 日,并应当将延长期限的理由告知申请人。〔33〕如果行政主体未在法定时限内履行职责,毫无疑问属于行政不作为。在沈某、蔡某诉南通市公安局开发区分局行政不作为案中,公安机关办理治安案件的一般期限为 30 日,最长期限不得超过 60 日。被告于 2013 年 9 月 22 日立案,至 2013 年 12 月 9 日作出行政处罚决定,办案期限明显超过了法律规定的一般办案期限,也超过了最长 60 日的办案期限。调解亦应当坚持自愿原则,当事人明确表示不愿意调解的,则不应适用调解处理。即使存在调解的事实,那么从原告沈某 10 月 9 日拒绝调解之日起至被告于 12 月 9 日作出行政处罚决定,亦长达 61 天,仍然超过了最长 60 日的办案期限。更何况被告未能在举证期限内提供经上一级公安机关批准延长办案期限的证据。据此,判决确认被告未在法律规定的期限内作出行政处罚决定行为违法。〔34〕

第二种就是根据实际情况来确定的合理期限,相比于直接由法律、法规、规章规定的法定期限而言,根据实际情况确定的合理期限在实践中更需要引起关注。因为缺乏法律的直接约束,给予行政主体的自由裁量权就会比较大,一旦行政主体在合理期限内未履行职责,无疑会增加行政相对人的举证难度。但是,如果需要完成的行政行为简单,但行政主体实际履行期限拖延很长,这就明显属于未在合理时限内及时履职。如在中海雅园管委会诉海淀区房管局不履行法定职责案中,法院认为,海淀区房管局收到中海雅园管委会寄送的报告后,指派工作人员与中海雅园管委会负责人进行了谈话,指出中海雅园管委会报送的材料不符合要求,但未要求中海雅园管委会予以补正,也未明示不予备案,海淀区房管局在长达一年的时间内,不依照职权对中海雅园管委会提出的换届选举登记备案申请给予任何书面答复,

---

〔32〕 参见《政府信息公开条例》(2019 年修订),中华人民共和国国务院令第 711 号。

〔33〕 参见《网络预约出租汽车经营服务管理暂行办法》(2016 年),交通运输部、工业和信息化部、公安部、商务部、工商总局、质检总局、国家网信办令 2016 年第 60 号。

〔34〕 《人民法院关于行政不作为十大案例》,《人民法院报》2015 年 1 月 16 日第 3 版。

亦未依照规定尽其指导、监督的职责，构成违法。[35] 虽然法律对此行为未规定履行时限，但海淀区房管局长达一年未履行，很明显超过根据实际情况所确定的合理期限，海淀区房管局的拖延履行的行为，给行政相对人中海雅园管委会的权益造成重大影响，毫无疑问应当被认定为行政不作为。

行政主体未及时履职，除了在具有法定期限的行政行为中要求行政主体在法定期限内积极作为，第三种就是在紧急时限内要求行政主体有所作为。对于公安部门、消防部门、医疗部门等，都有出警时间的要求。如公安在接到110报警求救电话后，公安部门未在出警时间内及时赶往报案现场，原本10分钟之内就能到达却拖延到30分钟才到达，而犯罪分子正是在第20分钟对被害人实施了抢劫伤害行为，即使警察最终制止了暴徒，但因为未在紧急时限内赶往案发现场对被害人进行救援，被害人对自己受到的伤害仍可提出行政诉讼请求国家赔偿。对于紧急情形下行政主体的履职标准要求，除了及时要件外，还应当符合有效标准，下文将重点讨论，这里就不再赘述。

(四)行政主体未有效履行职责

行政主体未有效履行职责，一般发生在危险防止型行政行为当中。[36]《行政诉讼法》第12条，明确将申请行政主体履行保护人身权、财产权等合法权益的法定职责，行政主体拒绝履行或者不予答复的情形列入受案范围，人身权、财产权是公民基本权利，我国法律、法规将保护公民的人身权、财产权以及其他一些基本权利明确为行政主体的法定职责，公民的人身权、财产权等合法权益受到侵害时，如果行政主体不依法履行保护职责，属于行政不作为，公民就可以向法院提起诉讼，要求行政主体履职。[37] 这条即是针对危险防止型行政不作为的规制。在危险防止型行政行为中，对于行政主体怠慢履行或者说是未及时履行，毫无疑问应当被认定为行政不作为。如在

---

〔35〕 参见《最高人民法院公报》2004年第5期。

〔36〕 危险行政不作为是指“行政机关对于存在于自然界或社会上之危险及第三者行为所生之危险，未能适当行使规制或取缔权限致生损害的行为”，参见王和雄：《论行政不作为之权利保护》，三民书局1994年版，第279页。

〔37〕 信春鹰主编：《中华人民共和国行政诉讼法释义》，法律出版社2014年版，第39-40页。

陈芝英等因上海市公安局静安分局对羁押人在被关押期间因病未及时治疗而致死亡申请行政赔偿案中,法院认为,公民的人身权利受法律保护,王黎明因劳教在被被告关押期间,哮喘病复发,按照公安部1990年1月3日发布的《治安拘留所管理办法(试行)》的有关规定,被告负有对王及时治疗的职责。被告因未采取及时有效治疗措施,致王死亡,侵害了王的生命健康权,亦是一种失职违法行为,对此应负赔偿责任。〔38〕

但如果行政主体及时但未有效履行职责,该行为应该如何认定?笔者认为,即使行政主体的行为符合及时要件,但如果没有积极有效作为,仍属于行政不作为,是形式作为下实质不作为的典型表现形式。如在丁卫义诉临海市公安局不作为行政赔偿案中,法院认为,被上诉人在接到报警后,立即出动警力赶往现场,其行为是积极主动的。但是被上诉人方出动的警力有十四五人之多,且警察到场时,双方并没有开始打架,警方应有足够的警力采取预防和制止措施,但警方却没有积极预防和制止打架事件,导致打架事件发生,造成上诉人方多人受伤,其中一人被打断3根肋骨的严重后果。上诉人在法庭上认为被上诉人没有积极地履行预防和制止的职责,并不是说公安机关一点也没有履行职责,只是不积极履行,仍然属于不履行职责的范围。〔39〕临海市公安局虽及时赶到案发现场,但未有效履行其保护公民人身安全、惩治违法犯罪行为的职责,最终仍被法院认定为行政不作为,由此可见,在符合及时要件的同时,行政主体积极有效履行职责才是作为的完整表现形式。

在生活实践中,这样的事例并不少见。派出所在接到报警后,派出两名不会游泳的民警去救落水儿童,即使两名民警及时赶到事故现场,并采取了一定的辅助救援行为如大声呼救、寻找救援工具,但派出两名不会游泳的民警去救援显然与救落水儿童这一目标相背离,仍属于未有效履行法定职责,应认定为行政不作为。类似的情形,在消防部门接到火灾报警电话后,到火灾现场发现所携带的云梯并不能到达需要紧急救援的楼层,而消防部门是配有这样高度的云梯的,只是未料及火灾楼层高度高于一般救援云梯。(如

---

〔38〕 参见上海市静安区人民法院行政判决书,[法宝引证码]CLI.C.21661。

〔39〕 参见浙江省台州市中级人民法院行政判决书,〔2002〕台行终字第242号。

果楼层高度已超越当地消防部门在经济承受范围内,并已及时更新配置云梯的情形除外,这属于事实不能,将在下文讨论。)因为云梯原因而导致火灾救援不理想,造成人员伤亡的,消防部门虽及时赶到火灾现场并履行了相应救援职责,但这样的行为仍应被认定为行政不作为,因为消防部门未有效履职,防止危险结果的发生,而消防部门未有效履职的原因并非是客观事实不能,而是自身主观原因所致。

在防止危险型行政行为中,需要注意的是,如果行政主体确实已经在能力范围内尽最大义务履行职责,此时就不应认定为行政不作为。如在张志发申请上海市公安局普陀分局行政赔偿案中,法院经庭审质证表明,派出所接警后立即赶到现场,走访周边邻居,查明张朱明的身份事项,及时、多次通知了家属,看护现场、在久候家属两个小时还未到的情况下通知了"120"急救中心。派出所的上述一系列措施属对醉酒倒地的张朱明实施了立即救助行为,符合上述法律规定的人民警察义务。被告在接警后第一时间赶到现场,并采取了及时通知家属的救助措施,对醉酒倒地者的出警方式,并无不作为行为,更不构成违法行为。〔40〕派出所在能力范围内尽了最大救援职责,虽然最终未能防止危险结果发生,但仍应认定其积极作为而非不作为。对行政主体工作人员的其他专业技能过于苛责对于行政主体而言也是不切实际的,所以非行政主体工作人员的本职范围内其他技术要求不应认定为行政不作为的考虑因素。在方某某与广州市公安局白云区分局行政不作为及请求国家赔偿纠纷上诉案中,法院就认为,对本案死者方某内在病情的判断,专家论证会一致认为绝对不是民警应有的职业技能和要求。对于方某的饿昏情形,民警已经给予了合理的救助,包括提供食物和水、通知原告到场,对死者内在的病情,不属于"其他危难情形",因此被告已完全履行了《中华人民共和国人民警察法》第 21 条规定的职责。从专家和教授们的意见可以看出,方某的脑膜炎病症自 2003 年 6 月已开始病发,对于民警来说,其一般认知能力是无法判断出方某是一名患有神经内科疾病的病患者的,所以民警没有将方某送往医院,在主观上并不存在过错,故原告起诉被告存在不

〔40〕 参见上海市第二中级人民法院行政判决书,〔2002〕沪二中行赔终字第 10 号。

作为行为,依据不足。[41]

行政主体在危险防止型行政行为中是否有效履职,需要结合多方因素考量,在排除客观事实不能以及超越行政主体工作人员主观能力之上的情形后,行政主体及时但未有效的履职才属于形式作为下的实质不作为。

(五)行政主体未尽合理监管职责

我们现在所处的社会,又被称为"风险社会",在食药安全、环境保护、生产安全等领域都时刻存在着风险,这就要求行政主体必须从行政法治早期的消极作为向积极作为转变,要积极履行法定职责,尤其是涉及公众生命安全领域的监管职责。行政主体在这些监管领域的不履职,或者说是不完全履职都是行政不作为的表现,最终导致的将是对行政主体负责人及直接责任人的行政问责以及对行政主体的国家赔偿。

首先以环保领域为例,环境监管是环保部门遏制环境污染事件的重要渠道,在环境监管过程中,环境污染具有综合性和积累性的特点,由哪一个污染者和排放污染引起,往往不容易判断,因而也不容易判断环境监管机关是否已尽合理监管职责。但有学者指出,可以通过环境监管机关在环境许可和环境监察中的表现,以及对待环境违法的态度等方面来判断环境监管机关是否履行了环境监管之职。具体而言,在行政许可阶段未尽合理监管职责,包括没有经过环境影响评价就许可企业从事生产活动以及行政许可未尽合理义务,在日常监管阶段未尽合理监管职责,包括执法的薄弱和懈怠,尤其是象征性执法如对于大量存在的违法事实情形只予以一般罚款的情形。[42] 在锦屏县人民检察院诉锦屏县环境保护局不履行法定职责案中,锦屏县环保局虽然对违法企业作出过多次处理,县检察院亦多次以检察建议方式督促该局履行监管职责,但环境违法行为仍持续了近一年半。由此可见,该县环保局的执法行为并没有落到实处,并未有效履行法定职责。[43] 还有 2015 年报道的常州毒地事件,常州外国语学校学生不断出现的疾病与

〔41〕 参见广州市中级人民法院行政判决书,〔2005〕穗中法行终字第 176 号。

〔42〕 参见邓可祝:《论环境监管不作为的国家赔偿责任》,《上海政法学院学报(法治论丛)》2013 年第 6 期。

〔43〕 《最高法发布人民法院环境保护行政案件十大案例》,[法宝引证码]CLI. C. 8315080。

身体不良反应疑似与旁边化工厂污染土地有关，而这块地的环评报告存在严重瑕疵，学校属于未批先建。〔44〕 在常州毒地实践中，环保部门在行政许可阶段就未尽有效监管职责，环评报告的严重瑕疵就充分暴露了环保部门形式作为下的实质不作为。

食药安全关系每个人的身体健康，因此在食药安全领域，行政主体的监管职责更是重大。然而屡屡报道的食药安全领域的恶劣影响事件，如毒奶粉、毒胶囊甚至毒疫苗事件，在公众斥责无良厂商并追究其刑事责任的同时，对于行政主体合理监管职责的缺失同样不容忽视。以毒疫苗事件为例，山东毒疫苗事件曝光后，李克强总理就作出批示要求调查、追责、弥补监管漏洞。当然职能部门未合理监管，与目前疫苗监管中监管力量薄弱、监管部门打架、监管的信息不畅通等原因有关，但这并不能成为监管部门逃避责任的借口，毕竟涉案规模如此巨大的恶劣案件，只要监管部门在日常监督检查过程中尽合理注意义务，就完全不会给犯罪分子可乘之机。有学者建议道，对于药品的监管，药品监督管理部门应当与其他部门之间加强协作，药品监管毕竟是一项复杂的工程，应通过联合执法、综合整治、监管联席会议、正式或非正式磋商、监管信息交流和共享、提供行政协助等方式，加强沟通，密切配合，促进药品监管资源的优化配置，促使药品监管权能有效地、无遗漏地实施。〔45〕 笔者认为上述建议完全是在行政主体合理监管职责之内，药品监管部门通过加强与其他部门之间的沟通协作，进行联合执法、综合整治，必定能发挥监管的最大效用。在食品安全监管领域，有学者指出须克服食品安全多头监管的弊端，在近期通过渐进式的改革，以实现统一食品生产供应链监管为目标，实行一个或两个部门负主要责任，其他部门负辅助责任的管理体制，最终实现对食品生产供应链的统一监管。其实这些监管措施改革的终极目标都是使行政主体能够合理履行监管职责，在违法行为露出苗头时予以制止，否则一旦食药安全事故曝光，行政主体再怎样为自己已尽合理职责找借口也是枉然，因为这完全是实质监管作为下可以避免的。

---

〔44〕 参见《常州外国语学校毒地污染事件始末》，搜狐网，http://mt.sohu.com/20160511/n448858259.shtml，最后访问日期：2016 年 8 月 3 日。

〔45〕 宋华琳：《药品安全监管改革与法制建设》，《行政管理改革》2012 年第 2 期。

除了环保和食药安全领域行政主体的合理监管职责,行政主体在生产安全领域的合理监管职责同样十分重要。在天津港爆炸事故中,对行政主体存在的问题认定就是有法不依、执法不严、监管不力、履职不到位。“未认真履职”“日常监管严重缺失”“对存在的问题失察失管”等字眼充分暴露了天津市相关行政部门日常监管中形式作为而实质不作为的本质。[46] 此外,在一些屡屡报道的煤矿事故中,除了煤矿企业违法违规开采的原因外,很大程度上也与行政主体未尽合理监管职责,没有及时检查煤矿企业生产安全,未对违法行为及时查处密切相关。

当然,行政主体的监管范围远不止上述三个领域,可以说凡是有行政主体存在的地方就存在着行政监管的职能,行政监管作为行政主体一项最基本的职能,在实践中常常因费钱费力而被搁置一旁,走马观花式的形式监管越来越常态化,这不得不引起行政主体的高度重视,未尽合理监管之职责就是不作为,一次次血淋淋的教训已经深刻地诠释了此条的含义。

四、与行政主体拒绝作为的区别

笔者之所以单独讨论行政主体形式作为下的实质不作为与拒绝作为的区别,是因为这两组概念确实极易混淆,而且确实存在一定的交集。在比较之前,我们首先需要认知什么是行政主体拒绝作为。关于行政主体拒绝作为的性质,学界一直众说纷纭。其实在前文笔者已略有论及,按照行政不作为实质说的观点,拒绝行为虽然在方式上是有所为,但在内容上却是不为,实质上应属于不作为。而不同的程序说观点认为,行政主体对于不符合履行条件的已明确表示拒绝,程序上已作出行为表示,应属于行政作为。王克稳教授基于履行法定职责的观点将行政不作为、行政拒绝行为与行政作为之间的关系作出了如下的概括:行政不作为可以分为“没有履行职责的意思表示(不予答复)”“拖延履行职责(答复履行但逾期没有结果)”和“拒绝履行

[46] 参见《天津港爆炸事故调查报告公布》,凤凰网,http://news.ifeng.com/a/20160205/47374334_0.shtmlJHJ_zbs_baidu_bk,最后访问日期:2016年8月4日。

法定职责的行为”三种情形。行政作为可以分为“履行了法定职责后的拒绝行为”和“同意相对人申请的行为”两种情形。行政拒绝行为则包含其中“拒绝履行法定职责的行为”和“履行了法定职责后的拒绝行为”两种情形。〔47〕笔者认为，这是目前对于行政主体拒绝行为性质最为清晰的剖析，下面笔者将结合这一分析结论比较其与形式作为下的实质不作为之间的关系。

形式作为而实质不作为的客观表现形式在于形式上有动作表示，但实质上却没有动作表示。与拒绝履行法定职责的行为相比，两者在根本性质上是一致的，实质都属于行政不作为，但形式作为而实质不作为所表现的形式更为丰富。以申请许可为例，行政主体对待行政相对人申请时，如果受理后不予答复，或是答复后未按照完整程序准予许可或是拒绝许可（包括逾期没有结果），都属于行政形式作为下的实质不作为。而拒绝履行法定职责，表现形式则体现为不受理或是受理后不答复。司法实践中无论是口头答复不予立案〔48〕，还是出具不予立案通知书〔49〕，这些拒绝履行法定职责的形式表现都属于行政不作为。与履行法定职责后的拒绝行为相比，两者行为性质就是相反的，履行法定职责后的拒绝行为应当属于行政作为而非不作为的范畴。在形式上，两者都启动了行政程序，同样以申请许可为例，只不过形式作为下的实质不作为并未完成全部程序或是在法定期限内未作出最终行政行为，而履行法定职责后的拒绝行为则是形式上（程序上）和内容上（实体上）都毫无瑕疵，最终的拒绝行为也是行政主体履行法定职责的正确表现。经过上述比较分析，如果按照行政不作为实质说和程序说的观点，形式作为下的实质不作为与拒绝行为确实在形式上和内容上存在语词上的混淆

〔47〕 参见王克稳：《论行政拒绝行为及其司法审查——以郑广顺申请规划认定案为例》，《安徽大学法律评论》2009年第2辑。

〔48〕 在“彭学纯诉上海市工商局不履行法定职责纠纷案”中，当事人认为电视台播出的节目系违法广告，要求主管部门工商局予以查处，工商管理局口头答复该节目不属于广告，不同意立案查处，并没有依法履行其法定的行政职责，系行政不作为。参见《最高人民法院公报》2003年第5期。

〔49〕 在“青岛遨广通机械施工有限公司诉即墨市工商行政管理局行政不作为案”中，查处伪造企业法人营业执照的行为是否是被告市工商局的法定职责，市工商局作出不予立案通知书属于怠于履责、查处不力情形。参见《最高人民法院发布10起人民法院经济行政典型案例》，[法宝引证码]CLI. C. 7363617。

和实体上的不清，且不能区分不同情形。基于行政主体履行法定职责的角度去区分情形判断，可以厘清两者之间的关系。

当然也有学者从法规范的角度认为，拒绝履行法定职责的表述容易引起争议，在《行政诉讼法》实施九年后颁行的《行政复议法》已经舍弃了“拒绝履行法定职责”的表述，也就是放弃了行政不作为的“形式标准”，而采用了“实质标准”。《行政复议法》第 6 条规定行政不作为时没有使用“拒绝履行法定职责”的说法，而是代之“没有依法履行”。“没有依法履行”包含的内容既可以是形式上的不作为，也可以是实质和内容的不作为；只要相对人认为符合法定条件，行政主体没有依法予以办理或履行的，就构成了行政不作为。〔50〕应当来说，拒绝履行法定职责的行为属于行政不作为的表现形式之一而非全部，从概念外延上来看，没有依法履行的行为过于宽泛，行政不作为也是没有依法履行的表现形式，形式作为下的实质不作为更是其中的一部分。虽然采用“没有依法履行”的表述，避免了拒绝履行法定职责所带来的歧义，但是其过于宽泛的范围不符合法律用语的精准要求。此外，如果真如学者所言，存在用“没有依法履行”代替“拒绝履行法定职责”的趋势，为何最新修订的《行政诉讼法》未见相关表述呢？其实，在笔者看来，正是由于学者们纠结于所谓的“形式(程序)”与“实质”，而未从其行政不作为本身即是违法、不履行法定职责的形态分析，不能揭开拒绝行为的面纱，也导致了与形式作为而实质不作为概念的混淆。

总之，用行政不作为本身即是不履行法定职责的理论去分析，限缩拒绝履行法定职责的内涵(定性为行政不作为之一种)以区别于履行法定职责后的拒绝行为(行政作为)，就无须以“没有依法履行”的表述替代，这样与形式作为下的实质不作为也很容易分清楚。

五、除外情形：行政主体实质不能作为

尽管在法治政府、服务型政府的大力建设下，必须要强调行政主体的积

〔50〕 毕海雁：《行政不作为的司法治理研究》，载姜明安主编《行政法论丛》，法律出版社 2016 年版，第 5-6 页。

极作为、完全履职,但行政主体毕竟不是万能的,对于行政主体过于苛责反而会适得其反,影响行政主体的积极性,最终损害行政相对人的合法权益。所以笔者将行政主体形式作为下的实质不作为的除外情形即行政主体实质不能作为单独进行讨论区分,以求划分两者界限,既督促行政主体自身及时、完整、合理、有效履职,又避免给行政主体增添不必要的负担,以求最大程度上保障行政相对人的合法权益。行政主体实质不能作为,也有学者将其表述为行政不能,行政不能指的是行政主体在行使职权或履行职责的过程中,因意志外客观因素的限制,致使行为过程未能推进到法定过程终端的行为。〔51〕当然,从意志外客观因素限制去定义行政不能,笔者认为,这是从狭义的角度去进行定义,从广义的角度来看,行政不能可以从事实与法律两个角度来进行判定。

(一)事实角度

事实角度的行政不能,即是狭义概念中的行政不能,主要是指意志外客观事实导致行政主体实质不能作为。生活中最常见的就是各种突发自然灾害造成的重大人员伤亡,如在盐城阜宁突发的强冰雹和龙卷风双重自然灾害,造成 99 人遇难。〔52〕在当前的科学技术条件下,气象部门不能准确预测像突发龙卷风这样的自然灾害,客观条件不具备限制了行政主体的能力的发挥,行政主体就置于实质不能作为的境地。其次比较常见的就是行政行为赖以作出的重要证据材料毁灭或缺失,如 A 县消防主管部门接到报案后,迅速赶赴现场,认真做了现场勘查及调查访问工作。因救火现场遭到严重破坏,没能提取到任何有价值的物证,A 县消防主管部门对现场勘查和调查访问情况进行了综合分析,仍不能认定火灾发生的原因。因为有价值物证的毁灭导致消防机关不能认定火灾事故发生原因,消防机关就属于行政实质不能作为。同样地,在一起交通事故发生后,B 市公安交警部门接到报案后,立刻赶到现场,对现场进行了勘查,并组织人员对逃离车辆进行追

〔51〕 周涛:《对行政不能行为的几点思考》,《人民司法》1998 年第 1 期。

〔52〕 参见《江苏盐城阜宁龙卷风冰雹灾害已造成 99 人遇难》,腾讯网,http://js.qq.com/a/20160626/016243.htm,最后访问日期:2016 年 8 月 6 日。

缉,但肇事逃逸车辆的抓捕未果致使交警部门未能在法定期限内出具《交通事故责任认定书》,交警部门亦属于实质不能作为的情形。[53] 最后,事实不能还常见于危险防止型行政行为中,这其实在上文行政主体未有效履职中也有所讨论,在危险防止型行政行为中,只要行政主体及时赶到案发现场,并采取了一系列措施积极作为,但当时的客观事实状况已超越行政主体人员尽最大能力掌控范围,行政主体工作人员不可能具备其他专业领域的高端技术知识水平,此时,行政主体的行为同样不能被认定为行政不作为。综上,在突发自然灾害,重大证据材料毁损灭失,危险防止型行政作为中行政主体已积极作为,最终出现行政主体实质不能作为的情形不宜认定为行政主体不作为。不过,笔者在这里还需要强调的是,从事实角度引发的不能仅是从绝对客观事实角度去判断,需要结合行政主体及其人员的主观因素。在突发自然灾害,重大证据材料毁损灭失以及危险防止型行政行为中,对于行政主体及其工作人员的主观因素考虑程度是依次递增的,尤其是在危险防止型行政作为中,尽管客观事实因素仍是主要考量对象,但行政主体工作人员的主观意志因素也应当是不容忽视的。

(二)法律角度

相比于从事实角度进行判断行政主体是否存在实质履行的前提,从法律角度出发则显得较为轻松。如果缺乏法律、法规的明确授权,行政主体就无须履行行政相对人所要求的实质履行的职责,行政主体之前的履职行为,不应被认定为形式作为而实质不作为。如在周红英诉南通市住房保障和房产管理局拆迁行政监督案中,法院认为,被告南通市房管局作为南通市房屋征收部门,在其职责范围内,对原告周红英及第三人程忠的举报积极进行了调查核实,并将调查结果告知了原告周红英及第三人程忠,应当认定为已经履行了《条例》所赋予的职责,并无怠于履行法定职责的情形。原告周红英要求本院判令被告南通市房管局对所举报的违法拆迁行为进行查处的主张,没有法律依据,本院不予采纳。[54]值得注意的是,如果法律规定了行政

〔53〕 周涛:《对行政不能行为的几点思考》,《人民司法》1998 年第 1 期。

〔54〕 参见南通市港闸区人民法院行政判决书,〔2014〕港行初字第 00130 号。

职责的情况，行政主体的习惯做法就不能成为免责事由，如在廖某诉江西省万安县国土资源局不予查处案中，第三人郭某购买旱地建寿坟，原告要求被告予以查处。被告答复，第三人未经批准占用旱地建寿坟虽属违法行为，但考虑到建寿坟在万安县殡葬改革之前，按惯例建寿坟不会经过土管部门和县政府批准，并且建寿坟地点周围大多是坟墓，故对原告的案件予以信访结案。万安县人民法院认为，第三人郭某占用耕地建寿坟违反了《土地管理法》的禁止性规定，该惯例与法律相抵触。被告所称按惯例建寿坟无须批准的理由不成立。〔55〕只要法律、法规、规章明确规定了行政职责，与之相冲突的行政惯例或者是行政习惯，必须要让位于法律，这也是为了确保法律的权威性以及规范行政主体的行政行为。何海波教授也提出了在法律规定行政职责的情况下，行政主体的现实困难不能成为免责理由，笔者认为这一点值得商榷。这里的现实困难需要区别情形对待，如果只是行政主体怠于履职，以实践中存在的小困难予以敷衍（小困难指的是通过一定的时间、金钱或技术条件可克服的，在行政主体能力范围之内），显然是无法免责的，但如果是如前面讨论的事实不能的重大困难情形，笔者认为完全可成为免责事由，而不应被认定为行政不作为。

还有一点需要注意的是，法律不能与行政立法不作为是两个截然不同的概念。行政立法不作为指的是特定行政立法机关未依照上位法的规定，未尽到合理的立法责任，在合适的时间以合适的方式或者程序，展开立法创制、修订或废止活动的行为。行政立法不作为危及了公民、法人或者其他组织的权益以及社会公共利益，行政立法机关因此应该承担相应的法律责任。〔56〕而法律不能则是法律、法规、规章未授权行政主体相应的职责，行政主体不承担相应职责客观上并不破坏行政秩序或是影响行政相对人合法权益。不能因为法律未规定行政主体相应职责，当事人就认为存在行政立法不作为的情形，如法律未规定公安部门查封不合格产品的职责，因为这本身就是工商部门的职责而非公安部门的职责，以该产品造成当事人人身、财产损害而追究公安部门行政立法不作为的责任显然是荒谬的。不过，两者之

〔55〕 何海波：《行政诉讼法》，法律出版社 2016 年版，第 330 页。

〔56〕 于立深：《行政立法不作为研究》，《法制与社会发展》2011 年第 2 期。

间也并非相互隔离的,如果随着社会经济发展的变化,行政主体需要具备相应的行政职责,如在交通运输部等部门联合发布《网络预约出租汽车经营服务暂行服务管理办法》后,地方交通部门不制定对应的"实施细则"对网约车平台、司机和车辆予以合法规范化管理,一旦该地区网约车在运营中发生争议而无法寻求救济,该地区交通部门就存在行政立法不作为的情形,此时就不能以交通部门对网约车这一新型营运方式以法律不能的借口拒绝管理。

总之,区别于客观事实因素的限制与法律无授权而导致的行政实质不能,行政主体只要在法律有所授权,而客观事实因素尚未影响到行政主体完全履职的情形,行政主体自身最终没有完整、及时、合理、有效地履行法定职责,都应当被认定为形式作为下的实质不作为。当然这里的客观事实影响程度,在不同的行政行为中可结合具体的情形具体分析,笔者认为,在排除行政实质不能的三种主要情形后,其他的客观事实因素一般不宜被认为是行政实质不能阻却事由,否则会为行政主体的行政不作为打开方便之门,而阻却行政相对人及利害关系人寻求司法救济的通道。

六、行政不作为理论的完善

法律来源于实践并服务于实践,司法实践中形式作为而实质不作为丰富的表现形式为研究行政不作为理论提供了丰富的素材,对形式作为下的实质不作为的研究,也是对传统行政不作为理论的进一步完善。传统的行政不作为理论并不包括不完全作为,正如学者所言,中国法院所理解的行政不作为与学理上的行政不作为并非完全吻合。其差别在于,法院所理解的行政不作为还包括学理上理解的部分行政作为的情形,即将不完全作为亦视为行政不作为。在传统行政不作为理论看来,这种不完全作为可能只是属于不适当地行为,而不是不作为,法院把这种行为认定为行政不作为便于判决,可能只是权宜之计。[57] 然而,随着司法实践中,行政主体形式作为下的实质不作为案件越来越多,如果仍然把此类案件作为行政不作为案件处

〔57〕 参见王贵松:《危险防止型行政不作为的赔偿责任承担》,《学习与探索》2009 年第 6 期。

理只是法院系统的权宜之计，传统行政不作为理论必然会罔顾实际，最终被束之高阁。在笔者看来，形式作为而实质不作为对传统行政不作为理论的完善主要基于以下几点：

(一)修正行政不作为的判断标准

在传统的行政不作为理论中，一般从“作为义务来源”“是否作为”以及“是否存在作为可能”对是否构成行政不作为进行判断。在“作为义务来源”判断标准方面，形式作为下的实质不作为与传统行政不作为理论规定并无差异，一般也是从法律、行政法规、行政合同、先行行为等方面把握。最主要的差异，也就是修正标准之所在是在“是否作为”方面。在传统行政不作为理论中，不完全作为、迟延作为等往往被划出行政不作为的范畴。[58] 而形式作为下的实质不作为被当作行政不作为的表现形式并被理论接受后，因其提出的自身及时、完整、合理、有效的实质履行标准，使得不完全作为、迟延作为等都应归纳于行政不作为的范畴。采用这样的判断标准，也是学界理论呼应司法实践的要求。在司法实践中，行政不作为的案件的判决书标题往往采用“某某行政主体不履行法定职责的表述形式”，而行政主体不履行法定职责的方式也是多样化的，司法机关将其认定为行政不作为统一来处理，既能统一司法审查标准，也能提高司法效率。此外，采用这种认定标准亦是敦促行政主体严格遵守《全面推进依法行政实施纲要》提出的依法行政的六项基本要求，其中的合理行政、高效便民原则即是对行政主体形式作为而实质不作为的慵政、懒政方式作出的规定。在“是否存在作为可能”方面，判断标准也有所提高，在当前大力推进法治政府建设的背景下，对行政主体依法行政水平应当是高标准要求，只要是客观影响因素不超过行政主体一般公职人员尽最大努力不能防范和解决的，行政主体未能履行法定职责的行为都应被认定为行政不作为。

此外，实践中一些法院也摸索出处理行政不作为诉讼案件的受理条件，作为判定是否构成行政不作为的标准，包括：第一，原告必须享有人身权、财产权、受教育权等主观法律权利，仅仅只是法律利益或者事实利益均不能构

---

〔58〕 参见周佑勇：《行政不作为判解》，武汉大学出版社 2000 年版，第 42-52 页。

成不作为请求的基础。第二,被告必须具有保护原告权利的法定职责。第三,被告没有依法履行法定职责。有学者认为,认定被告是否具有某项法定职责是三项标准中最为困难的。如在其举出的一起原告诉公安局不履行保护财产权法定职责的案件中,公安机关能否处理拆迁纠纷是争议焦点。〔59〕其实司法实践中所总结出的这三项标准与理论上的判断标准大同小异,其中第一项标准也能寻求到理论依据,在德国称之为主观公权,在英国是赋予相对人权利说。〔60〕后两项标准与前文讨论的第一、二项标准对应。至于司法实践中,为何认定行政主体是否具有法定职责也是一项难题,笔者认为只是缺乏对先行行政行为的合法性审查,如果在上述拆迁案中,拆迁行为是合法拆除的,公安机关当然不具有干涉的职责,如果是非法拆除的,公安机关即具有保护财产权的法定职责。争议焦点恰恰在于,公安机关在接警后是否及时赶到现场对于该问题进行调查研究,在于公安机关是否作为,这里的作为包括调查事实情况。用形式作为下的实质不作为理论分析,公安机关在接警后没有第一时间赶到现场调查事实情况,就存在不作为,即使事后证明该拆除行为是合法的,公安机关也不能免除未及时出警的消极不作为责任。所以,最关键的修正标准仍然在于对于行政主体是否作为的标准判断上。

(二)丰富行政不作为的判决方式

在行政不作为诉讼中,人民法院对行政不作为案件审理终结后,必须根据被诉行政不作为的特点采取适当的判决方式。只有这样,才能对被诉行政不作为予以有效的法律补救,否则就失去意义。〔61〕在新《行政诉讼法》颁布之前,在行政不作为案件司法裁判方式的选择上,人民法院大体上形成了履行判决、确认违法赔偿判决和驳回诉讼请求判决三足鼎立的格局。〔62〕新法及其配套的司法解释实施后,有学者认为,我国给付之诉基本完备,行政

---

〔59〕 毕海雁:《行政不作为的司法治理研究》,载姜明安主编《行政法论丛》,法律出版社2016年版,第10-11页。

〔60〕 余凌云:《行政法讲义》,清华大学出版社2014年版,第181页。

〔61〕 参见周佑勇:《行政不作为判解》,武汉大学出版社2000年版,第131页。

〔62〕 参见章志远:《司法判决中的行政不作为》,《法学研究》2010年第5期。

不作为的司法救济得以大大改善。[63] 在笔者看来，鉴于形式作为下的实质不作为表现形式十分广泛，将其纳入到行政不作为判决之后，必然会丰富行政不作为的判决方式。除了最为普遍的履行判决外，以及有学者通过实证分析得出的确认违法赔偿判决、驳回诉讼请求判决，甚至还有学者分析即将得到广泛运用的给付判决外，其他的判决方式仍具有广泛的适用空间。在笔者看来，形式作为下的实质不作为相较于纯粹的行政不作为而言，行政主体是在启动行政程序后或多或少履行一定的职责，只不过该作为方式并未实际解决问题，因此与纯粹行政不作为采取的法律补救方式相比，会存在撤销判决和重作判决的司法裁判方式。当然这两种裁判方式能够在不作为案件中作出，主要是建立在不完全作为且之前的作为方式是错误的基础上。如在隆供元诉隆回县民政局等不履行发放抚恤金法定职责案中，隆回县人民法院在判决第一项中就明确要求被告隆回县民政局按规定呈报重新鉴定，确定等级，自重新鉴定批准后的第二个月起发放伤残抚恤金，[64]该重新鉴定行为即是要求隆回县民政局重新作出行政行为。类似的还有在艾立仁诉沈阳市卫生和计划生育委员会行政不作为案中，市卫计委经过调查发现涉案的医院没有建立分级制度，就应当责令涉案医院改正，并采取相应的补救措施，但却对当事人的申请作出涉案医院未建立分级制度故不存在违规越级手术问题的答复，明显违反相关法律规范的规定，人民法院因此判决其重新作出具体行政行为。[65] 此外，对于拒绝履行的行为，也可以先判决撤销拒绝这一具体行政行为，然后附带判决重作具体行政行为。[66] 当然就行政不作为案件整体而言，履行判决仍应是主要判决方式，其次是驳回诉讼请求判决、确认违法判决、赔偿判决以及给付判决，笔者在此讨论丰富行政不作为判决方式的意义不在于打破上述行政不作为案件的主流判决模式，而在于提醒法官不要囿于传统行政不作为理论的框架，而怠于或是惧于使

---

〔63〕 刘飞、刘绍宇：《行政不作为诉讼中的给付判决——以新〈行政诉讼法〉的实施为背景》，载《中国行政法学研究会 2016 年年会论文集》，第 20-30 页。

〔64〕 国家法官学院案例开发研究中心：《中国法院 2015 年度案例——行政纠纷》，中国法制出版社 2015 年版，第 27 页。

〔65〕《人民法院关于行政不作为十大案例》，《人民法院报》2015 年 1 月 16 日第 4 版。

〔66〕 章剑生：《判决重作具体行政行为》，《法学研究》1996 年第 6 期。

用撤销判决、重作判决等判决方式,这些判决方式与行政不作为理论并不是水火不相容的。

(三)对行政不作为的责任认定更趋严格

行政不作为的法律责任主要是由行政主体与公职人员承担。在行政主体层面,行政主体主要承担的责任就是履行法定职责,未作出行政行为的要积极作出行政行为,未完全履行或是错误履行的要积极纠正,重新作出合法的行政行为。行政主体未履行法定职责给行政相对人或利害关系第三人带来损害的,还应当承担相应的赔偿责任。在公职人员层面,公职人员首先要依据《公务员法》承担相应的行政责任,如果触犯《刑法》,还必须承担刑事责任,在行政主体履行国家赔偿义务后需要相应的公职人员承担经济责任。〔67〕上述是对于一般行政不作为的责任规定,笔者认为形式作为下的实质不作为为何责任认定更趋严格,主要有以下几个方面的原因:首先是行政不作为认定标准放宽后,有些似是而非的行政行为被认定为行政不作为,与之相对应的公职人员与行政主体就需要承担一定的责任,对于这些公职人员与行政主体来说承担的责任无疑是加重的。其次是形式作为下的实质不作为比一般行政不作为行为更具有危害性,因为此种行政不作为带着作为的面具,实质上却消极不为,较之明显的行政不作为具有隐蔽性、欺骗性等特点,对于行政相对人来说也难以举证寻求司法救济,唯有通过严厉的责任规制,方能杜绝此种不作为方式。当然也有相反意见认为,此种行为至少是启动行政程序,程序上有所为,即使未完成程序或是实体上未作为,但较之完全不作为的方式,毕竟给了行政相对人回应。但在笔者看来,形式上的回应而实质上却未给行政相对人任何结果并无任何意义,相反其行为动机的狡黠更值得检讨,而严格的责任规制一定程度上能起到遏制作用。至于责任的承担形式,笔者认为仍可由一般的行政责任、刑事责任以及经济责任构成,责任的承担主体亦是由行政主体与公职人员组成,只是在认定过程中,司法的裁量可以偏向严格的幅度。以近年来屡上新闻头条的雾霾污染为

〔67〕 参见薛刚凌、朱喜洋:《行政不作为法律责任研究》,载《中国行政法学研究会2016年年会论文集》,第94-103页。

例，除了我国目前产业结构和能源结构不能短期改变的客观现实外，地方政府及其环保部门的治霾不力也是主要因素，为了追求地方GDP的发展，对于重污染企业的环境执法作表面文章，上头检查就赶紧临时责令关闭，民怨沸腾就加紧谋划整改措施，这些都是典型的形式作为而实质不作为。对于此种行为，唯有严格问责，严厉追究行政主体及其行政人员的责任，方能起到作用。据报道，兰州之所以能够退出全国十大空气重污染城市，很大程度上靠的是严格执法、管控和监督问责。整个兰州市区被划成1482个网格，逐一落实减排责任。所有重点排污企业实行干部24小时驻厂监察，1296台锅炉全部进行煤改气。2013年以来，因为治污不力问责近千名干部，一批治污得力的干部获提拔重用。〔68〕严格责任追究机制，将是整治行政不作为之风，尤其是形式作为下的实质不作为这股邪风的重要举措。

(四)扩大行政不作为的赔偿范围

行政不作为是一种违法状态，一旦构成，必然会给行政相对人或其他利害关系人带来损害，而造成的损害则必然会引发行政赔偿。然而我国《国家赔偿法》迄今为止仍然只对行政主体及其工作人员的违法行政行为给相对人造成损害的规定赔偿责任，对于行政主体及其工作人员的行政不作为导致的损害赔偿只字未提，这不得不说是一大遗憾。但在司法实践中，已不乏对于行政不作为确认违法赔偿的判决。如在李茂润状告公安局不作为案中，法院为保护公民的合法权益，监督行政主体依法行使职权，判决被告阆中市公安局工作人员不履行职责的行为违法；被告阆中市公安局赔偿原告李茂润医疗费(含鉴定费、护理费、就医交通费)1921.88元，误工费1791.84元，残疾赔偿金14993.60元，木门损失费78元，汽车损失费966元，合计赔偿19751.32元。〔69〕最高人民法院公布的十大行政不作为案例中，最后一

---

〔68〕 任卫东、张钦：《“黑兰州”稳定退出全国十大重污染城市，靠的是“认真”二字》，http://www.thepaper.cn/www/resource/jsp/newsDetail_forward_15925321，最后访问日期：2017年1月7日。

〔69〕 参见“李茂润状告公安局不作为案”，[法宝引证码]CLI.C.807209。此案的裁判依据之一是《最高人民法院关于公安机关不履行法定职责是否承担行政赔偿责任问题的批复》(法释〔2001〕23号)，表明了最高人民法院对于行政不作为违法引发国家赔偿的支持态度。

则就是张美华等五人诉天水市公安局麦积分局行政不作为赔偿案。[70] 行政不作为引发的赔偿既然已得到司法裁判的支持，毫无疑问，行政不作为赔偿理应成为行政不作为理论最后的注脚。不过学界和司法界对于行政不作为引发的国家赔偿多是从因果关系、过错程度、损害后果、承担责任比例等角度去分析，鲜有从行政不作为的赔偿范围角度去进行分析。笔者认为，讨论形式作为下的实质不作为的赔偿如果仍从上述角度去阐述，无异于炒冷饭，因为在上述层面并无较大差异。还需要声明的是，这里的扩大行政赔偿范围并非具体案件中赔偿事项的列举，因为个案的差异必然导致赔偿事项的范围并不是一成不变的。那扩大的赔偿范围具体体现在哪里？首先，是将一部分公民难以寻求司法救济的具有行政不作为特征的案件吸收，按照传统的行政不作为理论，此类案件可能仅仅因为行政主体程序上有所作为，法院就会认为行政主体已经履行法定职责，从而驳回原告的诉讼请求，导致原告投诉无门，难以寻求赔偿救济。法院将此类案件通过行政不作为的案件类型加以吸收处理，给予当事人司法救济，在一定程度就扩大了行政赔偿的惠及范围。其次，是在形式作为而实质不作为理论对于行政主体提出的自身及时、完整、合理、有效的实质履行标准要求下，一些可赔可不赔的行政案件，从监督行政主体依法行使职权、保障公民合法权益不受侵犯的角度出发，行政主体也需要对相对人予以赔偿，客观上也导致行政赔偿的范围扩大，而这也是与当前法治型政府、服务型政府的建设目标相一致的。

但必然也会有学者提出质疑，形式作为下的实质不作为是否会对传统行政不作为理论形成冲击，甚至逐渐蚕食行政不作为的判断标准，因为行政主体无论在依申请行政行为还是依职权行政行为中，不可能都是处于静止的状态，总会有形式上作为的表现，是否这些行为都属于形式作为下的实质不作为？在笔者看来，形式作为下的实质不作为依旧是行政不作为的下位概念，行政主体只要启动了行政程序，在形式上就算已经有所作为了，行政主体未启动行政程序的不作为行为就是传统的行政不作为。下面举三个事例来进行辨析。事例一：A 向行政主体提出许可申请，行政主体对于 A 的许可申请行为直接不予受理。事例二：A 向行政主体提出许可申请，行政

---

〔70〕《人民法院关于行政不作为十大案例》，《人民法院报》2015 年 1 月 16 日第 4 版。

主体对于A的申请受理后也进行了审查,但迟迟未颁发许可证。事例三:A向行政主体提出许可申请,行政主体对于A的申请受理并审查后,作出拒绝颁发许可证的决定。在事例一中,行政主体的行为就属于传统的行政不作为,因为行政主体根本就未启动行政程序;在事例二中,行政主体的行为就属于形式作为下的实质不作为,虽然其启动了行政程序,但是最终实体上并没有颁发许可证;在事例三中,行政主体的行为应当属于行政作为,因为其拒绝颁发许可证是在启动行政程序并审查后,作出的履行法定职责的行为。此外,需要注意的是,并非行政主体任何形式上的表现都属于启动行政程序,需要根据行政行为的内容并结合具体案情判断。形式作为下的实质不作为只是传统行政不作为的表现形式之一,是行政主体"狡猾的懒政"体现,唯有把此种形式作为下的实质不作为在理论上明确为行政不作为的一种表现形式,才能为司法实践寻求合理的理论依据,继而指导与服务于司法实践。

综上,对于传统的行政不作为而言,形式作为而实质不作为理论的提出,修正了行政不作为的判断标准,丰富了行政不作为的方式,对行政不作为责任的认定更趋严格以及扩大了行政不作为的赔偿范围,这些都是对于传统行政不作为理论的完善。针对学者提出的质疑,是否启动行政程序是区分形式作为下实质不作为与一般行政不作为的标志。

七、结　论

形式作为下的实质不作为,作为研究行政不作为的新视角,既是对传统行政不作为理论的进一步完善,也是督促行政主体完整履职,保障行政相对人救济途径的理论支撑。形式作为下的实质不作为,作为行政不作为的下位概念,是一种行政违法行为,尽管在司法实践中表现形式丰富多样,法官也习惯将此种行为归于行政不作为的判决类型加以处理,但是司法实践的丰富形式还未给理论上的研究造成足够的影响,虽然也有学者对这样的行为加以定义并分析其构成要件,或许是迫于行政主体的压力,对这样形式作为下的实质不作为一直未在理论上明确为行政不作为的一种表现形式,这不得不与司法中的法官的大胆裁判形成鲜明对比。将王顺升案作为十大行政不作为案的典型予以刊登,不得不说是司法界对于这样的形式作为下实质不作为的行为已形成共识,如果行政不作为理论对此仍予以漠视,固守于纯粹的程序说,理论对实践的指导意义将荡然无存。

笔者在本文中重点对司法实践中形式作为下实质不作为的形式予以概括,确立的行政主体自身及时、完整、合理、有效的实质履行标准,旨在对形式作为下的实质不作为行为进一步深化。完整履行包括行政主体内容和程序上的完整,自身履行强调行政主体责任自负,及时履行强调行政主体在法定期限内和根据实际情况确定的合理期限内的履行效率,有效履行旨在行政主体在危险防止型行政行为中的积极有效作为,保护行政相对人的生命和财产安全,最后的合理履行要求行政主体在行政监管中不能存在丝毫懈怠。此外,也明确了与拒绝作为的区别,避免两者的混淆,以及事实与法律不能的两种除外情形,区别于行政主体实质不能作为,避免给行政主体带来过重的负担,造成适得其反的效果。当然,笔者的分析概括可能还不全面,对于形式作为下的实质不作为的表现形式归纳得还不彻底,不过一方面对于传统的行政不作为理论而言,形式作为下的实质不作为理论的提出对于修正行政不作为的判断标准,丰富行政不作为的方式,严格行政不作为的责任认定以及扩大行政不作为的赔偿范围都起到了理论完善意义。另一方面对于法院而言,判断行政主体是否存在形式作为下的实质不作为的情形,完全可以启动行政程序为起点,但在启动行政程序后未在法定期限内完成行政目标,即属于行政不作为。综上所述,形式作为下的实质不作为,在目前理论研究中的空缺,并不能给司法带来更多指导,法官在自由裁量时缺乏法理的裁量基准,也会造成司法的不统一,影响司法的权威。

所以,笔者撰文的目的也在于呼吁学者对于行政主体此种常见的形式作为下的实质不作为予以更多的关注,以求加以提炼总结,更好地与行政不作为理论衔接,发挥行政不作为的理论真正的指导意义。

【推荐人及推荐理由】

作者这篇文章，是对行政不作为理论研究的进一步拓展，主要有如下优点：第一，文章选题新颖。重点研究了在传统的行政不作为理论中常常被忽视的行政形式作为下的实质不作为，这种不作为情形目前学术界关注较少，具有理论研究价值。第二，文章结构严谨，行文流畅。以案例引入问题，并对实质不作为的概念、表现形式、与行政主体拒绝作为的区别、除外情形、理论完善等问题展开分析，层层递进，思路清晰。第三，文章具有实务指导意义。论文能够指导法官对行政不作为案件的审理，督促行政机关认真有效地履行法定职责。因此予以推荐。

——余凌云，清华大学法学院教授、博士生导师

行政形式作为下的实质不作为，是行政不作为的一种特殊表现形态。作者在我原有的研究基础上，采用群案分析的实证研究方式，进一步发展了行政不作为理论。作者以"十大行政不作为案"之一的王顺升诉寿光市人民政府行政不作为案为引子，探讨了行政形式作为下的实质不作为在司法裁判中的不同表现形式，最后还进行了理论的升华。应当说，对行政不作为的理论研究往前推进了一步。通读全文，结构合理，行文流畅，研究方法新颖，对理论研究和司法实践都有一定的指导意义。该论文主体部分获得过"长三角研究生论文发布会三等奖"，在论文盲审和答辩过程中也赢得了专家的一致好评，故予以推荐。

——黄学贤，苏州大学王健法学院教授、博士生导师

Abstract: The substantial failure to action in the form of action, which is the sub-concept of failure to action is often ignored in the traditional theory of failure to action. Nowadays, it's more valuable in theory after the case that Wang Shunsheng sue Shouguang's government's failure to action. With the theory of failure to action and judicial practice, I will define the substantial failure to action in the form of action, discuss its five forms in judicial practice including administrative body's incomplete act, transfer of act, late act, ineffective act and unreasonable act, compare its differences among refusal to action and substantial failure to action, finally try to perfect the theory of failure to action in judging standard, the ruling way, responsibility identification and compensation . Theory is from judicial practice and serves the judicial practice, it's convenient for the judge to have the same discretion standards, urge the government act in a timely, complete, reasonable and effective way. Furthermore, it's beneficial for the relevant stricken people to ask for help.

Keywords: Formal Action; Substantial Failure to action; Failure to Action; Perfect

(特约编辑:朱可安)

息诉协议的“诉讼权放弃条款”研究

——基于宪法基本权利视角的分析

朱敏艳[*]

内容提要：息诉协议中的“诉讼权放弃条款”，是行政机关通过与相对人协商，进而相对人放弃针对信访事项的诉讼权之行政协议条款。相对人在这一协议条款中放弃了起诉权、上诉权和再审权，对这些权利的放弃实质上是基本权利主体对宪法上诉讼权的放弃。若行政机关与相对人就信访事项所达成的诉讼权放弃条款完全出于当事人自愿、存在有效的救济途径且内容界于政府行政职权范围之内，则该诉讼权放弃条款应当具有相应的容许性。对于“诉讼权放弃条款”的法律效果，法院应当结合相对人权利保护的必要性以及比例原则进行个案评估。

关键词：息诉协议；诉讼权；基本权利放弃

一、引　言

信访作为一项政治制度，不仅是一种化解矛盾、解决纠纷的机制，也是民众参政议政的重要渠道。我国基层政府考核中设置了一系列信访考核指标，“息访”即为其中之一。根据《关于违反信访工作纪律处分暂行规定》，对因为“不及时研究解决信访突出问题”，“在本地区、单位或部门发生越级集体上访或群体性事件后，未认真落实上级机关的明确处理意见”而导致矛盾

---

* 朱敏艳，浙江大学光华法学院宪法学与行政法学博士研究生。

激化,造成严重后果的,负有责任者均将受到不同程度处分[1]。为了解决好信访问题,各级政府想了很多办法,其中一项便是与上访者签订息诉协议。息诉协议往往规定有"诉讼权放弃条款"。息诉协议的主要目的,是行政机关通过与相对人协商,使得相对人就争议问题不再上访和提起诉讼,以维持社会稳定。从内容来看,息诉协议往往同时约定了相对人放弃诉权和相对人放弃上访。本文主要针对前者展开研究,并将之称为"诉讼权放弃条款"。

这种放弃诉讼权的约定不仅存在于息诉协议之中,在私人协议之间也大量存在。现有研究缺乏对诉讼权放弃条款性质和法律效果的探讨,法院在司法裁判中的态度也存在较大差异:一些法院认为当事人应秉持契约精神,遵守诚信原则,因此认为当事人放弃诉权的行为有效,而大部分法院未对诉讼权放弃条款的效力进行审查和认定,其容许性及效力问题存在争议。因此,不管就理论还是实务而言,都有必要对"息诉协议中诉讼权放弃条款的容许性与法律效力"进行深入探讨。而就本质而言,研究上述问题的关键,在于对宪法上诉讼权性质的明确界定以及对基本权利主体能否放弃诉讼权的明晰。本文即在于讨论上述议题。需要说明的是,息诉协议涉及范围较广,内容较为繁杂,囿于篇幅,本文重点对行政领域的息诉协议进行考察,并对其中的诉讼权放弃条款进行研究。

二、诉讼权放弃条款的性质

(一)诉讼权放弃条款属于行政协议条款

对于诉讼权放弃条款的性质,可能的选项有:行政行为的附款、行政协议的一部分或是相对人单方意思表示等等。由于从形式上看,诉讼权放弃条款属于息诉协议的一部分,且存在政府和相对人的共同签章,这一表象与行政协议具有较大相似性。因此,本文对诉讼权放弃条款性质的探讨将从

---

〔1〕 详见《关于违反信访工作纪律处分暂行规定》第 5—8 条。

其是否属于行政协议的一部分入手，着重考量其是否对行政法上的法律关系予以设定、变更或消减，是否属于协议当事人之间的合意。

其一，诉讼权放弃条款是否改变了行政法上的法律关系？息诉协议通常会约定政府作出补偿金、赔偿金、社会保障等行为，而相对人同意诉讼权放弃条款。暂不论及相对人能否放弃诉讼权及政府是否本就应当依法作出其约定行为等问题，若仅观察这一条款，这似乎是相对人的一种单方意思表示，对诉讼权等救济权进行了放弃，并未涉及行政法上的权利义务事项。但是，相对人之所以会作出此种意思表示，其目的在于从政府处获得补偿金、赔偿金、退休资格或养老等社会保障、就业保障乃至住房协助等。由此可见，相对人如上的意思表示与政府给付补偿金等行政行为具有较为密切的关联性，具有浓厚的公法性质。诉讼权放弃条款属于息诉协议对相对人设定的公法法律关系，也就是说，该条款赋予了相对人不再针对争议事项提起诉讼的义务。

其二，在确认息诉协议及其诉讼权放弃条款涉及行政法上的权利义务关系之后，应当进一步明确这是否属于协议双方通过协商而达成的合意。这一问题对于明确诉讼权放弃条款是行政协议的一部分，还是行政机关所作出行政行为的附款，或是相对人在行政法上单方的意思表示等问题十分重要。行政行为的附款属于行政附款行为的一部分，是行政机关对行政行为主要内容所作的一种限制，而不是一个与所附行政行为具有关联的单独行政行为〔2〕。反观诉讼权放弃条款，这是相对人的一个承诺，而不是行政机关作出的行为。此外，亦没有附加在行政机关提供补偿金、社会保障等行为之上，故诉讼权放弃条款不属于行政行为的附款。从息诉协议的内容、目的以及诉讼权放弃条款与息诉协议其他条款之间的关系等方面综合观察，息诉协议乃是经过双方讨论、协商而达成的一种协议。比如，在陈明树、黎万琼与四川省仪陇县人民政府行政协议案中，案涉息诉协议约定：“一、陈明树不愿意参与组团联建，同意在大东二安置区剩余房源中选择一套住房和两个外口面，……。二、对第二次拆除的牛棚补偿3万元。三、一次性给予

---

〔2〕 江必新、王麟：《行政附款行为效力问题探究——兼议行政行为效力的相关问题》，《法律科学(西北政法大学学报)》2016年第4期。

困难补助3.5万元。四、陈明树不得再到各级机关上诉上访。”[3]根据协议内容,相对人陈明树在一定条件下是负有停止上诉上访义务的。诉讼权放弃条款的内容不是法律法规所明文规定的,而是相对人与政府在协商之后予以确认的。行政机关与相对人共同参与了协议的形成,并且均对协议的达成具有一定的影响力。并且双方均在息诉协议上进行了签章,能够证明其具有契约性质,而诉讼权放弃条款属于行政协议的一部分。

(二)诉讼权放弃条款对宪法诉讼权之放弃

行政机关与相对人签订息诉协议的目的之一,是让相对人就争议事项不再到法院起诉、上诉,亦不再进行信访。基于此,诉讼权放弃条款中约定放弃的起诉权,实际上是指相对人放弃起诉权、上诉权、再审权,而这些是什么权利?是否都属于诉讼权保障范围?正如前文所述,诉讼权的重要内容之一就是人民在权利受损时依照法定程序提起诉讼的可能性,显然诉讼权放弃条款中放弃的起诉权属于诉讼权保障不可或缺的内容之一。

目前,我国《宪法》没有明确对诉讼权进行规定,但是可以通过对《宪法》第41条[4]进行扩大解释,从其中推导出诉讼权。《宪法》第41条规定人民享有申诉控告权,正如王锴教授所言,控告权即为人民向司法机关提起诉讼救济请求,本质上是一种诉讼程序的给付请求权[5]。更确切地说,这里的控告权实际上主要针对的是人民对国家机关的诉讼权,主要针对公权力的侵害问题。也就是说,《宪法》第41条中可以推导出的诉讼权,主要面向的是行政诉讼领域。当然,诉讼权作为一项司法程序基本权是我国宪法保障的基本权利,正如许宗力所言:“司法程序基本权的存在,得由宪法明定;宪法若无明定,则可以由个别实体基本权导出,因为实体基本权如果缺乏司法救济权的搭配,将无以完全实现其内涵。”[6]

---

〔3〕 参见〔2016〕最高法行申2513号行政裁定书。

〔4〕《宪法》第41条:中华人民共和国公民对于任何国家机关和国家工作人员,有提出批评和建议的权利;对于任何国家机关和国家工作人员的违法失职行为,有向有关国家机关提出申诉、控告或者检举的权利,但是不得捏造或者歪曲事实进行诬告陷害。

〔5〕 王锴:《论宪法上的程序权》,《比较法研究》2009年第3期。

〔6〕 许宗力:《基本权的功能与司法审查》,载许宗力著:《宪法与法治国行政》,元照出版公司,2007年版,第181-206页。

诉讼权放弃条款中包含的上诉权与再审权是否属于宪法上诉讼权保障之范围，则需要进一步讨论。一些学者持否定观点，认为上诉权不属于宪法权利，其理由主要有以下几点：其一，从实际效果出发，把上诉权归入宪法权利之列缺乏实际意义。Harlon Leigh Dalton 在诉讼权的探讨中指出，设有上诉制度的州已经通过州宪法或法律规定了被告不经原审法院同意而上诉的权利，而其他未经法律明文规定上诉权的州也设计了与上诉具有相似效果的审查程序，保障了相对人的获得权利救济的权利〔7〕。其二，将上诉权归入宪法权利，这意味着必须采用权利上诉制而非许可上诉制，难以对无谓的上诉进行审查与排除，有可能会造成大量的滥诉问题，使一审形同虚设。由此会耗费大量的诉讼资源，增加法院工作压力和诉讼成本。然而，持肯定说的学者认为上诉权应当属于宪法权利，这有利于保障当事人的权益，若认为上诉权不属于宪法权利则有可能会使得当事人置于错误裁判的风险之中。一方面，将上诉权归于宪法权利之中有利于更好地对当事人进行权利保障。另一方面，将上诉权视为宪法权利并不会如同否定说所言导致法院所负担的诉讼成本加大。即使上诉权属于宪法上诉讼权的保障范围，亦可以通过适宜的审查机制对当事人提起的上诉进行审查，对诉讼成本进行控制，维系诉讼秩序〔8〕。

无论是司法权，还是行政权都属于国家权力的一部分，当这些国家权力侵害到人民的合法权益时，人民都应当具有能够获得救济的机会，进而人民具有上诉权，这应当属于宪法上诉讼权的保障范围。尽管法院得出判决须遵循一定的法律程序，但是无论相关判决是否历经了正当的法律程序、法官是否客观地作出了审判，这在一定程度上都会对当事人的某些权利造成侵害。基于此，人民的上诉权应当属于宪法上诉讼权的保障范围，以保护当事人具有获得救济的机会与可能。然而，这种对当事人救济机会的给予，不是无限制的，否则很可能会使司法资源被滥用，司法秩序和社会秩序受到破坏。宪法诉讼权所保护的上诉权限于对司法权的初次救济，而非不断行使

---

〔7〕 Dalton, Harlon Leigh. *Taking the Right to Appeal (More or Less) Seriously*. The Yale Law Journal. 1985, 95(1): 62-107.

〔8〕 Arkin, Marc M. *Rethinking the Constitutional Right to a Criminal Appeal*. UCLA Law Review. 1992, 39(3): 503-580.

上诉权。至于诉讼权的具体行使程序与制度则属于立法裁量范围,审级制度的设立亦然。

综上所述,诉讼权放弃条款赋予了相对人不再针对争议事项提起诉讼的义务,然而这一条款在实际上却是相对人通过对自己基本权利的放弃而达成的,也就是说,相对人以与行政机关达成一种行政协议的方式对具有基本权性质的诉讼权作出了放弃。那么,诉讼权作为一项基本权利,能否被其权利主体放弃?基本权利主体对诉讼权进行处分的界限是什么?

三、诉讼权放弃条款的容许性

(一)基本权利放弃理论与诉讼权放弃

基本权利放弃,又称基本权利抛弃,指的是"基本权利主体表示在特定的情况下以及一定的时间内不行使基本权利衍生的某种权能或是同意国家干涉其基本权利"[9],这是基本权利主体自我决定自由的体现,是权利主体对基本权利进行的一种自我处分。从形式上来看,基本权利放弃可能包括对全部放弃基本权利、部分放弃基本权利、放弃基本权利的某种权能、同意基本权利被侵犯的承诺以及承担通过契约形式确定的基本权利不作为义务等。基本权利放弃不等于基本权利的丧失,基本权利主体在作出基本权利放弃表示后仍然是基本权利的拥有者,在一定条件下,其可以继续行使其所享有的基本权利[10]。实际上,基本权利放弃是一种"个人自我决定权",是基本权利主体对是否主张基本权利的行使或保护的一种自我决定。在"基本权利保障范围——基本权利限制——违宪性阻却事由"的基本权利限制合宪性审查框架下,对基本权利放弃进行观察,学界存在两种观点。一种观点认为基本权利放弃作用于"基本权利限制"环节,国家行为因此而不构成对基本权利的限制;另一种观点则认为基本权利放弃作用于"违宪性阻却事

〔9〕 法治斌、董保城:《宪法新论(第六版)》,台湾元照出版公司 2014 年版,第 197 页。

〔10〕 程明修:《基本权抛弃》,《月旦法学教室》2005 年第 35 期。

由”环节，基本权利放弃构成违宪阻却事由，进而使得国家行为不构成违宪[11]。本文赞同前一种观点，基本权利放弃实际上是当事人向国家明确表示的、对自身基本权利的一种“自我限制”，是当事人事先对国家作出的许可或者允诺。

然而，基本权利是否皆可以被放弃？这一问题提出之初就产生了极大的争议，并主要分为全面禁止说、容许说和折中说三种观点。全面禁止说主要从基本权利的客观秩序方向和防御权功能出发，认为基本权利具有客观规范之内容，是对国家权限进行分配和限制的消极规范，其保护的是每一个人，基本权利是不能放弃的。也就是说，基本权利不仅涉及国家的保护义务，而且与国家权力配置有关，个体不能对其进行处置。容许说则从基本权利的主观权利面向出发，认为基本权是一种对抗国家不法侵害的自由权，基本权利放弃乃是个体对自由权的行使[12]。据此，基本权利放弃也是一种行使权利的方式，是权利主体对个人自我决定权的行使。折中说则主张辩证地看待基本权利放弃问题，基本权利具有主观权利和客观秩序双重面向及多种功能，不仅涉及基本权利主体的自我决定权，而且还关涉客观法秩序，进而个体对基本权利进行自我支配是具有一定界限的。

诉讼权作为一项基本权利，亦具有主观权利面向和客观法秩序面向，由此观之，不能全然肯定或否定权利主体放弃诉讼权的可能性及效力。从基本权利的主观权利本质出发，我们难以完全否认基本权利主体对诉讼权的自我支配可能性，加之理论和实务中行政协议的出现与发展，完全否认权利主体对诉讼权的支配亦是不符合时代发展趋势的。但基本权利主体对诉讼权的这种支配也不是毫无限制的，诉讼权具有客观价值秩序功能，是对国家公权力的约束，个人无法对其进行无限制的放弃，权利主体只有符合一定的限制条件才能够对诉讼权进行自我支配。因而，个人能够对诉讼权进行放弃，但是这种放弃是具有界限的，且必须要遵循一定的基本原则。

从基本权利放弃理论可知，诉讼基本权主体在一定条件下可以对诉讼权进行自我处分。这是否意味着相对人可以与行政机关签订诉讼权放弃条

---

〔11〕 同前注〔9〕，第 199 页。

〔12〕 陈慈阳：《宪法学》，台湾元照出版公司 2005 版，第 386 页。

款？息诉协议及其诉讼权放弃条款在现实中的确具有解决纷争的作用，在一定程度上具有优化行政效能、维护社会秩序等政策功能。但实际上，这些功能更多依赖于实务之运作而非学理对此的提倡。从学理上来看，必须要回答的问题是诉讼权主体以与行政机关签订诉讼权放弃条款的方式对自己的诉讼权进行限制是否具有容许性。

(二)比例原则之衡量

如前文所述，基本权利放弃属于基本权利主体对基本权利的自我限制，实质上属于基本权利限制范畴，进而不可避免地要对基本权利限制的限制问题进行讨论。对基本权利限制的限制主要包括形式与实质两个方面：形式上的违宪阻却事由主要包括“法律保留原则”，强调基本权利限制应当具有法律依据；由于基本权利放弃属于权利主体的一种自我决定，属于个人的自由，故法律保留原则要求诉讼权放弃条款不违反法律禁止性规定。我国现行法律并未对行政机关与相对人缔结息诉协议予以禁止，息诉协议之缔结从原则上来看只要属于行政权力范畴即可。

其一，从适当性原则来看，息诉协议的签订大多是为了解决信访问题以减少社会纠纷、维持社会秩序，如果政府与相对人签订了息诉协议之诉讼权放弃条款，大多数信访问题能够得到解决，相对人不再缠诉缠访。以浙江省奉化市为例，其在 2011 年至 2015 年 6 月之间通过息诉协议解决了 47%的重复信访案件，有效化解了 70%的重大信访案件[13]。这不仅可以解决大量信访案件，而且有利于解决缠访缠诉问题，减少行政成本，促进社会有序发展，也即息诉协议及其诉讼权放弃条款的确有助于解决信访问题、维持社会秩序目的之达成。此外，诉讼权放弃条款亦是相对人充分实现自我决定权、对自己的权利进行自我处分的体现。这意味着相对人能够遵从自己的意愿，对与自身利益相关的问题进行自主决定。当相对人能够自主地、不受外界控制、胁迫及干预，在充分衡量自身的各项权益的基础上，依照其自身意志而对诉讼权进行决定时，相对人在一定程度上才称为一个自由的主体。

---

〔13〕 浙江省信访局：关于息诉协议法律效力的调查与研究——以奉化市的信访实际为视角，http://www.zjsxfj.gov.cn/publish/0605/2158.html，最后访问日期：2019 年 2 月 20 日。

故息诉协议之诉讼权放弃条款大体上能够通过比例原则之适当性原则的检验。

其二，从必要性原则来看，政府为了能够解决大量信访及重复起诉问题，与相对人签署诉讼权放弃条款，让相对人同意其在获得一定补偿或赔偿后放弃一切诉讼权利。这种方式固然是解决问题的手段之一，但是这种方式是否对相对人的利益侵犯最小？是否具有合法性？就诉讼权放弃条款的签订时间而言，这一条款应当在行政机关与相对人发生纠纷之后签订。若相对人签署诉讼权放弃条款时尚未与行政机关发生纠纷，相对人便事先将与之相关的诉讼权尤其是起诉权予以放弃，将会对相对人的诉讼权及其他合法权益造成较大的侵害，很可能造成相对人权益得不到保障。此外，在政府与相对人的关系中，政府乃处于强势地位。相对人若事先签订了诉讼权放弃条款，其正当权益有很大可能受到影响，而且很容易被政府滥用，相对人被突袭的高度可能性，无异于将自己置于“肆意宰割”之境地，应当对此进行严格限制。如果相对人与行政机关在纠纷已经发生后签订息诉协议，息诉协议则能够更好地发挥效用，且相对人往往已经提起过相关复议或者诉讼等救济，其对纠纷已经具有较为充分的认识，此时签订诉讼权放弃条款往往对相对人的利益侵害较小。

其三，从过度禁止原则来看，手段与目的之间应当符合一定的比例。若仔细思考政府为了解决信访问题及缠诉问题，而与相对人签订息诉协议之诉讼权放弃条款之行为，以现有实践而言，诉讼权放弃条款是否真能达到解决纠纷的目的，仍是一个未知数。相对人在签订息诉协议后继续不断上诉等情形，在实践中屡见不鲜。息诉协议的法律支撑缺乏，强制执行力及约束力匮乏，又带来了新的争讼。对于相对人而言，在协议签订时，相对人大多已经充分利用了诉讼等救济方式，能够充分考量自己的实体利益和程序利益；在息诉协议尚未履行之时，为充分保障其诉讼权，相对人应当能够反悔，撤销自己对诉讼权的放弃。此外，相对人虽然通过诉讼权放弃条款放弃了原争议事项的诉讼权，但是若其认为息诉协议效力存疑、执行不力，相对人仍可以对息诉协议提起诉讼，这实际上仍旧可以有效保障相对人诉讼权。由此，诉讼权放弃条款应当可以通过比例原则之检验。

(三)基于行政性与协议性的考量

息诉协议兼具行政性与协议性、法律性与政治性，对于其容许性的考量应当兼顾到这些特性。息诉协议是协商行政的重要体现，在具有合目的性及合法性的情形下，相对人可以基于完全自愿与行政机关签订息诉协议及其诉讼权放弃条款。从传统的行政法观点及来看，“公行政须有法律之根据才能依其标准通过行政契约对人民的自由权利进行限制”〔14〕，行政机关通过诉讼权放弃条款对相对人的诉讼权进行了限制，这种限制应当具备法律依据，否则可能会违反法律保留原则。同时，诉讼权具有客观规范之内容，个人不能随意处置。但是，这种从传统法律保留原则和诉讼权的客观法秩序面向出发的观点，是在传统行政法理论视角下的观察，仅仅考量了息诉协议的行政性，而忽略了息诉协议与传统行政行为的不同之处，没有注意到其所具有的协议性以及行政管理的变化与实际情况。如今，国家向着给付国家转变，行政的任务亦发生变化，更加注重民主、强调行政相对人的参与，“传统的单纯命令性和强制性行政行为的方式已经不能圆满地实现行政目的”〔15〕。协商行政逐渐发挥出一定价值，这种新公共管理理念主张通过多种行政方式推进行政民主，高效率地完成行政任务，实现行政目标。息诉协议在一定程度上正是协商行政的体现，有利于提高相对人对行政的接受程度，解决信访问题、维护社会稳定。相对人通过息诉协议对诉讼权进行放弃也不一定与法律保留原则相抵触，这种放弃实际上是相对人自愿的，即使可能存在对其权利的限制，但也是相对人经过利益考量后自愿接受的。“相对人在协议创设行政法权利义务过程中具有不接受契约的自由或对契约内容的选择权，法律还能通过设定有效的行政程序和行政救济保障相对人的权利不受行政权滥用的侵害”〔16〕。只要息诉协议及其诉讼权放弃条款符合一定的条件，就应当承认诉讼权放弃条款存在容许性。一方面，相对人签订该条款是完全出于自愿，而非迫于行政机关的强势地位或威胁、强迫，并且可

〔14〕 陈敏:《行政法总论(第六版)》,新学林出版公司 2009 年版,第 595 页。

〔15〕 杨建顺:《行政规制与权利保障》,中国人民大学出版社 2008 年版,第 387 页。

〔16〕 余凌云:《行政契约论(第二版)》,中国人民大学出版社 2006 年版,第 18 页。

以针对息诉协议的效力及履行提起诉讼等实现有效救济。另一方面，行政机关应出于解决信访问题、维持社会稳定的目的，在行政职权范围内依照正当程序签订协议。

（四）诉讼权放弃条款的要件

虽然诉讼权放弃条款是相对人自我决定权的体现，但是自我决定权是具有界限的，加之诉讼权具有客观价值秩序面向，如果不对相对人放弃诉讼权的行为加以约束，将会动摇社会秩序基础，所以应当对相对人进行必要的约束。不仅如此，由于息诉协议及其诉讼权放弃条款有利于处理纠纷，一些公权力主体可能会为了平息矛盾而同意相对人的不合理要求，危害公共利益。这对规范息诉协议的订立与履行提出了一定的要求，同时诉讼权放弃条款的签订必须符合一定的要件，受到适当的限制。

其一，相对人须自愿并作出明确表示。无论是从行政协议的签订要件来看，还是从相对人放弃诉讼权的角度考量，相对人签订诉讼权放弃条款必须是完全出于自愿。在签订息诉协议时，应当明确协议主体，有权机关才能签订协议，其他机关不能随意在协议上签章。放弃诉讼权是基本权利主体自我决定自由的体现，因而必须要在当事人自愿的基础之上由当事人作出真实的意思表示，特别是相对人和政府应当以意思表示一致为基础而达成息诉协议。诉讼权放弃条款的签订应当是真实的、自愿的、平等的。如果存在威胁、胁迫、欺骗情形，则诉讼权放弃无效，行政机关构成对相对人诉讼权的限制。相对人对权利的处分必须尊重其自由意志，这种“自愿”的重要基础之一就是相对人对协议具有相当的理解且能够对其权利义务有相当的辨识能力。这要求行政机关在与相对人签订诉讼权放弃条款时充分履行告知义务，让相对人明确息诉协议及其诉讼权放弃条款的内涵与效果，能够在充分考量自己的实体利益和程序利益的前提下作出是否订立诉讼权放弃条款的决定。此外，行政机关应当充分尊重相对人的意志，相对人亦不可一味无理缠访、缠讼。当事人双方均不得威胁、胁迫另一方签订息诉协议，应在双方自愿、意思表示明确的情形下采用书面方式订立协议。

其二，相对人具备相应的处分权，且相对人对诉讼权的放弃应当受到必要的约束。相对人应对原争议事项具有处分权限，比如在行政赔偿、补偿等案件中,相对人应当是对此具有请求权者。在这种情形下,相对人能够对自己的财产权益进行处分。此外,出于平衡自我决定权、公共利益及正当程序保障之需要,必须对相对人签署息诉协议、放弃诉讼权进行适当限制。最重要的一点是相对人与行政机关签署诉讼权放弃条款必须以遵守法律法规为前提,不得违反法律保留和法律优位原则。在基本权利放弃理论中,权利主体能够对基本权利予以抛弃,但这种抛弃必须以维护“合宪秩序”为界限。而相对人具有与行政机关签订息诉协议及诉讼权放弃条款的自我决定的权利,但这种通过协商而达成的协议不足以取代法律而变成行政机关相关行为的合法性基础,诉讼权放弃条款的签订不得违反法律禁止性规定。再者,诉讼权放弃条款的签订不得打破公共利益之限。如前所述,诉讼权不仅具有防御权功能和受益权功能等主观权利面向,还具有客观价值秩序功能,具有对国家权力进行拘束的重要面向。诉讼权放弃不仅仅是相对人行使权利的问题,更涉及国家与公民权利配置及社会秩序、制度保障等问题。这要求相对人不可针对可以提交诉讼解决的争议,随意签订诉讼权放弃条款,应当在其已经充分行使过起诉权等救济权利,充分利用了法定程序保障机制的前提下进行。相对人不可在未依法行使过起诉权的情形下而直接签订诉讼权放弃条款,此乃对其诉讼权保障之底线。同时,如果相对人与行政机关签订的息诉协议涉及第三人权益,那么应当征得第三人同意,不得代替第三人放弃诉讼权。否则这可能会造成相关处分不合法等问题,不仅涉及无权处分的问题,更有可能造成新的纠纷,难以达成息诉协议最初的解决纠纷之目的。

其三,息诉协议所欲解决的应当为事实争端而非法律争端。鉴于诉讼权放弃条款乃为息诉协议的一部分,对其要件的探讨须结合息诉协议进行。息诉协议乃是行政机关出于解决相对人之争端的目的,与之进行沟通协商而签订的协议。协议所欲解决的争端应当属于事实争端,行政机关不可一味打着社会稳定的旗号而随意签订息诉协议,特别是不能针对行政机关之前作出的合法行为签订息诉协议及诉讼权放弃条款。一方面,在面对相对人的诉求时,行政机关不仅应当妥善解决信访工作,更应当辨别是否涉及已经发生法律效力的合法行政行为,不得与相对人就此合法行为签订息诉协议。而应当采取与相对人进行充分沟通,向其进行解说等其他办法处理好相对人的问题。另一方面，如果所涉及的争端事项范围，依照相关法律，属于由相对人向法院提起诉讼进行解决的事项，行政机关也不可与之签订息诉协议。而是应当向相对人说明原因，解释相关法律规定，并且与其充分沟通，如有必要，可协助相对人进行法律咨询。

其四，行政机关具有缔约能力，即协议约定事项应当具有可缔约性且约定事项应当属于行政机关职权范围之内。行政机关签订息诉协议，首先要明确的因素是，从行为性质或者法律法规规定来看协议所约定的事项是否能够缔结行政协议。从法律规定来看，如果法律法规规定行政机关的某一行为应当以法定方式而为，或者法律明令禁止行政机关通过行政协议的方式实施某一行为，那么此行为就不具备可缔约性，不能缔结行政协议。从行为性质来看，行政机关缔结行政协议以不违背法律的禁止性规定为前提，以实现行政管理的任务为主要目的。“羁束行政没有行政者的自由，当然也就没有契约存在的可能”〔17〕，行政协议是行政机关对自由裁量权的行使，行政机关与相对人在这一过程中通过协商而达成一致的意思表示。进而，协议所协商的事项一般应属于裁量性行政行为，而非羁束性行政行为。主要是在行政赔偿、补偿方面签订息诉协议，这些事项都是具有一定裁量空间的。同时，协议的内容应当在行政机关的职权范围之内，对于息诉协议的约定事项，行政机关应当具有裁量权，并且其作出的约定应当在该行政机关的职权范围之内。行政机关应当遵循依法行政原则，其中一项重要内容就是职权法定。虽然息诉协议乃是行政机关与相对人之间经过协商后而达成的合意，但是这种合意也必须要在行政机关的职权范围之内，不得超越行政机关的职权范围。行政机关在签订息诉协议时，所承诺的补偿或赔偿等相关事项不得超出自己的权限，其缔结息诉协议应当符合本机关法定职权，不得超越职权、滥用职权，其约定的内容应当合法。比如，在蒋德海诉黑龙江省七台河市人民政府等再审一案中，蒋德海由于房屋坍塌上访而与政府签订《协调协议》，约定补偿资金及居民委为蒋德海找一个老伴，对于找老伴这一条款，实际上不属于政府职能范围，不适宜写入协议之中。此外，在一些拆迁补偿相关的息诉协议中，政府提供给相对人的补偿金、赔偿金等金钱应当符

---

〔17〕 杨小君：《契约对依法行政的影响》，《法学研究》2007 年第 2 期。

合相关规定,不得超越职权,滥用补偿金。

行政机关应当在其职权范围内进行合理的裁量,若裁量逾越了法律规定之界限,就会造成逾越性裁量。行政机关与相对人缔结协议,一方面,应当防止行政机关一味追求"维稳"而"出卖"了公权力,另一方面,也要避免行政机关滥用其权力或基于自身的强势地位而威胁、强迫或者诱使相对人与之签署不合理的息诉协议。

四、诉讼权放弃条款的法律效果

尽管权利主体可以放弃诉讼权,但是诉讼权的具体行使方式及其行使程序皆属于立法裁量范围。我国现行的《行政诉讼法》并没有对诉讼权放弃条款的效力进行规定。虽然《行政诉讼法》第 101 条规定了《行政诉讼法》没有规定的事项可以依照《民事诉讼法》处理,然而《民事诉讼法》也没有对这种诉讼权放弃条款进行规定,那么,从理论上看诉讼权放弃条款的法律效果如何呢?

从当事人的角度来看,诉讼权放弃条款对相对人和行政机关均具有一定的拘束力。息诉协议是相对人与行政机关签订的行政协议,兼具行政性和协议性。在协议签订后,行政机关和相对人应当从诚信原则出发,遵守协议约定,依约履行各自的权利义务。但是,若该协议存在欺诈、胁迫等无效事由,使得相对人对诉讼权的放弃无效或可能无效。再者,如果行政机关签订息诉协议是为了维持自己原先作出的不合法的行政行为或者是为了掩盖原行政行为的违法性瑕疵,那么这一协议无效,不对当事人产生拘束力。此外,相对人在签订息诉协议后,在一定情形下可以反悔。如果息诉协议有效并且已经履行完毕,行政机关及时履行了协议约定,相对人有关权益获得了有效保障,那么相对人不可肆意反悔。如果息诉协议未开始履行,那么在合理的时间内相对人可以反悔,以书面方式向行政机关明确表示撤回对诉讼权的放弃。这是由于诉讼权作为一种基本权利,为充分保障其实现,如果其权利尚未被干预,那么相对人可以反悔,撤回基本权利放弃的自愿。

再者,在息诉协议缔结后,可能会出现针对息诉协议而发生的争执。

如，当事人不履行协议的问题，以及当事人主张协议因存有瑕疵而无效等情形。在发生这些争执时，相对人可以向法院提起诉讼以保障自己的权益。法院在对息诉协议不履行请求进行受理之前，应当先对协议的合法性进行审查，例如协议是否违反了法律禁止性规定、是否违背公共利益并判断当事人双方的缔约能力等。

而依照我国现行法律，行政机关不能对相对人提起诉讼。我国《行政诉讼法》第12条规定了相对人可以在行政机关不履行行政协议的情况下提起行政诉讼，但是并未规定行政机关可以在相对人不履行协议时提起诉讼。对于相对人在行政协议中违约的情况，一般行政机关获得救济的途径有行政处罚、行政强制、单方变更、解除或申请法院强制执行〔18〕。然而，结合息诉协议的目的和实际，这些手段难以有效解决相对人违约的问题。息诉协议的重要目的之一就是希望相对人能够就此息诉罢访，不再提起诉讼，如果相对人不履行诉讼权放弃条款，再次就原争议提起诉讼，行政机关可以提出抗辩，指明息诉协议及诉讼权放弃条款之存在，让法院对诉讼权放弃条款进行审查，对相对人是否具有权利保护必要性进行判定。但这种抗辩是否被承认，还仰赖于法院的审查。

那么，诉讼权放弃条款是否对行政争讼产生影响？法院能否因诉讼权放弃条款的存在而直接驳回相对人针对协议前的原争议事项之起诉？我国法院相关条款效力的态度存在分歧。一些法院认为当事人无权约定放弃诉讼权。比如，在李某某与界首市妇幼保健院医疗损害责任案中，法院认为"诉权是一种司法救济权，是宪法和法律赋予公民的基本权利，当事人约定放弃的条款无效"〔19〕。在浦江聘实物业管理公司与吴银河、黄帆等劳动争议案中，当事人约定在领取赔偿金后自愿放弃仲裁、诉讼的权利，法院认为"诉讼、仲裁等权利系程序意义上的救济权利，受到法律保护，任何一方当事人无权要求对方当事人放弃该权利，侵害其合法权益。因此，双方当事人无权在协议书中约定放弃诉讼、仲裁权利，该条款系无效条款"〔20〕。另一些

〔18〕 梁凤云：《行政协议案件的审理和判决规则》，《国家检察官学院学报》2015年第4期。

〔19〕 参见阜阳市中级人民法院〔2014〕阜民一终字第01607号民事判决书。

〔20〕 参见金华市中级人民法院〔2016〕浙07民终4993号民事判决书。

法院则认为当事人可以对自身的诉讼权进行处置。如,在与前述浦江公司案背景相似的梁士芳与江苏省建工集团有限公司江南分公司、江苏省建工集团有限公司提供劳务者致害责任纠纷案中,法院认为:“双方当事人约定在全部费用支付后,梁士芳自愿放弃仲裁、诉讼的权利并不违反公共利益或他人合法权益,系对自己权利的处置,故对被告提出的协议书无效的意见不予采纳”〔21〕。

从诉讼法和实体法出发,对于息诉协议中诉讼权放弃条款在诉讼上的效力问题可能会存在以下几种不同见解:一是完全否定说,由于我国现行法律未对息诉协议及诉讼权放弃条款予以规定,故诉讼权放弃条款不具有合法性且不对诉讼产生法律效果。二是完全肯定说,相对人有权自愿签订诉讼权放弃条款,一定程度上放弃诉讼权,肯定诉讼权放弃条款具有合法性并对诉讼产生相应的法律效果。三是折中说,息诉协议及其诉讼权放弃条款属于实体法契约,仅具有实体法上的效果,但是其可以间接地发生诉讼法上之效果。我国司法实践大多采取折中说的态度,以相对人已欠缺权利保护必要性等理由而驳回相关诉讼。比如,在张有为诉天津市人民政府再审案中,张有为与天津市人民政府签订了解决房屋拆迁实质争议的安置协议,并承诺息诉罢访,后就房屋拆迁纠纷继续上诉。最高人民法院法官在再审行政裁定书中指出,“张有为于2006年已经与相关单位签订了安置补偿协议,并且已经实际履行……在该情况下转而申请复议、提起诉讼,明显缺乏权利保护必要”〔22〕。在本案中,法院虽然没有直接承认张有为与政府签订的诉讼权放弃条款具有诉讼上的法律效果,但是认为张有为已经因此而缺乏权利保护必要,再次提起诉讼乃属于违背诉讼诚信的行为,而驳回了张有为的再审申请。

本文亦认为息诉协议之诉讼权放弃条款仅可间接发生诉讼法上之效果。法院仅受法律之拘束,在判断协议签订前的原争议事项之可诉性时应当严格遵守法律规定,不可因相对人与政府之间存在诉讼权放弃条款而直接驳回相对人起诉。只有在当事人对诉讼权放弃条款之存在提出抗辩时,

---

〔21〕 参见南京市鼓楼区人民法院〔2016〕苏0106民初1740号民事判决书。

〔22〕 参见最高人民法院〔2016〕最高法行申2385号行政裁定书。

法院才可以对此进行审查。一方面，法院应对诉讼权放弃条款的合法性进行审查。在对当事人是否出于自愿进行考量，不仅要看是否是当事人自愿作出的真实意思表示，还要从当事人的社会经济地位、外在环境等因素出发，考量当事人作出其他选择的可能性，签署诉讼权放弃条款到底是其真实意愿，还是因为当事人没有其他选择而只能选择签订该条款。另一方面，法院可以从比例原则出发，结合诚信原则、禁止意思表示反复原则，以及相对人的权益是否已经得到了充分合理保障等，综合考量相对人是否仍然具备权利保护必要性，在此基础上对于是否接受相对人的起诉或申请进行判断。

五、余　论

中国特色社会主义法治建设正处于全面升级阶段，依法行政进一步推进。息诉协议仍将在较长时期内发挥作用，我们必须要对其主体、内容、保障机制等予以协调和规范，确保其在法律框架内运行。在信访工作中，息诉协议具有协商性和便利性，其尊重当事人意愿，有利于化解纠纷，解决信访案件，故这一协议被行政机关广泛应用于信访案件解决之中。基于基本权利抛弃理论，诉讼权主体在一定程度上能够对诉讼权进行处分，诉讼权放弃条款须符合自愿、当事人具有缔约能力、所欲解决的应当为事实争端而非法律争端等要件。需要注意的是，虽然息诉协议的签订目的是解决纠纷，但是在实际中行政机关相较于相对人常常处于强势地位，具有威胁相对人签订不平等协议之可能性，且不乏行政机关存在解决信访案件、维护社会稳定压力而受到相对人闹事威胁之情形。如果息诉协议是在此种情形之下签订的，那么当事人的自愿性及协议的合法性都有较大可能存在问题。进而，法院在对息诉协议相关案件进行审查时，不仅要对协议的形式要件进行审查，还要从实质上审查协议的平衡性，在考察相对人权利保护必要性的基础上，综合考量协议效力。

【推荐人及推荐理由】

论文选题具有理论意义和实践价值，从宪法基本权利的角度观察被认为是行政协议条款的息诉协议中的“诉讼权放弃条款”，这一研究视角为行政协议中的基本权利限制现象提供了学理上的论证框架，其论证过程和得出的结论具有参考价值。论文结构清晰、逻辑明确、论证较为充分，符合学术规范，属于硕士学位论文中的优良作品。

——余军，浙江大学光华法学院教授、博士生导师

Abstract: The "waiver of litigious right clause" in the petition-litigation-strike agreement is an administrative agreement clause in which the administrative organ consult with the counterpart and the counterpart waives the litigious right in petition matters. In this agreement, the counterpart abandoned the right of prosecution, appeal and retrial. The abandonment of these rights is essentially the abandonment of the litigious right. To be permissible, the agreement not only should be signed entirely out of the willingness of the parties, but also should have effective remedies and its content should be in the scope of the administrative functions and powers of the government. As for the legal effect of the clause, the court should make a case assessment based on the necessity of protecting the rights of the counterpart and the principle of proportionality.

Keywords: Petition-litigation-strike agreement; Litigious Right; Abandonment of Fundamental Rights

(特约编辑：朱可安)

判例评析

论举报投诉案件中的原告资格的审查路径

——以罗镕荣诉吉安市物价局行政处理案为分析主线

王由海*

内容提要：当下，如何认定举报投诉人的原告资格成为行政审判的难点。通过分析指导案例 77 号以及相关案例，法院将此类案件归入"要求履行法定职责"范畴，但在原告资格上却以举报处理行为为中心，混淆了举报答复行为与举报人、举报处理行为与举报人之间的多重法律关系。前者，举报答复行为属于行政行为，举报人享有获得答复的程序性权利，不予答复或者拖延答复即构成对其合法权益的侵害，具备原告资格，在此无区分公益性或者私益性举报人之必要。后者，举报人与对举报处理行为关系中，司法实践在判断原告资格上借鉴了保护规范理论与"为第三人负担请求权"的概念，突破了指导案例 77 号和《最高人民法院关于适用〈中华人民共和国行政诉讼法〉的解释》的裁判思路，需要探求行政行为所依赖的法律规范是否规定了为保护个人权益或者为"第三人施加负担的请求权"。

关键词：举报答复行为；举报处理行为；原告资格；保护规范理论

举报投诉是公民、法人或者其他组织参与行政管理的重要途径，除了维护自身合法权益，它对于监督行政机关依法行使职权、弥补执法能力不足也

---

* 王由海，中国政法大学宪法学与行政法学博士研究生。基金项目：国家社科基金青年项目"公用事业公私合作中垄断问题的法律规制研究"（15CFX065）；华东政法大学校级创新项目"宪法学与行政法学前沿问题研讨"（2018-2-014），本文曾在华政公法研读会第 7 季第 3 期报告。感谢陈越峰老师、韩思阳老师、徐肖东老师以及各位学友的宝贵意见。感谢匿名评审老师宝贵的修改意见。一如成例，文责自负。

发挥着积极作用。当前，工商、税务、海关等行政领域纷纷出台法律法规，赋予公众对违法行为的举报权利，举报制度业已成为行政机关行政管理中掌握违法线索的重要来源，正如美国行政法学者施瓦茨所言："情报是燃料，没有它行政机器就无法发动。"[1]随着法治意识的提升，以及实践中行政机关对公民举报不予答复、迟延答复或者答复与举报不符等情形逐渐出现，行政复议与行政诉讼中涌入了大量不服举报答复行为的案件。[2] 同时，职业举报人、职业打假人开始不断涌现，就一些与自身合法权益无直接利害关系的举报答复行为，反复、大量地提起行政复议与诉讼，成为滋扰性案件的主要来源。其通过举报投诉谋求行政奖励或者民事赔偿的行为，已经超出维护自身合法权益的权利边界，已经构成权利的滥用。

长期以来，立法上对举报、投诉等概念缺乏统一定义，立法规定过于分散。司法实践中，法院在处理举报投诉案件的原告资格上时缺乏明确标准。事实上，举报中包含的多重法律关系，包括举报人与举报答复行为、举报处理法律关系以及行政机关履职行为等法律关系。为了厘清繁杂的举报答复法律关系，有学者提出："举报答复行为包括程序意义和实体意义两种，涵盖行政处理的答复和实体意义的答复。前者属于观念通知，后者系行政行为。"[3]这样的二分法具有创设性，它建立在查办程序和答复程序完全相互独立的基础上。如此截然二分未免理想化，且单纯的实质、形式二分在实践操作中很难具体运用，但有一定的借鉴意义，即需要界定不同的法律关系以及不同法律关系中举报人的原告资格。对此可以考虑依据举报的流程进行区分，举报答复类案件中，包括接到举报后的举报处理行为与向举报人作出的举报答复行为，二者属于广义上的举报答复行为。两种分类不同之处在于，前者无论程序意义答复或实体意义答复均对举报人作出，而后者举报答复行为与举报处理行为的分类是根据举报的流程划分，先有举报，后有处理和答复。这种划分的意义在于，在举报人与举报答复行为法律关系中，举报

---

〔1〕 [美]伯纳德·施瓦茨：《行政法》，徐炳译，群众出版社1986年版，第82页。

〔2〕 上海市政府法制办统计数据显示，2016年上海市政府接受的行政复议案件中，举报投诉有565件，占6.30%，位居各类案件的第4位。《安徽铜陵市2017年度行政复议和行政应诉案件统计分析报告》中，涉及举报投诉处理事项高达11.17%，仅次于行政处罚。

〔3〕 黄涧秋：《举报答复行为可诉性的类型分析》，《法治研究》2017年第4期。

人作为被答复人，是答复行为的相对人，拥有答复请求权。但这只是针对举报人向行政机关提起举报这一行为而言，并不是对举报人事项内容的得到实体处理行为而言。而这种答复行为是行政行为还是观念通知以及是否可诉等问题需要留待下文详细论述。而在举报人与举报处理行为法律关系中，因为举报人不一定是行政处理行为的行政相对人，因此需要讨论举报人的原告资格问题。

如何合理地保护举报人的司法救济途径，同时又避免行政秩序和效率受到过分干扰，投诉举报人的原告资格问题成为平衡投诉举报人合法权益和抑制滥诉的调节器。合理地确定原告资格能够在极大程度上限制滋扰性诉讼。最高人民法院发布的指导案例 77 号是对上述问题的回应。通过对该案的分析，笔者试图回答以下三个问题：其一，法院在审查举报人原告资格时遵循何种裁判思路。其二，从这种思路中分析法院对不同类型举报人的态度。其三，该裁判思路是如何形成的以及最新发展方向。

一、指导案例 77 号的裁判思路及其问题

（一）案情概要

原告罗镕荣向被告吉安市物价局邮寄一份申诉举报函，对吉安电信公司向原告收取首次办理手机卡费 20 元进行举报，要求被告责令吉安电信公司退还非法收取原告的手机卡费 20 元，依法查处并没收所有电信用户首次办理手机卡被收取的卡费，依法奖励原告和书面答复原告相关处理结果。被告收到原告的申诉举报函，作出《关于对罗镕荣 2012 年 5 月 28 日〈申诉书〉办理情况的答复》，并向原告邮寄送达。答复内容为："2012 年 5 月 31 日我局收到您反映吉安电信公司新办手机卡用户收取 20 元手机卡费的申诉书后，我局非常重视，及时进行调查。经调查核实：江西省通管局和江西省发改委联合下发的《关于江西电信全业务套餐资费优化方案的批复》（以下简称《批复》）（赣通局〔2012〕14 号）规定：UIM 卡收费上限标准：入网 50 元/张，补卡、换卡：30 元/张。我局非常感谢您对物价工作的支持和帮助。"

原告收到被告的答复后,以被告的答复违法为由诉至吉安市吉州区人民法院,请求法院确认被告在处理原告申诉举报事项中的行为违法,依法撤销被告的答复,判令被告依法查处原告申诉举报信所涉及的违法行为。法院判决撤销吉安市物价局《关于对罗镕荣 2012 年 5 月 28 日〈申诉书〉办理情况的答复》,限其在 15 日内重新作出书面答复。

(二)判决思路的凝练与质疑

本案中,举报答复行为可诉性、原告资格构成案件核心争议点。在阶段一受案范围上,本案法院以要求履行法定职责为分析主线,根据《价格违法行为举报规定》认定吉安市物价局具有对违法行为进行行政处理的法定职权,进而认定举报仅作出告知性答复,未按法律规定对举报进行处理,举报答复行为违法,属于未依法履行保护举报人财产权的法定职责行为。该行为不属于对公民、法人或者其他组织权利义务不产生实际影响的行为范畴,具有可诉性。

在阶段二原告资格上,法院按照“侵害其自身合法权益——具有法律上的利害关系——具有原告资格”的路径进行审查,符合我国运用利害关系理论判断行政诉讼原告资格立场。而在“侵害自身合法权益,具有法律上的利害关系”标准下,本案隐含着对举报人原告资格予以限制的逻辑,即举报人是否具有原告资格,要依其与举报处理行为的利害关系判断。具体包括两个要件:其一,举报者是否因系争举报答复行为而受到合法权益的侵害。其二,自身合法权益受到的侵害与被举报行为之间存在因果关系。这一判决思路也为司法解释所吸收,2018 年最高人民法院新发布的《关于执行〈中华人民共和国行政诉讼法〉若干问题的解释》(以下简称《行诉解释》)第 12 条第五项规定:“为维护自身合法权益向行政机关投诉”,具有行政诉讼原告资格。基于如上判断结构,“公益性举报—私益性举报”的二分法成为法院判定举报人原告资格的标准〔4〕。

在阶段三审查对象上,法院着重审查了举报答复行为的合法性,而未对

〔4〕 黄锴:《行政诉讼中举报人原告资格的审查路径——基于指导案例 77 号的分析》,《政治与法律》2017 年第 10 期。

举报处理行为进行审查:"申诉举报函中明确列举了三项举报请求,且要求吉安市物价局在查处结束后书面告知罗镕荣处理结果,该答复未依法载明吉安市物价局对被举报事项的处理结果,违反了《价格违法行为举报规定》第十四条的规定,不具有合法性。"该表述实际上回避了对被告履行法定职责的实质审查,也就是说,法院仅审查举报答复行为本身的合法性而未涉及举报处理行为本身的合法性。

然而,法院的裁判思路存在如下问题:(1)在受案范围上,法院既然以不履行法定职责为框架,那么在阶段二原告资格上,应当以不履行法定职责行为是否侵害原告的合法权益为标准,而无须论证举报人与举报处理行为之间的利害关系,因为在不履行法定职责框架下,举报人是不履行法定职责的行政相对人,具有行政诉讼原告资格。(2)在原告资格上,法院并没有按照要求履行法定职责的框架分析,而是论证了举报人与举报处理行为之间的利害关系,最高人民法院隐含的逻辑便是认为举报人并不天然地具有行政诉讼原告资格,只有其自身合法权益受到侵害,才与举报处理行为有利害关系。(3)如果按照阶段二中审查举报处理行为与举报人利害关系的分析框架,阶段三应当审查举报处理行为本身的合法性,而法院却没有遵循这样的思路,转而论证举报答复行为本身的合法性问题。可见最高人民法院的裁判逻辑出现了断裂。实际上,该案原审判决书并没有引入不履行法定职责的表述,而是直接按照《行诉解释》第1条第一款关于受案范围的概括规定认定属于受案范围。

可以说,最高人民法院的裁判观点答非所问。举报人是以举报答复行为违法为由诉至法院,法院应当审查的是举报答复行为,而不是举报处理行为。在举报答复行为与举报人法律关系之中,举报人依法参与行政程序的权利使得举报人具有了行政程序上的主体地位,在此番语境下,有举报,必有答复。《德国联邦行政程序法》规定,答复是指行政机关不是主动而是被动地对参加人提出的程序问题作出回答。[5] 最高人民法院混淆了举报答复行为与举报处理行为,进而在构建举报人原告资格上夹带"私货",即设置

〔5〕 [德]汉斯·J.沃尔夫、奥托·巴霍夫、罗尔夫·施托贝尔:《行政法》,商务印书馆2002年版,第235页。

对于举报人对行政机关举报处理行为不服时，原告资格的判断标准。这种混乱在最高人民法院的裁判要旨第1项和第2项的对比中体现得很清楚[6]。法院实际上将举报答复行为与举报处理行为混为一谈，按照诉讼请求看，在举报答复行为与举报人法律关系中，举报人属于行政相对人，因此当然具有原告资格。而法院论证中，却立足举报处理行为与举报人关系，举报人并不能基于举报人身份获得原告资格；但举报处理行为的作出及其结果与举报人利益密切相关，不依法处理即构成不履行保护举报人合法权益。因此，举报人基于自身合法权益受到侵害而具备了与举报处理行为的利害关系，从而获得原告资格。此两种论证思路迥异，却得出同样的结果，可谓歪打正着。

此外，最高人民法院的裁判要旨遗留了以下问题：(1)举报人对举报答复行为不服提起行政诉讼，法院应当如何审查受案范围以及原告资格。(2)举报人对举报处理行为不服提起行政诉讼，举报人为私益而举报投诉中原告资格的判断。

二、举报答复行为与举报人原告资格的判断

黄锴分析指导案例77号以及相关案例，发现最高人民法院以举报是否出于自身合法权益为标准认定举报人的原告资格的裁判思路回避了举报人与举报答复行为之间是否存在利害关系的问题。[7] 但该文假定举报答复行为属于行政行为，却没有作相应论证。且该文在具体论证举报答复行为与举报人之间利害关系时，也混淆了举报人的诉讼请求，将争议焦点聚焦在举报处理行为与举报人利害关系判断上。因此下文试图回答以下两个问

---

〔6〕 最高人民法院裁判要旨：(1)行政机关对与举报人有利害关系的举报仅作出告知性答复，未按法律规定对举报进行处理，不属于《最高人民法院关于适用〈中华人民共和国行政诉讼法〉的解释》第2条第10项规定的“对公民、法人或者其他组织权利义务不产生实际影响的行为”，因而具有可诉性，属于人民法院行政诉讼的受案范围；(2)举报人就其自身合法权益受侵害向行政机关进行举报的，与行政机关的举报处理行为具有法律上的利害关系，具备行政诉讼原告主体资格。

〔7〕 黄锴：《行政诉讼中举报人原告资格的审查路径——基于指导案例77号的分析》，《政治与法律》2017年第10期。

题:(1)举报答复行为是否属于行政行为。(2)区分公益性举报与私益性举报能否适用举报答复行为法律关系原告资格的判断。

关于举报答复是否属于行政行为,学界有不同的声音。主流观点认为,举报答复行为符合行政法律行为的主体要件、职能要件和法律要件,认为举报答复行为不是事实行为,而是行政法律行为。〔8〕也有人认为,在法律效果要件与司法实践角度上,举报答复行为属于行政行为的观点存疑,应纳入准行政行为的范畴讨论。〔9〕我国司法实践中实行举报答复行为与举报人的程序性权利相勾连的做法。因此,举报答复行为在我国的司法实务中被当作行政行为处理。〔10〕在"柏柯诉沈阳市浑南区市场监督管理局举报回复案"中,法院认定,举报答复行为的法定程序系由举报制度所设立,行政机关是否履行程序意义上的答复义务和行政处理义务相独立,答复行为与举报人的行政程序权利存在利害关系。行政机关不依法履行程序意义上的答复义务具有可诉性〔11〕。在"广州市越秀区工商行政管理局因举报答复及行政复议上诉案"中,法院认为:"举报人一旦向工商部门作出举报行为,即产生了获得工商部门处理结果答复的权利,该种权利性质上属于一项程序性权利。"〔12〕如果违反该程序性权利,不予答复或者拖延答复即构成对其合法权益的侵害,法院判决责令被告就举报事项作出答复,而没有审查举报处理行为在实体上的合法性〔13〕。

既然举报答复行为属于行政行为,一旦行政机关作出答复行为不符合法律规定,就侵害了举报人请求查处违法行为和获得举报答复的权利,举报人与举报答复行为之间存在利害关系。从性质上说,获得答复是一项程序性权利,无论举报人所举报的事项是否与其有直接的利害关系,举报人均得享有。〔14〕因此,区分公益性举报与私益性举报在确定举报答复行为与举报

〔8〕 黄小波:《试论举报答复行为的行政法属性》,《行政法学研究》2007 年第 4 期。

〔9〕 参见张超、沈钰:《论投诉举报答复行为的行政法属性》,《法学研究》2013 年第 1 期。

〔10〕 陈永:《工商行政复议诉讼典型疑难案例精解》,中国工商出版社 2017 年版,第 349 页。

〔11〕 参见沈阳市大东区人民法院〔2018〕辽 0104 行初 131 号行政判决书。

〔12〕 参见广州铁路运输中级法院〔2017〕粤 71 行终 1097 号行政判决书。

〔13〕 参见湖北省公安县人民法院〔2016〕鄂 1022 行初 8 号行政判决书。

〔14〕 余韬:《行政机关举报答复行为的性质》,《人民司法》2016 年第 1 期。

人利害关系上并无实质意义。[15]强调举报答复行为的意义在于规范行政主管部门对违法行为举报的受理、办理、告知等工作程序，同时也为行政相对人的程序权利提供规范保障。

三、举报处理行为与举报人原告资格的判断

事实上，举报人的诉讼请求中，诉请“不履行举报答复职责”与“不履行法定查处职责”二者对应的法律关系是不同的。前者为举报人与举报答复行为法律关系，后者为举报人与举报处理行为法律关系。法院在判断时容易产生混淆[16]，举报人的诉讼请求是对行政机关举报处理行为不服的，其提起行政诉讼是否具有原告资格呢？指导案例77号裁判要旨认为：“举报人就其自身合法权益受侵害向行政机关进行举报的，与行政机关的举报处理行为具有法律上的利害关系，具备行政诉讼原告主体资格。”《行诉解释》也持同样观点，为维护自身合法权益向行政机关投诉，具有处理投诉职责的行政机关作出或者未作出处理的，属于“与行政行为有利害关系”。当然，这里不能理解为举报答复行为或者不履行法定职责行为。因为在这两个法律关系中，举报人都处于行政相对人的位置，与《行诉解释》中将其定位为“利害关系人”不符。即为维护自身合法权益向行政机关投诉的私益举报人才具备原告资格，而那些为维护公共利益，与自身利益无直接关系的公益举报人则被排除在原告范围之外(见图1)。

私益举报人与公益举报人的区分在审查举报人原告资格上被广泛运用。但在具体的论证路径上，司法实践则更为复杂，指导案例77号论证私益举报人与举报处理行为采用的是利害关系理论[17]，“举报人是为维护自

---

〔15〕　参见浙江省杭州市江干区人民法院〔2016〕浙0104行初79号行政判决书；上海市第一中级人民法院〔2016〕沪01行终360号行政判决书。

〔16〕　参见浙江省高级人民法院〔2015〕浙行终字第271号行政裁定书。

〔17〕　利害关系理论的判定条件有三：存在合法权益、存在确定的具体行政行为、合法权益受到该具体行政行为的影响。参见江必新、梁凤云：《行政诉讼法理论与实务》，法律出版社2016年版，第549-550页。

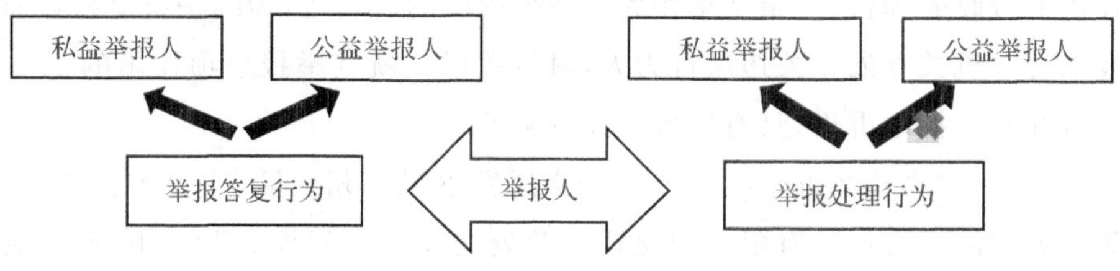

图 1 举报人原告资格审查路径图

身的合法权益而投诉举报，与举报处理行为具有法律上的利害关系”。司法实践中，法院这种“公益与私益举报人二分法”的裁判思路，认定在举报人与举报处理行为关系中，私益举报人具备原告资格〔18〕。如在“冯吉华与绍兴市越城区孙端镇人民政府不履行法定职责上诉案”中〔19〕，举报人举报孙端镇政府违法审批临时房。法院认为，行政相对人以及其他与行政行为有利害关系的公民、法人或者其他组织有权提起诉讼。上诉人以公益举报人的身份提起诉讼，在一审中未提出其与被诉行政行为存在利害关系的证据，不具备原告资格。下文试举两例：

在“董文华诉被告杭州市西湖区市场监督管理局市场行政监督、诉被告杭州市市场监督管理局市场行政复议案”〔20〕中，董文华在沃尔玛购物广场福州鼓山店购买了一瓶净含量为 550ml 的农夫山泉饮用天然水。董文华向西湖区市监局转塘市场监督管理所举报，反映农夫山泉矿泉水外包装宣传用语“水是源自千岛湖，千岛湖是国家级森林公园”违反《广告法》第 9 条使用国家级字样，要求查处。西湖区市监局至农夫山泉公司进行现场调查后，认为农夫山泉公司的广告用语有出处，遂进行不予立案审批并将相关情况电话告知董文华。董文华不服，请求法院撤销 1001 号告知并要求被告对举报事项重新作出行政行为并予以答复。法院认定董文华具有原告资格，理由为：“本案被诉 1001 号告知系西湖区市监局基于董文华的举报事项所

〔18〕 参见《最高人民法院关于举报人对行政机关就举报事项作出的处理或者不作为行为不服是否具有行政复议申请人资格问题的答复》(最高人民法院〔2013〕行他字第 14 号)、最高人民法院〔2017〕最高法行申 169 号、湖北省武汉市中级人民法院〔2016〕鄂 01 行终 282 号判决书。

〔19〕 参见浙江省绍兴市中级人民法院〔2016〕浙 06 行终 248 号判决书。

〔20〕 参见浙江省杭州市西湖区人民法院〔2017〕浙 0106 行初 115 号判决书。

作出的行政处理行为,董文华作为该举报程序的启动者,为维护自身权益而要求行政机关查处相关违法行为人,对行政机关就其举报事项作出的1001号告知不服提起诉讼,具有原告主体资格。”

在另一“袁玲龙诉宁波市公安局交通警察局鄞州大队、宁波市公安局、第三人宁波怡人玩具有限公司交通行政处罚及行政复议案”〔21〕中,原告袁玲龙于2017年1月1日下午,向被告宁波市公安局交通警察局鄞州大队举报停在麦德龙门口的大客车,其车尾喷涂放大的牌号与实际车牌不符,要求处罚。被告宁波市公安局交通警察局鄞州大队认为该喷涂牌号错误不属于伪造、变造号牌性质,告知原告袁玲龙不予处罚。原告不服,请求法院要求被告依法作出处罚决定。法院认为:“宁波市公安局交警鄞州大队不予处罚的行为客观上并未对原告袁玲龙的合法权益造成实际影响,原告袁玲龙与被诉的行政行为不具有利害关系,不具有提起本案的原告主体资格。”

从行政审判实务来看,私益举报人为了维护自身合法权益而提起行政诉讼,具有原告资格;对于公益举报人,由于举报处理行为对其合法权益不产生实际影响,因而其被排除在外。但在“刘广明诉张家港市人民政府行政复议案”〔22〕(以下简称刘广明案)中,这种判断思路发生重要转向。以“刘广明案”为标志,法院开始大量援引“保护规范理论”来阐释原告资格,或是借助与保护规范理论密切相关的主观权利、反射利益等概念来框定作为原告资格基准的“利害关系”〔23〕。保护规范理论是指行为所指向的实体法律规范的立法目的上,在保护公共利益之余,有无保护特定范围内个人的利益〔24〕。

保护规范理论的引入,使得私举报人基于维护自身合法权益而向行政机关投诉举报的,也并不必然具备原告资格。其是否具备原告资格,取决于以下几个方面:第一,法律法规或者规章是否规定了投诉举报的请求权;第二,该投诉举报请求权的规范目的是否在于保证投诉举报人自身的合法权

〔21〕 参见浙江省宁波市中级人民法院〔2017〕浙0211行初24号行政判决书。

〔22〕 参见最高人民法院〔2017〕最高法行申169号行政裁定书。

〔23〕 赵宏:《保护规范理论在举报投诉人原告资格中的适用》,《北京航空航天大学学报(社会科学版)》2018年第5期。

〔24〕 鲁鹏宇:《德国公权理论评介》,《法制与社会发展》2010年第5期。

益。法院在适用保护规范理论时，往往探寻实体法律条文中的立法目的。例如在“田伟不服南充市工商行政管理局对案外人南充开胜商贸有限公司作出的行政处罚行为案”[25]（以下简称田伟案）中，法院在判决中提出：“《消费者权益保护法》第6、15、39条规定，国家鼓励、支持一切组织和个人对损害消费者合法权益的行为进行社会监督；消费者有权检举、控告侵害消费者权益的行为。因此原告田伟在购买、使用商品过程中，对因消费者权益产生的争议可以依法向有关行政部门投诉，该规范的目的显然在于保护社会公共利益、市场经营秩序和消费者自身的权益。被告对南充开胜商贸有限公司的违法行为进行处罚，是被告行使行政管理职能，维护社会经营秩序，未损害原告的权益，也未增加原告的义务，该处罚行为与原告之间没有法律上的利害关系。”同样，在“刘智亮与被告绍兴市市场监督管理局食品安全行政管理行政复议受理一案”[26]中，田伟作为消费者，并非通常意义上的“职业打假人”，其起诉同样是为了维护自身的合法权益。法院在田伟案的分析框架基础上展开论证：“《食品药品投诉举报管理办法》第二条、第三条第二款规定，鼓励并支持公众投诉举报食品药品违法行为，投诉举报的作用并非直接保障购买者自身的合法权益，主要是为行政机关查处违反食品安全、药品管理法律、法规或者规章的行为提供线索或者证据，因此其规范目的在于维护公共利益，而非保障投诉举报人自身的合法权益。”据此，保护规范理论改变了私益举报人的概括性、普遍性资格的获得，举报人为维护自身合法权益而投诉举报的，还是需要诉诸所依据的实体法来具体识别。

但一个不容忽视的事实是，法院在判定原告资格时，除了借鉴保护规范理论作为判断的标准，在更多的案件中，反而是另辟蹊径，提出“为第三人施加负担请求权”概念，即如果投诉人对举报处理行为不服，其提起诉讼的目的是想为第三人施加负担，例如要求作成或者加重对于第三人的处罚，则应依赖于法律、法规或者规章是否规定了为第三人施加负担的请求权[27]。在

---

〔25〕 参见四川省南充市顺庆区人民法院〔2018〕川1302行初1号行政判决书。

〔26〕 参见浙江省绍兴市越城区人民法院〔2018〕浙0602行初142号行政判决书。

〔27〕 参见天津市第二中级人民法院〔2018〕津02行终401号行政判决书、山东省德州市中级人民法院〔2018〕鲁14行终107号行政判决书。

“黄立文、中国保险监督管理委员会河南监管局金融行政管理二审上诉案”中〔28〕,法院在判决中认为,“如果举报人对调查处理结果不服,其提起诉讼的目的是想为第三人施加负担,则应依赖于法律、法规或者规章是否规定了为第三人施加负担的请求权。本案所涉举报属于关于保险违法行为的举报,《保险违法行为举报处理工作办法》并未规定举报人对调查处理结果的请求权,河南保监局对于举报所作的答复,对举报人黄立文的权利义务并不产生实际影响,黄立文提起的行政复议不符合复议受理条件,黄立文的起诉也不符合行政诉讼受理条件。”同样在“黄开与中国证券监督管理委员会重庆监管局二审上诉案”中〔29〕,法院认为:“《证券法》第一百八十条规定了证券监督管理机构履行职责有权采取的措施,第一百九十三条规定了证券监督管理机构对上市公司违法违规行为进行行政处罚的权利,上诉人黄开认为被上诉人应当适用上述规定作出进一步处理的上诉理由,实质是要求被上诉人证监会重庆监管局对长安公司作出行政处理或处罚的请求,而《证券法》及相关法规、规章并没有规定投资者的投诉举报权包括了为上市公司施加负担的请求权,即被上诉人证监会重庆监管局根据投诉举报事项的调查结果,是否对长安公司做出进一步的行政处理行为,上诉人黄开对此并无请求权。”另外,“为第三人施加负担请求的概念”在行政机关辩护中也大量运用并为法院所采纳,如针对消费者在购买商品进而提起投诉举报、行政复议、行政诉讼行为,行政机关认为:“上诉人的真实目的想为被投诉举报人(第三人)施加负担,要求我局加大对第三人的处罚,但现行法律、法规等并未规定或赋予原告有为第三人施加负担的请求权。上诉人所诉请保护的权益,并不是行政机关作出行政行为时需要考虑和保护的法律上的权益,即不属于行政实体法保护的权益,其所诉请保护的权益并不会在诉讼中得到保护和尊重,其起诉也就丧失了必要性,不具备诉的利益。”〔30〕换而言之,行政机关针对具体的案件在适用法律要件时是否需要考虑原告的请求权,如果原告对第三人施加负担请求权不属于行政机关考虑的事项,就不构成利害关系。

---

〔28〕 参见河南省郑州市铁路运输中级法院〔2018〕豫71行终126号行政裁定书。

〔29〕 参见重庆市第五中级人民法院〔2017〕渝05行终234号行政判决书。

〔30〕 参见浙江省金华市中级人民法院〔2018〕浙07行终162号行政判决书、上海市第二中级人民法院〔2018〕沪02行终195号行政判决书。

因此，梳理法院裁判观点，法院更倾向认为在举报投诉领域，实体法上规定的投诉请求权，在于促使行政机关对于投诉事项程序启动权。一旦行政机关发动了行政权，并将调查处理结果告知投诉人，就履行了法定职责。如果举报人要求对举报处理行为不服，要求作成或者加重对于第三人的处罚。针对此种情况，实践中法院的裁判思路已经突破了指导案例 77 号和《行诉解释》的"为维护自身合法权益"的"公益与私益举报人二分法"的判断思路，形成两种审判路径：其一是借助保护规范理论，强调需要根据法律、法规或者规章对于投诉举报请求权的具体规定作出判断。如果法律、法规或者规章关于投诉举报请求权规范的目的不是在于对公民、法人或者其他组织私益的保护，而是吸纳公民参与社会管理，监督行政机关依法履行职责，弥补行政执法能力的不足，维护社会公共利益，则举报人与举报处理行为无利害关系。其二是提出"为第三人施加负担请求权"概念，形成"举报权与第三人负担请求权二分法"。如果举报人对举报处理行为不服的，则应依赖于法律、法规或者规章是否规定了为第三人施加负担的请求权，如果实体法律规范没有规定为第三人施加负担请求权，则举报人诉请保护的权益不属于行政实体法所保护的群益，举报处理行为对举报人的权利义务不产生实际影响，其诉讼上将不具备诉的利益。将判断原告资格寄托于实体法律规范的规定，这反映出行政诉讼功能主观化的趋势。中国行政诉讼的功能长期在"保护公民、法人和其他组织的合法权益"与"监督行政机关依法行政"之间进行摇摆，直到近年来才呈现出主观化趋势，保护规范的引入与"为第三人施加负担请求权"的提出，表明诉讼所保护的是主观公权，而非反射利益。但何为"个人利益或者第三人负担请求权纳入该行政法律规范的保护范围"，其认定方法实质上左右着原告资格的宽窄，如果将该规范限定于被告作出举报处理行为所依据的那个行政法律规范，原告适格将极为严格。以日本为例，日本原告资格以保护规范理论为判断，但在认定基准上，经历了"法律值得保护利益说""灵活解释说""风险保护义务理论"之间的摇摆。〔31〕另外，有学者提出，我国行政诉讼受案范围还未实现概括主义，意味着对行政诉讼"对象"的讨论还不能完全脱离实定行政诉讼法，"以行政实体法的解

〔31〕 王天华：《行政诉讼的构造：日本行政诉讼法研究》，法律出版社 2010 年版，第 59-63 页。

释确定行政诉讼的对象”缺少制度前提。[32]

四、结　论

通过上文分析可见,法院对举报答复行为审查往往从“要求履行法定职责的框架”的角度切入,而忽视举报答复行为与举报人之间的法律关系。指导案例77号已经意识到这个问题,但其分析思路与本案案情出现一定程度的游离,其构建的“举报人为维护自身合法权益而提起诉讼,具备原告资格”的利害关系理论虽与司法解释相符合,但混淆了举报答复行为与举报处理行为之间不同的法律关系。按照举报人诉请“不履行举报答复职责”与“不履行法定查处职责”的不同,在投诉举报类案件中,存在举报人与举报答复行为、举报人与举报处理行为两类法律关系。司法实践在判断原告资格上借鉴了“保护规范理论”与“为第三人设定负担请求权”,私益举报人并不必然有原告资格,可见,最高人民法院发布的指导案例及以后的一系列案例,所要达到的显然是对举报人原告资格予以限制的目的。其背后既是法院应对“职业举报人”滥诉的司法应对之策,也反映行政裁判对诉讼功能的“纯化”,与无理由无逻辑地开放原告资格相比,这种收紧反而更有助于诉讼制度的整体均衡。

另外,原告资格是一个诉讼法问题,但其认定基准依托于行政法的保护范围。换而言之,一个诉讼法问题需要以实体法的解释来解决,这与民事诉讼中“当事人适格决定于实体法”的观念有着某种意义上的对应关系。在主观诉讼原则下,司法实践逐渐将实体法(行政实体法)与程序法(行政诉讼法)统合在一起,也反映了我国行政诉讼制度的体系化趋势。但诉之利益所指向的实体法律规范并非完美无瑕,我国当前举报投诉领域的行政法律规范繁复而无体系,且法律规范目的的探寻依赖法官的个案认定,往往在宽严

---

〔32〕 王天华:《行政实体法的保护与行政诉讼的原告资格——从保护规范理论看我国的原告资格认定问题》,载应松年、马怀德主编:《当代中国行政法的源流:王名扬教授九十华诞贺寿文集》,中国法制出版社2006年版,第30页。

之间不断摇摆，裁量空间过大，难以对当事人的权利实现有效保护。就目前查阅到的案例看，笔者暂未发现有法院认定相关法律法规为第三人施加负担请求权的。据此，如何对实体法规范进行解释，既需要学理更深入的探究，也需要审判实践更细致的操作。

（特约编辑：沈广明）

论行政规范性文件的司法审查标准

——基于最高人民法院公布的案例(1989—2018)

蒋　盼*

内容提要:对行政规范性文件"司法审查标准"之解释有"合法合理说""合法要件说"和"分层审查说"等三种学说。最高人民法院公布的案例中关于行政规范性文件司法审查标准的判决理由既支持了《行政诉讼法》相关规定'又丰富了学界的理论。通过案例发现,行政规范性文件司法审查适用五个"瑕疵性标准":权限瑕疵、上位法瑕疵、制定程序瑕疵、依据瑕疵及其他瑕疵,并在此基础上发展出适用于不同情况的行政规范性文件司法审查标准。

关键词:行政规范性文件;瑕疵性标准;价值取向

一、引　言

在过去的30年(1989—2018)中,行政法学理论研究关于行政规范性文件的司法审查的研究成果很多,但是对于该问题具体化的司法审查标准研究乏善可陈。规范性文件附带审查制度的合法性在2014年修改的《行政诉讼法》中得以确认,该法第53条明确规定了行政规范性文件司法审查的适用主体、审查范围等框架结构。在这30年中,最高人民法院公布相关案例

---

* 蒋盼,四川大学法学院研究生,主要研究方向为宪法学与行政法学。本文选题为2018年11月于公法案例研究课程中,由四川大学法学院周伟教授在点评最高人民法院公报案例2005年第6期"黄金成等25人诉成都市武侯区房管局划分物业管理区域行政纠纷案"时提出。周伟教授、李成副教授、赵剑文师兄、崇文瑞师兄对本文提出了重要的修改意见,在此谨致谢忱。当然,文中所有欠妥之处,均由笔者负责。

的载体由单一性的“公报案例”发展到“指导性案例”“典型案例”和“公报案例”三者并存，最高人民法院公布的案例数量逐渐增多，裁判标准也愈加规范。

本文以30年来我国行政规范性文件司法审查的相关法律（兼及司法解释）为视角，分析行政规范性文件司法审查标准的形成与发展，在分析相关法规范和总结过去30年行政法学界对行政规范性文件司法审查（特别是审查标准）研究基础上，通过探究最高人民法院公布的案例（1989—2018），主要讨论三个问题：（1）法律规范与司法解释如何调适行政规范性文件司法审查标准？（2）经过相关规范和案例的分析，行政规范性文件应适用何种标准？（3）行政规范性文件的司法审查标准当遵循何种价值取向？本文的写作价值是，通过分阶段的分析，揭示最高人民法院对行政规范性文件司法审查标准态度的变动轨迹，不仅可以回应《行政诉讼法》的立法、修法原意，还能够规范地指引地方法院审查行政规范性文件，促进“同案同判”法律适用和社会诉求双重目的的实现。

二、司法审查标准的规范变迁

基于依法行政原理和法滞后性的特点，国家机关应当考虑社会经济与政治发展的因素，在制定法律后适时发布符合社会发展的法律规范以及相应的司法解释，使行政行为所依据的行政规范性文件得到有效监督。通过过去30年行政诉讼法立法、修法的变化，我们可以看出行政规范性文件的司法审查标准呈现出从萌芽向具体化的规范变迁过程。

1.《行政诉讼法》(1989)：司法审查标准的萌芽。《行政诉讼法》(1989)第32条规定：“被告对作出的具体行政行为负有举证责任，应当提供作出该具体行政行为的证据和所依据的规范性文件。”此处的“规范性文件”不仅包括法律、法规、规章，还包括行政规范性文件。该规定是指负有举证责任的被告应当向法院提供用于证明具体行政行为合法的证据和规范性文件。虽然该规定没有直接指明法院对行政规范性文件的司法审查权，但是条文将证据和规范性文件并列这一安排实际上暗含了行政规范性文件的准证据化,[1]法院可以对等同于行政诉讼证据的行政规范性文件进行主动审查,否则要求被告将行政行为所依据的行政规范性文件交予法院就无意义。[2]如果说《行政诉讼法》(1989)隐含性地赋予了法院少许司法审查权,那么1999年最高人民法院《关于执行〈中华人民共和国行政诉讼法〉若干问题的解释》(以下简称《执行解释》)则将法院的司法审查权从地下带到了地上。《执行解释》第62条规定:"人民法院审理行政案件,可以在裁判文书中引用合法有效的规章及其他规范性文件。"该规定表明了最高人民法院对审查规范性文件的态度,各级法院可以对规章和规范性文件的合法性进行裁判和说理。被赋予了少许司法审查权的法院如果要对被告提供的准证据化[3]的行政规范性文件进行审查,则依职权的法官必然要依据某方面的标准完成审查任务。[4]《最高人民法院关于行政诉讼证据若干问题的规定》(2002)第55条规定:"法庭应当根据案件的具体情况,从以下方面审查证据的合法性:(一)证据是否符合法定形式;(二)证据的取得是否符合法律、法规、司法解释和规章的要求;(三)是否有影响证据效力的其他违法情形。"这里的"法定形式"根据目的解释可以理解成法定程序。由此可见,在《行政诉讼法》实施初期,最高人民法院审查证据化的行政规范性文件采用了"证据化审查"的司法解释,即法定程序标准、符合上位法标准、其他情形。这一司法解释实际上促进了司法审查标准的萌芽,为未来行政规范性文件司法审查标准的出台提供了良好的基础。但是,该萌芽状态的司法审查标准在地方行政规范性文件合法性审查的司法实践中运行状态并不理想,行政行为所依据的行政规范性文件情形非常复杂,所以法院在审查行政规范性文件时常常"心有余而力不足"。笔者以中国裁判文书网为数据源,以"规范性文件不合法、行政案由、四川省"为检索条件,共获得相关裁判文书0份

---

〔1〕 参见赵清林、杨小斌:《规范性文件依据也是行政诉讼证据——兼与甘雯先生商榷》,《行政法学研究》2002年第3期。

〔2〕 参见黄学贤:《行政规范性文件司法审查的规则嬗变及其完善》,《苏州大学学报(哲学社会科学版)》,2017年第2期。

〔3〕 黄学贤教授认为,《行政诉讼法》(1989)第32条将行政规范性文件和证据并列,就是在客观上将行政规范性文件定位于准证据。参见前注〔2〕。

〔4〕 参见许尚豪:《作为裁判规范的证明责任》,《当代法学》2017年第5期。

(1989—2004)。理想与现实之间终究存在鸿沟,地方法院实施难既有法院审查能力不足的原因,[5]又有司法审查权正当性不足的原因。[6] 但我们不难看出,行政规范性文件司法审查的萌芽已经产生,如果要规范化、明确化地指引各级法院裁判,司法解释的调适作用可能会更加明显。

2.《最高人民法院关于审理行政案件适用法律规范问题的座谈会纪要》(2004):司法审查标准的提出。如前所述,《行政诉讼法》实施初始的15年中,萌芽化的司法审查标准在地方法院行政规范性文件审查案件中不断受挫,这种现象自然而然地引起了最高人民法院的重视和反思。最高人民法院除了在《最高人民法院公报》上发布有关行政规范性文件司法审查的案例之外,[7]这种重视和反思还反映在《最高人民法院关于审理行政案件适用法律规范问题的座谈会纪要》(以下简称《座谈会纪要》)之中。《座谈会纪要》规定:"行政审判实践中,经常涉及有关部门为指导法律执行或者实施行政措施而作出的具体应用解释和制定的其他规范性文件,……人民法院经审查认为被诉具体行政行为依据的具体应用解释和其他规范性文件合法、有效并合理、适当的,在认定被诉具体行政行为合法性时应承认其效力;人民法院可以在裁判理由中对具体应用解释和其他规范性文件是否合法、有效、合理或适当进行评述。"最高人民法院首次明确提出了"合法、有效、合理或适当"的行政规范性文件司法审查标准,行政规范性文件的司法审查权得以显性化。《最高人民法院〈关于当前形势下做好行政审判工作的若干意见〉》(2009,以下简称《若干意见》)规定:"在对规范性文件选择适用……,既要遵循法律的具体规定,又要善于运用法律的原则和精神解决个案的法律适用问题。"最高人民法院再次提出了行政规范性文件司法审查"依据法律、法律原则和精神"的标准。《最高人民法院〈关于裁判文书引用法律、法规等规范性法律文件的规定〉》(2009)第6条规定:"对于……规范性文件,根据审理案件的需要,经审查认定合法有效的,可以作为裁判说理的依据。"该规

---

〔5〕 参见余军、张文:《行政规范性文件司法审查权的实效性考察》,《法学研究》2016年第2期。

〔6〕 参见前注〔5〕。

〔7〕 如田永诉北京科技大学拒绝颁发毕业证、学位证行政诉讼案,《最高人民法院公报》1999年第4期;丰祥公司诉上海市盐务局行政强制措施案,《最高人民法院公报》2003年第1期。

定既回应了《行政诉讼法》(1989)赋予各级法院一些司法审查权的隐含性规定,又重申了《座谈会纪要》和《若干意见》关于行政规范性文件司法审查的标准。最高人民法院连续发布关于行政规范性文件司法审查的司法解释,之所以如此重视,主要是考虑到行政规范性文件司法审查的特殊性,法院对行政规范性文件进行审查,不仅影响到具体行政行为合法性的判断,还涉及行政权司法监督。〔8〕 在最高人民法院的指导之下,司法审查标准越来越立体化。如在黄金成等 25 人诉成都市武侯区房管局划分物业管理区域行政纠纷案中,法院认为:“根据《中华人民共和国立法法》规定的法律效力及法律适用规则,这些未被废止的相关规定只要不与法律、法规相冲突,应当继续有效。”〔9〕在邵仲国诉黄浦区安监局安全生产行政处罚决定案中,法院认为:“市劳动局意见是为落实国务院制定的《企业职工伤亡事故报告和处理规定》,根据劳动部对该规定所作的解释提出的,具有上位法依据,是合法有效的规范性文件。”〔10〕在这两个案件中,是否认定规范性文件合法,法院已经开始考虑“不与法律、法规相冲突”“上位法依据”等因素。这些裁判案例反映了《行政诉讼法》(1989)赋予法院的一些司法审查权开始凸显作用。由此我们可以判断,在最高人民法院《座谈会纪要》实施的十余年中,司法解释体现的行政规范性文件司法审查标准立体化十分明显。

3.《行政诉讼法》(2014):司法审查标准的确立。《行政诉讼法》(2014)第 53 条规定:“公民、法人或者其他组织认为行政行为所依据的国务院部门和地方人民政府及其部门制定的规范性文件不合法,在对行政行为提起诉讼时,可以一并请求对该规范性文件进行审查。”该规定结束了行政规范性文件司法审查法律定位瑕疵的问题,并正式确立了行政规范性文件司法审查权以及相应的标准。2015 年 4 月 22 日发布的《最高人民法院关于适用〈中华人民共和国行政诉讼法〉若干问题的解释》规定:规范性文件不合法的,人民法院不作为认定行政行为合法的依据,并在裁判理由中予以阐明。

〔8〕 参见张巧当:《加强行政权司法监督的实践路径》,《中国行政管理》2015 年第 5 期。

〔9〕 黄金成等 25 人诉成都市武侯区房管局划分物业管理区域行政纠纷案,《最高人民法院公报》2005 年第 6 期。

〔10〕 邵仲国诉黄浦区安监局安全生产行政处罚决定案,《最高人民法院公报》2006 年第 8 期。

除进一步明确人民法院司法审查权外，该规定还赋予了法院针对不合法的规范性文件的一些选择权和评述权。有不合法的规范性文件的前提是有合法性审查，有合法性审查必然存在审查标准。〔11〕毋庸置疑，《行政诉讼法》(2014)的公布宣告了行政规范性文件司法审查标准的确立。然而，无论是法律还是司法解释都没有明确规定具体的行政规范性文件审查标准，这为司法适用带来了认定上的技术难题。〔12〕司法实务对此进行了很多探索，如在陈爱华诉南京市江宁区住房和城乡建设局不履行房屋登记法定职责案中，法院认为："《联合通知》是由司法部和建设部联合发布的政府性规范文件，不属于法律、行政法规、地方性法规或规章的范畴，其规范的内容不得与《物权法》、《继承法》、《房屋登记办法》等法律法规相抵触。"〔13〕在孙长荣诉吉林省人民政府行政复议不予受理决定案中，法院认为："依据吉林省住房和城乡建设厅(以下简称吉林省住建厅)1999 年 11 月 17 日公布的吉建房字〔1999〕27 号《关于申请房屋用途变更登记有关问题的通知》(以下简称吉建房字〔1999〕27 号通知)，变更用途须经规划许可。"〔14〕这两个案件中，法院对行政规范性文件审查时分别采用了"不抵触"标准和"依据"标准，虽然"不抵触"标准和"依据"标准在法院的适用中显得过于宽泛，缺乏具体的内涵，但这两个标准都是法院依职权主动对行政规范性文件附带审查，在法无具体审查标准的情形下，地方法院依职权主动审查此类案件，最高人民法院将其裁判文书于《最高人民法院公报》上公示，这种做法的权威性、指导性、示范性意义十分明显，对于各级法院在司法实务中探索行政规范性文件司法审查标准具有重要价值。

4.《最高人民法院关于适用〈中华人民共和国行政诉讼法〉的解释》(2018，以下简称《行诉解释》)：司法审查标准的具体化。该规范确立了对行

---

〔11〕 参见王留一：《论行政规范性文件司法审查标准体系的建构》，《政治与法律》2017 年第 9 期。

〔12〕 参见陈运生：《行政规范性文件的司法审查标准——基于 538 份裁判文书的实证分析》，《浙江社会科学》2018 年第 2 期。

〔13〕 陈爱华诉南京市江宁区住房和城乡建设局不履行房屋登记法定职责案，《最高人民法院公报》2014 年第 8 期。

〔14〕 孙长荣诉吉林省人民政府行政复议不予受理决定案，《最高人民法院公报》2016 年第 12 期。

政规范性文件司法审查标准的具体化规范。[15]《行诉解释》规定，规范性文件有下列情形的:(1)超越制定机关的法定职权或者超越法律、法规、规章的授权范围的;(2)与法律、法规、规章等上位法的规定相抵触的;(3)没有法律、法规、规章依据，违法增加公民、法人和其他组织义务或者减损公民、法人和其他组织合法权益的;(4)未履行法定批准程序、公开发布程序，严重违反制定程序的;(5)其他违反法律、法规以及规章规定的情形，人民法院据此可以判决"规范性文件不合法"。《行诉解释》用"超越权限、与上位法相抵触、无依据、违反制定程序、其他违法情形"等五种情形确立了对行政规范性文件司法审查的瑕疵性标准。这一解释在实务中也得到了印证。如在丹阳市珥陵镇鸿润超市诉丹阳市场监督管理局不予变更经营范围登记案中，[16]法院认为:丹政办发〔2012〕29号规范性文件中关于"菜市场周边200米范围内不得设置与菜市场经营类同的农副产品经销网点"的规定，与商务部《标准化菜市场设置与管理规范》有关场地环境之选址要求第三款"以菜市场外墙为界，直线距离1公里以内，无有毒有害等污染源，无生产或贮存易燃、易爆、有毒等危险品的场所"的规定不一致，与商建发〔2014〕60号《商务部等13部门关于进一步加强农产品市场体系建设的指导意见》第(七)项"积极发展菜市场、便民菜店、平价商店、社区电商直通车等多种零售业态"的指导意见不相符，也违反《个体工商条例》关于对个体工商户实行的市场平等准入、公平待遇的原则。根据《中华人民共和国行政诉讼法》第五十三条、第六十四条的规定，人民法院经审查认为地方人民政府制定的规范性文件是不合法的，不作为认定行政行为合法的依据。据此，丹政办发〔2012〕29号规范性文件不能作为认定被诉登记行为合法的依据。在本案中，法院审查规范性文件已经开始遵循《行诉解释》的有关规定，从"与上位法规定不一致、无依据、违反法律原则"等三个方面来判断，这一案例也标志着《行诉解释》确立的行政规范性文件的瑕疵审查标准正式确立。

---

〔15〕 参见江必新:《论行政诉讼法司法解释对行政诉讼制度的发展和创新》,《法律适用》2018年第7期。

〔16〕 丹阳市珥陵镇鸿润超市诉丹阳市场监督管理局不予变更经营范围登记案,《最高人民法院公报》2018年第6期。

三、规范含义与学说局限

(一)规范含义

除了《行政诉讼法》(2014)作了规范性文件司法审查的相关规定外,《行诉解释》(2018)第148条规定了规范性文件不合法的具体情形有"超越权限、与上位法相抵触、无依据、违反法定程序、其他违法情形"等五种情形。对此,笔者重点分析规范性文件不合法和瑕疵性标准。

1. 规范性文件不合法

《行政诉讼法》(2014)第53条明确规定:"公民、法人或者其他组织认为行政行为所依据的国务院部门和地方人民政府及其部门制定的规范性文件不合法,在对行政行为提起诉讼时,可以一并请求对该规范性文件进行审查。"第64条规定:"人民法院在审理行政案件中,经审查认为本法第53条规定的规范性文件不合法的,不作为认定行政行为合法的依据。"该规定不仅第一次明确了行政规范性文件司法审查制度的合法性,而且还赋予法院对规范性文件的选择权和评述权。〔17〕 正如前文所提,有不合法的判断就必然存在司法审查标准的前提,虽然这两条规范仅明确了法院对规范性文件的合法性审查以及对不合法文件的评述权和选择权,然而,司法审查标准的实际适用却是不争的事实。

2. 瑕疵性标准

《行政诉讼法》(2014)所确立的司法审查标准实际上是一种裁量性的"合法性承认"标准,其主要审查方式就是承认行政规范性文件对司法的拘束力。因此,当时所确立的司法审查标准本质上是法院对规范性文件合法性要件的对应判断程序,最终目的就是要从司法角度证明规范性文件的合法性。这既不利于司法的公正,又使规范性文件司法审查制度处于"走过

〔17〕 参见黄学贤:《行政规范性文件司法审查的规则嬗变及其完善》,《苏州大学学报(哲学社会科学版)》2017年第2期。

场”的尴尬境地。[18]《行诉解释》(2018)的公布在一定程度上解决了上述难题,该司法解释以“否定式列举”的方式对行政规范性文件不合法的具体情形进行列举,范围包括超越权限、与上位法相抵触、无依据、违反制定程序、其他违法情形等五种具体情形。与之前司法审查标准不同的是,该司法解释改变了之前的“合法性承认”标准,列举的是行政规范性文件不合法的具体情形,“法院不需要面面俱到地对行政规范性文件进行全面评价,也不过度考量合法与合理的审查尺度,法院在审查中的主要工作是识别出不合法的情形并将之排除”[19]。相较之前的合法性承认标准,瑕疵性标准具有更强的可操作性与明确性。

(二)学说发展

自1989年《行政诉讼法》颁布以来,有关界定“行政规范性文件的司法审查标准”的学理讨论一直在持续。对行政规范性文件的司法审查标准的学理解释,其争议的核心问题是如何确定“标准”。迄今为止,有关“行政规范性文件的司法审查标准”的界定主要有以下几种代表性的观点。

1.合法合理说

有学者认为,对规范性文件的审查,可以适用适当性原则,适当性原则可以按合法性与合理性两个维度展开。前者要求判断规范性文件的制定主体、程序和内容是否符合上位法的规定,后者要求保障科学性与人民性的制度功能。[20] 它将审查标准严格限于合法性与合理性,但是合理性如何操作一直存有争议。

2.合法要件说

2014年之前,有学者认为,行政规范性文件司法审查标准应当包括制

---

〔18〕 以“依据”标准为例,笔者统计2014年以前最高人民法院发布与“依据”相关的13个案例中,仅最高人民法院公报2012年第7期发布的甘露不服暨南大学开除学籍决定案对规范性文件作了不合法的判断。

〔19〕 李稷民:《论我国行政规范性文件司法审查的构造——解读2018年〈行政诉讼法〉司法解释带来的变革》,《学习与探索》2019年第1期。

〔20〕 卢群星:《论规范性文件的审查标准:适当性原则的展开与应用》,《浙江社会科学》2010年第2期;张浪:《论司法审查中谦抑与能动的共治——兼论对行政规范性文件的审查》,《苏州大学学报(哲学社会科学版)》2012年第5期。

定主体、制定程序、内容等。[21] 这些观点虽然认识到了审查标准的重要性，但是没有分清行政立法与制定行政规范性文件的区别，没有意识到行政规范性文件与立法的不同。[22] 2014年之后，行政规范性文件虽然从抽象行政行为中分离出来，但大部分学者仍然将行政规范性文件的合法要件视为行政规范性文件的司法审查标准。这似乎陷入了一个悖论，该观点一方面认为法院不必参考非立法性的行政规范性文件，另一方面，又积极主张法院对行政规范性文件进行合法性审查，本质上还是将行政规范性文件视为行政立法。[23]

3. *分层审查说*

有学者提出，法院审查行政规范性合法性应当采用分层审查，分层审查学说主张从两个层面来划分行政规范性文件的内容，即政策事项和执行措施，再依据不同的内容进行审查。从政策事项上来看，法院应当重视用利益衡量的方法来明确执行机关对事项的管理权，执行措施的审查视政策事项的审查情况而定，它们的标准包括主体、程序、依据、事实四个方面。[24] 但其缺陷也很明显，一方面，行政规范性文件的司法审查标准在政策事项中被设置为价值衡量，并认为行政规范性文件的制定权限受价值衡量影响，这一观点是值得商榷的。因为即使价值衡量上失之偏颇，但为了公共利益，制定主体依然有权限制定行政规范性文件。另一方面，执行措施的司法审查标准不可能与行政行为完全一致。因为根据行政法学通说，行政规范性文件在性质上属于抽象行政行为，而执行措施归属于行政规范性文件，因此，它们之间的司法审查标准不可能完全相同。[25] 因此，其审查标准就必然不同。

---

〔21〕 参见郭百顺：《抽象行政行为司法审查之实然状况与应然构造——兼论对行政规范性文件的司法监控》，《行政法学研究》2012年第3期；胡锦光：《论我国抽象行政行为的司法审查》，《中国人民大学学报》，2005年第9期；刘俊祥：《论我国抽象行政行为的司法审查》，《现代法学》1999年第6期。

〔22〕 参见前注〔11〕。

〔23〕 参见王红卫、廖希飞：《行政诉讼中规范性文件附带审查制度研究》，《行政法学研究》2015年第6期；杨士林：《试论行政诉讼中规范性文件合法性审查的限度》，《法学论坛》2015年第5期；程琥：《新〈行政诉讼法〉中规范性文件附带审查制度研究》，《法律适用》2015年第7期。

〔24〕 参见谭清值：《公共政策决定的司法审查》，《清华法学》2017年第1期。

〔25〕 参见前注〔11〕。

四、最高人民法院在案例中表达的观点

在梳理规范含义与学说局限之后，我们有必要从最高人民法院公布的案例中寻找答案。在案例选取范围上，本文不仅包括《最高人民法院公报》上的案例，还包括最高人民法院的“指导案例”和“典型案例”[26]。自1989年至2018年年底，最高人民法院公布的行政法案例已有上百个。笔者检读后发现至少有26个案例与本文论题有关[27]:《最高人民法院公报》有16个，指导案例有3个，其中指导案例第38号、第39号曾发布在1999年第4期、2012年第2期《最高人民法院公报》，在性质上它们属于指导案例。最高人民法院公布的行政诉讼附带审查规范性文件典型案例有7个。[28] 总的来说，最高人民法院公布的行政规范性文件司法审查的案例并不多，但这26个案例基本上可以代表最高人民法院对行政规范性文件司法审查标准的态度。

在最高人民法院公布的26个案例中，以《行诉解释》(2018)实施为时间节点，之前有18个，之后有8个。之前的18个案例涉及“依据”标准的有12个，涉及“上位法”标准的有5个，涉及“权限”标准相关的有1个，涉及“制定程序”标准有关的有1个，涉及“立法目的”的有1个，剩下一个以政策考量代替上位法。在《行诉解释》(2018)实施之后的8个案例中，涉及“上位法”标准的有8个，涉及“依据”标准的有3个，涉及“权限”标准的有2个，涉

〔26〕 典型案例是指具有较强典型意义及较大社会影响的法律纠纷案例，最高人民法院每年都会不定期发布一些社会影响大，具有较强典型意义的典型案例。通过发布的典型案例，按照典型案例的评判对各级法院法官审理类似案件提供有价值的参照标准。同时对于社会公众的类似行为产生引导作用，对自己的类似行为作出预期，以规范自己的行为。本文参考的是2018年10月30日最高人民法院首次发布的行政诉讼附带审查规范性文件典型案例。

〔27〕 需要说明的是，《最高人民法院公报》1999年第4期和2012年第2期与指导案例第38号、第39号是最高人民法院发布的同一个案例，即田永诉北京科技大学拒绝颁发毕业证、学位证行政诉讼案和何小强诉华中科技大学拒绝授予学位案。因此，在计数上，笔者将这两个案例视为一个案例。

〔28〕 值得一提的是，典型案例8和典型案例9中的行政规范性文件由于未成为附带审查的对象，法院未审查，自然也未涉及审查标准，因此，这两个案例并未被本文统计。

及"制定程序"标准的有 2 个。下文将对以上 26 个案例作梳理与分析。

(一)有无制定权限

制定主体和规范性文件的制定事项是否具有上位法的授权是判断有无制定权限的关键。行政机关遵守制定权限,规范性文件的制定事项也获得上位法授权,就是权限正当,否则,就构成超越权限。以下 5 个案例属于此类情形:

案例 1 丰祥公司诉上海市盐务局行政强制措施案。法院认为:"依据《盐业管理条例》第三十一条规定,本条例由轻工业部负责解释,盐务局提供的中盐政〔2000〕109 号《关于对上海市盐务管理局〈关于请求解释"盐的批发业务由各级盐业公司统一经营"的请示〉函复函》系国家轻工业局内设机构盐业管理办公室的文件,国家轻工业局盐业管理办公室无权对《盐业管理条例》作出解释。"〔29〕盐务局所依据的中盐政〔2000〕109 号文件并未获得国务院《盐业管理条例》的授权,中盐政〔2000〕109 号文件的制定事项无上位法授权,其制定机关国家轻工业局盐业管理办公室不仅作出了本应由轻工业部负责的相关规定,而且制定权限也超越了本身的制定权限。

案例 2 黄金成等 25 人诉成都市武侯区房管局划分物业管理区域行政纠纷案。法院认为:"根据国务院物业管理条例第五条第二款,被告武侯区房管局是符合上述规定的行政管理部门。"〔30〕该规定是对武侯区房管局物业管理活动的授权,作为规范性文件制定机关的武侯区房管局有上位法的授权,同时,武侯区房管局制定成房物业管理〔2003〕3 号《成都市物业管理业主大会规则(试行)》也间接性被授权,其制定的事项权限正当。

案例 3 陈爱华诉南京市江宁区住房和城乡建设局不履行房屋登记法定职责案。法院认为:"《联合通知》是由司法部和建设部联合发布的政府性规范文件,不属于法律、行政法规、地方性法规或规章的范畴,其规范的内容

---

〔29〕 丰祥公司诉上海市盐务局行政强制措施案,《最高人民法院公报》2003 年第 1 期。

〔30〕 黄金成等 25 人诉成都市武侯区房管局划分物业管理区域行政纠纷案,《最高人民法院公报》2005 年第 6 期。

不得与《物权法》、《继承法》、《房屋登记办法》等法律法规相抵触。"[31]虽然法院认为《联合通知》与上位法抵触,但实际上,法院在查明《联合通知》的制定主体是司法部和建设部时,并没有否认《联合通知》的制定机关司法部和建设部超越权限,换言之,司法部和建设部有上位法的授权,其制定权限正当。

案例4 何小强诉华中科技大学拒绝授予学位案。法院认为:"在符合法律法规规定的学位授予条件前提下,确定较高的学士学位授予学术标准或适当放宽学士学位授予学术标准,均应由各高等学校根据各自的办学理念、教学实际情况和对学术水平的理想追求自行决定。"[32]这一表述实际上是法院对华中科技大学制定《华中科技大学武昌分校授予本科毕业生学士学位实施细则》的认可,高等学校可以根据各自的办学理念、教学实际情况和对学术水平的理想追求自行决定制定符合上位法的规则。因此,在法律法规范围内进行自主裁量是行政机关的职责之一,华中科技大学主体权限正当,事务权限合法。

案例5 上海苏华物业管理有限公司诉上海市住房和城乡建设管理委员会物业服务资质行政许可案。法院认为:"《新设立物业资质通知》制定主体符合规范,并无明显违法情形。"最高人民法院评述该案的典型意义时也认为:"行政相对人对该规范性文件提起附带审查的,法院围绕该规范性文件与法律法规的规定是否存在冲突,制定主体、制定目的、制定过程是否符合规范,是否明显违法等情形进行审查。"[33]由此,作为行政规范性文件司法审查标准之一的制定权限已经得到了最高人民法院的认同,审查制定主体所包含的主体权限和事务权限是判断规范性文件合法性的重要标准。

上述5个案例中,法院对规范性文件进行审查都涉及了主体权限和事务权限。在案例1中,法院认为盐务局所依据的中盐政〔2000〕109号文件并未获得国务院《盐业管理条例》的授权,中盐政〔2000〕109号文件的制定

---

〔31〕 陈爱华诉南京市江宁区住房和城乡建设局不履行房屋登记法定职责案,《最高人民法院公报》2014年第8期。

〔32〕 何小强诉华中科技大学拒绝授予学位案,最高人民法院发布的"指导案例"第39号。

〔33〕 上海苏华物业管理有限公司诉上海市住房和城乡建设管理委员会物业服务资质行政许可案,参见最高人民法院发布的"行政诉讼附带审查规范性文件典型案例"第6号。

机关国家轻工业局盐业管理办公室也超越权限对盐业作出规定。这种权限的审查从权限违法的角度去判断规范性文件，在当时应该说是一种“创意”。同时，在法院的裁判说理中，不再是以前单一的合法性承认，违法性排除审查也开始受到法院重视。例如案例4法院认为：“《新设立物业资质通知》制定主体符合规范，并无明显违法情形。”最高人民法院也对该案判决进行回应：“行政相对人对该规范性文件提起附带审查的，法院围绕该规范性文件是否明显违法等情形进行审查。”基于此，本文认为法院的审查倾向已经从合法性承认向违法性排除转变。

(二)是否与上位法抵触

在行政规范性文件司法审查中，规范性文件是否与上位法抵触是判断其是否具有合法性的关键。行政规范性文件的规则必须遵守法律、法规的规定以及法律精神、立法目的，否则，该行政规范性文件就丧失了合法性。以下8个案例，法院均审查了行政规范性文件是否与上位法抵触。

案例1 甘露不服暨南大学开除学籍决定案。法院认为：“《暨南大学学生违纪处分实施细则》第五十三条的规定，影响甘露的陈述权、申诉权及听证权的行使，不符合《普通高校学生管理规定》第五十五条、第五十六条的规定。”〔34〕法院还认为：“《暨南大学学生管理暂行规定》第五十三条第(五)项规定，剽窃、抄袭他人研究成果，情节严重的，可给予开除学籍处分。《暨南大学学生违纪处分实施细则》第二十五条规定，剽窃、抄袭他人研究成果，视情节轻重，给予留校察看或开除学籍处分。暨南大学的上述规定系依据《普通高等学校学生管理规定》第五十四条第(五)项的规定制定，因此不能违背《普通高等学校学生管理规定》相应条文的立法本意。可以看出，法院把上位法的规则和立法目的都作为审查规范性文件合法性的重点标准，无论是《暨南大学学生管理暂行规定》还是《暨南大学学生违纪处分实施细则》，都不能违背《普通高校学生管理规定》的法律规则与立法目的。

案例2 陈爱华诉南京市江宁区住房和城乡建设局不履行房屋登记法定职责案。法院认为：“《联合通知》……不属于法律、行政法规、地方性法规

〔34〕 甘露不服暨南大学开除学籍决定案，《最高人民法院公报》2012年第7期。

或规章的范畴,其规范的内容不得与《物权法》、《继承法》、《房屋登记办法》等法律法规相抵触。"[35]《物权法》等法律法规已经对房屋登记作了明确规定,《联合通知》不能作出与《物权法》等法律法规相抵触的规定,否则就会丧失合法性。法院认为《联合通知》作为行政规范性文件与《普通高校学生管理规定》相抵触。

案例3 田永诉北京科技大学拒绝颁发毕业证、学位证案。法院认为:"高等学校依法具有相应的教育自主权,有权制定校纪、校规,并有权对在校学生进行教学管理和违纪处分,但是其制定的校纪、校规和据此进行的教学管理和违纪处分,必须符合法律、法规和规章的规定,必须尊重和保护当事人的合法权益……但其对原告作出退学处理决定所依据的该校制定的第068号通知,与《普通高等学校学生管理规定》第二十九条规定的法定退学条件相抵触,故被告所作退学处理决定违法。"[36]行政规范性文件的合法性与上位法的规则、精神、立法目的密切相关,第068号通知的规则与《普通高等学校学生管理规定》第29条规定的法定退学条件相抵触。因此,法院从高等教育的法律、法规以及当事人的合法权益出发,判定第068号通知与上位法抵触。

案例4 何小强诉华中科技大学拒绝授予学位案。法院认为:"被告制定的《华中科技大学武昌分校授予本科毕业生学士学位实施细则》第三条的规定符合上位法规定。"[37]法院审查行政规范性文件的合法性所依据的核心标准便是是否与上位法抵触:只要符合上位法的规定,该规范性文件就合法;否则,就会与上位法之间产生抵触,从而丧失合法性。《华中科技大学武昌分校授予本科毕业生学士学位实施细则》第3条的规定符合上位法规定,因而,该文件具有合法性。

案例5 徐云英诉山东省五莲县社会医疗保险事业处不予报销医疗费用案。法院认为:"案涉五莲县卫生局、五莲县财政局莲卫字〔2014〕2号

---

〔35〕 陈爱华诉南京市江宁区住房和城乡建设局不履行房屋登记法定职责案,《最高人民法院公报》2014年第8期。

〔36〕 田永诉北京科技大学拒绝颁发毕业证、学位证案,最高人民法院发布的"指导案例"第38号。

〔37〕 何小强诉华中科技大学拒绝授予学位案,最高人民法院发布的"指导案例"第39号。

《2014年五莲县新型农村合作医疗管理工作实施办法》第五条第二款规定‘参合农民到市外就医，必须到政府举办的公立医疗机构’，该款规定对行政相对人的权利作出了限缩性规定，不符合上位法规范性文件的相关规定，不能作为认定行政行为合法的依据。”[38]人民法院在审查规范性文件的合法性时，如果发现某项规定作出了损害、限缩公民的权利或者增加公民不应负担的义务的规则，同时还与上位法抵触，既损害公民利益，又与上位法的精神和规则抵触，从法源上就失去了合法性。

案例6　袁西北诉江西省于都县人民政府物价行政征收一案。法院认为：“《实施方案》所确定的污水处理费征收范围却扩大至‘于都县中心城区规划区范围内所有使用城市供水的企业、单位和个人’，违反法律法规规章及上级行政机关规范性文件规定。”[39]行政规范性文件的涉及事项应当符合上位法的规定，且受上位法的拘束，如果所涉及的事项超出了上位法的规定范围，就是违法。

案例7　郑晓琴诉浙江省温岭市人民政府土地行政批准案。法院认为：“温岭市政府制定的两个涉案规范性文件，将‘应迁出未迁出的人口’及‘已经出嫁的妇女及其子女’排除在申请个人建房用地和安置人口之外，显然与《中华人民共和国妇女权益保障法》等上位法规定精神不符。”[40]上位法精神是上位法的重要内容之一，行政规范性文件司法审查不仅要注意规范性文件的规则是否与上位法的规定相抵触，还要审查其规则是否与上位法的精神相抵触，如果规范性文件的规定不符合上位法的精神，就会丧失合法性。

案例8　上海苏华物业管理有限公司诉上海市住房和城乡建设管理委员会物业服务资质行政许可案。法院认为：“《新设立物业资质通知》，对《物业服务企业资质管理办法》中专职人员的认定标准进行了解释和细化规定，

---

〔38〕 徐云英诉山东省五莲县社会医疗保险事业处不予报销医疗费用案，最高人民法院发布的“行政诉讼附带审查规范性文件典型案例”。

〔39〕 袁西北诉江西省于都县人民政府物价行政征收一案，最高人民法院发布的“行政诉讼附带审查规范性文件典型案例”第3号。

〔40〕 郑晓琴诉浙江省温岭市人民政府土地行政批准案，最高人民法院发布的“行政诉讼附带审查规范性文件典型案例”。

与《中华人民共和国行政许可法》《物业管理条例》等法律、法规的规定不相冲突。”〔41〕行政规范性文件司法审查的重要内容之一就是规范性文件的规定是否与上位法的规定相冲突,符合上位法规定的规范性文件,具有合法性,与上位法相冲突的规范性文件,则违法。《新设立物业资质通知》的相关规定遵守了《行政许可法》的规定且与其不抵触,具有合法性。

案例 9　孙桂花诉原浙江省环境保护厅环保行政许可案。法院认为:“环发〔2009〕87 号文件系由原环保部颁发,内容关于统一全国环保标志标准,其中对核发绿色或黄色环保标志明确了一些技术标准,并未违反上位法的规定,孙桂花提出其不合法的主张不能成立。”〔42〕是否违反上位法的规定是行政规范性文件司法审查的重要标准之一,对于违法上位法规定的规范性文件,不能作为具体行政行为合法的依据,对于符合上位法规定的规范性文件,则可以作为具体行政行为合法的依据。环发〔2009〕87 号文件规定的环保标准符合上位法规定,且与上位法不抵触。

(三)是否有依据

依据法律法规是指规范性文件的内容参考了相关的上位法,具有上位法的合法来源。规范性文件的内容依据上位法的相关规定,那么该规范性文件合法;否则,就可能违法。表 1 列举了行政规范性文件适用“依据”标准的审查情况。

表 1　行政规范性文件适用“依据”标准审查情况

时间	案件名称	行政规范性文件	审查结果
2003 年 4 月	吉德仁等诉盐城市人民政府行政决定案〔43〕	国家发展计划委员会、财政部、交通部联合制定的《关于规范公路客货运附加费增加公路建设资金的通知》	合法

〔41〕 上海苏华物业管理有限公司诉上海市住房和城乡建设管理委员会物业服务资质行政许可案,最高人民法院发布的“行政诉讼附带审查规范性文件典型案例”。

〔42〕 孙桂花诉原浙江省环境保护厅环保行政许可案,最高人民法院发布的“行政诉讼附带审查规范性文件典型案例”。

〔43〕《最高人民法院公报》2003 年第 4 期。

续表

时间	案件名称	行政规范性文件	审查结果
2004 年 2 月	中国银行江西分行诉南昌市房管局违法办理抵押登记案〔44〕	中国人民银行《关于加强与银行贷款业务相关的房地产抵押和评估管理工作的通知》；建设部、国家物价局、国家工商行政管理局《关于加强房地产交易市场管理的通知》	合法
2004 年 5 月	中海雅园管委会诉海淀区房管局不履行法定职责案	原北京市房屋土地管理局《关于开展住宅小区物业管理委员会试点工作的通知》《关于全面开展组建物业管理委员会工作的通知》；北京市国土资源和房屋管理局《关于物业管理委员会委员补选、改选、换届选举及变更事项的通知》；北京市人民政府办公厅《关于转发规范和加强本市居住区物业管理的若干意见》	合法
2004 年 7 月	丰浩江等人诉广东省东莞市规划局房屋拆迁行政裁决纠纷案〔45〕	《中国注册资产评估师职业道德规范》	合法
2005 年 6 月	黄金成等 25 人诉成都市武侯区房管局划分物业管理区域行政纠纷案〔46〕	《成都市住宅小区与高层楼宇物业管理暂行规定》	合法
2005 年 8 月	益民公司诉河南省周口市政府等行政行为违法案〔47〕	河南省人民政府办公厅《关于加快推进西气东输利用工作的通知》	合法
2006 年 8 月	邵仲国诉黄浦区安监局安全生产行政处罚决定案〔48〕	《上海市劳动局关于贯彻〈企业职工伤亡事故报告和处理规定〉的意见》	合法

〔44〕《最高人民法院公报》2004 年第 2 期。

〔45〕《最高人民法院公报》2004 年第 7 期。

〔46〕《最高人民法院公报》2005 年第 6 期。

〔47〕《最高人民法院公报》2005 年第 8 期。

〔48〕《最高人民法院公报》2006 年第 8 期。

续表

时间	案件名称	行政规范性文件	审查结果
2008年9月	北京国玉大酒店有限公司诉北京市朝阳区劳动和社会保障局工伤认定行政纠纷案〔49〕	劳动与社会保障部《关于实施〈工伤保险条例〉若干问题的意见》	合法
2011年4月	祁县华誉纤维厂诉祁县人民政府行政赔偿案〔50〕	司法部《司法鉴定执业分类规定(试行)》	合法
2011年7月	北京希优照明设备有限公司不服上海市商务委员会行政决定案〔51〕	商务部《进一步规范机电产品国际招标投标活动有关规定》	合法
2012年7月	甘露不服暨南大学开除学籍决定案〔52〕	《暨南大学学生管理暂行规定》《暨南大学学生违纪处分实施细则》	不合法
2013年7月	无锡美通食品科技有限公司诉无锡质量技术监督局高新技术产业开发区分局质监行政处罚案〔53〕	国家质量监督检验检疫总局《关于贯彻实施〈中华人民共和国食品安全法〉若干问题的意见》	合法
2013年11月	上海珂帝食品包装有限责任公司不服上海市人力资源和社会保障局责令补缴外来从业人员综合保险费案〔54〕	原劳动部《关于贯彻执行〈中华人民共和国劳动法〉若干问题的意见》	合法
2014年8月	陈爱华诉南京市江宁区住房和城乡建设局不履行房屋登记法定职责案〔55〕	司法部、建设部《关于房产登记管理中加强公正的联合通知》	不合法
2018年2月	丹阳市珥陵镇鸿润超市诉丹阳市场监督管理局不予变更经营范围登记案〔56〕	丹政办发〔2012〕29号规范性文件	不合法
2018年2月	方才女诉浙江省淳安县公安局治安管理行政处罚一案〔57〕	《浙江省居住出租房屋消防安全要求》《关于解决消防监督执法工作若干问题的批复》和《关于居住出租房屋消防安全整治中若干问题的法律适用意见(试行)》	合法

〔49〕《最高人民法院公报》2008年第9期。

〔50〕《最高人民法院公报》2011年第4期。

〔51〕《最高人民法院公报》2011年第7期。

〔52〕《最高人民法院公报》2012年第7期。

〔53〕《最高人民法院公报》2013年第7期。

〔54〕《最高人民法院公报》2013年第11期。

〔55〕《最高人民法院公报》2014年第8期。

〔56〕《最高人民法院公报》2018年第6期。

〔57〕最高人民法院“行政诉讼附带审查规范性文件典型案例”。

经检阅发现，在16个涉及“依据”的行政规范性文件中，有14个文件都未经审查就将其作为判断依据直接适用。有学者认为，这实际上是法院回避对规范性文件的审查，违背了法律和司法解释对司法审查权的规定。〔58〕笔者认为，在《行诉解释》(2018)公布前，法院审查力度小，法院审查规范性文件在形式上直接、单独适用“依据”标准，以规避规范性文件司法审查的要求。〔59〕直接适用“依据”的标准审查规范性文件的合法性局限颇大，形式单一内容宽泛。法院对规范性文件的审查时容易“走过场”，造成为审查而审查的局面，其裁判结果既无法回应当事人和社会舆论的质疑又无法承担起司法审查职能。《行诉解释》(2018)第148条规定公布后，法院加强了审查力度，规范性文件的司法审查标准愈加清晰，法院适用“依据”标准对规范性文件进行合法性审查从形式走向实质。

(四)是否遵循制定程序

是否遵循法定程序是判断规范性文件合法性的重要标准，因此，制定规范性文件必须遵循评估论证、公开征求意见、合法性审核、集体审议决定、向社会公开发布等程序，未经评估论证、公开征求意见、合法性审核、集体审议决定、向社会公开发布的，不得发布实施。

案例1 张道文、陶仁等诉四川省简阳市人民政府侵犯客运人力三轮车经营权案。法院认为：“简阳市政府作出《公告》和《补充公告》在行政程序上存在瑕疵，属于明显不当。”〔60〕制定程序有无瑕疵是行政规范性文件司法审查的重要标准，如果制定程序有瑕疵，该规范性文件的合法性必然存疑。《公告》和《补充公告》的制定程序存在瑕疵，属于明显不当，司法机关不予适用。

案例2 方才女诉浙江省淳安县公安局治安管理行政处罚一案。法院认为：“从内容看，《关于解决消防监督执法工作若干问题的批复》是对《治安

---

〔58〕 参见前注〔5〕。

〔59〕 在我国，上位法的范围非常大，几乎包括了所有的法律法规，对法院而言，依据上位法审查恐怕不是一件容易的事情。除此之外，法院在审查规范性文件时为了保障裁判的谨慎性可能会将“上位法”确认为具体的法律条文，换言之，如果没有明确的法律规则，那么法院在遇到没有明确的上位法依据的规范性文件时，可能会规避审查。

〔60〕 最高人民法院发布的“指导案例”第88号。

管理处罚法》第三十九条‘其他供社会公众活动的场所的经营管理人员’的规定而作出的应用解释，符合公安部《消防监督检查规定》(公安部令〔2012〕120 号)第三条第三款‘公安派出所日常消防监督检查的单位范围由省级公安机关消防机构、公安派出所工作主管部门共同研究拟定，报省级公安机关确定’的规定。公安机关的应用解释有地方性法规和规章依据，属合法的规范性文件。”〔61〕法院明确指出《关于解决消防监督执法工作若干问题的批复》的制定程序已经经过上级主管部门评估研究，且指明《关于解决消防监督执法工作若干问题的批复》的制定是遵循制定程序的。

案例 3　上海苏华物业管理有限公司诉上海市住房和城乡建设管理委员会物业服务资质行政许可案。法院认为："制定《新设立物业资质通知》，对《物业服务企业资质管理办法》中专职人员的认定标准进行了解释和细化规定，与《中华人民共和国行政许可法》《物业管理条例》等法律、法规的规定不相冲突，制定主体、制定目的、制定过程符合规范，并无明显违法情形。”〔62〕从该裁判说理中可以清晰地看到法院对“制定过程”的判断表述，《新设立物业资质通知》的制定过程符合规范，制定程序无明显不当，在该案中，制定程序在法院审查规范性文件合法性的过程中发挥了重要作用。

是否遵循制定程序是行政规范性文件司法审查的重要考量因素之一，“一个合理的程序，是保障规范性文件合法性和合理性、科学性和规范性的重要条件”〔63〕。然而，在最高人民法院发布的 26 个案例中，仅有 3 个案例涉及制定程序的审查，相较其他三种具体情形，制定程序的审查频率最低。

(五)其他情形

除了上述四种情形外，在最高人民法院的案例中，还有已过时效而丧失合法性等其他违法情形。

案例 1　孙长荣诉吉林省人民政府行政复议不予受理决定案。法院查明：“2011 年 2 月孙长荣向吉林省住建厅提交了关于查询吉建房字〔1999〕27

〔61〕 最高人民法院发布的“行政诉讼附带审查规范性文件典型案例”。

〔62〕 最高人民法院发布的“行政诉讼附带审查规范性文件典型案例”。

〔63〕 程琥：《新〈行政诉讼法〉中规范性文件附带审查制度研究》，《法律适用》2015 年第 7 期。

号通知是否已过时效的申请,并要求给予书面答复。吉林省住建厅一直未予书面答复。……在孙长荣向吉林省住建厅申请了解吉建房字〔1999〕27号通知是否有效时,吉林省住建厅正在根据《关于规章和规范性文件清理工作有关问题的通知》(吉府法〔2010〕74号)要求,组织开展规范性文件的清理工作,清理范围包括了吉建房字〔1999〕27号通知。"〔64〕在该案中,法院查明了吉林省住建厅制定的吉建房字〔1999〕27号通知由于超过时效而被清理,这也是最高人民法院发布的第一例规范性文件由于已过时效而失去合法性的案例。

五、初步的分析与结论

(一)瑕疵性标准与违法认定

《行政诉讼法》(2014)确立了行政规范性文件司法审查标准,即法院可以对行政行为依据的规范性文件进行合法性审查。但该规范性文件的司法审查标准却模糊不清。在司法实务中,人民法院对行政规范性文件司法审查标准进行了不同程度的探索,即通过案例将行政规范性文件司法审查标准区分为合法性标准和瑕疵性审查,若属前者,法院可以从四个方面承认规范性文件的合法性,若属后者,法院则从五个方面排除不合法的规范性文件。笔者通过统计发现,在26个案例中,有16个案例适用合法性审查标准对规范性文件合法性进行审查,有10个案例适用的是瑕疵性标准进行审查,从总数上说合法性审查标准的适用更多。而实际上,笔者统计《行政诉讼法》(2014)公布至今的案例发现,在10个案例中,有7个案例都适用了瑕疵性标准。为了回应司法实践,《行诉解释》(2018)将"不合法的规范性文件"划分为"超越权限、与上位法相抵触、无依据、违反制定程序、其他违法情形"等五个情形适用司法审查。由此可见,第一,无论是最高人民法院还是地方各级人民法院都已经意识到了仅仅从主体、权限、内容、程序四个合法性要件来审查规范性文件,有可能使行政诉讼的立法目的难以实现,既不利

〔64〕 孙长荣诉吉林省人民政府行政复议不予受理决定案,《最高人民法院公报》2016年第12期。

于行政相对人合法权益的保障,又不能提高行政效率;第二,在如何界定行政规范性文件司法审查标准的问题上,立法机关并未直接给出"标准答案",而是授权最高人民法院发布相关司法解释和各级法院在个案中审查。同时,我们可以推测立法机关可能更认同最高人民法院通过司法解释和案例发展出的司法审查标准,即瑕疵性标准。

涉及行政规范性文件司法审查的行政案件,法院如何审查规范性文件,与司法审查标准具有密切的关联性。基于《行诉解释》(2018)公布的规范性文件不合法的司法解释以及最高人民法院公布的相关案例,笔者认为,瑕疵性标准对于行政规范性文件司法审查的正确适用具有重要价值。瑕疵性标准可以分为五个方面:

1. 权限瑕疵

"权限瑕疵"是指行政规范性文件制定机关超越制定权限和行政规范性文件本身超越上位法的规定,换言之,规范性文件制定主体的事务权限和规范性权限有瑕疵。[65] 对事务权限的审查是法院判断制定机关是否有上位法授权的过程,其判断依据是行政规范性文件的制定机关超越了本身的权力管辖范围。首先,《宪法》《地方组织法》中有关法定职权的规定限定了行政规范性文件制定主体的权限范围,是行政规范性文件司法审查的一个重要方向。其次,根据依法行政原则,所有的行政行为都应当有上位法的明确规定,行政规范性文件也不例外。在行政规范性文件的司法审查中,行政机关制定规范性文件是否获得了上位法的授权以及是否有上位法的明确规定,是法院判断规范性文件合法性的重要依据。规范权限的司法审查对于约束规范性文件起着实质作用,对规范权限的审查是法院认定行政规范性文件的设置是否有上位法授权的过程,其判断依据是行政规范性文件的设置超越了上位法中关于规范性文件限制规定。《立法法》《行政许可法》《行政处罚法》以及其他法律严格规范行政规范性文件的设置规则,对不同主体制定行政规范性文件都有明确规定,行政规范性文件一旦侵入法律保留条款或者上位法限制行政规范性文件进入的领域,则超越了相关规范权限而不合法。

---

〔65〕 参见李成:《行政规范性文件附带审查进路的司法建构》,《法学家》2018 年第 2 期。

2. 上位法瑕疵

上位法瑕疵通常是指下位阶的法律规范与上位法的法律规范不一致产生矛盾的现象，[66]也有学者称为与上位法抵触。在行政规范性文件司法审查中，上位法瑕疵是判断规范性文件合法性的重要依据。上位法瑕疵通常有两种情形：一是，行政规范性文件违反上位法的原则或精神，此处的上位法包括宪法、法律、法规。这主要是基于维护法秩序的价值体系和实质目的的统一。[67] 法院审查行政规范性文件的重点就是判断行政规范性文件是否符合法秩序中的价值观，凡是与上位法的原则、精神、目的相违背的，规范性文件就丧失合法性。行政规范性文件缺乏足够的合理性与正当性，法院也可以根据宪法、法律目的、原则以及精神的理解，对行政规范性文件的合法性作出判断。[68] 二是，行政规范性文件违反上位法的规则。具体有四个方面的情形：变更上位法的规则、裁减上位法的规则、额外增加规则、与上位法规则竞争适用。[69] 规则是法律的核心，若行政规范性文件因替代上位法的规则、为规避而裁减上位法的规则、擅自增设为相对人增加义务或减少权益的规则、违反法律优位原则而优先设置规则，该规范性文件就不合法。

3. 依据瑕疵

行政规范性文件一般依据法律、法规等上位法而制定，依据是行政规范性文件司法审查的重要内容，法院审查规范性文件的合法性应当判断是否依据了上位法，是否依据了法律法规。尤其是审查损害行政相对人权利的或者增设行政相对人义务的规范性文件是否有合法依据，从而保障司法的公平和行政相对人的利益。无依据即不合法，依据瑕疵往往是司法审查的重要标准，司法审查必须高度重视。

4. 制定程序瑕疵

制定程序瑕疵，即规范性文件的制定未遵循法定步骤。《国务院办公厅

---

〔66〕 参见周辉：《法律规范抵触的标准》，《国家检察官学院学报》2016 年第 6 期。

〔67〕 参见于洋：《论行政规范性文件的复合审查标准——基于规范性文件的逻辑结构展开》，《内蒙古社会科学(汉文版)》2017 年第 6 期。

〔68〕 参见沈岿：《解析行政规则对司法的约束力——以行政诉讼为论域》，《中外法学》2006 第 2 期。

〔69〕 参见前注〔65〕。

〈关于加强行政规范性文件制定和监督管理工作的通知〉》明确规定:“规范性文件要严格执行评估论证、公开征求意见、合法性审核、集体审议决定、向社会公开发布等程序。”法院审查行政规范性文件应当先查明法律对行政规范性文件的制定程序,再对照查明的程序审查制定机关是否按照法定程序进行制定。之所以要重视制定程序,一是因为规范性文件合法必然要求程序和实体的合法,〔70〕二是因为制定程序是一种裁决事实,不涉及专业性问题,并非难以证明。〔71〕对此,相关法律、法规都明确法院必须重视审查制定程序,制定程序有瑕疵,规范性文件就可能丧失合法性。

5. 其他瑕疵

作为确认不合法行政规范性文件司法审查标准之一的“其他违反法律、法规、规章的情形”,即其他瑕疵,性质上属于不确定法律概念。对此概念,重点是如何解释“其他”。根据文义解释,“其他”有“等”“另外的”“其余”之意,可以理解为列举未尽。〔72〕根据体系解释,基于《行诉解释》第148条之间的逻辑关系,其解释结果应当使行政诉讼法体系内稳定有序。对“其他违反法律、法规、规章的情形”,应当解释为它包括了所有规范性文件不合法的情形。或许有人会不赞同,在这样的体系下,扩大规范性文件不合法司法审查标准的范围,不仅浪费立法资源,还会增加法院工作压力,岂不是多此一举?非也,行政规范性文件司法审查的重要性不言而喻,对于行政规范性文件司法审查标准如何适用,虽然《行诉解释》和司法实务都表现出了一定的技巧,然而,“同案不同判”的个案差异表明,我国行政规范性文件的司法审查标准仍有待统一和完善,以“其他”的方式为将来修法和解释提供缓冲的空间,既不违背依法治国的原则,又可以为司法审查标准的统一和完善提供法律支持。

尽管最高人民法院在《行诉解释》(2018)公布后,没有从正面否定之前最高人民法院案例中形成的合法性这一分类标准,因《行诉解释》(2018)实

---

〔70〕 参见前注〔63〕。

〔71〕 参见陈良刚:《规范性文件一并审查的范围、标准与强度——以方才女诉淳安县公安局治安行政处罚案为例》,《法律适用(司法案例)》2017年第16期。

〔72〕 参见刘小冰、张思循:《地方立法权规定中“等”字的法律规范解读》,《江苏行政学院学报》2018年第2期。

施后的一年中，最高人民法院发布的四个案例都涉及了合法性审查标准，所以，今天我们仍然不能确定最高人民法院是否已经放弃了合法性的分类标准，那么法院在个案判决的过程中，应当重点适用瑕疵性审查标准，再辅之以合法性审查标准或许更为妥当。

（二）司法审查标准的价值取向

在最高人民法院公布的26个案例中，有10个行政规范性文件是作了不合法或者不作为行政行为合法依据的判决，有16个是作了作为行政行为合法依据的判决，在这26个判决中，超过一半的原告都获得了法律上胜诉的判决。然而，从裁判理由中我们可以看到，对于案例所涉的行政规范性文件司法审查标准，法院在裁判时并没有区分行政规范性文件司法审查标准载有何种法律价值，质言之，26个案例中所涉及的相关规范性文件司法审查标准，其价值取向是不清晰的。

有学者认为，现代法院的功能除了传统的定分止争外，最重要的功能之一就是制定公共政策。[73] 在行政诉讼中，法院利用个案审判的方式进入行政机关社会治理的功能区，以发布司法解释的方式引导社会正常发展。所以，在行政规范性文件司法审查标准的价值取向上，法院适用的标准就可以体现出来。当下，法院对行政规范性文件适用司法审查标准当持何种价值取向，与合宪性、法律精神和立法目的有密不可分的关系：

1. 宪法确定行政法制的宗旨和发展方向

规范性文件附带审查制度作为行政法制的重要内容，必然要接受合宪性价值的审查。[74] 在判断规范性文件内容是否合法方面，最重要的标准是是否违背了上位法的规定。[75] 宪法是各部门法都应当遵循的上位法，我国《宪法》明确规定一切法律法规都不得同宪法相抵触。位阶更低的行政规范

---

〔73〕 中国人民大学侯猛教授认为，最高人民法院在很大程度上是一个制定公共政策的法院，而不是或主要不是审判法院。制定司法解释这一块，显示出具有创新规则的作用。参见侯猛：《中国最高人民法院研究——以司法的影响力切入》，法律出版社2007年版，第173页。

〔74〕 参见姜明安：《中国行政法治发展进程回顾——经验与教训》，《政法论坛》2005年第5期。

〔75〕 江必新主编：《中华人民共和国行政诉讼法理解适用与实务指南》，中国法制出版社2015年版，第244页。

性文件所规定的事项更不得同宪法相抵触,不得限制宪法上规定的公民权利,或增加公民义务。最高人民法院《关于适用〈中华人民共和国行政诉讼法〉的解释》(2018)第148条第3款规定:“违法增加公民、法人和其他组织义务或者减损公民、法人和其他组织合法权益的”属于“规范性文件不合法”的情形之一。由此我们可以认为,合宪性已经成为行政规范性文件司法审查标准的裁量核心,并被法院视为审查行政规范性文件合法性的重要价值取向。例如,在郑晓琴诉浙江省温岭市人民政府土地行政批准案中,法院认为《用地管理办法》与《补偿安置办法》相关规定不作为认定被诉审批行为合法的依据的裁判理由就是这两个规范性文件将“应迁出未迁出的人口”及“已经出嫁的妇女及其子女”排除在申请个人建房用地和安置人口之外,剥夺了妇女应有的权利。我国《宪法》第33条规定:“中华人民共和国公民在法律面前一律平等。”同时,第48条明确规定:“中华人民共和国妇女在政治的、经济的、文化的、社会的和家庭的生活等各方面享有同男子平等的权利。”从司法实务、行政诉讼法相关规定以及宪法有关规定都可以看到,行政规范性文件司法审查标准与宪法规定的公民基本权利有十分密切的关联性。

2. 法治精神和立法目的是行政规范性文件司法审查标准的重要内容

行政诉讼法的终极目的与法治精神不谋而合。[76] 我国《行政诉讼法》总则第1条明确规定:“为保证人民法院公正、及时审理行政案件,解决行政争议,保护公民、法人和其他组织的合法权益,监督行政机关依法行使职权,根据宪法,制定本法。”可以说,《行政诉讼法》的立法目的就是保护公民、法人和其他组织的合法权益,这一点与法治精神不谋而合。法院对规范性文件的审查标准离不开立法目的、法治精神的引导。例如,在孙桂花诉原浙江省环境保护厅环保行政许可案、上海苏华物业管理有限公司诉上海市住房和城乡建设管理委员会物业服务资质行政许可案、大昌三昶(上海)商贸有限公司诉北京市丰台区食品药品监督管理局行政处罚案、甘露不服暨南大学开除学籍决定案等案中,法院对规范性文件的合法性审查裁判说理中都

---

〔76〕 参见莫于川:《以现代法治精神推动行政诉讼法修改》,《国家检察官学院学报》2013第3期。

出现制定目的、立法目的、立法原意、法律精神等表述，无论是立法还是司法实务，都将法治精神和立法目的作为行政规范性文件司法审查标准的重要内容，由此，笔者认为，在未来行政规范性文件司法审查标准所体现的价值取向——法治精神和立法目的可能会进一步发挥作用。

综合上述分析，本文可以获得如下几个结论：

1. 对行政规范性文件的司法审查，法院继续延续合法性审查标准，但会逐渐转向瑕疵性标准审查。

2. 在法定的四种瑕疵性标准之外，法院可能会引入如时效等标准作为规范性文件司法审查的其他裁判标准，且不断扩大司法审查标准的范围。

3.《行政诉讼法》(2014)实施之后，出于对行政权的尊重，法院适用制定程序标准审查规范性文件的频率较低，这一趋势还将存在并且将长期存在。

六、余　论

通过最高人民法院公布的26份案例，可以发现，司法实务在行政规范性文件司法审查上已经形成了某种共识。毋庸置疑，最高人民法院公布的案例对于未来制度的完善具有十分重要的借鉴和启示意义。然而，这些案例所适用的差异化标准表明，行政规范性文件司法审查标准的体系化和规范化仍有很长的道路要走。若以本文的瑕疵性标准作为审查标准，其结论未必能使所有的利害关系人接受。因此，笔者期待，最高人民法院可以通过案例发展出一套规范化、体系化的行政规范性文件的司法审查标准，案例中形成的规范化、体系化的司法审查标准可以在未来采用直接修法的方式进行完善或发布司法解释进行指导。其最终目的就是要适应国家治理体系现代化的要求。

（特约编辑：沈广明）

论行政机关的全面调查义务及其司法审查

——以苏嘉鸿诉中国证监会行政处罚和行政复议决定案为例

徐庭祥*

内容提要:通过审查行政机关是否尽到全面调查义务,由人民法院对行政调查进行司法审查,是苏嘉鸿案的一大亮点。该案争议焦点表明,当多种调查方法都可以查明事实时,法院如何审查行政机关行使调查方法裁量权是否违反全面调查义务存在疑问。调查方法裁量权行使仍受到法律的若干约束,一旦超越了法律的明确限制,或者不符合比例原则,或者违反正当法律程序原则,或者违反禁止预先证据评价原则,该裁量权行使即构成违法。此外,对全面调查义务的司法审查亦不应对调查方法裁量权造成过度干预。就苏嘉鸿案而言,法院一方面超越比例原则要求证监会"穷尽必要的调查方式和手段",另一方面超越正当法律程序原则仅禁止裁量瑕疵而不禁止裁量的要求,认为证监会在是否听取殷卫国本人陈述上没有裁量空间,此两点似造成对调查方法裁量权的过度干预,若作为范例可能对今后全面调查义务的司法审查造成不利影响,故提出商榷。

关键词:全面调查义务;职权调查主义;调查方法裁量权;司法审查

一、引　言

2019年1月11日,中国法院网发布人民法院报编辑部评选的2018年

* 徐庭祥,西南政法大学刑事侦查学院讲师,法学博士。

度人民法院十大民事行政案件。[1] 其中,"苏嘉鸿诉中国证监会行政处罚和行政复议决定案"(以下简称苏嘉鸿案)因证监会败诉引发关注。[2] 通过审查行政机关是否尽到全面调查义务,由人民法院对行政调查进行司法审查,是本案的一大亮点。但我国目前司法实践中,适用全面调查义务对行政调查进行司法审查的法理基础、适用范围和司法审查标准并不明确,该案的争议较为典型地体现了这些问题。

(一)案情简介

北京市高级人民法院作为该案的终审法院,在其官方网站"北京法院网"发布了该案的"案情简介"和"判决详解":[3]

证监会认为苏嘉鸿涉嫌内幕交易,决定对其进行立案调查。经核查,中国证监会认为苏嘉鸿在内幕信息公开前与内幕信息知情人员殷卫国联络、接触,苏嘉鸿交易威华股份的时点与资产注入及收购铜矿事项的进展情况高度吻合,但是苏嘉鸿没有为其与殷卫国在涉案期间存在接触联络以及其交易行为与内幕信息形成过程高度吻合提供充分、有说服力的解释,构成《证券法》第 202 条所述内幕交易行为。证监会作出〔2016〕56 号行政处罚决定:没收苏嘉鸿违法所得 65376232.64 元,并处以 65376232.64 元罚款。苏嘉鸿不服被诉处罚决定,向中国证监会申请行政复议。中国证监会经审查作出〔2017〕63 号行政复议决定,决定维持被诉处罚决定。苏嘉鸿仍不服,诉至人民法院。

---

〔1〕 参见《本报评出 2018 年度人民法院十大民事行政案件》,中国法院网,https://www.chinacourt.org/article/detail/2019/01/id/3654249.shtml,最后访问日期:2019 年 9 月 20 日。

〔2〕 参见《证监会三年来首败诉,苏嘉鸿 1.5 亿元罚款被撤销》,国际金融报,http://www.ifnews.com/17/detail-31109.html,最后访问日期:2019 年 9 月 20 日。

《首例证监会败诉 苏嘉鸿 1.3 亿内幕交易罚单被撤销》,新浪网,http://finance.sina.com.cn/stock/jhzx/2018-07-18/doc-ihfnsvza3244770.shtml,最后访问日期:2019 年 9 月 20 日。

《苏嘉鸿诉中国证监会行政处罚和行政复议决定案》,中国法院网,https://www.chinacourt.org/article/detail/2019/01/id/3707202.shtml,最后访问日期:2019 年 9 月 20 日。

〔3〕 参见《为何这起证券行政处罚被撤销 北京高院判决详解内幕交易调查规则与标准》,北京法院网,http://bjgy.chinacourt.org/article/detail/2018/07/id/3395185.shtml,最后访问日期:2019 年 9 月 20 日。

(二)争议焦点

该案的一个争议焦点是证监会未对内幕信息知情人殷卫国进行调查询问是否属于未尽到全面调查义务。苏嘉鸿认为,中国证监会在调查过程中,并未找到殷卫国,核实清楚殷卫国的身份信息,也未对殷卫国的情况展开调查,认定殷卫国属于内幕信息知情人事实不清,法律依据不明。证监会认为,其已穷尽各种手段调查收集证据,而且即使找到了相关人员,其不配合调查的情况也很常见,虽然作为涉案人员的殷卫国一直未被找到,但其他涉案人员询问笔录以及有关会议记录证明,殷卫国实际参与了资产注入事项的形成过程并知悉铜矿收购事项,为内幕信息知情人。

法院认为,根据《行政处罚法》第36条规定,行政机关必须全面、客观、公正地调查,收集有关证据。本案中,证监会认定苏嘉鸿从事法律所禁止的内幕交易,其中殷卫国为内幕信息知情人是关键的事实基础,应当做到证据扎实充分。虽然有关会议记录和其他涉案人员询问笔录均显示殷卫国为内幕信息知情人,证监会还应当向作为直接当事人的殷卫国进行调查了解,除非穷尽调查手段仍存在客观上无法调查的情况。证监会对殷卫国的调查询问并没有穷尽必要的调查方式和手段,直接导致其认定殷卫国为内幕信息知情人的证据,因未向本人调查了解而不全面。据此,法院确认证监会在认定殷卫国为内幕信息知情人时未尽到全面、客观、公正的法定调查义务,证监会认定殷卫国为内幕信息知情人事实不清、证据不足。苏嘉鸿对该问题的主张成立,人民法院予以支持。

(三)问题的提出

虽然法院在上述争议焦点中支持了苏嘉鸿的主张,但证监会的答辩至少为我们提出了两个值得进一步研讨的问题:第一,当有关会议记录和其他涉案人员询问笔录均显示殷卫国为内幕信息知情人时,证监会未对殷卫国进行调查是否违反全面调查义务,或者说当多种调查方法都可以查明事实时,行政机关是否享有调查方法裁量权,法院如何审查此裁量权的行使是否违反全面调查义务?第二,证监会认为即使找到了殷卫国,其也可能不配合调查,这是否能作为免除证监会全面调查义务的理由,又或是否还有其他事由可以免除或者减轻行政机关的全面调查义务，法院在司法审查中应当如何把握？这些问题的回答，对人民法院正确审查行政机关在行政调查中是否尽到全面调查义务具有重要意义。

然而，我国现有研究多呼吁加强对行政调查的概念与性质等研究，[4]而对行政调查应受全面调查义务拘束这一规则背后的法理研究则仍显不足。故本文拟借“苏嘉鸿案”所反映出的上述问题，阐明全面调查义务的法理基础、适用范围和司法审查标准等，以期对正确适用全面调查义务，规范行政调查有所助益。

二、全面调查义务的法理基础

要对行政机关科以一项全面调查义务，以规范其行政调查，则应阐明该项义务的法理基础。行政程序中的行政调查与诉讼程序中法院的事实调查相同，需要在行政机关（在诉讼程序中则是法院）与当事人之间分配查明事实的责任。普遍认为，行政调查采职权调查主义，“调查的职权主义，也称职权调查主义（Untersuchungsgrundsatz），是源于德国法上的一个概念与原理，指行政机关应本于其职权调查事实真相，不受当事人主张之拘束，体现为行政调查的主动性、全面性和裁量性”[5]。职权调查主义旨在将查明事实的责任交由行政机关承担，相较于将查明事实责任交当事人承担的辩论主义（Verhandlungsmaxime），职权调查主义下行政机关必须依赖自身而不是当事人来查明事实，“本于此职权调查主义，行政机关有义务依其职权，调查与该事件有关之事实及证据。换言之，行政机关原则上本身必须承担调查事实之责任，而非其他当事人”[6]。

〔4〕 参见黄学贤:《行政调查及其程序原则》,《政治与法律》2015 年第 6 期;余凌云:《行政调查三题》,《浙江学刊》2011 年第 2 期;金自宁:《论行政调查的法律控制》,《行政法学研究》2007 年第 2 期;章志远:《行政调查初论》,《中共长春市委党校学报》2007 年第 1 期。

〔5〕 同前注〔4〕,余凌云文。

〔6〕 洪家殷:《论行政调查中职权调查之概念及范围——以行政程序法相关规定为中心》,《东吴法律学报》2010 年第 3 期。

行政调查采职权调查主义,由行政机关负责查明事实,在正确的事实基础上作出行政行为以确保公共利益和保护相对人合法权益,“为确保人民权益、维护公益以及贯彻法治国原则与依法行政原则,关于事实调查,立法者原则上系采职权调查主义”〔7〕。行政机关为践行职权调查主义下的查明事实责任,应当采取全部可行的调查方法,尽可能查明全部案件事实,此即行政机关在行政调查中的全面调查义务。“行政机关调查事实不受当事人主张的拘束,只要涉及公共利益,行政机关调查的范围可以超出当事人请求的事项。在行政调查中,对于当事人有利或者不利的证据都应当收集,即全面收集之要求”〔8〕,“行政机关要在查明全部案件事实情形下才能作出决定,因而其调查活动及其职责是全面和绝对的”〔9〕。因此,职权调查主义是行政机关全面调查义务的法理基础。

三、全面调查义务的适用范围

(一)主要大陆法系地域均将全面调查义务作为行政机关的普遍概括义务

主要大陆法系地域均将职权调查主义作为行政调查的基本原则。为维护公共利益和保障人民权益,以及遵守在查明事实基础上正确执行法律的依法行政原则,行政机关应当依职权查明事实,不能仅限于行政相对人的事实主张和所举证据,故行政程序中行政调查采职权调查主义,是主要大陆法系地域的通行做法。《德国联邦行政程序法》第24条同样规定:行政机关依职权调查事实,行政机关决定调查的方式及范围,不受参与人提供的证明以及证明要求的限制;行政机关应顾及一切对具体案件有意义的情况,甚至是有利于参与人的情况。《日本行政程序法》虽未涉及表明职权调查的条款,但其理论通说同样认可行政调查应当适用职权调查主义,并且认为行政机

---

〔7〕 张文郁:《论行政程序上之事实调查(上)》,《月旦法学杂志》2014年第4期。

〔8〕 同前注〔4〕,余凌云文。

〔9〕 王周户:《行政调查活动的法律程序分析——以相关法律制度规定为样本》,《行政法学研究》2011年第4期。

关的一般调查义务是《日本行政程序法》制定的前提,"行政厅可以自行收集为作出决定所必要的事实。也就是说,行政厅具有调查义务——职权探知主义。《程序法》是以行政厅的一般调查义务的存在为前提的"〔10〕。诚如前述,从职权调查主义的规定中将导出行政机关的全面调查义务,故在上述对职权调查主义进行了概括规定的法域中,全面调查义务是行政机关的普遍概括义务,行政机关在所有行政领域中的行政调查均应遵循之,法院可以依据职权调查主义条款对行政机关是否尽到全面调查义务进行司法审查。

(二)我国司法实践中全面调查义务仅在有单行法明确规定的领域适用

我国理论中多认可行政调查采职权调查主义,认可行政调查中由行政机关承担查明事实的责任,"行政机关承担着对已经立案后的所有事实予以查明的责任,其不仅要依赖对当事人、利害关系人的调查,还要依赖对其他知情人的调查,以及对许多与案件有关物品、场所等的收集调查。行政机关依职权启动程序进行调查和作出决定本身的主动性,也恰恰是其应当主动查清事实的职责性体现"〔11〕。然而,由于我国尚未制定统一的行政程序法典,故缺失对行政调查是否采职权调查主义的概括性规定,这也就使得行政机关是否在所有行政领域中负全面调查义务缺乏明确的法律依据,从而致使全面调查义务的司法审查范围不明。

虽然统一的行政程序法典尚未制定,但我国的部分单行立法中存在规范行政调查的相关条款,这些条款含有为行政机关设定全面调查义务的规范意旨。典型的即是"苏嘉鸿案"中,人民法院据以认定证监会未尽全面调查义务的《行政处罚法》第 36 条。〔12〕类似的规定还有《湖南省行政程序规定》第 68 条。〔13〕这些单行立法明确规定了行政机关应当全面调查,从而为特定行政领域中法院审查行政机关是否尽到全面审查义务提供了直接的法律依据。

---

〔10〕[日]南博方:《行政法(第六版)》,杨建顺译,中国人民大学出版社 2009 年版,第 209 页。

〔11〕同前注〔9〕。

〔12〕《行政处罚法》第 36 条:除本法第三十三条规定的可以当场作出的行政处罚外,行政机关发现公民、法人或者其他组织有依法应当给予行政处罚的行为的,必须全面、客观、公正地调查,收集有关证据;必要时,依照法律、法规的规定,可以进行检查。

〔13〕《湖南省行政程序规定》第 68 条:行政机关应当采取合法的手段和依照法定的程序,客观、全面收集证据,不得仅收集对当事人不利的证据。

实践中,法院往往也只在有单行法律明确规定的情况下进行全面调查义务的审查:河南省南阳市中级人民法院〔2018〕豫 13 行终 34 号行政判决书,认定公安机关在办理治安案件时负有全面调查义务,并明确其审查依据是《公安机关办理行政案件程序规定》(2012)第 37 条;〔14〕山东省济南市中级人民法院〔2017〕鲁 01 行终 107 号行政判决书,认定司法行政部门在办理司法鉴定投诉时负有全面调查义务,并明确其审查依据是《司法鉴定执业活动投诉处理办法》(2010)第 16 条第一款;〔15〕广东省深圳市中级人民法院〔2015〕深中法行终字第 93 号行政判决书,认定深圳市市场监督管理局龙岗分局在办理行政相对人举报违法行为的立案程序中负有全面调查义务,其审查依据也是"苏嘉鸿案"中法院依据的《行政处罚法》第 36 条。因《行政处罚法》第 36 条的明确规定,"苏嘉鸿案"属全面调查义务的适用范围无疑。且《中国证券监督管理委员会关于进一步完善中国证券监督管理委员会行政处罚体制的通知》(证监发〔2002〕31 号)亦要求:"证监会稽查部门负责立案和调查工作,保证全面查清有关事实,充分收集证据,把案件查准、查实。"可见证监会自身亦意识到其全面调查的责任。上述案例的存在佐证了全面调查义务对我国行政机关的规范性,但也留下了疑问:除了这些有单行法律明确规定的行政领域,其他行政领域中我国行政机关是否负担全面调查义务?实际上,鲜有法院在无法律明确规定的行政领域中,依据概括的全面调查义务进行司法审查。

可见,由于我国概括性职权调查主义条款的缺失,我们尚不能明确全面调查义务是否为各行政领域中行政机关的普遍概括义务。虽然有观点将全面收集证据作为我国行政调查的基本原则,〔16〕亦有论者指出全面调查义务应为概括的义务,〔17〕但毕竟缺失制定法依据,从而导致全面调查义务的司法审查范围不明。笔者认为,全面调查义务的法理基础来源于行政调查的

---

〔14〕《公安机关办理行政案件程序规定》(2012)第 37 条:对行政案件进行调查时,应当合法、及时、客观、全面地收集、调取证据材料,并予以审查、核实。

〔15〕《司法鉴定执业活动投诉处理办法》(2010)第 16 条第一款:司法行政机关受理投诉后,应当进行调查。调查应当全面、客观、公正。调查工作不得妨碍被投诉人正常的司法鉴定活动。

〔16〕参见前注〔4〕,黄学贤文。

〔17〕参见前注〔4〕,余凌云文。

职权调查主义，而行政调查采职权调查主义是依法行政原则对行政行为实质正确性内在要求的必然结果，故虽然我国目前缺失规定职权调查主义的概括性条款，但仍可从依法行政原则保障行政行为实质正确性的要求中导出职权调查主义，从而认可全面调查义务是行政机关的概括性义务，进而法院应当在所有行政领域中审查行政机关是否尽到全面调查义务，而非仅限于有单行法律依据的领域。〔18〕因此，“苏嘉鸿案”中对全面调查义务司法审查的争议并非仅具有个案意义，而是今后法院审查行政调查时仍可能遇到的问题，值得笔者重视和研究。

四、全面调查义务的司法审查标准

行政机关是否尽到全面调查义务的司法审查，主要从调查内容是否全面和调查方法是否全面两个方面进行。以“苏嘉鸿案”为例，其争议焦点的实质即为证监会未向内幕信息知情人殷卫国本人进行调查询问，其调查内容和调查方法是否全面。而如何正确把握这两个方面是全面调查义务司法审查的难点。

(一)调查内容的审查标准

“行政调查的本质是为作出相应行政行为全面搜集信息和证据”〔19〕，故行政调查的内容是否全面，是法院审查行政机关是否尽到全面调查义务的首要方面。有论者指出行政机关对行政调查内容的选择性问题：“实践中，

---

〔18〕 有观点认为，依申请行政程序中由当事人对申请材料的真实性负责，故行政机关不负担全面调查义务。这种观点是不正确的，因为职权调查主义的适用并不限于依职权行政程序，在依申请行政程序中同样适用职权调查主义，由行政机关负查明事实的责任。当事人提交真实申请材料的责任，是其证据协力义务，若当事人未履行该义务将导致对其的不利后果，但该不利后果并非免除行政机关的查明事实责任，为保障最终的行政决定实质正确，行政机关仍负全面调查义务，此亦为大陆法系通说，《葡萄牙行政程序法》第56条即规定：“即使程序由利害关系人主动提出，行政机关可采取其认为能方便调查的适当措施，该等措施得涉及在利害关系人的申请或答复内未提及的事宜；基于公共利益，行政机关得对并非所请求的事宜，或对较所请求的事宜更为广泛的事宜作出决定。”

〔19〕 同前注〔4〕，黄学贤文。

有些行政主体往往对调查对象以及某一对象的调查内容有选择地进行调查,其选择的标准则是其自身对行政行为结果的期望。这是造成行政行为或因证据不足或因损害第三人合法权益而违法或者不合理的原因之一。"[20]调查内容的选择性问题,正是行政调查内容不全面的表现形式,故这一问题的解决也正在于通过司法审查监督行政机关是否尽到了全面调查义务。然而,面对众多的事实情节,究竟如何判断调查内容是否全面,是需要理论予以阐明的问题。

我国行政法属大陆法系,其行政调查属于大陆法系传统的"规范出发型"[21],即行政调查的内容受法规范构成要件的指引,"只要是该法规范之构成要件,原则上行政机关即有调查之义务"[22],"机关执行职务(作为或不作为)所应依据法规之构成要件基础事实皆属于职权调查之范围"[23]。以"苏嘉鸿案"为例,殷卫国是否为内幕信息的知情人这一待证事实,即为该案证监会所适用的《证券法》第202条[24]的要件事实。故若证监会未对该事实进行调查,则必然构成未尽全面调查义务。然而在该案中,证监会已对该事实进行了调查,证监会通过其他涉案人员询问笔录以及有关会议记录证明,殷卫国实际参与了资产注入事项的形成过程并知悉铜矿收购事项,为内幕信息知情人。故该案中,证监会并未构成调查内容不全面,该案争议不涉及调查内容不全面的问题。

(二)调查方法的审查标准:调查方法裁量权与全面调查义务的界限

当多种调查方法均有助于行政机关查明事实,有助于行政机关对待证

---

〔20〕 同前注〔4〕,黄学贤文。

〔21〕 关于"规范出发型"及相对的"事实出发型",参见[日]中村英郎:《新民事诉讼法讲义》,陈刚、林剑锋、郭美松译,法律出版社2001年版,第19-23页。

〔22〕 同前注〔6〕。

〔23〕 同前注〔7〕。

〔24〕《证券法》第202条:证券交易内幕信息的知情人或者非法获取内幕信息的人,在涉及证券的发行、交易或者其他对证券的价格有重大影响的信息公开前,买卖该证券,或者泄露该信息,或者建议他人买卖该证券的,责令依法处理非法持有的证券,没收违法所得,并处以违法所得一倍以上五倍以下的罚款;没有违法所得或者违法所得不足三万元的,处以三万元以上六十万元以下的罚款。单位从事内幕交易的,还应当对直接负责的主管人员和其他直接责任人员给予警告,并处以三万元以上三十万元以下的罚款。证券监督管理机构工作人员进行内幕交易的,从重处罚。

事实形成内心确信时，行政机关应当选择何种调查方法，普遍认为此属于行政机关的调查方法裁量权："行政机关对具体的调查方法享有裁量权"〔25〕；"行政调查的裁量性是指行政主体可以根据案件的具体情况选择最适宜的方式实施调查活动"〔26〕；"应调查何事实、使用何种证据方法以及就待证事实获得如何程度确信，原则上皆由行政机关独自判断并承担其责任"〔27〕。

虽然选择调查方法是行政机关的裁量权，但裁量权的行使从来都不是法外之地，调查方法裁量权也不例外，仍然受到法律的约束和司法的审查，如若超出法律准许的范围，即可能构成违反全面调查义务。就苏嘉鸿案而言，殷卫国是否为内幕信息知情人这一待证事实，证监会既可以通过询问殷卫国予以查明，也可以通过讯问其他涉案人员以及查阅有关会议记录予以查明，而如何选择则是证监会的调查方法裁量权。至于证监会在"苏嘉鸿案"中的选择是否合法，也即司法如何审查调查方法选择裁量权是否违反全面调查义务，主要有以下要点：

1. 调查方法裁量权的法理基础和制定法依据

职权调查主义科以行政机关查明事实的责任，必然应赋予行政机关查明事实的调查方法。故职权调查主义强调行政机关自主调查，不受当事人事实主张或提出证据的限制，以允许行政机关根据具体情况，基于其专业判断选择其认为最好的调查方法，此即调查方法裁量权。"行政机关对于事实之厘清，究竟应采取何种调查方法？本于职权调查主义，由其裁量决定。"〔28〕

自由心证主义也是调查方法裁量权的法理基础。行政程序中亦采自由心证主义，以符合行政调查专业、高效的特性。〔29〕而自由心证主义原则上并无证据能力的限制，故各种人证、物证，乃至间接证据、传闻证据，均具有证据能力。除非有法律法规对证明方法提出明确要求，否则行政机关得依据自由心证主义，选择其认为能够证明待证事实的证据。可见，自由心证主

〔25〕 同前注〔4〕，余凌云文。

〔26〕 同前注〔4〕，章志远文。

〔27〕 同前注〔7〕。

〔28〕 洪家殷：《行政调查与刑事侦查之界限》，《东吴法律学报》2013 年第 1 期。

〔29〕 我国因未制定统一的行政程序法典，缺失就行政调查适用自由心证主义的概括规定。但行政调查采自由心证主义已是主要大陆法系地域的通论。

义亦证成行政机关调查方法裁量权的正当性。

同时,调查方法裁量权也有其立法例。《德国联邦行政程序法》第 26 条第一款规定:"行政机关可使用其根据合目的性裁量,认为对调查事实为必要的证明方法。"我国澳门地区《行政程序法》第 83 条第一款也有规定:"知悉某些事实有助于对程序作出公正及迅速决定,则有权限的机关应设法调查所有此等事实;为调查该等事实,得使用容许的一切证据方法。"另外,日本实务中将列举规定行政机关可采用的调查方法之条款,认为是行政机关享有调查方法裁量权的法律依据,"日本实务承认行政机关对'调查形态之选择'具有广泛裁量权限,其理由乃因依法授权'强制调查'权限时,就何时、何种情形、何种手段、方法及程序、何种对象、范围、程度及时间带等,法律常欠缺单义的明确规定"〔30〕。我国理论上也有类似主张:"根据我国《行政处罚法》第 37 条第二款的规定,行政机关在收集证据时,可以采取抽样取证的方法;在证据可能灭失或者以后难以取得的情况下,经行政机关负责人批准,可以先行登记保存。很显然,对于什么情况下需要抽样取证、什么情况下需要对证据进行登记保存,都应当由行政机关进行自由裁量。"〔31〕

笔者认为,我国行政机关本于职权调查主义和自由心证主义,亦应在行政调查中享有调查方法裁量权。或者,可仿效日本实务中的思路,将列举规定行政机关可采用的调查方法之条款,作为行政机关享有调查方法裁量权的制定法依据。以"苏嘉鸿案"为例,笔者查阅《中国证券监督管理委员会调查处理证券期货违法违规案件基本准则》(证监稽查字〔1999〕32 号),其第 15 条〔32〕分四项列举规定了证监会调查证券违法案件可资采用的调查方

---

〔30〕 刘宗德:《日本行政调查制度之研究》,《政大法学评论》1994 年第 52 期。

〔31〕 同前注〔4〕,章志远文。

〔32〕《中国证券监督管理委员会调查处理证券期货违法违规案件基本准则》(证监稽查字〔1999〕32 号)第十五条:调查组实施调查时,依法采取下列措施:(一)进入违法违规行为发生场所调查取证;(二)询问当事人和与被调查事件有关的单位和个人,要求其对与被调查事件有关的事项作出说明(谈话笔录格式见附件 2);(三)查阅、复制当事人和与被调查事件有关的单位和个人的证券期货交易记录、登记过户记录、财务会计资料及其他相关文件的资料;对可能被转移或者隐瞒的文件和资料,可以予以封存;(四)查询当事人和与被调查事件有关的单位和个人的资金帐户、证券期货帐户,对有证据证明有转移或者隐匿违法违规资金、证券迹象的,可以申请司法机关予以冻结。类似列举规定还如《对外贸易法》第 38 条、《反倾销条例》第 20 条等,此等意在授予行政机关调查方法裁量权的列举式规定不胜枚举。

法，并未规定个别调查方法在具体情况下必须采用，故完全可阐释为具体案件中究竟采何种调查方法，为证监会的裁量权。由此例可见，我国行政机关在行政调查中享有调查方法裁量权不仅有法理依据，同时也是有制定法依据的。

2. 法律对调查方法裁量权的明确限制

调查方法裁量权受法律对提出证据明确要求的约束。在行政实体法或行政程序法中，常有规定当事人应当提交何种证据材料以证明其主张。此时，当事人只能通过提出法律明确规定的该项证据材料，才能证明法定构成要件在现实中成就，当事人对该构成要件的证明方式不享有选择权，行政机关对该构成要件同样不享有调查方法裁量权。例如，依据我国《环境影响评价法》的规定，应当进行环境影响评价的建设项目，建设单位应当向有权审批的行政机关提交由具有相应资质的环评机构编制的“环境影响评价文件”。据此，有权行政机关在审批应当进行环境影响评价的建设项目时，只能根据“环境影响评价文件”，不得自行选择例如自行勘验等其他调查方法或证据形式进行审批，此时行政机关不再享有调查方法裁量权。

在“苏嘉鸿案”中，相关法律法规〔33〕并未规定认定内幕信息知情人，必须有受怀疑为内幕信息知情人本人的陈述作为证据，也即并没有法律对内幕信息知情人要件事实的调查方法设定限制，故此时证监会未选择询问本人的调查方法属于合法行使调查方法裁量权。

3. 基于比例原则放弃调查方法不违背全面调查义务

世事无穷而人力有限，调查方法可基于比例原则的成本考虑而予以放弃，已是通说：“行政调查的具体执行要遵守比例原则”〔34〕；“行政机关在选择调查方法及进行事实与证据之调查时，比例原则为重要之考量”〔35〕；“倘若行政机关之调查，在投入之行政成本与事实之厘清间是不成比例时，则该

〔33〕 该案所涉法律法规有：《证券法》《中国证券监督管理委员会调查处理证券期货违法违规案件基本准则》《中国证券监督管理委员会调查处理证券期货违法违规案件证据准则》《中国证券监督管理委员会案件调查实施办法》。

〔34〕 同前注〔4〕，黄学贤文。

〔35〕 同前注〔28〕。

调查必须被终止”[36];“行政机关于例外时,得对于行政行为之基础事实放弃调查。例如依客观合理之判断,机关以期待可能之调查途径无法查明事实,或查明事实须耗费及长时间或支出巨额调查费用,而待查之事实纵使查明真相,其重要性不大,不影响当事人权益或公益者(例如于申请给予社会救助之案件,受社会救助者究系植物人或仍有细微意识)”[37]。

同时,因成本考虑放弃调查也是制定法所允许的,我国《治安管理处罚法》允许调解即被认为属于此种情形,“如果调查成本过大,远远超出行政决定能够获得的价值,行政机关可以不调查或者停止调查,或者改为调解方式解决,比如治安调解的适用就是一例”[38]。在所涉法益更为重大的刑事程序中,同样存在基于成本考虑而放弃某种调查方法的制度设计,以《德国刑事诉讼法》为例,其第244条第3项规定,在证据“无法取得”时法院可以拒绝查证申请,并紧接着就在第244条第5项明确规定了法院可以拒绝申请传唤在外国的证人。[39] 刑事诉讼中都可以基于经济考虑放弃某种调查方法,行政程序中需处理如违章停车等大量轻微违法案件,行政机关自然没有必要为查处一起违章停车而调动大量行政资源,故行政机关基于成本考虑放弃某种调查方法,并不违反全面调查义务,“盖绝对真实之查明纵使可能,其耗费之时间、金钱若属巨大,通常亦不符比例原则”[40]。

因此,在苏嘉鸿案中,法院要求证监会“穷尽必要的调查方式和手段”并无法律依据,只要证监会选择调查方法符合比例原则即可。诚然,行政机关选择调查方法的考量是否符合比例原则自应当受到司法的全面审查,但司法无权剥夺行政机关基于经济考虑选择调查方法的裁量权。

4. 正当法律程序对调查方法裁量权的限制

行政调查属于行政程序的一环,自应当受到正当法律程序原则的约束,行政机关行使调查方法裁量权不得违背正当法律程序原则。以听取当事人

---

〔36〕 同前注〔6〕。

〔37〕 张文郁:《权利与救济——以行政诉讼为中心》,元照出版公司2005年版,第148-149页。

〔38〕 同前注〔4〕,余凌云文。

〔39〕 参见宗玉琨译注:《德国刑事诉讼法典》,知识产权出版社2013年版,第194-196页。

〔40〕 同前注〔7〕。

陈述为例，无偏袒的听证是正当法律程序的核心，“尤其当对一个人作出不利决定时，要充分听取其意见”〔41〕。我国《行政处罚法》第 32 条也明确规定，当事人有权进行陈述和申辩，行政机关必须充分听取当事人的意见。因此，我国行政机关在行政处罚中对听取当事人陈述并不享有调查方法裁量权，“行政机关于调查事实时，应通知当事人，使其提出事实、证据之机会，以符正当程序之要求”〔42〕。然而，行政程序中的其他参与人，行政机关是否应当听取其陈述意见，我国并无明确规定。在苏嘉鸿案中，殷卫国即并非该案的当事人，证监会未询问殷卫国本人是否违反正当法律程序原则，应予说明。

从比较法的角度，各大陆法系地域并未将询问其他参与人作为行政程序的必经环节。《日本行政程序法》第 10 条〔43〕规定，行政厅对申请人之外者，仅负有听取意见的努力义务，但并非必须听取其意见。理论界亦基于此有主张认为“无论什么案件均一律听取意见则不具有合理性”〔44〕。

《德国联邦行政程序法》第 28 条〔45〕也允许行政机关裁量决定是否听取程序参与人的陈述意见，“行政机关给予当事人陈述意见的机会，为程序中的裁量决定”〔46〕。但与此同时，该法第 28 条第 2 款列举规定了行政机关选择不听取陈述意见需要具备的正当理由，例如其第 3 项即规定，“根据参与人在申请或声明中作出的陈述判断，决定不会对参与人构成不利”，可以免除行政机关听取参与人陈述的必要。故在德国虽然是否通知相关人陈述意

---

〔41〕 江必新：《行政程序正当性的司法审查》，《中国社会科学》2012 年第 7 期。

〔42〕 同前注〔7〕。

〔43〕 《日本行政程序法》第十条，行政厅对申请作出处分时，当应该考虑的申请人之外者的利害属该法令所规定的许可认可等的要件时，根据需要，必须努力以举行公听会以及其他适当的方法设置听取该申请人之外者的意见的机会。

〔44〕 [日]室井力、芝池义一、浜川清主编：《日本行政程序法逐条注释》，朱芒译，上海三联书店 2014 年版，第 110 页。

〔45〕 《德国联邦行政程序法》第 28 条：1. 在颁布影响参与人权利的行政行为之前，应给参与人陈述对有关决定为重要的事实的机会。2. 听证在其无举行的必要，尤其在下列情况下可省除：(1)因紧急情况或公共利益，而需要立即作出决定的；(2)如举行听证，即会使决定本身应遵守的期限难以遵守；(3)根据参与人在申请或声明中作出的陈述判断，决定不会对参与人构成不利；(4)行政机关拟颁布一般处分或大量同类行政行为，或借助自动设施颁布行政行为的；(5)行政强制执行过程中采取的措施。3. 听证有悖强制性公益时，也不予以举行。

〔46〕 傅玲静：《论德国行政程序法中程序瑕疵理论之建构与发展》，《行政法学研究》2014 年第 1 期。

见属行政机关的裁量权,但如果该裁量权的行使没有正当理由,即可由法院裁判行政机关构成裁量瑕疵,“至于在个案中是否做出不予听证的决定,则是由行政机关依其裁量判断,但是法院有权对该裁量决定进行审查”〔47〕。由上述案例可见,三地均认可行政机关对是否听取行政程序中其他参与人的陈述意见享有裁量权,只要其裁量决定具备正当理由,即为行政程序法所容许。因此,正当法律程序原则对调查方法裁量权的约束,并非导致禁止行政机关裁量决定不听取陈述意见,而是禁止该裁量决定没有正当理由这一裁量瑕疵。

就我国而言,在并无概括性法律规定将听取程序参与人的陈述意见作为普遍的必经程序情况下,认可行政机关对是否听取陈述意见享有裁量权,并对其裁量权行使是否有正当理由进行司法审查,则既保障了行政机关根据具体情况高效查明事实,又能防止行政机关滥用裁量权以致侵害其他参与人权益和破坏程序正义。因此笔者认为在我国,行政机关对是否听取程序参与人的陈述意见享有调查方法裁量权,但该裁量权行使是否具备正当理由应受司法审查。

据此,就“苏嘉鸿案”而言,由于殷卫国并非该案的当事人,故证监会对是否听取殷卫国本人的意见享有调查方法裁量权,并不违反正当法律程序原则。真正需要说明的是,证监会在“苏嘉鸿案”中裁量决定不询问殷卫国本人是否有正当理由。笔者认为,殷卫国的权益明显受“苏嘉鸿案”行政处罚决定的影响,不属于权利不受影响或者不构成不利的免予听取陈述情形。殷卫国被“苏嘉鸿案”行政处罚决定认定为内幕信息知情人,并认定其与苏嘉鸿在内幕信息公开前联络、接触,这些“苏嘉鸿案”行政处罚决定所认定的事实,对今后针对殷卫国的行政行为均具有构成要件效力〔48〕,能够直接作为针对殷卫国行政行为的事实根据而无须再调查取证,故未听取殷卫国本人的陈述意见至少将导致实质的贬损其申辩的程序权利,故未听取殷卫国

---

〔47〕[德]迪尔克·埃勒斯:《德国行政程序法法典化的发展》,展鹏贺译,《行政法学研究》2016年第5期。

〔48〕关于构成要件效力,参见吴庚:《行政法的理论与实务》,三民书局1996年版,第338页;章剑生:《行政行为对法院的拘束效力——基于民事、行政诉讼的交叉视角》,《行政法论丛》第14卷,第397页。

本人的陈述缺乏正当理由，存在裁量瑕疵。

由此可见，北京市高级人民认为证监会未听取殷卫国本人的陈述有违正当法律程序，并非不当。但北京市高级人民法院认为证监会在是否听取殷卫国本人陈述上没有裁量空间，缺乏法律依据和法理基础，若造成对行政机关是否听取其他程序参与人陈述并无裁量权的统一认识，则可能使司法过度干预行政机关的调查方法裁量权，对行政效率和行政调查带来不利影响，故本文对该点提出商榷。

5. 调查方法裁量权不得违反禁止预先证据评价原则

“行政机关对于当事人合理申请之调查，不得未经调查即认为该项调查系不必要或不能改变机关已获得之确信，此即所谓心证预断之禁止(Verbot der Vorwegnahme einer Beweiswürdigung)，否则即违背其调查义务。”〔49〕“苏嘉鸿案”中，证监会在二审答辩中所述“即使找到了殷卫国，其也可能不配合调查”，此一答辩意见单从字面看即违反禁止预先证据评价原则。

但违法的预先证据评价与合法的调查方法裁量之间的界限应予阐明。笔者认为，区分的关键在于行政机关在评价某一证据是否值得调查时，是否已经有足够的其他证据就待证事实形成内心确信。当尚未有其他证据就待证事实形成内心确信时，认为某一证据不值得调查，即构成违法的预先证据评价；当已有足够的其他证据就待证事实形成内心确信时，认为某一证据不值得调查，属于合法的行使调查方法裁量权。

照此一标准反观“苏嘉鸿案”，证监会在被诉处罚决定书中对为何不询问殷卫国说明了理由：“涉案人员询问笔录及有关会议记录证明，殷某国在威华股份资产重组过程中起到了牵线搭桥的作用，主动向公司推荐金矿资源，建议公司产业调整，向公司介绍了中介机构，也实际参与了资产注入事项的形成过程。而且，根据李某明、高某富的询问笔录，其去云南考察铜矿前曾致电询问殷某国是否同去，殷某国知悉铜矿收购事项。综上，殷某国是

〔49〕 同前引〔7〕。

内幕信息知情人。”[50]可见,证监会因通过其他调查方法已经获得了殷卫国是内幕信息知情人的内心确信,才决定不询问殷卫国本人。因此,其未询问殷卫国属于合法的行使调查方法裁量权,并非违反禁止预先证据评价原则。况且“即使找到了殷卫国,其也可能不配合调查”此一意见仅为证监会二审时的补充答辩意见,并非证监会决定不询问殷卫国的理由,故不足以作为认定证监会违反禁止预先证据评价原则的理由。

五、结 论

我国司法对行政调查的审查强度仍显不足,一方面,苏嘉鸿案中法院主动审查行政机关的行政调查是否违背全面调查义务,值得肯定与赞许。但另一方面,行政机关确依法享有调查方法裁量权,法院审查行政机关是否尽到全面调查义务时,须正确把握其与调查方法裁量权的合理界限,这也是苏嘉鸿案的关键点。

调查方法裁量权虽有其法理依据和制定法依据,但其行使仍受到法律的若干约束,一旦调查方法裁量权的行使超越了法律的明确限制,或者不符合比例原则,或者违反正当法律程序原则,或者违反禁止预先证据评价原则,该裁量权的行使即构成违法。就苏嘉鸿案而言,证监会虽对是否听取殷卫国本人的陈述享有调查方法裁量权,但在其行政行为会对殷卫国造成不利影响的情况下,不听取殷卫国本人的陈述缺乏正当理由,违反正当法律程序原则,存在裁量瑕疵。

然而,对全面调查义务的司法审查亦不应对调查方法裁量权造成过度干预。就苏嘉鸿案而言,法院一方面超越比例原则要求证监会“穷尽必要的调查方式和手段”,另一方面超越正当法律程序原则仅禁止裁量瑕疵而不禁止裁量的要求,认为证监会在是否听取殷卫国本人陈述上没有裁量空间,此两

---

[50] 《中国证监会行政处罚决定书(苏嘉鸿)》,中国证券监督管理委员会网站,http://www.csrc.gov.cn/pub/zjhpublic/G00306212/201605/t20160504_296825.htm? keywords=苏嘉鸿,最后访问日期:2019年9月20日。

点似造成对调查方法裁量权的过度干预,若作为范例可能对今后全面调查义务的司法审查造成不利影响,故本文提出商榷。因此,以下三个方面应尤为注意:(1)当行政机关基于成本考虑放弃某种调查方法时,只要该考虑符合比例原则,则并不违反全面调查义务;(2)当行政机关认为即使询问涉案人员也不能改变其事实认定时,如果已有足够的其他证据就待证事实形成内心确信时,未询问并不违反全面调查义务,不违反禁止预先证据评价原则;(3)正当法律程序原则对调查方法裁量权的约束,并非导致禁止行政机关裁量决定不听取陈述意见,而是禁止该裁量决定没有正当理由这一裁量瑕疵。

（特约编辑:沈广明）

内部行政法

[美]吉莉恩·E.梅茨格[*] 凯文·M.斯塔克[**]著
宋华琳[***] 吕正义[****]译

内容提要：多年来，行政法被视为主要由法院主导的对行政行为的外部审查。追寻行政法先贤的足迹，近期研究更多开始关注内部规范和结构在控制行政行为中的作用。这些内部力量何以构成内部行政法，本文对此加以概念阐释和历史记述。内部行政法包含行政机关架构工作人员裁量权及总统控制行政分支运作的内部指令、指导和组织形式。它是塑造官员裁量权和确保行政机关可问责性的关键方式。内部行政法在架构行政决定中的支配性地位，标志着它是一种法律形式。

---

* 吉莉恩·E.梅茨格(Gillian E. Metzger)，哥伦比亚大学法学院斯坦利·H.福尔德(Stanley H. Fuld)讲席教授。

** 凯文·M.斯塔克(Kevin M. Stack)，范德比尔特大学法学院教授。这项研究的起源是向杰里·马肖(Jerry Mashaw)致敬的即将出版的一章。参见 Gillian E. Metzger & Kevin M. Stack, *Internal Administrative Law Before and After the APA*, *in* Administrative Law from the Inside Out: Essays on Themes in the Work of Jerry L. Mashaw 163-187(Nicholas R. Parrillo ed., 2017). 本文原载《密歇根法律评论》2017 年第 115 卷，第 1239-1307 页，译文已获作者授权，在此谨致谢忱。

对于早期草稿的评论和建议，我们向杰西卡·布尔曼-波曾(Jessica Bulman-Pozen)、彼得·凯恩(Peter Cane)、罗纳德·列文(Ronald Levin)、杰里·马肖、尼古拉斯·帕瑞罗(Nicholas Parrillo)、米里亚姆·塞弗特(Miriam Seifter)和彼得·斯特劳斯(Peter Strauss)以及在哥伦比亚大学、德雷克塞尔大学、福特汉姆大学、耶鲁大学、科罗拉多大学、迈阿密大学、北卡罗来纳大学、弗吉尼亚大学和威斯康星大学法学院的众多会议与研讨班上的听众致以谢意。非常感谢《密歇根法律评论》的编辑和工作人员提供了出色的编辑帮助，感谢哥伦比亚大学图书管理员德纳·内克苏(Dana Neacsu)帮助查找历史资料。

*** 南开大学法学院教授，法学博士，博士生导师。

**** 南开大学法学院宪法学与行政法学专业硕士研究生。

本文的主题与其说是发明，毋宁说是一种复兴。在长达十余年的论争后，汇聚到联邦行政程序法中的内容，反映出始终认可内部控制对行政机关可问责性的贡献。尽管有这样的历史，联邦行政程序法的司法实践削弱了内部行政法，而且行政机关对内部规范的阐述如能约束行政人员时，则会触发外部司法执行，这限制了内部行政法的内容。同时，白宫控制的扩张使内部行政法更趋集中化。鉴于内部行政法对于行政机关可问责性和行政合法性的重要意义，当下需持续关注内部行政法的理念，并采取举措，来促进内部行政法的发展。

导　言

对于 *Texas v. United States*〔1〕案中的当事方来说，奥巴马政府的移民创议〔2〕要么代表了总统单方面篡夺立法权力，要么仅仅代表了通常应由法律来设定实施目标与优先顺序，之后再由行政开展工作。〔3〕最高法院对采纳这些截然相反的解释中的哪一个产生了分歧，最后赞成票和反对票持平，最高法院支持了第五巡回法院对移民方案的无效判决。〔4〕但从替代角度看，移民方案不仅仅涉及总统权力的范围。相反，它提出了一个对现代行

---

〔1〕 136 S. Ct. 2271(2016)(mem.)(per curiam).

〔2〕 参见 Memorandum from Jeh Charles Johnson, Sec'y, U. S. Dep't of Homeland Sec., to León Rodriguez, Dir. of U. S. Citizenship & Immigration Servs. et al., Exercising Prosecutorial Discretion with Respect to Individuals Who Came to the United States as Children and with Respect to Certain Individuals Who Are the Parents of U. S. Citizens or Permanent Residents 3-5(Nov. 20, 2014), http://www.dhs.gov/sites/default/files/publications/14_1120_memo_deferred_action.pdf [https://perma.cc/LEC8-259V]；另参见 Memorandum from Janet Napolitano, Sec'y, U. S. Dep't of Homeland Sec., to David V. Aguilar, Acting Comm'r, U. S. Customs & Border Prot. et al., Exercising Prosecutorial Discretion with Respect to Individuals Who Came to the United States as Children (June 15, 2012), http://www.dhs.gov/xlibrary/assets/slexercising-prosecutorial-discretion-individuals-who-came-to-us-as-children.pdf [http://perma.cc/8JWQ-7RNQ]。

〔3〕 参较 Brief for the State Respondents at 76, Texas, 136 S. Ct. 2271(No. 15-674), 2016 WL 1213267, at 76(认为行政单方面忽略了移民法)和 Brief for the Petitioners at 74-75, Texas, 136 S. Ct. 2271(No. 15-674), 2016 WL 836758, at 74-75(认为行政部门在创设执行优先权方面遵守了移民法)。

〔4〕 参见 *Texas*, 136 S. Ct. at 2272, 809 F. 3d 134(5th Cir. 2015)。

政治理至关重要的问题:内部行政法在美国行政国家中的作用是什么?或应该是什么?

行政机关以各种各样的方式行事。许多专注于外部,并旨在创设权利、施加义务,以约束行政机关之外的第三方。[5] 然而其他则集中于内部,面向行政机关工作人员及行政机关的运作,或对行政分支予以更为宽泛的关注。[6] 无须多言,在二者间没有明显的界线,行政行为的内部和外部维度紧密相连,并常常难以分别。尽管如此,内部的、面向行政机关的行政行为面向正变得日益重要。

作为由国土安全部部长通过的执行政策,移民方案是内部行政法的典型例证。这些政策的通过未经通告-评论规则制定程序,政策确认将某些类别的非法移民作为驱逐出境的优先对象,而其他类别的移民有资格申请驱逐出境的救济。[7] 虽然这些政策对行政部门之外的个人有着重要影响——估测有五百万外国人具备申请延缓驱逐出境的资格——但政策表面上针对的是国土安全部部长的职员,而且政策公布的形式是国土资源部部长给部内移民部门负责人的内部备忘录。[8]

总统和行政分支官员日益依靠内部公告和内部行政来实现政策目标和有效治理。[9] 行政机关转向内部行政有着诸多原因,最重要的原因可能是为了应对极化政治和立法僵局而走向行政治理的总体趋势,这种趋势显然

〔5〕 例可参见 *What We Do*, NLRB, https://www.nlrb.gov/what-we-do [https://perma.cc/KY7P-3HLN][列出了由国家劳工关系委员会(NLRB)采取的面向外部的主要行为类型,包括进行选举、调查指控、促进和解、决定案件和执行命令]。

〔6〕 例可参见 *Casehandling Manuals Pts*. 1-3, NLRB, https://www.nlrb.gov/reports-guidance/manuals [https://perma.cc/7RS9-3WAW](在国家劳工关系委员会的区域主管和工作人员在处理不公平的劳工实践和代表问题方面,提供了详细的程序性和操作性指导)。

〔7〕 参见 Memorandum from Jeh Charles Johnson,前注〔2〕。

〔8〕 同上注;Memorandum from Janet Napolitano,前注〔2〕。

〔9〕 参见 Gillian E. Metzger, *The Constitutional Duty to Supervise*, 124 Yale L. J. 1836, 1849(2015) [以下引作 Metzger, *Duty to Supervise*](“系统性的管理和监督……在当代规制和行政环境中正变得更加重要……”)。

更为倚赖规制措施，而不只是内部行政法。[10] 其他因素包括寻求司法审查和规制形式的转变，例如更大程度的私有化和权力下放，或国家安全与危机治理重要性的提升。[11] 无论何种原因，在诸多实体行政领域中，都日益凸显了内部行政的重要性。仅举几个实例：行政机关之间的协定是最近环境、金融规制和国家安全创议的重要组成部分；[12]指导和执行政策在教育和就业方面扮演着愈发核心的角色；[13]行政监督、谈判协议和资金拨付方案显

---

〔10〕 参见 Daniel A. Farber & Anne Joseph O'Connell, *The Lost World of Administrative Law*, 92 Tex. L. Rev. 1137, 1176-1177(2014)(将白宫内部对行政决定的审查描述为极化政治的结果)；Jody Freeman & David B. Spence, Old Statutes, New Problems, 163 U. Pa. L. Rev. 1, 17-62(2014)(描述了国会僵局如何促使行政机关创造性地运用现有法律，来应对新的政策挑战)；Kenneth S. Lowande & Sidney M. Milkis, "*We Can't Wait*": *Barack Obama, Partisan Polarization and the Administrative Presidency*, 12 Forum 3, 5(2014)(描述了在国会僵局之下，鼓励了行政权的使用)。

〔11〕 参见 Nina A. Mendelson, *Regulatory Beneficiaries and Informal Agency Policymaking*, 92 Cornell L. Rev. 397, 408(2007)(以下简写为 Mendelson, *Regulatory Beneficiaries*)(指出不利的司法裁决带来的风险是，增加了行政机关运用不受制于司法审查的政策制定机制的激励)；Metzger, *Duty to Supervise*，前注〔9〕，第 1849-1858 页(指出了系统性行政和内部措施的重要性，例如在私有化、权力下放、国家安全以及危机治理这些情境下的监督)。

〔12〕 例如参见 Fed. Energy Reg. Comm'n, EPA - DOE - FERC Coordination on Implementation of the Clean Power Plan(2015), https://www.ferc.gov/media/headlines/2015/CPP-EPA-DOE-FERC.pdf [https://perma.cc/HT58-WMMG](环境规制)；U. S. Gov't Accountability Office, GAO-15-81, Dodd-Frank Regulations: Regulators' Analytical And Coordination Efforts 14-15(2014), http://www.gao.gov/assets/670/667633.pdf [https://perma.cc/6TMN-B5DM](金融规制)；Jody Freeman & Jim Rossi, Agency Coordination in Shared Regulatory Space, 125 Harv. L. Rev. 1131, 1169-1173(2012)(燃油经济标准)；*Daphna Renan*, *Pooling Powers*, 115 Colum. L. Rev. 211, 221-226, 228-229(2015) [以下 Renan, Pooling Powers](国家安全)。

〔13〕 例可参见 U. S. Dep't Of Labor, Severe Violator Enforcement Program 3-4(2013), http://www.osha.gov/dep/enforcement/svep_white_paper.pdf [https://perma.cc/M2YP-G5S9](描述了增强的职业安全和健康管理局的执行标准)；Catherine E. Lhamon, Assistant Sec'y for Civil Rights, Office for Civil Rights, U. S. Dep't of Educ. & Vanita Gupta, Principal Deputy Assistant Attorney Gen. for Civil Rights, U. S. Dep't of Justice, Dear Colleague Letter on Transgender Rights 1(May 13, 2016), https://www2.ed.gov/about/offices/list/ocr/letters/colleague-201605-title-ix-transgender.pdf [https://perma.cc/K6K9-Q3NL]("本指南并未增加法律适用的要求，而是告知受众信息和示例，说明该部门如何评估涵盖的实体是否遵守其法定义务")；Renan, *Pooling powers*，前注〔12〕，第 229-230 页(描述了结合环境、FLSA 以及刑事执法的机构间工作组和方案)。于执行政策对于规制和总统权力的日益重要性，参见 Kate Andrias, *The President's Enforcement Power*, 88 N. Y. U. L. Rev. 1031, 1069-1071(2013)。

著影响了当代联邦主义的形态。[14] 如果还不够的话,同样重要的是,来自集中化实体如管理和预算办公室(OMB)及其信息和规制事务办公室(OIRA)的通告日渐增多,这些通告支配着从规章颁布、分析到行政机关使用指导、编制预算、执行政策和同行评审的所有内容。[15]

行政法学研究也日益关注内部行政。行政机关的设计和协调、集中化的白宫控制、文官体系和内部分权、内部监督、行政机关指导的作用,这些是今天为学者们持续关注的主题。[16] 通过关注行政机关的内部状态,今天的学者们正是在追溯19世纪至20世纪之交行政法学先贤们的足迹。[17] 学者们也关注杰里·马肖的洞见,他早在这些被广为认知的数十年前,就已强调内部行政的重要性。[18]

---

〔14〕 例可参见 Jessica Bulman-Pozen, *Executive Federalism Comes to America*, 102 Va. L. Rev. 953, 971-972(2016)(确认了在一系列联邦主义情境下联邦-行政谈判、政府间协议和监督的重要性); Olatunde C. A. Johnson, *Stimulus and Civil Rights*, 111 Colum. L. Rev. 154, 189-193 (2011)(描述了各州支付联邦资金的反歧视要求)。

〔15〕 参见 Regulatory Planning and Review, Exec. Order No. 12,866,3 C. F. R. 638(1994), *reprinted in* 5 U. S. C. §601 note(2012); Office of Mgmt. & Budget, Exec. Office of the President, OMB BULL. No. 07-02, Final Bulletin For Agency Good Guidance Practices, 72 Fed. Reg. 3432(Jan. 25, 2007)(以下简写为 Final Bulletin) Office of Mgmt. & Budget, M-05-03, Final Information Quality Bulletin for Peer Review, 70 Fed. Reg. 2664(Jan. 14, 2004)(以下简写为 Final Information Quality Bulletin for Peer Review) Office of Mgmt. & Budget, Exec. Office of the President, Circular No. A-11, Preparation, Submission, and Execution of the Budget(2016)(以下简写为 Preparation, Submission, and Execution of the Budget)。

〔16〕 就这些主题最近有许多学术研究,很难列出一个详尽的清单。若干值得关注的作品,参见 Rachel E. Barkow, Foreword, *Overseeing Agency Enforcement*, 84 Geo. Wash. L. Rev. 1129 (2016); Lisa Schultz Bressman & Michael P. Vandenbergh, *Inside the Administrative State: A Critical Look at the Practice of Presidential Control*, 105 Mich. L. Rev. 47(2006); Freeman & Rossi,前注〔12〕; Elizabeth Magill & Adrian Vermeule, *Allocating Power Within Agencies*, 120 Yale L. J. 1032(2011); Jon D. Michaels, *An Enduring, Evolving Separation of Powers*, 115 Colum. L. Rev. 515(2015); Jennifer Nou, *Intra-Agency Coordination*, 129 Harv. L. Rev. 421, 468-471(2015)(以下简写为 Nou, *Intra-Agency Coordination*); Eloise Pasachoff, *The President's Budget as a Source of Agency Policy Control*, 125 Yale L. J. 2182, 2207-2242(2016); and Daniel Richman, *Prosecutors and Their Agents, Agents and Their Prosecutors*, 103 Colum. L. Rev. 749(2003)。

〔17〕 参见注释34-46对应的正文。

〔18〕 例可参见 Jerry L. Mashaw, Bureaucratic Justice: Managing Social Security Disability Claims 1-17, 213-217(1983)(以下引作 Mashaw, Bureaucratic Justice); Jerry L. Mashaw, *The Management Side of Due Process: Some Theoretical and Litigation Notes on the Assurance of Accuracy, Fairness, and Timeliness in the Adjudication of Social Welfare Claims*, 59 Cornell L. Rev. 772, 802(1974)。

但当行政法学研究和行政现实已转向内部时，对行政法的一般理解却并非如此。行政法学说中占支配模式的仍是由国会和法院对行政机关施加的外部约束。[19] 在此模式下，内部行政措施经常被描绘成行政机关为规避外部法律约束所做的违法尝试。在此回到移民方案的例证：在 *Texas v. United States* 案中，联邦地区法院和第五巡回法院均认为国土安全部的备忘录违反了联邦行政程序法中给行政行为施加的外部程序约束。[20] 另一个典型例证是，经常指责行政机关使用指导和其他形式的内部法，来规避通告和评论程序的要求。[21]

然而，即使不被描绘为违反联邦行政程序法，内部政策、程序、实践、监督机制等作为内部行政的关键特色，也很少被视为行政法的一部分。[22] 正如作为学术领域对公共管理和行政法加以区分，在行政机关的世界里，它们也被视为不同的现象。在"法律"和"政治"间长期存在的区别强化了这种感觉，即通常由政策考量和政治关切所驱使的内部措施，应该从分类账表(ledger)中法律一侧排除。[23]

本文旨在为内部行政法提供一个有力的解释，挑战被普遍接受的行政和法律的界别。我们认为许多内部措施，从实体性的指南到允许对行政机关运作进行监督的管理架构，都有作为法律形式的资格。这些措施不仅意在约束行政官员，行政官员也认为其具有约束力；它们也鼓励在行政决定中

---

〔19〕 参见 Jerry L. Mashaw, Creating the Administrative Constitution: The Lost One Hundred Years of American Administrative Law 313(2012)(以下引作 Mashaw, *Creating the Administrative Constitution*); Sidney A. Shapiro, *Why Administrative Law Misunderstands How Government Works: The Missing Institutional Analysis*, 53 Washburn L. J. 1, 1(2013)。

〔20〕 Texas v. United States, 809 F. 3d 134, 178-179(5th Cir. 2015), *aff'd by an equally divided court*, 136 S. Ct. 2271(2016)(mem.); Texas v. United States, 86 F. Supp. 3d 591, 671 (S. D. Tex. 2015), *affd*, 809 F. 3d 134(5th Cir. 2015), *aff'd by an equally divided court*, 136 S. Ct. 2271(2016)(mem.).

〔21〕 参见下文第二部分(一)。

〔22〕 参见 Mashaw, Creating the Administrative Constitution, 前注〔19〕, 第 278、313 页。

〔23〕 参见 Eric A. Posner & Adrian Vermeule, The Executive Unbound: After the Madisonian Republic(2010); Richard H. Pildes, *Law and the President*, 125 Harv. L. Rev. 1381, 1424(2012)(对 Posner & Vermeule 的前著加以评论)。

的一贯性、可预见性及有推理的论证。[24] 它们经常涉及传统的立法活动,包括法律、规章、行政命令、条约以及宪法的解释和执行。[25] 综合而言,即使它们缺乏由独立法院来执行这一要素,它们仍具有许多法律规范的典型特征。在论证内部行政的法律属性时,我们追随并扩展了杰里·马肖的工作,马肖吸收了布鲁斯·怀曼(Bruce Wyman)的早期成果,马肖长期以来一直主张承认内部行政法的地位及其重要性。[26]

承认内部行政有类似于法律的性质,仍让人产生此类内部措施违法的担忧,因为它们破坏了外部法,并与外部法特别是与联邦行政程序法相冲突。因此,要评估内部法当下的地位和合法性,有必要探究内部行政法与联邦行政程序法的关系。基于之前对内部行政法和联邦行政程序法的研究[27],我们认为,联邦行政程序法远非对内部行政法的谴责,而是对内部行政法的接受。保留内部行政法的存在空间,是联邦行政程序法所做的妥协,也代表了其重要的目标。[28] 不幸的是,法院经常忽略了联邦行政程序法的这一特征。通过几种不同的学说路径,法院逐渐封堵了联邦行政程序法给内部行政法的入口,并将内部措施转变为施加的外部约束。同时,白宫集中控制的压力导致,用源自行政分支中集中化机构的内部法,来取代行政机关

〔24〕 参见 Curtis A. Bradley & Trevor W. Morrison, *Presidential Power, Historical Practice, and Legal Constraint*, 113 Colum. L. Rev. 1097, 1122-1123(2013); Kevin M. Stack, *An Administrative Jurisprudence: The Rule of Law in the Administrative State*, 115 Colum. L. Rev. 1985, 1993-2017(2015) (以下引作 Stack, *Administrative Jurisprudence*)(为行政治理的法治原则辩护); Jeremy Waldron, *The Concept and the Rule of Law*, 43 Ga. L. Rev. 1, 6-9(2008)(描述了法治之下,在机构内规范的作用)。

〔25〕 参见 Nestor M. Davidson & Ethan J. Leib, *Regleprudence-At OIRA and beyond*, 103 Geo. L.J. 259, 268-70(2015)(将信息和规制事务办公室的实践视为行政立法的一种形式); Sophia Z. Lee, *Race, Sex, and Rulemaking: Administrative Constitutionalism and the Workplace*, 1960 to the Present, 96 Va. L. Rev. 799, 800-01(2010)(讨论了行政宪政主义)。

〔26〕 参见 Mashaw, Bureaucratic Justice,前注〔18〕,第 9-15、213 页(把指导行政人员的内部行政法作为行政正义的基础,对其进行评估); Mashaw, Creating the Administrative Constitution, 前注〔22〕,第 223 页(强调了"稳健的内部行政法"的重要性)。

〔27〕 参见 Gillian E. Metzger & Kevin M. Stack, *Internal Administrative Law Before and After the APA*, *in* Administrative Law from the Inside Out: Essays on Themes in the Work of Jerry L. Mashaw 163(Nicholas R. Parrillo ed., 2017)。

〔28〕 参见 Wong Yang Sung v. McGrath, 339 U.S. 33, 40(1950)("联邦行政程序法解决了旷日持久的激烈争论,并制定了让对立的社会和政治力量安定下来的方案")。

自己的内部法。

在法学理论和结构意义上，依据联邦行政程序法对待内部行政法的历史，带来了更多教训。第一个教训涉及内部与外部相结合的法律制度的内在张力。〔29〕当行政机关的内部运作既受制于外部规制，也受制于内部规制时，这两种法律形式就会产生更密切的联系，并存在潜在的竞争。不论内部法是由特定行政机关颁布，还是由集中化机关颁布，司法对行政机关内部法的执行，戏剧性地限制了内部法的可用空间，其最终结果可能是削弱而非增强了系统的行政合法性。第二个教训是，面对现代行政国家的成长和巩固，以及对限制行政裁量权的相应关切，作为回应，内部行政法的外部化可谓是意料之中。〔30〕作为对党派极化和立法僵局的回应，联邦政府更多转而求诸行政，晚近这些担忧也日渐凸显。〔31〕因此，这似乎只会增加扩张外部行政法的压力。〔32〕

这些动态产生了将内部行政法纳入行政法范围的迫切需要。有必要承认内部行政法及其至关重要的作用，进而评判政府行政的扩张是否应构成关切点之一，如果构成关切所在，那么对行政机关施加更多外部约束，又是否正确。某种程度上，要实现这种承认，要对历史记述加以修正，承认内部法在联邦行政程序法体系中居于中心地位，并辅之以成文法律改革、规制改革和学说革新，从而让内部法得以蓬勃发展。但要真正接受内部行政法，所

---

〔29〕 学者日益建议需要将对行政机关的内部和外部约束相联系，参见 Gillian E. Metzger, *The Interdependent Relationship Between Internal and External Separation of Powers*, 59 Emory L. J. 423, 426(2009)(以下引作 Metzger, *Internal and External Separation of Powers*); Michaels，前注〔16〕，第 537-553 页(描述了行政机关内部权力分立对外部行为者的影响)。

〔30〕 参见 Jerry L. Mashaw & David L. Harfst, The Struggle for Auto Safety 20-23(1990)。

〔31〕 参见 Bulman-Pozen，前注〔14〕，第 957-967 页；Farber & O'Connell，前注〔10〕，第 1176-1177 页；Freeman & Spence，前注〔10〕，第 2-5 页。

〔32〕 在这方面值得注意的是，在第 114 届国会(2015—2016)期间，提出了超过 80 项行政改革法案。参见 Memorandum from ACUS Interns to Reeve Bull, Research Chief, Admin. Conference of the U. S., Regulatory and Administrative Reform Legislation(Dec. 2, 2016), https://www.acus.gov/sites/default/files/documents/Regulatory%20Reform%20Legislation%20Memo%2012-5-2016.pdf [https://perma.cc/X7LU-R489]。此外，对于新一届众议院而言，其最初的优先顺序是，颁布包含大部分举措的一部综合性措施，Lisa Lambert, *Republicans Pass Sweeping Bill to Reform 'Abusive' U. S. Regulation*, REUTERS(Jan. 11, 2017, 7:50 PM), http://www.reuters.com/article/us-usa-congress-regulations-idUSKBN14W02N [https://perma.cc/Q9YW-KNPY]。

需要的还有更多。它要求破除当前在行政和行政法之间的概念划分和制度区隔。一套把外部控制作为抵御行政权滥用的唯一方法的法律制度,与当代行政治理的逻辑存在根本冲突。这样的法律制度永远不能缓解对行政国家的忧虑,也不能成功地规制行政权的运作。相反,有必要将行政机关的核心内部特征——例如管理架构、指导、计划与协调、文官体系、职业主义等——视为行政法的核心,在行政法学之初时即是如此。行政法学者们越来越认识到,需要重新发现行政,将其作为行政法领域的一部分。〔33〕

最近 2016 年的大选愈加强调了认真考虑内部行政法的需要。诚然,联邦政府如今在共和党的统一控制之下,这舒缓了因国会立法僵局而诉诸行政权的激励。〔34〕但仍存在深层次的党派分立,在制定立法时仍存在重大障碍。〔35〕此外,总统交接涉及控制行政部门的党派转移,特别是当新政府极度反对前任政策时,不可避免地使行政分支实施重要的内部行为,以推翻现有的行政措施。在这些努力中,内部行政法,特别是那些不受制于外部程序

---

〔33〕 例如,较早特别强调要把行政管理和行政法联系起来的著述可参见 Elizabeth V. Foote, *Statutory Interpretation or Public Administration: How Chevron Misconceives the Function of Agencies and Why It Matters*, 59 Admin. L. Rev. 673(2007)(认为谢弗林尊重把公共管理误解为法律解释);Jerry L. Mashaw, *Federal Administration and Administrative Law in the Gilded Age*, 119 Yale L. J. 1362(2010)(把镀金时代作为探索行政管理和与其重叠的问责制度的重点,包括法律上的可问责性);Metzger, *Duty to Supervise*,前注〔9〕;Michaels,前注〔16〕;Robert C. Moe & Robert S. Gilmour, *Rediscovering Principles of Public Administration: The Neglected Foundations of Public Law*, 55 Pub. Admin. Rev. 135(1995)(讨论了在法律事业和管理事业之间,公共管理所面临的张力);Nou, *Intra-Agency Coordination*,前注〔16〕;Daphna Renan, *The Fourth Amendment as Administrative Governance*, 68 Stan. L. Rev. 1039, 1098-1099(2016)(以下引作 Renan, *Fourth Amendment*)(认为行政法没有充分应对以非立法性形式采取的行政行为);以及 Sidney A. Shapiro & Ronald F. Wright, *The Future of the Administrative Presidency: Turning Administrative Law Inside-Out*, 65 U. Miami L. Rev. 577, 577-578(2011)(认为内部和外部监督策略应彼此互补)。

〔34〕 例可参见 Thomas Kaplan & Robert Pear, *House Clears Path for Repeal of Health Law*, N. Y. Times (Jan. 14, 2017), https://www.nytimes.com/2017/01/13/us/politics/affordable-care-act-congress-budget.html。

〔35〕 例可参见 Janet Hook, *Unparalleled Resistance Looms for Trump After Inauguration*, Wall St. J.: Wash. Wire(Jan. 10, 2017, 7:26 AM), http://blogs.wsj.com/washwire/2017/01/10/unparalleled-resistance-looms-for-trump-after-the-inaugural [https://perma.cc/D7Y7-QSY8]; David Stid, Why the GOP Congress Will Stop Trump from Going Too Far, WASH. MONTHLY, http://washingtonmonthly.com/magazine/januaryfebruary-2017/why-the-gop-congress-will-stop-trump-from-going-too-far [https://perma.cc/C9L3-DVFL]。

要求的行为，将居于核心地位。[36] 实际上，此次交接的早期迹象显示，在特朗普政府任期内，奥巴马政府时期的政策、规章及长期存在的行政部门实践和架构，都有可能发生变化。[37] 在此特定时刻面对这样的前景和用途，可能使那些信任当前行政国家的人，对扩大认可内部行政法持谨慎态度。尽管白宫控制权发生了变化，依然存在忧虑的是，担心某些司法审查学说会破坏内部行政法和行政机关有效运作的能力。同样重要的是，我们强调内部行政法既授予了权力，又对权力施加约束。在对抗现今行政权的非法和过度主张方面，如过去一样，由内部行政法施加的约束将至关重要。这些约束取决于对内部行政法合法性的认可，以使这些约束具有持续的生命力。

本文按照以下方式展开。第一部分的任务是对内部行政法的记述，并证明其法律地位的正当性。它首先阐述了内部行政法所涵盖措施的广泛范围。最广为接受的内部行政法形式是流程、指导准则和政策公告，行政机关通过这些来架构其官员的行为。[38] 然而，允许对行政机关的运作以及行政负责人规定政策的执行加以监督，这样的内部管理架构也构成了内部行政法。内部行政法也不局限于仅在单个行政机关内存在的措施。跨行政机关的措施，尤其是集中化的白宫的监督和协调机制，也有资格被视为内部行政法。这一部分继而辩明这些内部措施有类似法律的性质，强调它们如何经

〔36〕 例如 Jordan Fabian & Jonathan Easley, *What Trump Can Accomplish on Day One*, HILL(Jan. 9, 2017, 6:00 AM), http://thehill.com/homenews/administration/313140-what-trump-can-accomplish-on-day-one [https://perma.cc/TUH9-C6ZN]。

〔37〕 例如 Coral Davenport, *Climate Change Conversations Are Targeted in Questionnaire to Energy Department*, N.Y. Times(Dec. 9, 2016), https://www.nytimes.com/2016/12/09/us/politics/climate-change-energy-department-donald-trump-transition.html(描述了因特朗普接任总统，而努力获取能源部员工参与气候变化相关信息的努力)；Arden Farhi, *Will Donald Trump Shut Down Any Federal Agencies?*, CBS News(Nov. 23, 2016, 1:54 PM), http://www.cbsnews.com/news/will-donald-trump-shut-down-federal-agencies [https://perma.cc/3CSP-XYCV](指出特朗普总统不太可能履行竞选时要废除环保署和教育部的承诺)；Jeremy Venook, *The Trump Administration's Conflicts of Interest: A Crib Sheet*, Atlantic(Jan. 18, 2017), https://www.theatlantic.com/business/archive/2017/01/trumps-appointees-conflicts-of-interest-a-crib-sheet/512711 [https://perma.cc/B4TD-2RH3](描述了特朗普政府明显背离了长期存在的利益冲突规范和要求)。

〔38〕 参见 Mashaw，前注〔22〕，第 252-254 页；Bruce Wyman, The Principles of the Administrative Law Governing the Relations of Public Officers § 53，第 185 页(Lawbook Exchange ed. 2014)(1903)。

常涉及传统的立法活动,并且经常符合构成法律的必需要素。它们被认为具有约束力,对于实现一贯性、确定性、透明和说明理由这些传统的法治价值而言,内部行政法也至关重要。第一部分最后确认,在实现对行政机关的其他要求方面,包括就行政机关的政治问责、管理效能和对外部法律要求的遵守情况而言,内部行政法也发挥了作用。

本文第二部分致力于审视内部行政法和联邦行政程序法的关系。它着眼于从新政开始直至联邦行政程序法颁布,长达十年间关于行政改革的争论,来评判内部法的角色。这场争论揭示了对内部行政法核心地位一致、热切的理解。虽然联邦行政程序法最终的妥协对行政机关施加了更多外部约束,但是联邦行政程序法并没有明显地试图取代或制止内部行政法,反而为内部法的持续发展保留了空间。联邦行政程序法要求内部行政法的公布,但明确豁免了对内部法的程序要求。

第三部分继而讲述了自联邦行政程序法颁布以来的发展。在此展示了一幅迥异的图景。一簇司法学说约束了内部行政法的地位,限制了其内容。根据这些学说,行政机关越以一种像是具有约束力或强制性的方式表述内部法律规范和管理规范,就越多招致对其行为的司法审查。行政机关因此有掩藏锋芒的激励,为避免对内部法的外部执行,其内部规范内容的抽象程度可以更高,并必须否认试图以内部法来约束行政人员的裁量权。同样重要的是,白宫对行政部门的控制在显著扩张,这使得内部行政法更为集中化,相对更少地针对具体机关。

第四部分转向改革。它究问如何最好地发展内部行政法,并令其回归到联邦行政程序法所设想的地位。一条明显的路径是通过外部行政法寻求改革,通过新的法律或学说变革,来恢复内部行政法的空间,并且甚至可能支持其发展。但近年来国会和法院都没有对发展内部行政法表露出太多兴趣——而且即使法院有此意愿,其这样做的能力也是存疑的。然后我们着手讨论第二条改革路径,转而去关注总统和行政机关内部。在此,我们就总统们晚近如何处理内部法,勾勒了可改进的领域,对即将上任的政府而言,这是机遇也是挑战。这些学说和制度层面的努力最终涉及观念和修辞层面的重新定位:通行的话语将行政视为持续的威胁,而非一个能通过法律进行自我治理的系统。在此将涉及对通行法律话语的质疑。

一、内部行政法

似乎首先凭直觉理解“内部行政法”的含义。根据一个标准的定义，行政法“包含支配行政机关的一般规则和原则——支配它们如何做自己的工作，以及工作的结果如何被总统、国会和法院审核或审查”[39]。内部行政法似乎就是存在于行政机关内部的那部分行政法。

然而进一步思考的话，将行政法移向内部，可能并非如此简单。哪些构成内部行政法，可能会因为相应内容（content）、来源（source）、受众（audience）和范围（scope）的不同，而有很大差别。一些措施可能是内部行政法的代表，因为它们支配一个行政机关内的行为，源自一个行政机关内部，针对一个行政机关内的受众，或是以上这些的某种组合。内部行政法的范围可能限于只针对一个行政机关的措施，或包含适用于更广范围行政分支要求的措施。这些变体在一开始就提出了重要的定义问题。更深层次的一组问题涉及，为什么应完全将行政机关内部措施视为法律，以及为什么应当研究内部行政法，强调内部行政法。

我们依次讨论这些基础问题，首先描述今天明显的内部行政法的类型，以及内部行政法与外部行政法之间的早期区别如何随时间推移而变化。我们接下来将论称，内部行政法是一种法律形式，最后确认其在推动行政机关的政策优先事项和确保行政问责方面，所发挥的关键作用。

（一）内部行政法的类型

内部行政法并非一个新奇的概念。在过去近二十年间，杰里·马肖试图将内部行政法移向行政法的核心。[40] 作为马肖努力的一部分，他发掘了

---

〔39〕 Peter Strauss Et Al.，Gelhorn and Byse's Administrative Law：Cases and Comments 11 (11th ed. 2011)。

〔40〕 Mashaw，Bureaucratic Justice，前注〔18〕，第1-17页。在此方面最近的有益进展，参见 Sidney Shapiro et al.，*The Enlightenment of Administrative Law：Looking Inside the Agency for Legitimacy*，47 Wake Forest L. Rev. 463(2012)。

布鲁斯·怀曼近乎默默无闻的工作。怀曼是哈佛大学法学院最早的行政法教师之一,他在20世纪早期的行政法论述,帮助行政法成为一个独立的领域。〔41〕怀曼的体系书围绕内部和外部行政法的区分而展开。怀曼认为"内部行政法"而非外部行政法,才是探究的"真正主题"。〔42〕

因此,怀曼的体系书为评判内部行政法的研究提供了根基和逻辑起点。〔43〕对于怀曼来说,外部行政法和内部行政法的差别在于它们的内容:外部行政法涉及"行政或其官员和公民的关系"〔44〕,而内部行政法针对"行政官员相互关系,或行政官员与行政的关系"〔45〕。根据怀曼的概念,内部行政法包括支配在一个行政机关内众多人员之间权力分配的规范,以及由他们个体行为构成的代表行政机关集体行为的实践。怀曼认为这种法可以是成文的,也可以是不成文的。在其不成文的形式中,怀曼把"每个部门中确立的……惯例"〔46〕包括在内,认为其具有"法律效力",〔47〕并将其作为"先例"来开展有序的行政管理。〔48〕。怀曼认识到,有时主要将这种不成文形式的内部行政法视为社会事实或机关的实践——也就是将个体行为系统化为集体的或机构的行为。〔49〕怀曼认为内部法具有规范的、实证的内容:它关注官员之间的"合适"关系,〔50〕也确立了这样的规范:行政机关或官员背离内部法时,必须说明其正当性所在。〔51〕

当怀曼在20世纪之初阐述这些区别时,外部行政法聚焦于司法审查,

---

〔41〕 Kevin M. Stack, *Reclaiming the "Real Subject" of Administrative Law*, *Introduction* to Wyman,前注〔38〕,第Ⅲ页(以下引作 Stack, *Introduction to Wyman*)。

〔42〕 同前注〔38〕,§4,第14页。

〔43〕 Stack, *Introduction to Wyman*,前注〔41〕,第ⅩⅩⅣ页。

〔44〕 Wyman,前注〔38〕,§2,第4页。

〔45〕 同前注〔38〕,§§2,4,第4、14页。

〔46〕 同前注〔38〕,§100,第296页。

〔47〕 同前注〔38〕,§100,第298页。

〔48〕 同前注〔38〕,§102,第303页。

〔49〕 同前注〔38〕,§6,第22-23页。

〔50〕 同前注〔38〕,§6,第22页。

〔51〕 其他同时代主要的行政法学者,特别是恩斯特·弗罗因德(Ernst Freund)和弗兰克·古德诺(Frank Goodnow)都强调了其重要性。参见 Frank J. Goodnow, The Principles of the Administrative Law of the United States 5(1905); Ernst Freund, *Administrative Law*, in 1 Encyclopedia of the Social Sciences 452, 454-455(Edwin R. A. Seligman & Alvin Johnson eds., 1930)。

也包括公民可因法律权利被公职人员侵犯而提起救济的普通法机制。〔52〕然而随着时间推移，外部行政法的范围扩展到对行政机关施加的一系列广泛控制。〔53〕由于制定了一系列规范行政机关的立法，从《联邦行政程序法》到《信息质量法》，不能再像怀曼那样，根据内容来区分内部行政法和外部行政法。今天，内部和外部行政法都可能针对行政机关的内部运作，如规定行政机关必须遵守的程序，或行政机关在决定中必须考虑的因素。二者之间的区别很大程度上取决于规范的来源和范围：内部行政法的措施是由行政机关或行政分支创设的，设定了支配行政机关运作的措施，并且它们主要面向政府工作人员。虽然外部行政法同样针对行政机关运作，但它很大程度上来自国会和法院，并且有更广泛的受众和约束效果，可以去支配法院、私人主体、其他外部的利益相关方以及行政官员。〔54〕内部行政法和外部行政法主题事项的重叠，意味着今天没有区分二者的明显界限。相反，最好将它们视为一个光谱。在一端，内部行政法把行政机关作为其唯一来源、目标和受众；在另一端，外部行政法起源于法律或司法判决，并对行政机关和私人主体施加类似的约束和义务。但也有许多介于此二者之间的点——例如，当行政机关发布的政策声明既指向内部也指向外部时，或设定具有外部影响的内部程序要求时，即是如此。〔55〕

许多内部行政法仍是面向特定行政机关的，因为它是由一个行政机关或其子部分颁布，用以支配自身行为。现今最易获认可的内部行政法形式

---

〔52〕 Mashaw, Creating the Administrative Constitution，前注〔19〕，第 252-253 页；Wyman，前注〔38〕，§ 3，第 9-13 页。

〔53〕 参见 Mashaw，前注〔33〕，第 1366-1367 页；Shapiro et al.，前注〔40〕，第 464 页。

〔54〕 这个限定与立法性规则和解释性指导之间的理论区分类似，立法性规则必须经由通告-评论规则制定程序发布，并且在行政机关之外创设法定权利和责任。参见下文第三部分(一)的第二自然段。正如下文指出的，解释性指导是内部行政法的范例。

〔55〕 前者的一个典型例证是奥巴马政府对国内某些类别的非法移民准予延期驱逐而设定标准的备忘录。这是针对移民官员和职员的文件，但很显然作为回应，这些类别的移民会递交延期出境的申请。参见前注〔2〕中引用的备忘录。至于具有外部影响的内部程序，参见 Lisa Heinzerling, *The FDA's Plan B Fiasco: Lessons for Administrative Law*, 102 GEO. L. J. 927(2014)（以下引作 Heinzerling, Plan B Fiasco），描述了美国联邦食品药品管理局偏离了通常的内部程序，将避孕药"毓婷"(Plan B)转化为处方药，以及这种偏离触发的额外司法审查。

是由特定机关颁布的流程和指导准则,用以架构其官员和工作人员的行为。[56] 例如,环境保护署规定了流程,来根据清洁空气法[57]的要求,对国家环境空气质量标准制定建议的流程。虽然清洁空气法设定了一定的程序性和实体性要求,但它给行政机关决定如何推进留下了相当空间,环境保护署设计了一套决策的精细流程。[58] 行政机关也公布了大量的内部指导准则,从报销到检查,到支配性法律的含义等事务,给行政机关工作人员以指导。[59] 主要的示例是职业安全与健康管理局的现场操作手册、医疗健康保险与医疗扶助服务提供者中心的报销手册,它们包含了详尽的指示,告知行政人员应如何进行检查和执法,并说明了支配性法律的含义。[60] 这些手册在行政机关内公布,通常没有公众参与;它们面向负责实施法律和规制方案的行政机关工作人员;它们针对的是行政机关运作的关键方面。

但我们设想的内部行政法远不止流程和政策通告。它也包括行政机关采用的用以管理自身运作的组织形式。国会法律可能规定行政机关架构的

〔56〕 参见 Mashaw, Creating the Administrative Constitution, 前注〔22〕, 第 252-254 页; Wyman, 前注〔38〕, § 53, 第 185 页。

〔57〕 42 U. S. C. § 7409(2012).

〔58〕 Wendy Wagner, Science in the Administrative Process: A Study of Agency Decisionmaking Approaches 19-31(2012), https://www.acus.gov/sites/default/files/COR-Science-Project-Report-2-27-12-CIRCULATED-TO-COMMITTEE_0.pdf [http://perma.cc/DZU3-5Q9M];参见 Pasky Pascual et al., *Making Method Visible: Improving the Quality of Science-Based Regulation*, 2 mich. J. Envtl. & Admin. L. 429, 465-468(2013);另参见 Jennifer Nou, *Agency Self-Insulation under Presidential Review*, 126 Harv. L. Rev. 1755, 1782(2013)(指出了行政机关从可用的规制工具和程序中进行选择的裁量权)。

〔59〕 参见 Peter L. Strauss, The Rulemaking Continuum, 41 Duke L. J. 1463, 1468-1469(1992)(指出了技术指导准则和员工手册等"公布规则"要远多于正式规则)。

〔60〕 参见 Occupational Safety & Health Admin., U. S. Dep't Of Labor, Cpl 02-00-159, Field Operations Manual(2015), https://www.osha.gov/OshDoc/Directive_pdf/CPL_02-00-159.pdf [https://perma.cc/R2BX-V28J]; *The Provider Reimbursement Manual - Part 1*, CMS. GOV, https://www.cms.gov/Regulations-and-Guidance/Guidance/Manuals/Paper-Based-Manuals-Items/CMS021929.html [https://perma.cc/9R6R-ZYAC]。

一些基本细节，例如具体的分支或部门，〔61〕以及对行政机关关键人员〔62〕的要求。但行政机关创设了大量的行政监督和审查的架构，范围从工作人员必须就何种决策请示其主管的非正式规则，到明确要求由不同子部门签署或某些决策需更高级别同意的正式控告机制。〔63〕这些极具官僚特色的内部行政架构，对控制行政人员的行为，决定行政机关如何运作，具有至关重要的意义。〔64〕行政架构在法律上具有重要性，这是为早期行政法学者公认的见解，但之后这逐渐消失在视野中，因为行政法越来越聚焦于法院，公共管理也发展成了一门单独的学问。〔65〕

正如这表明的，内部行政法有着实在的范围。行政机关产生大量规则、程序和针对行政人员的详尽要求，以管理他们如何开展工作，规定如何监督他们的行为。〔66〕有些是正式颁布并被明确认定为具有内部约束力的要求；另一些如怀曼论称的，随着时间推移，以不成文规范和惯例的形式展示。〔67〕

---

〔61〕 例可参见 42 U. S. C. § 7403(a)(4)(要求就空气污染设立技术咨询委员会)；Matthew D. McCubbins et al., *Structure and Process: Politics and Policy: Administrative Arrangements and the Political Control of Agencies*, 75 Va. L. Rev. 431, 445-468(1989)(详细说明了对联邦环境保护署空气污染规制架构的法律要求的变化)。

〔62〕 参见 Anne Joseph O'Connell, *Vacant Offices: Delays in Staffing Top Agency Positions*, 82 S. Cal. L. Rev. 913, 927-930(2009)(指出了关于谁可以被任命为行政机关领导，存在法律约束)。

〔63〕 参见 Neal Kumar Katyal, *Internal Separation of Powers: Checking Today's Most Dangerous Branch from Within*, 115 Yale L. J. 2314, 2328-2330(2006)(告诉工作人员不同意行政决定的内部机制)；Nou, *Intra-Agency Cooperation*, 前注〔16〕, 第 467-471 页(描述了内部审核程序)；Margo Schlanger, *Offices of Goodness: Influence Without Authority in Federal Agencies*, 36 Cardozo L. Rev. 53, 92-103(描述了确保行政机关工作人员合规的可用工具)；还可见 U. S. Dep't Of Justice, United States Attorneys' Manual § 9-7. 000(1997)(设置了电子监视的授权程序)。

〔64〕 Mashaw, Creating the Administrative Constitution, 前注〔19〕, 第 7 页；Nina A. Mendelson, *Regulatory Beneficiaries and Informal Agency Policymaking*, 92 Cornell L. Rev. 397, 409(2007)(指出行政机关依托于手册、指令和其他内部指导文件，来作出更一致和更可预测的决策)；Edward Rubin, *The Myth of Accountability and the Anti-Administrative Impulse*, 103 Mich. L. Rev. 2073, 2075(2005)(认为行政机关的内部监督对于问责是至关重要的)。

〔65〕 参见 Gillian E. Metzger, Administrative Law, Public Administration, and the Administrative Conference of the United States, 83 Geo. Wash. L. Rev. 1517, 1520-1534(2015)(以下引作 Metzger, *Public Administration and ACUS*)。

〔66〕 参见前注〔64〕所引的资料。

〔67〕 参见 Wyman, 前注〔38〕, § § 99-101, 第 294-303 页("显而易见的事实是，管理行政的规则既有成文的，也有不成文的……")；Shapiro, 前注〔19〕, 第 5-10 页(描述了非正式行政规范作用的理论)。

从政策和行政治理的视角,有些显然具有重要意义,有的还进行了广泛的讨论,例如规范美国检察官何时以及如何获得窃听授权的规则。〔68〕另一些则是琐碎的、纯官僚管理的,例如关于工作人员如何申请休假时间的要求。〔69〕但所有这些措施都具有内部行政法的核心特征:它们由行政机关颁布,旨在控制行政自身行为和运作,主要针对行政机关工作人员。与其恣意地将某些有资格纳入内部行政法范围的措施排除在外,更明智的也许是承认内部行政法包含一系列措施,其中一些措施相对而言具有更为重要的意义,它们有助于理解行政机关如何运作,以及以怎样的进路来履行它们的治理任务。

实际上,内部行政法的范围还会更广,因为它不仅包括由一个行政机关或机关的子部分通过的,用以管理行政机关自身行为的措施,还包括不针对特定行政机关的行政分支的措施,也包括支配行政机关间互动的流程和政策。类似地,这些流程和政策也代表了行政机关生成的,针对行政机关行为者的努力,试图去控制处于争议中的行政机关的运作。有时联合制定了这些流程和政策,如不同的行政机关就它们之间的互动会达成谅解备忘录。〔70〕在其他情境中,一个行政机关可能发布支配行政机关间互动的程序和政策,而在另一些情境中,行政机关间流程可能更多为尚未成文法化的惯例和规范所支配。〔71〕这种行政机关间的互动往往具有独特、实质的特点,并涉及具有相似或共同法定职责的行政机关。〔72〕但协定产生于单个行政

〔68〕 Electronic Communications Privacy Act, 18 U.S.C. §§2510-2522(2012).

〔69〕 *Fact Sheet: Annual Leave (General Information)*, OPM.GOV, https://www.opm.gov/policy-data-oversight/pay-leave/leave-administration/fact-sheets/annual-leave/ [https://perma.cc/7S73-88YP].

〔70〕 近期谅解备忘录的例子参见前注〔12〕所引资料。

〔71〕 参见 Freeman & Rossi,前注〔12〕,第1155-1173页(描述了行政机关协作的多种方法);Jason Marisam, Duplicative Delegations, 63 Admin. L. Rev. 181, 199(2011)(提供了行政机关协作的法定授权的范例);Bijal Shah, *Uncovering Coordinated Interagency Adjudication*, 128 Harv. L. Rev. 805, 820-822(2015)(描述了行政机关分担裁决责任的架构);Adrian Vermeule, *Conventions of Agency Independence*, 113 Colum. L. Rev. 1163, 1215-1217(2013)(描述了独立机构与白宫合作的惯例);Daphna Renan, The Law Presidents Make(未发表手稿)(作者提供此文)(以下引作 Renan, *Law Presidents Make*)。

〔72〕 参见 Freeman & Rossi,前注〔12〕,第1147-1149页(描述了在食品安全、金融规制和边境巡查领域,行政机关合作面临的挑战);Marisam,前注〔71〕,第187-190页(描述了产生法定职权重叠的情形);Shah,前注〔71〕,第814-820页(描述了移民政策领域重叠的行政机关角色)。

机关界限之外的事实，并没有消除它们根本的内部特性；这些协定的显著特色之一是，它们不涉及国会、法院或行政分支之外其他主体的行为。

出于同样的原因，内部行政法的光谱甚至进一步扩展到行政分支的集中化主体颁布的措施，例如总统、信息和规制事务办公室及司法部长。[73]这些集中化的布告采取了行政命令、备忘录、公告(bulletin)、通告(circular)之类的形式。它们将整个行政分支作为一个整体，导引、指导和告知各行政机关如何运作和适用这些规则。[74] 就这些措施的一般性和跨实体性而言，其可能最近似于外部行政法，但是它们的内部行政分支地位是其作为总统控制机制的关键特征。行政分支的集中化机构将这些布告作为管理工具，用它们来控制构成行政分支的诸多具体领域的行政机关。[75] 因此，这些布告在双重意义上代表内部行政法：它们既是对产生于行政部门内的行政行为的控制，也是迫使行政机关产生新的内部流程、组织和政策的要求。

这种内部行政法形式的杰出例证是第 12866 号行政命令，[76]该命令设

---

〔73〕 参见 Davidson & Leib，前注〔25〕，第 268-270 页(指出了传统行政法倾向于低估集中化行政规制监督的作用)；另参见 Exec. Order 12,250, 28 C. F. R. 298(1981)(授权司法部长负责协调联邦机构对民权法案第 6 章及其他民权立法的执行)，*reprinted in* 42 U. S. C. § 2000d-1 note (2012); Civil Rights Div., U. S. Dep't Of Justice, Title Vi Legal Manual(2017), https://www.justice.gov/crt/case-document/file/934826/download [https://perma.cc/FS6L-JPBV](总结了司法部就联邦机构实施 1964 年民权法案第 6 章发布的指南和指令)。

〔74〕 例可参见 Regulatory Planning and Review, Exec. Order No. 12,866, 3 C. F. R. 638, 643(1994)(对行政机关施加规制准则，并创设了对行政机关规制和计划后的规制行为进行审查的架构)，*reprinted in* 5 U. S. C. § 601 note(2012)；Reducing Regulations and Controlling Regulatory Costs, Exec. Order No. 13,771, § 3(d), 82 Fed. Reg. 9339(Jan. 30, 2017)(要求行政规制措施可能施加的总成本，需在管理和预算办公室主任所设定的上限之内)。更多的例子如管理和预算办公室的 A4 和 A76 号通告(circular)，就行政机关应如何执行第 12866 号行政命令要求的规制分析，以及行政机关应何时将其外包，设定了要求。Office of Mgmt. & Budget, Exec. Office of the President, Circular A-4, Regulatory Analysis(2003)；Office of Mgmt. & Budget, Exec. Office of the President, Circular A-76 Revised, Performance Of Commercial Activities(2003)。一般地参见 Elena Kagan, Presidential Administration, 114 Harv. L. Rev. 2245, 2272-2299(2001)(描述了里根、乔治·布什以及克林顿总统领导下，各种不同的正式总统控制工具)；Kathryn A. Watts, *Controlling Presidential Control*, 114 Mich. L. Rev. 683, 693-719(2016)(详细介绍了乔治·布什和奥巴马总统采用的控制机制)。

〔75〕 参见 Metzger, *Duty to Supervise*，前注〔9〕，第 1892-1893 页(指出了经由科层制监督形式，总统在管理层面可问责性的作用)；参较 Rubin，前注〔64〕，第 2120-2124 页(描述了行政机关内的管理问责机制)。

〔76〕 3 C. F. R. 638.

立了对规制的集中审查制度。第12866号行政命令不仅创建出详细的流程,行政机关要据此向信息和规制事务办公室(OIRA)提交它们拟议的和最终的规则,以供审查,还要求行政机关对特定规则进行成本收益分析,让规制政策官员介入规制流程的每个阶段,制定规制议程,确定短期内的规制优先事项,并与其他行政机关协调。[77] 另一个鲜明的例子是管理和预算办公室2007年的《良好指导实践最终公告》(*Final Bulletin for Good Guidance Practices*),其规定了行政机关在颁布重要行政指导时必须遵循的程序,包括行政机关内的层级审查,以及管理和预算办公室的集中审查。[78]

(二)作为法律的内部行政法

内部行政法因此包括行政行为的内部程序、行政机关内部组织架构和权力分配、行政人员如何进行评估或分析的说明,包括行政机关对法律和规章含义理解的指南、非正式的行政机关惯例、行政机关间协定和规范,以及对行政行为的集中化、整体性要求。在定义了我们所谓的内部行政法后,凸显出一个核心问题:为什么我们应该将范围广泛的内部布告和架构视为法律?而不是简单地将其视为行政管理和官僚体制?

1. 法律的特征与价值

将这些措施视为法律的重要原因之一,是它们分享了与法律相关的关键特征和功能。法律的一个基本特征在于,它给行为提供独立于内容的理由;[79]一种规范是法律规范的事实,给它所针对的对象提供了遵守其条款

---

〔77〕 同前注〔76〕。

〔78〕 Final Bulletin,前注〔15〕。更多的例子如管理和预算办公室的A4和A76号通告,就行政机关应如何执行第12866号行政命令要求的规制分析和行政机关应何时将其外包设定了要求。Office of Mgmt. & Budget, Exec. Office of the President, Circular A-4, Regulatory Analysis(2003); Office of Mgmt. & Budget, Exec. Office of the President, Circular A-76 Revised, Performance of Commercial Activities(2003);另参见Pasachoff,前注〔16〕,第2207-2243页(描述了管理和预算办公室通过预算程序,对行政机关政策制定的控制)。

〔79〕 参见Jules L. Coleman, The Practice of Principle: In Defence of a Pragmatist Approach to Legal Theory 120-123(2001)(法律宣称为行为提供独立于内容的理由,对此进行了解释);Joseph Raz, The Morality Of Freedom 35(1986)。

的理由。对此有时会有更为强有力的表述:规范只有被认为具有独立约束力,才能被视为法律。

规范在何种程度、以何种方式具有约束力,才能被视为法律,学者们对此持有不同的观点。柯蒂斯·布拉德利(Curtis Bradley)和特雷弗·莫里森(Trevor Morrison)提供了一个包容性的见解。根据他们的解释,“当它因其作为法律的地位,对决策施加一定力量时”,规范构成了一种约束。〔80〕从这个视角看,只要内部行政规范为行政官员提供了行为的一个理由——即使不是一个特别有力的理由,更不是一个决定性的理由——该规范就有构成法律的足够约束或权威。在相反的极端,一些学者认为法律给行为提供先占的或排他的理由,即规范作为法律的地位,取代了其他理由,构成了行为理由。〔81〕从这个视角出发,要将内部行政法视为法律,其理由将是内部规范的存在,而且此理由一定得取代并排除其他行为理由。介于这两种立场之间的看法是,可以推定,规范的法律地位是行为的一个最重要或最主要理由。该推定可能会被其他特别有力的理由推翻,但法律并不只是众多可能考量因素中的某个理由。相反,这一看法提出了更为严格的要求,要求将规范视为强制性的,只有存在显著的正当化根据时,才可以背离规范。〔82〕

我们无须明确地解决这样的争议,即规范具有何种约束力或权威性,才有资格作为法律。注意到作为科层架构里的一种内部秩序模式,内部行政法至少给行为提供了一个是推定的最重要或最主要理由,构成了上述粗略连续体的中间点,就已足够。无论他们是否认同内部行政法的功用,低级别

---

〔80〕 Bradley & Morrison,前注〔24〕,第 1122 页(省略了原文的着重号)。

〔81〕 参见 H. L. A. Hart, Essays On Bentham: Jurisprudence and Political Theory 253 (1982)(对“排除或切断独立审议”的权威提供了解释;另参见 Coleman,前注〔79〕,第 121 页(把哈特先占理由的概念描述为“排除审议”)。

〔82〕 这个观点接近于约瑟夫·拉兹的观点,他把法律权威视作对权威基础的先占审议,但并不排除是否遵守了对事物总体要求的审议。参见 Raz,前注〔79〕,第 46、57-62 页(把法律视作提供了先占的理由);另参见 Coleman,前注〔79〕,第 122 页(对拉兹的先占理由概念给出了解释);Michael S. Moore, Authority, *Law, and Razian Reasons*, 62 S. Cal. L. Rev. 827, 838-839 (1989)。

的行政官员都认为自己必须遵守较高级别行政人员的命令。[83] 内部行政法对行政机关领导层的拘束程度,则更具争议性;确实有许多行政领导背离既定的行政机关政策和惯例的实例。[84] 更难确定内部行政法对总统的约束程度。[85] 但对内部行政法拘束力的评判,不应在行政分支的较高层进行。在此层面之下,行政机关的科层制和监督架构奠定了内部行政法的力量:内部行政法将拥有和其发布者对被命令者一样的权威。

尽管这种拘束力是至关重要的,但它并非使内部行政措施具有类似法律性质的唯一特征。这些措施往往还推进了其他传统上与法治相关的价值——特别是授权、告知、正当化根据、连贯性和程序正义的价值。[86] 内部行政架构和布告有助于确定行政机关的正式政策,通常确定行政机关在这一过程中本身所依据的授权。通过这样做,这些内部措施向公众和行政人员告知了行政机关的见解,包括该行政机关所采立场的理由。这些内部机制还培育了使整个行政机关的政策和执行具有连贯性和一致性的进路,并

---

〔83〕 Jerry L. Mashaw, *Recovering American Administrative Law: Federalist Foundations, 1787-1801*, 115 Yale L. J. 1256, 1261-1262(2006); 另参见 Marissa Martino Golden, What Motivates Bureaucrats?: Politics And Administration During the Reagan Years(2000)。

〔84〕 例可参见 Nicholas Bagley & Richard L. Revesz, *Centralized Oversight of the Regulatory State*, 106 Colum. L. Rev. 1260, 1277-1278(2006)(描述了在规则制定领域,信息和规制事务办公室转向更积极主动的干涉);John Leonard Watson, *The "New" OSHA: Reinventing Worker Safety and Health*, 12 Nat. Resources & Env't 183, 183-184(1998)(描述了各种新型行政机关实践的实施)。

〔85〕 参较前注〔23〕第89页和前注〔24〕第1132-1137页。

〔86〕 Stack, *Administrative Jurisprudence*, 前注〔24〕, 第1990-1993页(认为这些法治原则与政府行政最为相关)。另一个通常认为的法律必须具有的特征是普遍性。但法律是否必须具有普遍性,则极具争议。对于规则而言,普遍性至关重要。然而,并非所有法律都是采用规则的形式,行政部门内部的法律尤为如此。正如布赖恩·塔玛纳哈所论证的,在此情境下要求普遍性"将大部分法律遗漏在外",包括授权法案、废除或重组行政机关的措施,以及拨款。Brian Z. Tamanaha, *A Theory of Law in the Age of Organizations* 5-8(Wash. Univ. in St. Louis Legal Studies Research, Working Paper No. 16-07-03, 2016) https://papers.ssrn.com/sol3/papers.cfm?abstract_id=2808774 [https://perma.cc/8RZC-BMGY]。即使是朗·富勒,作为认为影响私人权利的法律应符合普遍性要求的支持者,也认为在管理层和下属政府官员之间的事务中,普遍性的优势仅是权宜之计。Lon L. Fuller, The Morality of Law 208(rev. ed. 1969).

经常设定了规范行政机关决定的程序。[87] 实际上，对于那些怀疑行政机关行为和内部措施合法性的人来说，认识到内部措施能有助于法治的方式，对于证明它们的合法性，可能具有最为重要的意义。

2. 外在性不是法律的先决条件

内部行政法不仅架构和约束行政机关如何行为，也是所公认法律形式的内在组成部分，国会法律和司法判决也离不开行政机关的解释和执行。[88] 鉴于这一切，实际上更令人困惑的问题是，为什么这些内部措施的法律性质没有得到广泛认可？换言之，为什么对内部行政法是法律存在疑虑？

一个原因可能仅是其具有内部性。行政机关不仅是内部法的来源，也是内部法的对象。虽然内部行政法可以在行政机关之外产生显著的实际影响，但是它并不声称约束私人主体；再者它的主要受众是行政机关工作人员。行政机关也是内部行政法的首要执行者。虽然法院认为，有时可以由司法来执行行政机关的内部布告，[89]但绝大多数是由行政机关执行这些措施。实际上，如上所述，许多内部行政法的颁布，正是为了实现这种执行，确保行政机关和行政分支的领导能实施控制和监督。从直觉上看，尤其是考虑到法律和法院挥之不去的紧密联系，这种占支配地位的内部面向可能使内部行政法与外部法律制度相距甚远，而不能被认为是法律。

但稍微审视一下，这种直觉就会瓦解。行政机关是内部行政法的来源、对象和执行者，每一个特征都与将内部行政法视为法律的认识相兼容。认为行政机关不能成为法律渊源的意见是相当不合理的。长期以来为行政机

〔87〕 就我们在此的目的而言，足以指出内部行政法推进了这些法治价值。更进一步的研究是重新思考行政机关内的法治是指什么，在此的争论是，对行政机关而言，何种价值、何种方式最为重要。例可参见 Edward L. Rubin, Beyond Camelot: Rethinking Politics and Law for the Modern State 198-203(2005)(认为在行政情境下，规律性和一贯性不太重要，行政机关面临着实施诸多法律的挑战，每部法律都代表着政治妥协)；Leighton McDonald, *The Rule of Law in the 'New Regulatory State'*, 33 Common L. World Rev. 197, 215-221(2004)(认为在协作和去中心化的新型治理体制下，不应摒弃法治，而是要对法治进行重新定义)；Stack, *Administrative jurisprudence*，前注〔24〕，第 2004 页(表明所关注的价值不仅适用于行政管理中的行为导引要素，也可构成发布预期指导的义务基础)。

〔88〕 参见本文第一部分(三)。

〔89〕 参见本文第三部分。

关实体性规则和裁决命令赋予了法律约束力,这种主张与之不符。如果我们承认至少有些行政机关布告有法律效力和影响,那么就不能将行政机关是内部行政法来源的事实,作为否定其法律地位的依据。规范必须给私人主体创设权利和义务,才能算作法律的观点,[90]同样也不能成立,这种说法错误地将特定形式的法律(私法)特征和更为普遍的法律类别混为一谈。事实上,很多公法只针对公职人员;若根据这种观点,宪法的大多数内容都不能算作法律。而且正如爱德华·鲁宾(Edward Rubin)所说,现代国家中立法的主要职能之一是创设机构,给它们分配职责和资源,并就如何履行这些职责提供一般性的指导准则。[91] 但这种现代形式的立法本身不对个人施加任何权利或义务,它创设的是公共管理的架构。[92] 如果我们不准备将这种普遍的立法形式排除在法律类别之外,那么将创设私人权利与义务作为法律的必要特征,也就没有意义。

最后,内部行政法仅在内部执行的事实,也不能使其丧失法律地位。首先,内部行政法的光谱范围从纯行政机关内的措施到集中化的命令,意味着经常存在外部执行的维度,即使不是在行政分支之外,也是在行政机关之外执行。但对于内部行政法的法律地位而言,这种意义上的外部执行也并非必要。有观念认为,由一个实体来自己执行的规范不能构成法律,这有时也难以接受,因为它也会使普通法丧失法律地位。普通法是仅由法院发展和适用的一套规范。不存在外部监督者的事实,并没有阻碍普通法成为法律。相反,重要的是,这些规范被认为具有特殊的效力,无论是否由一个外部实体判断其是否合规,官员蔑视或不遵守这些规范,都构成反对和处罚的理

〔90〕 例可参见 Fuller,前注〔86〕,第 207-208 页(将法律定义为调整"公民与其他公民之间的关系,而只是以附带的方式涉及公民与确立规则的权威来源间的关系"的规范)。一般参见 Frederick Schauer, Law's Boundaries 37(Nov. 15, 2016)(未发表手稿)(指出两个世纪以来的法理学已经扩张了法律的边界,包括了"许多其他权威来源,旨在对正式规定加以解释和适用"。)

〔91〕 Edward L. Rubin, *Law and Legislation in the Administrative State*, 89 Colum. L. Rev. 369, 372(1989).

〔92〕 参见 Peter Cane, *Public Law in the Concept of Law*, 33 Oxford J. Legal Stud. 649, 665-669(2013)(对现代法律体系中的法律进行了解释,阐明了公法在其间的地位)。

由。[93] 例如,最高法院法官的回避决定不接受任何外部权威的审查。[94] 但是法官不应出现在"其对一方当事人具有个人偏见或成见"[95]的诉讼程序中,仍然是一个法律规则,而且是法官努力遵循的规则。[96]

然而还有一种可能性:所有这三个特征有太多组合的可能性,将内部行政法拖到了我们所认可的法律范围之外。但如上所述,在一个行政机关内,内部行政法具有法律规范的核心特征:它给行为提供了独立于内容的、有拘束力的理由。诚然,创设可由外部机构执行的私人权利,构成了传统法律规范的特征。但坚持将规范的这些要求作为构成法律的资格要素,不管这些规范如何运行,如何被感知,都会将法律类别与当代法律制度和社会实践相隔离。这种观点否认了将法律视为架构和组织政府机构的社会实践。先前在正式意义上确认法律的做法受到了批评,就在于它们未能捕捉到法律所采取的多种形式。[97] 我们在此采取更为实证主义和功能主义的进路,关注规范如何在政府机构内运作。从实证主义和功能主义的视角来看,纯粹的行政机关内部布告、组织架构和惯例(practice)都可以构成法律。

3. 为什么是法律而非行政或管理?

即使这些内部行政措施可以被视为法律,但为什么要这样做,仍存疑问。其他学者承认内部行政措施的拘束力和权威性,但拒绝称其为法律。例如,朗·富勒(Lon Fuller)承认管理指示是一种类似于法律的社会秩序形式,但坚持这两者之间的二分法。[98] 富勒为架构"公民与其他公民之间

---

〔93〕 参见 Adrian Vermeule, *Deference and Due Process*, 129 Harv. L. Rev. 1890, 1929-1930(2016)(指出了在哪些法律领域,由实体机构来判断自身是否合规)。

〔94〕 Adrian Vermeule, *Contra Nemo Iudex in Sua Causa: The Limits of Impartiality*, 122 Yale L. J. 384, 403(2012). 在这篇论文中,沃缪勒更一般性地消除了我们的法律体系普遍需要外部执法者的观念。

〔95〕 28 U. S. C. § 455(b)(1)(2012).

〔96〕 例可参见 John Roberts, U. S. Supreme Court, 2011 Year-End Report on the Federal Judiciary 7-10(2011), https://www.supremecourt.gov/publicinfo/year-end/2011year-endreport.pdf [https://perma.cc/K3G7-HAK8]。

〔97〕 参见 H. L. A. Hart, The Concept of Law 38-41(1961)。爱德华·鲁宾对哈特的法律概念提出了同样的批评,认为它排除了行政国家的很多法律。Rubin,前注〔87〕,第 199-201 页。

〔98〕 Fuller,前注〔86〕,第 207 页("让我从两种互相对立、常常混淆的社会秩序形式开始。一种是管理指示,另一种是法律")。

的关系,只是以附带方式涉及公民与权威职位间的关系"的规范保留"法律"的概念,认为管理指示支配的是"下属和上级间的关系"。[99]

更晚近和更有针对性地,爱德华·鲁宾认为法律的分类并未厘清政府行政的运作,而是令其更难理解。[100] 他认为法律是一个应具有规律性和连贯性的概念,而在构成行政国家基础的法律中,却缺少这些概念,这些法律在探求多重目标,并包含了大量的妥协。[101] 鲁宾认为,同样重要的是,依法去评判法律和行政活动,会让法律价值的实现优先于其他任何目标,包括以一种有效且公平的方式实现法定目标。[102] 鲁宾敦促"我们应该把法律的概念括起来……搁置其以一种有效和令人信服的方式,去描述我们社会某些方面的主张"。[103] 他竭力主张,用"政策和执行的替代性概念"来替代法律,以便对行政进行更为现实的评估。[104] 引人注目的是,鲁宾承认我们在此使用了截然相反的策略,即"扩张'法律'一词以涵盖整个现代政府行为范围"。[105] 但是他拒绝这种进路,因为"这样将会包括许多与法律的既定含义没有关系的行为",这将给理解政府带来更多困惑。[106]

将内部行政运作的概念趋于法律化,无疑会产生成本,包括鲁宾担心的可能会混淆和轻视政策执行。但是对法律进行狭义界定,去排除内部行政,也会带来这样的问题。这种做法为法律设定了禁锢,认为法律不包括对行政机关运作的理解和评估,而这是在我们社会中占主导地位的立法和法律执行机构。它同时表明,这些核心政府机构的存在和运作位于法律之外。当行政政府从根本上被质疑违法时,在行政管理的世界和法律的世界间画出这样一条界线,尤其令人不安——这些质疑的前提往往是否定我们在此

〔99〕 同前注〔98〕,第207-208页。

〔100〕 Rubin,前注〔87〕,第197-207页。

〔101〕 同前注〔87〕,第197-203页。

〔102〕 同前注〔87〕,第202页。

〔103〕 同前注〔87〕,第203页。

〔104〕 同前注〔87〕,第203页。

〔105〕 同前注〔87〕,第208页。

〔106〕 同前注〔87〕,第208页。

强调的内部行政的法律类似性,或以对法律的类似狭义理解为前提。[107] 在我们看来,更富有成效的理解和捍卫行政政府的战略,不是坚持法律和行政管理之间的概念区分,而是阐述内部行政的法律运作方式。

或许最宽泛地说,在我们这样一种珍视法治的文化中,如果不考虑行政机关如何体现法治价值,就很难对行政的合法性进行说明。[108] 将内部行政视为一种法律形式,可容许这样的评判。任何法律制度或一系列规范和惯例的设立,都在很大程度上体现了法治的价值,[109]有些传统法治价值可能不太适合行政情境下的适用。因此,理解内部行政的法律运作,不排除这种内部法以独特的方式运作且仍然合法的可能性。但是,任何重新思考在行政情境下可能需要什么法治,或如何改革内部行政,以更好体现可适用的法治关切的努力,都要以理解内部行政的法律运作为前提。

(三)内部行政法的关键角色

外部行政法提供了控制行政机关的重要手段。国会让行政机关接受诸如联邦行政程序法之类设定的,可由法院实施的程序性和实体性要求。[110] 国会还进行调查和监督,并通过行使拨款权来进一步约束行政机关。[111] 这些是控制行政机关的重要杠杆。以设定司法审查的外部法律为例,以联邦行政程序法和普通法学说为基础,司法审查赋予了对不符合法定要求的行

〔107〕 例可参见 David E. Bernstein, Lawless: The Obama Administration's Unprecedented Assault on the Constitution and the Rule of Law(2015); Philip Hamburger, Is Administrative Law Unlawful? 6-7(2014)(认为行政政府"在法律之外运行",并且"抛弃了法律之下的规则")。汉布格尔(Hamburger)强调自己的主张,他认为如果行政机关有能力拘束行政机关之外的个体,则行政法为非法。他明确将行政机关约束机关内行政官员的能力,排除在他关切的领域之外。Hamburger,前注第 4 页。但这仅仅扩大了汉布格尔感知的行政与法律之间的鸿沟。尽管将拘束力的运作视为法律的核心考量,但他拒绝对行政机关内的拘束力进行任何合法性关切。

〔108〕 McDonald,前注〔87〕,第 201-217 页。

〔109〕 Waldron,前注〔24〕,第 44 页。

〔110〕 参见 Matthew D. McCubbins et al.,前注〔61〕,第 468-481 页。

〔111〕 Jason A. MacDonald, *Limitation Riders and Congressional Influence over Bureaucratic Policy Decisions*, 104 Am. Pol. Sci. Rev. 766(2010); David C. W. Parker & Matthew Dull, *The Weaponization of Congressional Oversight: The Politics of the Watchful Eye*, 1947—2010, *in* Politics to the Extreme: American Political Institutions in the Twenty-First Century 47, 63(Scott A. Frisch & Sean Q. Kelly eds., 2013)(描述了在分治政府下国会调查的增加)。

政行为的救济权。[112] 而且在这一过程中,法院有时会扩张解读这些要求,并发展出行政机关必须遵守的理性决策的学说。[113] 因此,行政行为可能因其与当事人所依据的公开规则不一致且未给出解释;[114]因未能遵守联邦行政程序法规定的程序;因缺乏足够的证据基础;或因未能提供充分的正当化根据,而被撤销。[115]

外部行政法显然很重要。但很明显地,外部行政法本身不足以让行政机关合规并遵守支配性要求。司法审查可以对这些要求提出清晰记述,也可以提供对合法和不合法行为的裁决记录。然而,这些要求的实施和实际要求的满足,不仅取决于外部监督者如何对合规加以评判,更取决于行政机关自己的实践。是内部架构让行政机关内的集体行为趋于有序——这可能是以科层制或以去中心化的形式,或经由裁决或规则制定的流程,或是详尽的指导准则抑或宽泛的标准,可能是宽松的或严密的监督——其提供了这样一个体系,让行政机关来整合、关注或忽略外部行政法。[116]

外部法不充分的原因部分在于,诸如司法审查之类的外部监督,只是偶尔发生于行政机关的世界中。诚然,可以预见某些形式的行政行为,如重要的规则制定,最终可能会诉诸法庭。但是绝大多数行政行为和决定,包括那些导致采用特定规则或政策的行为和决定,将永远不会受到审查。对于任何特定的行政机关而言,很少或很难预计,会有确认其分析有效或无效的司法判决,对于行政机关的内设机构而言,这样的情况就更少了。我们外部行

---

〔112〕 5 U.S.C. § 706(2012).

〔113〕 例可参见 Gillian E. Metzger, *Embracing Administrative Common Law*, 80 Geo. Wash. L. Rev. 1293(2012)(以下引作 Metzger, *Embracing Administrative Common Law*)。不同观点参见 Jacob Gersen & Adrian Vermeule, Thin Rationality Review, 114 Mich. L. Rev. 1355, 1369(2016)(认为法院适用的合理性审查比通常认知的少得多)。

〔114〕 Strauss,前注〔59〕,第1486页。

〔115〕 例可参见 5 U.S.C. § 706(2)(A); Encino Motorcars, LLC v. Navarro, 136 S. Ct. 2117, 2125(2016)("行政规则制定的一个基本程序要求,是行政机关必须对其决定给出充分的理由");Perez v. Mortg. Bankers Ass'n, 135 S. Ct. 1199, 1207(2015)[引用了 Vt. Yankee Nuclear Power Corp. v. Nat. Res. Def. Council, 435 U.S. 519, 549(1978)]。

〔116〕 参见 Metzger, *Duty to Supervise*,前注〔9〕,第1893-1895页;Trevor W. Morrison, *Constitutional Alarmism*, 124 Harv. L. Rev. 1688,1691-1693(2011);Rubin,前注〔64〕,第2075页。

政法的具体特征强化了这些限制。仅“终局”行政行为会受到审查。[117] 这意味着诉讼当事人可能仅就行政机关特定的个别行为提起审查，而无法针对引发这些行为的内部项目和架构提起诉讼。[118] 但正是这些流程、规则和组织措施架构起行政机关对其法定和行政承诺的遵守。[119] 因此，即使对于任何特定的行政机关来说，司法审查变得更为频繁，在“终局”行政行为的限定下，会阻止法院处理那些特色在于对行政机关职能运作和履行施加广泛控制的行为。

司法审查注定在事后进行，有时是在行政机关实施行为的多年之后。这意味着即使相对较少的行为接受审查，任何对违反外部行政法的救济，其出现的时间可能已距离违法行为发生相当遥远。但是对行政机关的有效控制“要求对行政机关的事前约束，即在其实际做出政策选择之前，限制行政机关决定的一种手段”[120]，而不只是在多年之后使其无效。[121] 内部行政法提供了这样的事前控制机制；它包括了导引行政行为的内部架构和措施，因为它能够在行政人员偏离轨迹时，进行快速干预和修正。

因此，对于实现外部法律问责而言，内部行政法可谓至关重要。对于管理或官僚层面的问责而言，内部行政法同样不可或缺。管理问责是行政机关内部的责任；它代表了行政机关内下属官员向其组织上级负责任和承担

---

〔117〕 5 U. S. C. § 704; Lujan v. Nat'l Wildlife Fed'n, 497 U. S. 871, 891-894(1990). 也适用成熟性原则，来排除在实际应用前对一般性政策的质疑。参见 Reno v. Catholic Soc. Servs., Inc., 500 U. S. 43, 57-61, 64-65(1993)。

〔118〕 Lujan, 497 U. S. at 891(认为对终局行政行为的要求意味着，个人“不能通过法院判决寻求对项目的大规模改进，倒是在行政部门或国会大厅，项目通常会有改进”)；Metzger, *Duty to Supervise*，前注〔9〕，第 1872 页。

〔119〕 参见 Metzger, *Duty to Supervise*，前注〔9〕，第 1893-1895 页。

〔120〕 McCubbins et al.，前注〔61〕，第 433 页。

〔121〕 参见 Laura A. Dickinson, *Outsourcing War and Peace: Preserving Public Values in a World of Privatized Foreign Affairs*(2011)[强调了规则与规范的内部化是比外部控制更有效的约束，并描述了军队鼓励此类内部化的努力，如将军法参谋官员(Judge Advocate General)纳入指挥架构中]; Kenneth A. Bamberger & Deirdre K. Mulligan, *Privacy Decisionmaking in Administrative Agencies*, 75 U. Chi. L. Rev. 75, 106(2008)(指出事前控制可能克服事后监督的缺点)。

后果的程度。[122] 与司法审查不同,上级主管可以去现场,他不是一名外部评估者,而是组织的一部分,因此上级主管可以开展相对持续的监督。此外,主管人员不仅有权判定行为无效,或施加制裁,也可以对任何难以控制的行为进行教育、启发、检查、诱导、鼓励和救济。[123] 通过管理问责的方式,使得组织的优先事项变为组织内个体的优先事项。内部行政法是管理问责的媒介。它设置了主管官员评估下级职员和官员的流程、优先次序、检查点、参数、因素和手段。例如,国家环境空气质量标准制定程序的架构,旨在确保高级别行政官员监督的同时,也保护行政人员、中级主管和外部专家发表独立见解。[124] 类似地,在美国联邦食品药品管理局的药品审评程序或美国证券交易委员会的成本收益分析中,也将员工发挥专业才能的机会同行政领导层的监督相结合。[125]

就管理层面的可问责性和科层制中架构行政机关的运作而言,内部行政法居于中心地位,这也奠定了其在政治问责中的重要意义。某种程度上,政治问责构成了行政机关对国会的回应和责任承担,这可以通过听证,通过对国会优先事项的关注等方式来实现。[126] 但对于行政机关的政治问责而言,也是行政机关对总统的回应和责任承担,反之,行政机关还要对其任命人员有所回应,有责任承担。[127] 对于这二者而言,内部行政法都是必要的。

---

〔122〕 参见 Mashaw, Bureaucratic Justice, 前注〔18〕, 第 214 页; Jerry L. Mashaw, *Accountability and Institutional Design: Some Thoughts on the Grammar of Governance*, *in* Public Accountability: Designs, Dilemmas and Experiences 115, 120-121, 128-129(Michael W. Dowdle ed., 2006) [以下引作 Mashaw, *Accountability*]; Rubin, 前注〔64〕, 第 2122-2125 页(对行政机关内的科层性和管理问责进行了解释)。

〔123〕 参见 Mashaw, *Accountability*,前注〔122〕,第 121 页(解释了公共管理体制中持续管理性监督的特点,上级不仅可以制裁下级,还可以重做下级的行为);Rubin,前注〔64〕, 第 2075 页(认为行政机关的内部监督对于问责有着至关重要的意义)。

〔124〕 Wagner,前注〔58〕,第 19-26 页。

〔125〕 Heinzerling, Plan B Fiasco,前注〔55〕,第 934-939 页(描述了美国联邦食品药品管理局的程序);参见 Jennifer Nou, Note, *Regulating the Rulemakers: A Proposal for Deliberative Cost-Benefit Analysis*, 26 Yale L. & Pol'y Rev. 601,621-622(2008)。

〔126〕 参见 MacDonald,前注〔111〕,第 767-770 页(对运用数以百计的年度拨款附文来推翻行政机关政策决定的情况进行了记录);Parker & Dull,前注〔111〕,第 52-54、56-63 页(检视了国会调查的趋势)。

〔127〕 Lisa Schultz Bressman, *Procedures as Politics in Administrative Law*, 107 Colum. L. Rev. 1749, 1763-1767(2007).

在保证管理问责的同时，行政机关的架构也提供了方法，使得将政治领导人的决定和优先顺序能注入其间，来对行政机关的行为进行整体指导和控制。[128] 这个现象最近的一个显著例子是，国土安全部颁布移民执法的优先次序和政策，以更好地控制移民检查员和其他行政人员，并确保执法和奥巴马政府的政策优先次序相一致，而这并非孤例。[129] 虽然是国土资源部颁布的移民命令，但要实现总统在政治问责中的作用，往往有赖于诸如管理和预算办公室或白宫这样的集中化行政分支的实体，去颁布内部行政法。

简言之，内部行政法有着沉重的负担，和外部法关系复杂。它是在一个行政机关内，让公共目标和法律约束得以实施的诸多法律和惯例的集成。通过内部行政法的手段，行政机关的顶层决策经由科层制层层传导，从而对最低层级的职员也产生影响。当然，仅确证到内部行政法的这种作用，并不意味着它总能很好地胜任这项任务。内部行政法也可能被滥用，行政官员可能将内部布告作为一种规避外部法律或政治约束的手段。但不应因这种滥用的可能性，就阻止我们认识内部行政法的有益特征，以及在确保行政国家合法性与可问责性方面至关重要的作用。

二、内部行政法与联邦行政程序法的颁布

联邦行政程序法为行政程序、行政组织以及司法审查创设了一套默认的体系。需要在行政程序法之下，努力理解内部行政法的地位和定位。当认为行政法是对行政机关施加的外在约束时，其标志就是联邦行政程序法。

---

〔128〕 参见 Metzger, *Duty to Supervise*，前注〔9〕，第 1925 页。

〔129〕 参见前注〔1-8〕、〔12-15〕及对应的正文。为实现这一目标，内部行政法要能约束下级官员，在管理和预算办公室 2007 年关于指导的公告中，这一点得到了强化。Final Bulletin，前注〔15〕，第 3437、3440 页（声明“作为监督工作人员的权力，行政机关可以适当地约束它们的职员遵守行政机关政策，无须采用通告-评论规则制定程序”并且“行政机关工作人员在没有适当理由和监管同意时不应该偏离重要的行政机关指导文件”）；另参见 Recommendations of the Administrative Conference Regarding Administrative Practice and Procedure, 57 Fed. Reg. 30,101, 30,103(July 8, 1992)（声明行政机关可以“为了行政统一性或政策连贯性，对工作人员发布命令性的政策声明”）。

但我们将在本部分论证,这种认定误读了围绕联邦行政程序法制定展开的长达十年的争论,也误读了行政程序法。

联邦行政程序法源于行政改革的努力,内部行政实践和组织在这场改革中占据了中心地位。这些改革承认了当时内部行政法的存在范围,以及通过强化总统在行政中的作用,增强了协调和一致的可能性。联邦政府组织了两项先驱性的调查,在促使行政程序法形成中发挥了特别重要的作用。一项调查由总统行政管理委员会(President's Committee on Administrative Management)承担,通常将该委员会称为布朗洛委员会(Brownlow Committee),另一项由司法部长行政程序委员会(Attorney General's Committee on Administrative Procedure)承担。这两项研究都认识并颂扬内部行政法的美德,强调内部法对于提升行政分支运作和治理质量的重要性。进一步地,如联邦行政程序法立法史所表明的结果,这部法律本身清晰地允许内部行政法的持续作用。虽然相较于此前或此后的任何一部法律而言,联邦行政程序法确实都创设了更多的外部行政法,但其试图在该法设定的空间内,承认和保留内部行政法的空间,并令其得以持续发展。[130]

(一)总统行政管理委员会

罗斯福于1932年就任总统,标志着联邦政府急剧扩张的开始。伴随扩张带来了显著的管理和监督问题。[131] 新近设立行政机关的复杂架构和它们流程的不透明性,给行政机关及其行为带来了挑战。[132] 在1936年,为回应公共管理学者的敦促,为应对自己在协调新政时期行政机关的挫败,加之对更加集中化控制的渴望,罗斯福设立了一个委员会来研究如何改善行政

---

〔130〕 参见以下注释〔208-221〕对应的正文。

〔131〕 参见 Herbert Emmerich, *Federal Organization and Administrative Management* 47-48 (1971); Barry D. Karl, *The Uneasy State: The United States from* 1915 *to* 1945, at 156-157 (1983);另参见 Louis Brownlow, *A Passion for Anonymity* 325(1958)(描述了与罗斯福在创建该委员会方面的讨论)。

〔132〕 Joanna L. Grisinger, *The Unwieldy American State: Administrative Politics since the New Deal* 17(2012) [以下引作 Grisinger, *Unwieldy*]。

分支管理。[133] 该委员会由三位公共管理界的领军人物组成,即出任委员会主席的路易斯·布朗洛(Louis Brownlow),以及查尔斯·梅里亚姆(Charles Merriam)和卢瑟·古利克(Luther Gulick)。[134] 经过一年的深入研究,包括前往意大利考察墨索里尼政府的行政成就[135],布朗洛委员会于1937年1月发布了其建议和最终研究报告。[136]

布朗洛委员会的报告并未使用内部行政法的措辞。相反,它的用词是公共管理领域新近出现的用词,这些用词强调有效管理、效率及行政组织。[137] 尽管如此,报告所关注的仍是我们在此论证的内部行政法的一部分——具体而言,是在行政机关内部和在整个行政分支中,推行更多政策和管理控制的机制。[138] 报告的核心主题仍是加强和扩张这种控制的迫切需求。在委员会看来,有必要重组行政部门以提供这种内部控制,来实现政府管理的规律性、一贯性、效能以及最为重要的民主,其中许多被认为是法治的核心价值。[139] 正如报告指出的,“保护……公民免受狭隘、专制的官僚干涉与控制,是民主政府的首要义务之一”,并且要求“如此集中化地作出行政决定,要清晰划定为所有官员都遵循的行为界限”。[140]

报告建议的主要部分是强烈呼吁重组行政分支,以增强总统权力:“设

---

〔133〕 Peri E. Arnold, *Making the Managerial Presidency: Comprehensive Reorganization Planning* 1905－1996, at 89-94(2d ed. 1998)[以下引作 Arnold, *Managerial Presidency*]; Alasdair Roberts, *Why the Brownlow Committee Failed: Neutrality and Partisanship in the Early Years of Public Administration*, 28 Admin. & Soc'y 3, 15-23, 28-29(1996);另参见 Sidney M. Milkis, *The New Deal, Administrative Reform, and the Transcendence of Partisan Politics*, 18 Admin. & Soc'y 433, 439-442(1987)(认为罗斯福致力于加强总统的权力和国家行政能力)。

〔134〕 Arnold, *Managerial Presidency*, 前注〔133〕,第 89-96 页;Richard Polenberg, *Reorganizing Roosevelt's Government* 11-15(1966);Roberts,前注〔133〕,第 15-23、28-29 页。

〔135〕 参见 Ira Katznelson, *Fear Itself: The New Deal and the Origins of Our Time* 53-54, 93-94(2013)。

〔136〕 参见 President's Comm. On Admin. Mgmt., *Report of the Committee with Studies of Administrative Management in the Federal Government*(1937)[以下引作 Brownlow Report];参见 Katznelson,前注〔135〕,第 54 页。

〔137〕 Brownlow Report,前注〔136〕,第 2-3 页。

〔138〕 同前注〔136〕,第 2-3 页。

〔139〕 同前注〔136〕,第 2-3 页。

〔140〕 同前注〔136〕,第 33 页。

立一个负责、高效的总统,作为活力、导引与行政管理的核心。"[141]布朗洛委员会最有名的建议大概是它呼吁终结独立机构,布朗洛委员会将其称为"无头的第四分支"。[142] 根据该报告,应将独立机构的职能转移给行政部门,将独立机构的政策和行政活动并入行政部门,让独立机构的裁决职能仍保持独立性。[143] 该报告还建议增加总统的工作人员,将总统可以直接控制的行政机关的核心管理职能集中化,将会计和支出的权力从总审计长转移至财政部,并为总统设定重组行政部门的广泛权力,而无须国会的参与。[144] 虽然注意到,有些人可能认为总统权力的增强导致了专制,但委员会坚持认为,对民主而言,有必要强化总统对行政部门的控制:"那些面对必要的权力感到踌躇的人,是现代民主的虚假朋友。对今日的民主政府而言,需要强有力的行政领导。"[145]

报告显然提倡总统对行政部门进行更多的监督,报告还提倡重构个别行政机关,以便行政领导能开展更多的管理和政策控制。根据该报告,"有必要由少数处于顶端的决策官员,对各部门的工作进行指示和控制"。[146] 在最终报告中,亚瑟·麦克马洪(Arthur MacMahon)撰写了对联邦行政机关管理特征的一系列研究,类似地,也强调了加强行政机关内监督的重要性。需要重构行政机关,以便部门领导能够"在制定和执行层面,有效地处

[141] 同前注[136],第2页;另参见 Arnold, *Managerial Presidency*,前注[133],第100-107页;Emmerich,前注[131],第52页。

[142] *Brownlow Report*,前注[136],第32、53页。

[143] 同前注[136],第46页。

[144] Arnold, *Managerial Presidency*,前注[133],第103-107页;另参见 Roberts,前注[133],第7-10页。布朗洛委员会一些扩大总统权力的提议,如建议将预算局并入白宫,反映了委员会成员与罗斯福共同的实体性政策目标。参见 Alan Brinkley, *The End of Reform: New Deal Liberalism in Recession and War* 21-22(1995)。其中最重要的是希望提供一种机制,使全国政府在经济中发挥更大的规划作用。参见 Milkis,前注[133],第442-444页。

[145] *Brownlow Report*,前注[136],第53页。

[146] 同前注[136],第39页。

理政策问题”,[147]并且“实施协调监督,这是部门存在的首要理由”。[148] 用我们的术语来说,要培育内部行政法,就必须重构行政机关。

布朗洛委员会仅发布了一份关于行政程序的研究报告,其主要针对规则制定,而且该研究未被纳入委员会的最终文件。[149] 但这份规则制定的研究仍展示出复杂的进路,并引入了几种形式的内部行政法,其中之一是行政架构的形式。该报告力促授予行政部门领导制定规则的权力,当然这要接受总统的导引。[150] 但该报告也承认,总统监督本身,可促进行政机关更多使用内部法。[151] 因此,该报告强调总统应使用其监督权,让规则制定的过程趋于规范化,并“指导行政部门领导的裁量选择”。[152] 在规范化的目标中,该报告力促总统要求“在规则制定和颁布的过程中,各部门要建立一套规则流程的规范化程序”。[153] 这些程序应当含有某些关键要素,例如:要求发布前与受影响群体进行协商;由行政机关律师、训练有素的规范起草者及技术专家对拟议规则的审查与审核批准;在发布时公开规则。[154] 从内部法的视角,特别需要指出的是报告对实体性、解释性和管理性规则的区分[155],

---

〔147〕 参见 Arthur W. MacMahon, *Departmental Management*, *in* Brownlow Report,前注〔136〕,第 247、251 页;另参见 Herbert Kaufman, *Administrative Management: Does Its Strong Executive Thesis Still Merit Our Attention?*, 67 Pub. Admin. Rev. 1041, 1041-1043, 1045(2007)(描述了行政人员关于内部行政管理的报告)。

〔148〕 MacMahon,前注〔147〕,第 252 页。有趣的是,与当前让政治控制和文官体系相互竞争的讨论相比,一般参见 David E. Lewis, *The Politics of Presidential Appointments: Political Control and Bureaucratic Performance*(2008)(描述了以政治控制的名义,规避文官体系要求的努力),布朗洛委员会并没有发现这种冲突。它把加强总统和行政领导控制与“向上、向外、向下”扩张联邦文官体系的建议相结合,以确保联邦政府的职业生涯将吸引“最高等级的人才”,并容许专家的发展和行政管理的常规化。Brownlow Report,前注〔136〕,第 7 页;MacMahon,前注〔147〕,第 265-270 页。

〔149〕 参见 Stephanie P. Newbold & David H. Rosenbloom, *Critical Reflections on Hamiltonian Perspectives on Rule-Making and Legislative Proposal Initiatives by the Chief Executive*, 67 Pub. Admin. Rev. 1049, 1049-1051(2007)(讨论了该规则制定报告,并解释了为何它没有和行政人员的其他报告在一起)。

〔150〕 参见 James Hart, *The Exercise of Rule-Making Power*, *in* Brownlow Report,前注〔136〕,第 309 页。

〔151〕 同前注〔136〕,第 329-330 页。

〔152〕 同前注〔136〕,第 314 页。

〔153〕 同前注〔136〕,第 338 页。

〔154〕 同前注〔136〕,第 317-318、338-341 页。

〔155〕 同前注〔136〕,第 319-353 页。

因为管理性规则和(较低程度上的)解释性规则主要针对行政机关自身。该报告还敦促通过预算局(Bureau of Budget)来集中地审核规则,报告说明这种趋势的正当化根据在于,确保行政分支内的政策协调,并与总统见解相一致[156]——今天当为通过信息和规制事务办公室进行的集中规制审查而声辩时,也在用同样的话语。[157] 因此,该报告寻求发展三种不同类型的内部行政法:总统制定的支配整个行政分支的行政规则制定程序;由总统授意而发展出的针对特定行政机关的要求;以及一旦完成行政机关的程序后,继而开展的总统审查程序。

罗斯福接受了布朗洛委员会的行政重组建议。但罗斯福整合了这些建议的拟议立法,面临着国会的敌对回应。[158] 某种程度上,这种回应由于政府处于不佳的时机。在 1937 年 1 月提交布朗洛行政重组立法后的仅仅几周,罗斯福提出了他那著名的法院填塞计划(court-packing plan)。特别是在欧洲法西斯主义和极权主义抬头的背景下,这两个立法激发了对罗斯福寻求独裁权力的指控。[159] 行政重组法案也遭遇了保守党反对,认为这标志着新政下勃发的国家行政状态的存续。[160] 最后,就连许多民主党人也对该法案投反对票,随后它在 1938 年 4 月份未获通过。[161]

尽管未能取得立竿见影的效果,但最终证明,布朗洛委员会增强总统行政权力的努力取得了成功。罗斯福本人在一年后的 1939 年获得了某些重组权力,十年后,胡佛委员会带来了总统行政能力和管理角色的显著扩

---

[156] 同前注[136],第 351-352 页。

[157] 参见 Exec. Order No. 12866, § § 2(b), 4, 6(b), 3 C. F. R. 638, 644-648(1994), *reprinted as amended in* 5 U. S. C. § 601 app. at 802, 804-806(2012)。

[158] 参见 Arnold, *Managerial Presidency*, 前注[133],第 107-115 页;Polenberg,前注[134],第 28-51 页。

[159] Brinkley,前注[144],第 22 页。

[160] 除其他方面外,遵循布朗洛报告的法案提议,设立两个新的联邦行政部门来容纳工程振兴署(Works Progress)和公共工程管理局(Public Works Administrations),而保守派希望,新政中这两项紧急救济措施是临时的。Milkis,前注[133],第 448 页;另参见 Leigh Osofsky, *The Case for Categorical Nonenforcement*, 69 Tax L. Rev. 73, 103-105(2015)(检验了美国国税局公布的非执法声明的收益)。

[161] 参见 Brinkley,前注[144],第 22 页。

张。[162] 由共和党执掌的国会于1947年设立了胡佛委员会,由前总统担任主席,作为努力的一部分,是希望去除因新政和第二次世界大战留下的广泛的行政国家状态。但令创设者惊愕的是,胡佛委员会采取了同布朗洛委员会近似的立场。[163] 它同样力劝总统对行政分支开展强有力的内部监督,证明对于政治问责而言,总统施加集中化的管理与政策控制,具有正当性。[164] 用胡佛委员会的话:"总统以及作为他主要副手的部门领导,必须就行政分支的行为对人民和国会负责,具有可问责性。如果没有权力——没有导引的权力——就无法承担责任与可问责性。"[165]在两党支持下,国会通过了胡佛委员会关于加强总统和行政机关领导控制的许多建议。[166]

(二)司法部行政程序委员会

司法部行政程序委员会致力于联邦行政的另一个不同方面。司法部行政程序委员会不是去关注行政分支的架构和管理,而是聚焦于行政程序。此外,司法部委员会也比布朗洛委员会更具回应性。虽然也是由罗斯福总统委任,但司法部委员会的设立更多是为了抵制拟议的立法改革,而非巩固总统权力的积极行动。

司法部委员会和它导致联邦行政程序法的颁布,是一个耳熟能详的故事。[167] 在1933年,美国律师协会组建了行政法特别委员会(Special Committee on Administrative Law),以反对联邦政府的扩张,反对与新政

---

〔162〕 参见Emmerich,前注〔131〕,第89-90页;Peri E. Arnold, *The First Hoover Commission and the Managerial Presidency*, 38 J. Pol. 46, 47-49(1976)。

〔163〕 参见Arnold,前注〔162〕,第47-50页。

〔164〕 Emmerich,前注〔131〕,第88-90页;Ronald C. Moe, *The Hoover Commissions Revisited* 34(1982);参见Arnold, *Managerial Presidency*,前注〔133〕,第128-129页;Grisinger, *Unwieldy*,前注〔132〕,第154页。该委员会还主张分权化,更多地将业务和标准下放到各机构,并增强业务领导人的作用。参见Emmerich,前注〔131〕,第90-91页。

〔165〕 The Hoover Commission Report On Organization of the Executive Branch of the Government 3(1949).

〔166〕 参见Emmerich,前注〔131〕,第95-98页;Arnold,前注〔162〕,第48-50、70页。

〔167〕 对联邦行政程序法制定背景的出色解释,参见Grisinger, *Unwieldy*,前注〔132〕,第59-108页。一般地参见George B. Shepherd, *Fierce Compromise: The Administrative Procedure Act Emerges from New Deal Politics*, 90 Nw. U. L. Rev. 1557(1996)。

相关的规制。[168] 直到1937年,当最高法院开始支持新政的合宪性时,美国律师协会的委员会才将其精力转向行政程序。[169] 由于认为罗斯福在政治上日趋脆弱,认为这部分是因为布朗洛行政重组法案的失败,美国律师协会的行政法特别委员会把大量精力投入行政程序改革的运动中。[170] 在哈佛大学法学院院长罗斯科·庞德(Roscoe Pound)的领导下,美国律师协会的委员会主张,有必要加强程序约束,扩大司法审查,以遏制罗斯福政府的"行政绝对主义"。[171] 虽然与行政重组提议的争论相分离,但美国律师协会委员会对绝对主义的指控,也引发了对罗斯福在谋求独裁权力的类似担忧。[172]

美国律师协会将其改革建议整合进了1939年在国会提出的拟议立法。[173] 它被称为沃尔特-洛根法案(Walter-Logan bill),要求对行政裁决和规则制定进行听证,为规章效力设定时限,并扩张向法院质疑行政行为的范围。[174] 为削弱行政改革的推进,罗斯福命令司法部长组成一个研究行政程序的委员会,并提出需等待司法部委员会的建议,以作为否决沃尔特-洛根法案的根据。[175] 司法部行政程序委员会继而花了近两年时间,从1939年到1941年,彻底调查了"联邦行政机关如何实际开展业务",就特定的机构和项目撰写了27本专论。[176]

这些专论记录了内部行政法的广泛性。行政机关进行广泛的自我规制,对自身设定法律并未要求的程序。[177] 行政机关适用这些程序,某种程

---

〔168〕 Shepherd,前注〔167〕,第1569-1570页。

〔169〕 同前注〔167〕,第1580-1582页。

〔170〕 同前注〔167〕,第1585-1586、1590-1591页。

〔171〕 同前注〔167〕,第1590-1591页;*Report of the Special Committee on Administrative Law*, 63 Ann. Rep. A. B. A. 331, 342(1938)。

〔172〕 Shepherd,前注〔167〕,第1585、1591页。

〔173〕 Shepherd,前注〔167〕,第1582、1594、1598页。

〔174〕 H. R. 6324, 76th Cong. (1939);Shepherd,前注〔167〕,第1582-1583、1598-1600页。

〔175〕 H. R. Doc. No. 986, at 3-4(1940)(指出罗斯福曾在一年前指示司法部长,令其审视整个行政程序并提出建议);Joanna Grisinger, *Law in Action: The Attorney General's Committee on Administrative Procedure*, 20 J. Pol'y Hist. 379, 387-391(2008)[以下引作Grisinger, *Law in Action*]。

〔176〕 Grisinger, *Law in Action*,前注〔175〕,第389-390页[引述了Walter Gelhorn, "*Informal Talk*" *to the Department of Justice et al.* (Aug. 9, 1939)]。

〔177〕 Attorney Gen. 'S *Comm. on Admin. Procedure*, *Final Report* 5(1941)[以下引作Gen, *Final Report*];Grisinger,前注〔175〕,第392-399、401-402页。

度是为了回应司法判决和支配性的判例法。[178] 但它们也认为，这些附加程序对良好决策和有效运作具有重要意义。[179] 因此，例如，行政机关进行规则制定时，经常为受影响的利益相关方提供评论拟议规则的机会，解释说这样的咨询确保了"规章不仅可能有实质性改进，而且违反这些规章的倾向也会大大降低"。[180] 行政机关制定了非正式的纠纷解决程序和用于听证的正式审判型程序，包括内部行政上诉程序，以及将听证审查官与行政机关其他部分相分离的程序。[181] 行政机关甚至会在法律没有规定的情形下，让自己服从听证的要求。[182] 同样重要的是，行政机关公布一般性的政策和解释，它们将在运营项目和承担其他法定职责时，也要倚赖这些政策和解释。[183] 行政机关也在架构它们的运作，发布"它们自己内部组织的说明——它们的主要办公室、官员和代理人；它们的内设部门和分支机构；或者它们的职责、职能、职权以及办公地点"[184]。

司法部行政程序委员会强调了这些内部法类型的重要性，认为不仅授权行政机关颁布这些，进一步地，行政机关有"发布这些信息……的职责"。[185] 并且很明显地，司法部行政程序委员会将这些布告作为行政法的一部分。正如委员会所指出的：

> 规则和规章不是行政法的唯一材料。此外，还有法律……各个行政机关的决定……行政机关给国会的报告……由行政机关或它们的总法律顾问做出的解释性裁定……新闻稿、通告、演讲以及其他政策声明……以及法院判决。[186]

---

〔178〕 参见 Grisinger, *Law in Action*，前注〔175〕，第 382-385 页。

〔179〕 同前注〔175〕，第 401-404 页。

〔180〕 Final Report，前注〔177〕，第 103 - 105 页；Attorney Gen. 'S *Comm. on Admin. Procedure*, *Monograph on Bureau of Marine Inspection*, S. DOC. 76-186, at 33-34 (3d. Sess. 1940)；Grisinger, *Law in Action*，前注〔175〕，第 401-402 页。

〔181〕 Final Report，前注〔177〕，第 61、63、65-66、68-69、107 页；Grisinger, *Unwieldy*，前注〔132〕，第 69-70 页。

〔182〕 Final Report，前注〔177〕，第 107 页。

〔183〕 同前注〔177〕，第 26-27 页。

〔184〕 同前注〔177〕，第 26 页。

〔185〕 同前注〔177〕，第 26 页。

〔186〕 同前注〔177〕，第 26 页。

司法部行政程序委员会赞同司法审查的重要性,认为司法审查通常可以"就法律解释做最终决定……至少……去探究行政解释是否为一个可容许的解释"[187]。但它强调"必须依托司法审查以外的控制措施",包括"行政机关的内部控制",以"确保行政机关在其权限边界内执行法律"。[188] 此外,"即使在可以进行司法审查的领域,还是会留待行政裁判所对重要的私人利益进行裁决,而这裁决在实践中几乎无法被审查;还要依托其他控制措施,以实现裁决的公正行使"[189]。

最后,司法部行政程序委员会的结论是,认为行政权会滥用的主张几乎没有根据。[190] 相反,委员会的最终报告坚持认为"现有的最佳实践里体现了公平行政的基本原则"[191]。特别值得注意的是,委员会建议行政机关增加和改进对内部法的使用。[192] 委员会鼓励行政机关"要说明哪些政策已经明确,哪些是负责官员需要将其应用于手头案件的政策,以便给行政官员导引"[193]。结合定期报告,这样的政策声明将允许行政机关领导保有充分的集中监督权,同时推行授权行政和分权行政。这也使行政机关领导专注于那些政策尚未确定或难以适用的事项,并对其加以控制。[194] 司法部行政程序委员会也鼓励发展不限于某个行政机关的内部法。它建议设立联邦行政程序办公室(Office of Federal Administrative Procedure),以确保持续开展更为一致的研究,并在行政分支内切实改进行政程序。[195]

对司法部行政程序委员会而言,很重要的是公布内部法。它以强有力的立场来支持公布,声明"无论何时,当行政机关的一项政策足以明确体现在内部备忘录或对工作人员的指示中时……它应以确定的意见形式展现,

---

〔187〕 Final Report,前注〔177〕,第 78 页。
〔188〕 同前注〔177〕,第 76 页。
〔189〕 同前注〔177〕,第 77 页。
〔190〕 Grisinger, *Law in Action*,前注〔175〕,第 392 页。
〔191〕 Final Report,前注〔177〕,第 5 页。
〔192〕 同前注〔177〕,第 26 页。
〔193〕 同前注〔177〕,第 23 页。
〔194〕 同前注〔177〕,第 23 页。
〔195〕 同前注〔177〕,第 6、123-124 页。

并向公众公布"[196]。司法部行政程序委员会认为,行政机关当下缺少这样的实践,声明"行政法领域一个重要、广泛的缺陷在于,就其实质和程序而言,都缺乏足够的公开信息"[197]。委员会谴责这样的保密:"一些机关的官员在和外界打交道时,受到他们无权披露的指示或备忘录的控制。这种做法几乎没有任何正当化根据。"[198]相反,一旦行政机关政策"充分明确地作为行政官员真正的指南",它就应被公布。[199]

司法部行政程序委员会的拟议法案对特定行政机关和项目如何运作提出了若干修正建议,但它并没有提出适用于整个行政分支的程序或要求。[200] 鉴于行政机关和行政行为类型的多样性,委员会认为不适于颁布一部统一的法典。[201] 较为保守的委员会成员不同意这个立场,其中三人撰写了一份少数派报告,建议制定一部一般性的行政程序法典。[202] 然而,引人注目的是,司法部行政程序委员会一致认同行政机关增加使用和散播内部法的重要性。实际上,委员会持有异议的成员引用了布朗洛委员会的报告,以支撑他们的观点——"在日常行政和裁决中,比其他任何事情都重要的,是行政机关内授权的必要性"[203]。

(三)联邦行政程序法

司法部行政程序委员会发布报告后不久,在国会提起了分别代表该委员会中多数派和少数派的法案,还有部分基于沃尔特-洛根法案给出的更为

---

〔196〕 同前注〔177〕,第 29 页;另参见 A. H. Fuller, *Administrative Law Investigation Comes of Age*, 41 Colum. L. Rev. 589, 593(1941)(对委员会坚持公开进行了评论,并批评其太过绝对)。

〔197〕 Final Report,前注〔177〕,第 25 页。

〔198〕 同前注〔177〕,第 29 页。

〔199〕 同前注〔177〕,第 27 页。

〔200〕 除建议设立联邦行政程序办公室,以及要求让公众可获得规则与解释外,多数派法案还规定由新的听证官主持裁决,规定了向行政机关请求制定规则的权利。Shepherd,前注〔167〕,第 1633-1634 页。

〔201〕 Final Report,前注〔177〕,第 108 页;Shepherd,前注〔167〕,第 1632-1633 页。

〔202〕 Shepherd,前注〔167〕,第 1632、1634-1636 页。还有第四位持不同意见的成员,该成员持更为保守的立场,并且建议对行政机关予以额外限制。同前注〔167〕,第 1632-1633 页。

〔203〕 Final Report,前注〔177〕,第 218-219 页。

限定性的措施。[204] 但直到1946年才通过联邦行政程序法。[205] 尽管时间上有距离,但联邦行政程序法代表了可追溯到20世纪30年代的美国律师协会行政法特别委员会和布朗洛委员会的行政改革努力的累积。[206] 然而还是司法部委员会的建议,特别是其中少数派的建议,是最接近于联邦行政程序法的先驱。[207]

如同少数派的拟议法案,联邦行政程序法为行政行为创设了一套最低限度的程序,行政机关可以增加程序并作出进一步详细规定,以适合自己的需要。然而至关重要的是,联邦行政程序法的起草人并不认为,立法规定了最低限度的程序,就排除了行政机关内部法。相反,参议院的报告将联邦行政程序法描述为"一份关于基本权利和程序的最低限度的概要。行政机关可以填充细节,只要将其公布即可"[208]。诚然,这些最低限度的程序将最佳的行政机关实践予以成文法化,而且那些没有遵循这些程序的行政机关如今必须采用它们。[209] 但是联邦行政程序法只是设定了底线而非上限,它给行政机关留下充分空间,去制定自身程序和其他形式的内部法。

联邦行政程序法主要有两处涉及内部法。第一处是,该法的第3节要求行政机关在《联邦登记》上公布它们的实体性规则和内部法。这包括行政机关的政策声明、解释,以及"其职能被引导和决定的一般方式和方法,包括所有可用的正式与非正式程序的性质和要求"[210]。仅涉及行政机关内部管

[204] Shepherd,前注[167],第1632-1633、1636页。

[205] Administrative Procedure Act, Pub. L. No. 404, 60 Stat. 237(1946)(汇编于5 U.S.C. §§500-504, 551-559, 561-584, 591-596, 701-706);Shepherd,前注[173],第1636-1641、1674页。

[206] H.R. Rep. No. 79-1980, at 241-242, 245-248(1946); Grisinger, *Law in Action*,前注[180],第384、404-408页。关于联邦行政程序法制定背后的政治背景和考量,相关分析可参见Grisinger, *Unwieldy*,前注[136],第59-108页;Shepherd,前注[167],第1560、1649-1683页。

[207] Shepherd,前注[167],第1649页。

[208] H.R. Rep. No. 79-1908, at 16(1946), *reprinted in* Senate Comm. *on the Judiciary*, *79th CONG.*, *Legislative History of the Administrative Procedure Act*, 1944-1946, at 233, 250 (1946)(以下引作Legislative History of the APA)。

[209] 参见U.S. Dep't of Justice, *Attorney General's Manual on the Administrative Procedure Act* 31(1947)(以下引作*AG MANUAL*)(指出非正式的规则制定程序"早已被联邦机构广泛采用")。

[210] Administrative Procedure Act, Pub. L. 79-404, §3(a), 60 Stat. 237, 238(1946).

理的事项被排除在外。〔211〕 1946年信息自由法对联邦行政程序法第3节的规定作出了重大修改，也许正是因为如此，联邦行政程序法最初的公开要求已逐渐消失，取而代之处于前沿和中心的，是它的程序要求。〔212〕 但当联邦行政程序法通过时，第3节是处于主角地位。国会关于联邦行政程序法的报告将第3节描述为“法案中最重要、最深远和最有用的条款”〔213〕。特别地，参议院司法委员会的报告将第3节的公开要求和联邦行政程序法让行政机关自由制定内部法和程序的事实联系起来。鉴于“该法留给各个行政机关广泛的活动范围，来设计自身程序”，对于“公众获得信息而言，有必要”公布这些程序。〔214〕

第二处涉及内部法的地方，是联邦行政程序法第4节中就规则制定所作规定。至今依然如此的是，1946年法案对实体性规则制定施加了通告-评论要求，但明确地排除了关于行政机关管理和人员的规则，将“解释性规则、一般政策声明，以及行政机关组织、程序或实践的规则”排除在通告-评论要求之外。〔215〕 与联邦行政程序法对内部法的排除形成鲜明对比的是沃尔特-洛根法案，沃尔特-洛根法案要求所有的规则制定都遵从通告-评论和听证的要求。〔216〕 联邦行政程序法也有别于司法部委员会少数派的法案，少数派法案对政策声明和实体性规则都要求了公开的规则制定程序。〔217〕 这

---

〔211〕 同前注〔210〕。这些公开要求增补了《联邦登记法》(Federal Register Act)的要求，该法已要求公开最终命令、规章、许可和证明。参见 Federal Register Act of 1935, Pub. L. No. 220, § § 4-5, 49 Stat. 500, 501(1935)。

〔212〕 参见 Freedom of Information Act, Pub. L. No. 89-487, 80 Stat. 250(1966)。

〔213〕 参见 S. Rep. No. 79-752, at 12(1946), *reprinted in* Legislative History of the APA，前注〔208〕，第185、198页；H. R. Rep. No. 79-1908, at 17, 21, *reprinted in* Legislative History of the APA，前注〔208〕，第233、251、255页；另参见 Ashley Sellers, *Administrative Procedure Act: Extent of Compliance with Section* 3, A. B. A. J., Jan. 1947, at 7, 7(指出第3节比该法案的任何其他规定都更受关注)。

〔214〕 H. R. Rep. No. 79-1908, *reprinted in* Legislative History of the APA，前注〔208〕，第233、256页。

〔215〕 Administrative Procedure Act § 4(a). 此外，联邦行政程序法第12节规定：“授予每个行政机关必要的权力，要以发布规则或其他方式来遵守本法的要求。”同上，§ 12。

〔216〕 参见 92 Cong. Rec. 2135, 2150-2151(1946)。

〔217〕 参见 Final Report，前注〔177〕，第225页。

种对通告-评论要求的豁免确保了行政机关制定内部法的自由。[218] 实际上,这也是国会写入此种豁免的主要原因之一。参议院报告将"鼓励制定此类规则的愿望",列为将"组织性、程序性、解释性规则和政策规则"[219]排除在通告-评论规则制定程序之外的首要原因。

因此,尽管联邦行政程序法对行政机关施加了外部程序要求,但它还是接受了内部法。它摒弃那些与其程序规定直接冲突的内部法,但这些法律中的程序规定并未给既存的实践带来多大变化。[220] 并且在其最低限度的程序要求之外,联邦行政程序法还有意让行政机关自由制定内部法。它仅要求行政机关公布它们制定的内部法。[221] 但联邦行政程序法对内部法的接受并非脱离常规。它反映出对内部行政法在控制和指导行政权方面关键作用的一致认可,这可以追溯到布朗洛委员会和司法部行政程序委员会就行政法所做的早期工作。

三、联邦行政程序法之后的内部行政法

尽管联邦行政程序法努力允许行政机关继续制定内部行政法,但法院在执行行政程序法时所发展出的学说,和法院对司法审查原则的独立适用,却实质性地限制了内部法的内容和地位。这些司法学说将利用外部执法乃至宣告程序无效,来确定行政机关自我规制有多少类似法律的属性,或在多大程度上有明确的拘束力。司法执行和宣告程序无效是相反的处理方式,但它们产生相似的最终结果。这些学说使得行政机关在没有邀请法院来监

---

[218] 参见 S. Rep. No. 79-752, at 13(1946)(声明了通告-评论规则制定程序的豁免,并交由行政机关裁量,来决定在发布这些类型的规则时,使用哪些程序),*reprinted in* Legislative History of the APA,前注〔208〕,第185、199页;H. R. Rep No. 79-1908, at 23(1946)(解释了行政机关有发展程序的广泛自由),*reprinted in* Legislative History of the APA,前注〔208〕,第233、257页;AG Manual,前注〔209〕,第30页。

[219] S. Rep. No. 79-248, at 18(1946).

[220] 参见 Grisinger, Unwieldy,前注〔136〕,第11页。

[221] 参见 Sellers,前注〔213〕,第8页。行政机关自身组织和程序的公开要付出巨大的努力,其中大部分是集合刊载于1946年9月11日公布的一份966页的联邦登记上。参见 11 Fed. Reg. 177(Part II)(Sept. 11, 1946)。

督规范合规性的情况下，很难自行设立意图约束行政官员裁量权的规范。在这个意义上，直至得以外部执行之前，内部法仅能临时性地存在。如今行政机关经常将它们的内部法隐藏在否认意图创设有约束力规范的文件中。与此同时，当司法学说把这些估量施加给行政机关时，诸如管理和预算办公室、信息和规制事务办公室之类的集中机构的官员，为行政机关的内部法设定了更多要求，所以如今的内部行政法比之前包含了更多由集中机构施加的规范。

本部分描述的是联邦行政程序法制定后对内部行政法的累积规制。我们首先讨论最为重要的司法学说——对要求通告-评论的规则与不要求通告-评论的规则加以区分。这个学说可能会从程序面，让行政机关的内部法趋于无效。我们继而转向其他触发对内部法的外部执行的司法学说，包括对于联邦行政程序法中对“依法听由行政机关裁量”〔222〕的决定排除司法审查，以及阿卡迪(Accardi)〔223〕学说，司法如何加以解释。最后，我们转向行政分支的集中化规制，以及该管理体制给内部行政法带来的更为一般性的后果。

(一)程序无效:立法性规则与非立法性规则

如上所述，联邦行政程序法让某些类型的规则免于通告-评论规则制定程序，这些规则被统称为非立法性规则，包括联邦行政程序法所称的解释性规则、一般政策声明以及行政机关的程序与管理规则。〔224〕 这些豁免意味着法院和行政机关必须对适合于通告-评论的规则(立法性规则)和那些不适合于通告-评论的规则(非立法性规则)加以区分。

对于内部行政法而言，立法性规则和非立法性规则之间的区分至关重要，联邦行政程序法的起草者并未忽视这一点。行政机关颁布的诸多内部行政法被界定为联邦行政程序法中的非立法性规则类别，发布时无须通告-评论规则制定程序。因此，法院如何区分立法性和非立法性规则，有着非常

〔222〕 5 U.S.C. § 701(a)(2)(2012).

〔223〕 United States ex rel. Accardi v. Shaughnessy, 347 U.S. 260(1954).

〔224〕 5 U.S.C. § 553(a)(2)(豁免了行政机关管理事项);同上，§ 533(b)(3)(A)(对解释性规则、一般政策声明以及程序性规则加以豁免)。

现实的利害关系。如果法院对什么构成立法性规则持一种包容性的观点,许多内部行政法就将面临程序无效的可能。

极为宽泛地对待立法性规则,会带来众所周知的风险,[225]但迄今为止最高法院在谨慎地维护这一边界。在2015年*Perez v. Mortgage Bankers Ass'n*的判决中,[226]最高法院驳回了对行政机关内部法相对极端的侵犯——当行政机关对规章作出一个新解释,此解释显著背离了行政机关此前的解释时,哥伦比亚特区巡回法院的判决要求行政机关此时采用通告-评论规则制定程序。[227]最高法院坚决地重申,因为联邦行政程序法没有要求解释性规则适用通告-评论规则制定程序,所以无论该解释是行政机关的首次解释,还是代表了解释过程的变化,法院都不能任意地要求额外的程序,[228]此外,最高法院强调,施加此超出行政程序法授权范围的程序要求,会侵害"行政机关应自由制定自身程序规则的行政法基本信条"。[229]因此,Perez裁决执行了这样的原则——依据联邦行政程序法,法院未获授权,不得去干预行政机关选择怎样的内部法制定程序。

然而,与此同时,最高法院在Perez案中,明确拒绝就如何划定立法性和非立法性规则的界线提供指导。[230]最高法院此前就此给出的区分,最多只是重申这两类规则之间的正式法律差异:立法性规则具有约束第三方的法律效力,而解释性规则没有这种法律效力。[231]下级法院在诉讼中经常面临的问题是,一个行政机关的声明是否需经通告-评论规则制度程序,法院尝试依托于一系列因素来填补空白:例如该规则是否具有"法律效力"[232]、

---

[225] 3 Richard J. Pierce, Jr., Administrative Law Treatise § 17.3, at 1572-1576(5th ed. 2010)(批评了过度包容的关于立法性规则的标准,对行政机关的影响)。

[226] 135 S. Ct. 1199,1203(2015).

[227] 同前注[226],第1203页。

[228] 同前注[226],第1207页。

[229] 同前注[226][引述了Vt. Yankee Nuclear Power Corp. v. Nat. Res Def. Council, 435 U.S. 519,544(1978)]。

[230] 同前注[226],第1204页。

[231] Shalala v. Guernsey Mem'l Hosp., 514 U.S. 87,99(1995);另参见Perez, 135 S. Ct. at 1204(拒绝作出区分,并引用了*Guernsey*案)。

[232] Am. Mining Cong. v. Mine Safety & Health Admin., 995 F.2d 1106,1108-09(D.C. Cir. 1993).

行政机关是否明确地援引其制定立法性的权力[233]、该声明的"实质性影响"[234],以及没有该规则时的执行基础[235]。

然而,在应用这些因素时,司法经常在反思,审查一个声明在多大程度上限制了行政机关自身裁量权,或约束了行政官员和职员。"限缩行政机关决策者视野"并且"旨在对最终的行政决定产生实质性影响"[236]的措施、"故意或可能限制行政裁量权"[237]的措施、不"真正让行政机关及其职员自由行使裁量权"[238]的措施,或是表明"行政机关旨在将自己约束于特定的法律地位"的措施,[239]都会让声明归为立法性规则。[240]

第五巡回法院在 *Texas v. United States* 案中的判决,很好地说明了这种先例的压力。本案中有争议的是国土安全部的政策,奥巴马总统与此政策有密切关联,该政策设定了执行的优先顺序和延期执行的非法移民的类别。第五巡回法院支持了一个地区法院在全国范围内停止执行该政策的判决,部分因为该政策是一项立法性规则,因此制定时必须经由通告-评论规则制定程序,但制定此规则时却未适用通告-评论规则制定程序。[241] 第五

---

〔233〕 同前注〔232〕,第 1109 页。

〔234〕 Texas v. United States, 809 F. 3d 134,176(5th Cir. 2015)(引述了 U. S. Dep't of Labor v. Kast Metals Corp. , 744 F. 2d 1145,1153(5th Cir. 1984)).

〔235〕 参见 *Am. Mining Cong.* , 995 F. 2d at 1111-1112(建议:第一,看离开此规则时是否有执行基础;第二,是否在联邦法规汇编中公布;第三,该行政机关是否清楚地引用其一般立法权;第四,该规则是否作为关键因素,有效地修正了之前的立法性规则)。此后,哥伦比亚特区巡回法院明确表示,在联邦法规汇编中公布并非重要因素。参见 Health Insurance Ass'n v. Shalala, 23 F. 3d 412, 423(D. C. Cir. 1994)(解释说联邦法规汇报中的公布仅仅是"一小条"证据)。关于司法如何处理此区别的综述,可参见 1 Richard J. Pierce, Administrative Law Treatise § 6. 4, at 432-466(5th ed. 2010)(讨论了立法性和非立法性规则之间的区分);David L. Franklin, *Legislative Rules, Nonlegislative Rules, and the Perils of the Short Cut*, 120 Yale L. J. 276(2010); John F. Manning, *Nonlegislative Rules*, 72 Geo. Wash. L. Rev. 893(2004)。

〔236〕 Pickus v. U. S. Bd. of Parole, 507 F. 2d 1107, 1112-1113(D. C. Cir. 1974).

〔237〕 Cmty. Nutrition Inst. v. Young, 818 F. 2d 943, 948(D. C. Cir. 1987)[引述了 Guardian Fed. Sav. & Loan Ass'n v. Fed. Sav. & Loan Ins. Corp. , 589 F. 2d 658, 666-667(D. C. Cir. 1978)]。

〔238〕 Texas, 809 F. 3d at 176.

〔239〕 Syncor Int'l Corp. v. Shalala, 127 F. 3d 90, 94(D. C. Cir. 1997)[引用了 U. S. Tel. Ass'n v. FCC, 28 F. 3d 1232, 1234(D. C. Cir. 1994)]。

〔240〕 同前注〔239〕。

〔241〕 Texas, 809 F. 3d at 146.

巡回法院作出这样的判决,重点关注该政策是否约束了下级官员的裁量权——用法院的话说,该政策是否"真诚地让行政机关及其决策者自由地行使裁量权"。[242] 法院将政策解读为约束了下级官员,并否认官员在延期执行决定中有真正的裁量权,因此要求适用通告-评论规则制定程序。根据这个逻辑,作为架构或约束下级决策者裁量权的行政机关政策或内部法,其许多政策目标是实现科层官僚机构的有效秩序,因此需要通告-评论规则制定程序。

根据这种思路,一个行政机关的声明越调整该机关的裁量权和意图约束机关自身,这个声明就越有可能被判定为立法性规则,因此发布时如未经通告-评论规则制定程序,就会被判定程序无效。但内部行政法的基本任务之一是约束行政机关,或者更精确地约束下级工作人员裁量权的行使。联邦行政程序法仅让内部行政法符合公开的要求,通过要求行政机关以通告-评论规则制定程序来架构自己的裁量权,法院已显著地偏离了联邦行政程序法。[243]

(二)外部化:可审查性与阿卡迪原则

司法学说不仅让内部行政法面临被判无效的威胁,还在可审查性学说和阿卡迪原则之下,认可法院通过对行政机关的合规性进行外部审查,来对内部法进行审查。

1. 可审查性

联邦行政程序法排除了对"依法交由行政机关裁量"[244]的行政行为进行司法审查。当法院询问行政行为是否属于"依法交由行政机关裁量"[245]的范围时,占据支配地位的基准会询问,法律授权是否"已如此划定,因此法

---

[242] 同前注[241],第 171 页[引述了 Prof'ls & Patients for Customized Care v. Shalala, 56 F. 3d 592, 595(5th Cir. 1995)]。

[243] 对于政策声明和解释性规则免于通告-评论要求的全面考察,参见 Ronald M. Levin, Rulemaking and the Guidance Exception(Apr. 4, 2017)(未发表手稿),列文教授对如下观点提供了一个细致的辩护,即无论通过政策声明还是解释性规则,行政机关对自身的约束,不会使行政机关的指南变为需经通告-评论的立法性规则。同前注[241],第 29-35、65-69 页。

[244] 5 U. S. C. § 701(a)(2)(2012).

[245] 同前注[244]。

院没有任何有意义的标准，来判断行政机关对裁量权的行使”〔246〕，或者如它所指出的，法律授权是否“采用了极为宽泛的措辞，以至于在特定的案件中，没有可以适用的法律”〔247〕。

评估法律授权的典型适用方式，是确定法律自身是否提供了一个司法上可行的标准。〔248〕法院已经超越了法律文字的表述，认为当行政机关通常以立法性规则的形式，为自身创设出一部法院可以评估行政机关行为的法时，就存在“可以适用的法”。〔249〕法院甚至走得更远，认为非立法性规则和政策也可以触发审查。

在决定内部法是否会触发司法审查时，法院是在评判，规范在多大程度上以强制性的方式，来约束行政机关或限制其裁量权。例如就执行政策而言，最高法院在 *Heckler v. Chaney* 案中建议，如果一个行政机关声明“显示了限制行政机关执行裁量权的意图，并规定了有意义的标准，来界定对裁量权的限制，那么就存在第 701 节第(a)(2)项下‘可适用的法’，法院可以要求行政机关遵守该法”。〔250〕更一般地，法院会审查内部政策旨在限制行政机关选择的程度：

> 在决定一个行政机关的声明是否构成“有约束力的规范”时，我们传统上会关注该机关声明的当前效果……我们还会审查该机

---

〔246〕 *Lincoln v. Vigil*，508 U. S. 182，190-91(1993)[首先引用了 Webster v. Doe，486 U. S. 592，599-600(1988)；然后引用了 *Citizens to Preserve Overton Park*，*Inc. v. Volpe*，401 U. S. 402，410(1971)，被 *Califano v. Sanders* 案废止，430 U. S. 99(1977)]；另参见 *Heckler v. Chaney*，470 U. S. 821，834-835(1985)。

〔247〕 *Webster v. Doe*，486 U. S. 592，599-600(1988)；*Citizens to Preserve Overton Park*，*Inc. v. Volpe*，401 U. S. 402，410(1971)；另参见 *Heckler*，470 U. S. at 834-835。“没有法律可以适用”的阐述有一些不适当的暗示，参见 Ronald M. Levin，*Understanding Unreviewability in Administrative Law*，74 Minn. L. Rev. 689，705-709(1990)，但这没有被放弃。

〔248〕 例可参见 *Webster*，486 U. S. at 599-601(确定国家安全法的条款是否排除了对美国中央情报局局长法定裁量权行使的审查)。

〔249〕 例可参见 *INS v. Yueh-Shaio Yang*，519 U. S. 26，32(1996)(主张当行政机关通过规则或裁决宣布并遵循既定的行动方案时，不受约束的行政机关裁量权就变得可审查)；*Salazar v. King*，822 F. 3d 61，76(2d Cir. 2016)(指出“法院会审视支配受质疑行政行为的法律文本、行政规章以及非正式的行政机关指南”，来确定是否存在可适用的法律)。当行政机关无法通过提供导引其行为的标准来纠正违宪授权时，宪法禁止对立法权的授出，法院继续将可审查性问题与违宪授权问题相分离。参见 Whitman v. Am. Trucking Ass'n，531 U. S. 457，473(2001)。

〔250〕 *Heckler*，470 U. S. at 834-835.

关声明是否让行政机关自由行使其裁量权。声明如未对行政机关的裁量权施加显著的约束,则不应被视为有约束力的规范。作为一个一般性的规则,如果行政机关意图将声明作为有约束力的规范,且可以通过"审查该声明的用语(language)、情境以及任何可利用的外部证据",来确证此意图,那么行政机关的声明将转化为具有约束力的规范。〔251〕

哥伦比亚特区巡回法院在 *Clifford v. Pena* 案中的判决表明,法院把内部法视为可审查性的基础。〔252〕 在 Clifford 案中,工会对海事局(Maritime Administration, MARAD)的一项决定提出质疑。该决定给予了豁免,允许国内承运人在国际航运中使用悬挂外国国旗的、由外国建造的船只。法院认为作为授予海事局豁免权力的法律,其措辞表述是如此的宽泛,没能为审查提供基础。〔253〕 但海事局之前未经通告-评论规则制定程序即发布了一份指导文件,列出了决定授予豁免时导引自身评判的因素。〔254〕法院的结论是"该行政机关的政策……由此提供了标准,使可能被认为是不可审查的行政机关行为变得可审查"。〔255〕 在 Clifford 案和类似的判决中,对于原本不可审查的行政行为,正如哈罗德·克伦特(Harold Krent)所说,"如果该行政机关的裁量权被既存的行政机关规则所限制,包括那些没有法

〔251〕 *Padula v. Webster*, 822 F. 2d 97, 100(D. C. Cir. 1987)(下划线为作者所加)(引证省略)。

〔252〕 77 F. 3d. 1414, 1417(D. C. Cir. 1996)[引用了 *Certain Bulk Operators* 案中给出的因素,25 Shipping Reg. Rep. (Pike & Fischer, Inc.) 1261, 1264(Mar. Admin. Nov. 15, 1990)]。

〔253〕 同前注〔252〕,第1417页(法律授予"不受限制和不明确的"权力,使得对于该权力而言,没有可以适用的法律,判决对此进行了评论)。

〔254〕 同前注〔252〕[参考了 *Certain Bulk Operators*, 25 Shipping Reg. Rep. (Pike & Fischer, Inc.) 1261, 1264(Mar. Admin. Nov. 15, 1990)][海事局列明了一系列因素,来指导其在第804节(b)项下的判断]。

〔255〕 同前注〔252〕;另参见 *Diebold v. United States*, 947 F. 2d 787, 789-790(6th Cir. 1991); *Mass. Pub. Interest Research Grp., Inc. v. U. S. Nuclear Regulatory Comm'n*, 852 F. 2d 9, 16(1st Cir. 1988); *Padula*, 822 F. 2d at 100(指出"可能在正式和非正式的政策声明、规章以及法律中……可以找到司法上可操作的标准");*Chong v. Dir., U. S. Info. Agency*, 821 F. 2d 171, 175-176(3d Cir. 1987)。

效力和影响的规则，就成了可审查的行为"〔256〕。

简言之，如果一个行政机关的内部声明似乎在做内部法的工作——建立约束行政行为者的规范，或限制、调整和约束行政机关的裁量权——它就可能为对行政机关合规性进行外部司法审查创造依据。这不是说对行政机关内部法进行司法审查，就没有有效的依据。行政机关内部法必须与支配其的法律框架相一致，也不能是恣意的。而且，假定有争议的内部法满足终局性及其他司法管辖权的预设条件，则可通过司法审查来执行这些要求。〔257〕然而，允许就内部法的有效性进行审查，和将内部法视作行政机关外部执行的依据，这二者之间有差异。

2. 阿卡迪原则与 Ruiz 案

当适用已确立的阿卡迪原则时，也出现了行政机关内部法的外部执行问题。阿卡迪原则要求行政机关遵守其自身的规则。〔258〕更具体地说，它授权法院，将不符合行政机关自身规则的行政行为判定为无效。在联邦行政程序法制定之前，就存在阿卡迪原则设定的义务，而且此义务有独立于行政程序法之外的基础，虽然也可以认为这是在执行联邦行政程序法的授权，将任何"与法律不一致"的行政行为判定为无效。〔259〕

正如伊丽莎白·麦吉尔(Elizabeth Magill)论证的那样，阿卡迪学说提供了机制，使行政机关就自我约束和自我规制作出可信的承诺。〔260〕当行政机关在立法性规则中采用政策时，行政机关也就选择通过诉讼当事人和司

---

〔256〕 Harold J. Krent, *Reviewing Agency Action for Inconsistency with Prior Rules and Regulations*, 72 Chi.-Kent L. Rev. 1187, 1206(1997)；另参见前注〔255〕中引用的判决。

〔257〕 例可参见 *Cuomo v. Clearing House Ass'n*, 557 U.S. 519(2009)(废除了一项与支配性法律相冲突的解释性行政规则)；*Scenic Am., Inc. v. U.S. Dep't of Transp*, 836 F.3d 42, 56-57 (D.C. Cir. 2016)(根据第 706 节的规定，因恣意和违反法律，判决被质疑的行政指南无效)，*petition for cert. filed*, No. 16-739(U.S. Dec. 5, 2016)。

〔258〕 参见 *United States* ex rel. *Accardi v. Shaughnessy*, 347 U.S. 260, 267-268(1954)；Thomas W. Merrill, *The Accardi Principle*, 74 Geo. Wash. L. Rev. 569, 569(2006)。

〔259〕 5 U.S.C. § 706(2)(a)(2012)；参见 Merrill，前注〔258〕，第 599 页(采取的立场是，阿卡迪原则是"一项联邦法律原则，是联邦层面的执法机制"，因此是对第 706 节的一个司法评注)。

〔260〕 Elizabeth Magill, Foreword, *Agency Self-Regulation*, 77 Geo. Wash. L. Rev. 859, 873-874(2009).

法机构,启动对行政机关自身合规性的外部执行。[261] 通过这种方式,该学说增强了行政机关巩固自身政策,抵御总统偏好和总统换届所带来变化的能力;经由立法性规则采用的政策将持续约束行政机关,直至行政机关以立法性规则的形式对其修正,而这需要启动新一轮通告-评论规则制定程序。[262]

如果阿卡迪原则仅适用于立法性规则,该原则允许行政机关通过发布立法性规则,来审慎地触发外部司法执行,从而预先承诺遵守该规则,只有经由通告-评论规则制定程序,才能对其加以改变。但是如果阿卡迪义务也适用于非立法性规则,该学说就给行政机关对内部法的适用带来了成本;行政机关通过适用内部法,为对其合规性的司法审查创造了依据。[263] 因此阿卡迪原则排除了对纯内部法的适用。

就阿卡迪原则对内部法的适用范围,最高法院传递出混杂的信号。一方面,最高法院已认识到,外部执行可能会影响行政机关对内部法的利用。例如,在 *United States v. Caceres* 案中,最高法院拒绝运用阿卡迪原则,来强制美国国家税务局遵守自己颁布的手册,该手册阐述了对司法部批准监听谈话的一些要求。[264] 与长期承认的内部行政法价值相吻合,最高法院认为"存在诸如美国国家税务局手册中收载的规则,并容忍偶尔的行政错误……要比除了法律要求之外没有其他规则,或仅将规则限于委托的形式,要好得多"。[265]

另一方面,最高法院和下级法院也曾因行政行为未遵守非立法性规则,而判定其无效。可以这样的方式解读最高法院 1974 年的 *Morton v. Ruiz* 案的判决。[266] Ruiz 案检视了印第安人事务局(Bureau of Indian Affairs, BIA)拒绝给某人津贴行为的有效性,因为申请人居住在指定的保留地之外。印第安人事务局的手册要求自身公布关于申请人适格性的要求,但该

---

[261] 同前注[260],第 874 页。

[262] 参见 Nina A. Mendelson, *Agency Burrowing: Entrenching Policies and Personnel before a New President Arrives*, 78 N.Y.U. L. Rev. 557, 590-592(2003)。

[263] 参见 Magill,前注[260],第 879 页(指出阿卡迪原则适用于非立法性规则时存在模棱两可之处,削弱了行政机关的预先选择)。

[264] 440 U.S. 741(1979);另参见 *Am. Farm Lines v. Black Ball Freight Serv*, 397 U.S. 532, 538-539(1970)(法院拒绝执行规章规定的存档要求,因为它旨在给行政机关提供信息,并没有创设程序性权利)。

[265] Caceres, 440 U.S. at 756.

[266] 415 U.S. 199(1974)(per curiam).

机关并未对外公布申请人需居住在保留地的规则。部分基于此，最高法院推翻了此判决。[267]“在个体权利受到影响的情形”，最高法院写道，“行政机关有责任遵守自己的程序”。[268] 此外，最高法院认为根据联邦行政程序法的规定，影响个人的政策应当公开，因此此政策应当公开。[269] Ruiz 案证明，联邦行政程序法坚持要求对实体性政策予以公开。但对 Ruiz 案也可以做这样的解读，至少在个体利益被明显影响的情况下，遵守非立法性质的内部程序手册，成为可为司法执行的义务。[270]

Ruiz 案的地位仍是不确定的。在 Ruiz 案之后的一些判决中，最高法院否决了认为其他非立法性内部法落在阿卡迪原则范围调整的观点。Caceres 案判决发生在 Ruiz 案之后，也涉及美国国家税务局手册，法院否决了遵守社会保障行政申请手册(Social Security Administrative Claim Manual)的要求。[271] 但最高法院也没有推翻或否定 Ruiz 案。尽管有些论说将阿卡迪原则限制于立法性规则，[272]下级法院却认为，影响个人权利的程序性规则和其他非立法性规则对行政机关有约束力。[273]

阿卡迪原则适用范围的不确定性给行政机关带来了审议成本。它促使

---

〔267〕 同前注〔266〕，第 202-205、231-236 页。

〔268〕 同前注〔266〕，第 235 页。

〔269〕 同前注〔266〕，第 232 页[首先引用了 S. REP. No. 79-752, at 12-13(1945)；然后引用了 H. R. Rep. No. 79-1980, at 21-23(1946)]。

〔270〕 同前注〔266〕，第 235 页(指出印第安人事务局的手册是一个立法性规则，而且发布时未经通告-评论规则制定程序)；Merrill，前注〔258〕，第 584 页(指出 Ruiz 案的意义，即对于哪怕是非立法性规则，也设定遵守的义务)。

〔271〕 *Schweiker v. Hansen*, 450 U. S. 785, 789-790(1981)(per curiam).

〔272〕 参见 *Viet. Veterans of Am. v. Sec'y of the Navy*, 843 F. 2d 528, 537(D. C. Cir. 1988)(结论认为，将阿卡迪原则限定在需要通告-评论的规则，是有意义的)。

〔273〕 例如参见 *Newton v. Apfel*, 209 F. 3d 448, 459(5th Cir. 2000)(要求社会保障总署遵守一个手册，哪怕手册欠缺法律效力)；*Montilla v. INS*, 926 F. 2d 162, 167(2d Cir. 1991)(指出阿卡迪原则“范围并不仅限于获得正式规章地位的规则”，引用了 Ruiz 案，并且认可阿卡迪原则适用于影响私人权利的非立法性规则)；*United Space All. v. Solis*, 824 F. Supp. 2d 68, 83-84(D. D. C. 2011)(“影响个体权利的程序性规则同样具有约束力”，并引用了一些案例)；另参见 Magill，前注〔260〕，第 878 页(指出法院已经将阿卡迪原则应用于非立法性规则)；Merrill，前注〔258〕，第 593 页(指出了哥伦比亚特区法院判决非立法性规则对行政机关具有约束力的判例)。值得注意的是，阿卡迪原则并不是唯一可能触发对内部法进行司法执行的原则。例如，没有正当化根据就偏离指导，可能被认为是恣意和反复无常的。参见 Manning，前注〔235〕，第 935-936 页(行政机关偏离一部非立法性规则时，所要承担的给出正当化根据的义务，不会比偏离行政机关的先例时更少。)

行政机关在每次内部立法活动时,都要考虑内部法是否会成为之后司法执行的基础。行政机关或其律师可能认为,内部法不会触发阿卡迪义务,也可能不加理会地采用内部法。无论哪种方式,阿卡迪原则都为行政机关创设内部法时,创设出一个外部执行的幽灵。

(三)行政分支对内部法的规制

在联邦行政程序法颁布后,行政分支中的集中化部门针对单个行政机关自身的内部法,创设了更多的规制。来自行政分支对行政机关内部法和政策制定的最重要规制,是规定了总统进行规制审查的第 12866 号行政命令。[274] 根据布朗洛报告的精神,该命令为行政机关规则制定的集中审查创设了一套详尽的制度框架,对行政机关施加了实体性、分析性的要求。[275] 对今天的联邦行政机关而言,通过建构行政机关必须承担的规制分析,第 12866 号行政命令可能构成了对其最为重要的内部行政法渊源。[276] 管理和预算办公室也对行政机关预算中的计划和项目进行广泛的控制。这种管理性和政策制定的控制一方面通过管理和预算办公室颁布明确的内部法,行政机关在提出预算时必须遵守这些内部法;另一方面,还通过管理和预算办公室对行政机关预算请求的最终批准,来实现控制。[277] 与特定机关的内部法不同,这些内部法的实例是集中化的,其适用于不同的实体行政部门。

总统和行政分支中的其他集中化机构也对行政机关在发布内部法的程序、内部法的内容时进行规制。为了给指导性文件更多监督,并令其公开,乔治・W. 布什总统修正了第 12866 号行政命令,要求信息和规制事务办公室对特定的指导性文件予以审查。[278] 虽然奥巴马总统撤销了布什总统这

---

〔274〕 Exec. Order No. 12,866, 3 C. F. R. 623(1994), *reprinted in* 5 U. S. C. § 601 note (2012).

〔275〕 同前注〔274〕。

〔276〕 信息和规制事务办公室的审查实践构成了跨实体部门的行政法理论的一部分,可参见 Davidson & Leib,前注〔25〕,第 283-286 页。

〔277〕 参见 Pasachoff,前注〔16〕,第 2209-2223 页(2016)(对管理和预算办公室支配行政机关预算提交的 A11 号通告,以及管理和预算办公室通过审查这些提交的文件,来作为控制行政机关管理和政策优先事项的工具,给出了一个详尽的解释)。

〔278〕 Exec. Order No. 13,422, 3 C. F. R. 191(2008),被 Exec. Order No. 13,497, 3 C. F. R. 218(2010) 废止。

一行政命令，[279]但管理和预算办公室在2007年发布的实施该命令的公告依然有效。[280]

管理和预算办公室的公告为多种形式的行政机关内部法设定了详细要求。[281] 与联邦行政程序法的起草者类似，该公告明确地认可了此种形式内部法的收益。该公告注意到，当“使用得当”时，指导性文件“可以清晰告知公众，允许和不允许行为之间的界限，来引导行政机关职员的裁量权、提高效率，增强公平性”[282]。但该公告还表明，许多指导文件的设计和实施都很糟。它指出相较于立法性规则而言，较少对指导性文件加以内部审查和公开审议，法院对指导性文件的审查也相对较少。[283]

该公告采用的规制制度，同将行政机关内部法宽泛地划入通告-评论类别的司法学说，构成了鲜明对比。该公告要求行政机关有义务维护公布其指导性文件的网站，在数字时代这相当于公开，公告还对发布具有重要影响的指导性文件设定了诸多程序性要求。[284] 与司法学说类似，公告的导引是，指导性文件通常不应包含“强制性表述”，对于在经济上有显著意义的指导性文件而言，需适用通告-评论规则制定程序，但此程序可以是一种经修正的、不那么繁难的形式。[285] 最突出地，该公告在涉及行政机关工作人员时，采取了截然相反的立场，“当表述针对行政机关工作人员，且不会妨碍行政机关对由受影响的私人主体所持立场加以考量时”，允许行政机关在表述中使用强制性用语。[286] 该公告的确明确承认，作为一种监督权力，行政机关能够约束其工作人员，而无须通告-评论，具有重要意义。[287] 但事实上，该公告规定当行政机关职员在没有足够的正当化根据，没有监督者同意时，

---

[279] Exec. Order No. 13,497, 3 C. F. R. 218(2010), *reprinted in* 5 U. S. C. § 601 note (2012).

[280] Final Bulletin，前注〔15〕。

[281] 同前注〔15〕，第3439页(将指导性文件定义为具有普遍适用性和未来影响的行政机关声明，而不是就法律、规制和技术问题阐明政策的规章)。

[282] 同前注〔15〕，第3432页。

[283] 同前注〔15〕(指出了这些用于指导的程序的重要性)。

[284] 同前注〔15〕，第3439-3440页。

[285] 同前注〔15〕，第3440页。

[286] 同前注〔15〕，第3436页。

[287] 同前注〔15〕，第3437页。

“不应偏离行政机关的重要指导”[288]——实际上,它创设了一个由行政分支自身施加的遵守阿卡迪原则的义务。

管理和预算办公室的公告明确否认其在法院的可执行性,也否认它创设了任何私人权利;公告类似于要求规制审查的行政命令,它是行政分支真正的内部行政法,其实施方式只是管理和预算办公室对行政机关的监督。[289]虽然该公告没有广泛的破坏,但它确实在若干方面取代了特定机关的内部法——包括行政机关发布重要指导文件的程序,以及这类指导文件的内容。

(四)对内部行政法的影响

综上,这些司法学说,包括立法性规则与非立法性规则的区分、可审查性以及阿卡迪原则,对行政机关的内部法构成了显著的规制。它们给行政机关创造了如下的矩阵。行政机关可以选择以立法性规则的形式,正式确立其内部行政法。如果它这样做,那么该内部法就成为司法审查的基础,并无疑触发依据阿卡迪原则展开的外部执行。但此时如果行政机关不用通告-评论规则制定程序来制定内部行政法,则会面临程序无效或触发对其合规性进行司法审查的风险。内部法越明显地约束了行政机关的裁量权,越有可能因其未遵循通告-评论而被判定为程序无效,或会增加外部司法执行的风险。实际上,推定正是赋予内部法以法律形式的特征,才使得行政行为主体遵守内部法有了最为重要的理由,也提供了对行政机关的合规性和无效进行司法审查的根据。

这个矩阵给行政机关的激励是,它们内部文件规定更不具体、更少决断且更不明确。从内部法的视角来看,这些都是错误的激励。最直接的是,在行政机关为避免司法认定而精心制作其内部法的情况下,这样的学说破坏了内部行政法发挥其政治上、管理上以及法律上可问责性角色的能力。要履行这些角色,需要的是清晰而非模糊。更加隐伏的是,行政官员要弄清抽象和模糊的内部法的含义,这促使他们对内部法的真正含义和要求生成了

---

〔288〕 同前注〔15〕,第3436、3440页。当行政机关在描述法律或规制要求时,也可以使用强制性用语。

〔289〕 同前注〔15〕,第3437、3440页。

一系列理解。相较正式的内部法而言，这些细化的理解将无可避免地更不公开、更不透明。尽管作为行政管理不可避免的特征，应发展出一个可操作的理解，但司法学说的激励让行政机关作出更为抽象的规定，这实际上扩大了书面的内部法和实际的内部法之间的差别。

很难追踪这些激励对行政行为的影响。最近的实证研究表明，行政机关并未如许多观察家曾担忧的那样，〔290〕并未策略性地转用指导性文件，来规避通告-评论的成本。〔291〕但还不清楚这些研究对于内部法的重要意义。这些聚焦于行政行为的研究旨在规制私人主体的行为。行政机关没有转用指导性文件的一个重要原因是，在此情境下它确定在努力为第三方主体创设一系列国家义务，而通告-评论式的规则制定是更有效的方式。因此，这些研究并没有具体说明，这些学说和制度如何影响了行政机关对内部法的选择，去选择让内部法仅约束行政机关内部人员。关于内部法的忧虑，并非行政机关为应对司法审查，由规则转向使用公共指导，而是担心这些学说完全将内部法移除到公共视野之外，使行政机关以一系列未披露的理解，来将其运营要求具体化。这种私密的运营理解的累积，不仅削弱了公开所拥有的法治价值，也增加了行政管理中质疑和不一贯的风险。

---

〔290〕 例如参见 H. R. Rep. No. 106-1009, at 9(2000)(“行政机关有时会不正当地使用指导文件，将其作为后门，来绕过法定的行政规则制定中的通告评论要求……”)；1 C. F. R. § 305. 92-2(1992)(“会议关注……将行政机关发布的政策声明视为，或被公众合理地认为具有拘束力的情形……但是这些声明并没有提供公众评论的机会……”)； Transcript of Oral Argument at 13-14, *Perez v. Mortg. Bankers Ass'n*, 135 S. Ct. 1199(2015)(No. 13-1041), 2014 WL 6749784, at 13-14[“产生激励的部分原因是这样一种感觉，行政机关正越来越多地使用解释性规则和指导文件来立法，从根本上说，这实际上是对通告-评论规定的终结”(卡根大法官的论述)]； Todd D. Rakoff, *The Choice Between Formal and Informal Modes of Administrative Regulation*, 52 Admin. L. Rev. 159, 166-167(2000)(认为行政机关通过使用不具拘束力的指导，来避免僵化的规则制定程序)。

〔291〕 参见 Jason Webb Yackee & Susan Webb Yackee, *Testing the Ossification Thesis: An Empirical Examination of Federal Rulemaking Volume and Speed*, 1950-1990, 80 Geo. Wash. L. Rev. 1414, 1461-1464(2012)(几乎没有发现行政机关从规则制定转向指导的证据)； Connor N. Raso, Note, *Strategic or Sincere? Analyzing Agency Use of Guidance Documents*, 119 Yale L. J. 782, 805-807(2010)(发现联邦环保署、联邦食品药品管理局、联邦通信委员会、职业安全和健康管理局以及国内税务局并没有战略性地增加指导的发布，尽管行政机关在总统任期尾声时确实发布了更多的指导)。但参较 Anne Joseph O'Connell, *Political Cycles of Rulemaking: An Empirical Portrait of the Modern Administrative State*, 94 Va. L. Rev. 889, 936(2008)(说明行政机关规则制定的数量显示，规则制定并没有僵化)。

行政机关希望摆脱这个矩阵的一些证据,源自它们对格式化免责声明的求助。从 20 世纪 90 年代初开始,行政机关就已在内部法中,包含了否认其指导性文件的外部可执行性和拘束力的格式化免责声明。[292] 这些免责声明否认内部法创设了任何可执行的权利,[293]否认对行政机关施加任何法律义务,[294]否认约束行政机关遵守指导文件。[295] 在指导性文件意图产生拘束性的结果时,[296]一些法院会忽视这些免责声明。尽管如此,免责声明的持续存在,清晰地表明行政机关不愿在发布内部法时,触发对其遵守内部法情况的司法审查。可以将这些免责声明视为最后尝试的努力,乞求联邦行政程序法为内部管理和程序保留一块场域。当这些免责声明起作用时,它们给行政机关提供了有效的方式,令行政机关的指导文件作为自身的内部法,但其代价是正式否认这些文件中类似法律的性质。

内部行政法对行政国家的产生至关重要,今天却处于一种不确定的地位。尽管联邦行政程序法的豁免给予其正式保护,但如今的司法学说严重地限制了行政机关对内部行政法的使用和倚赖。这是令人遗憾的结果,这不仅影响了行政机关有效运作的能力,也不利于确保行政行为的合法性、规律性、一贯性和可问责性。

四、培育内部行政法

写到这里,我们已经说明了内部行政法的概念,并描述了其在联邦行政程序法颁布之前的兴起,在联邦行政程序法中的规定,并说明虽然法律中有

---

〔292〕 例可参见 *Appalachian Power Co. v. EPA*, 208 F. 3d 1015, 1022-1023(D. C. Cir. 2000);另参见 Mendelson, *Regulatory Beneficiaries*,前注〔11〕, 第 400 页(指出特别从 2000 年开始,美国联邦环保署和其他行政机关的指导文件就包括了这些免责声明)。

〔293〕 例可参见 8 C. F. R. § 287. 12(2009)。

〔294〕 例可参见 U. S. Envtl. Prot. Agency, 816-R-04-006, Implementation Guidance for the Filter Backwash Recycling Rule(2004) 。

〔295〕 例可参见 U. S. Fish & Wildlife Serv., Land-Based Wind Energy Guidelines(2012), http://www.fws.gov/ecological-services/es-library/pdfs/WEG_final.pdf [https://perma.cc/4QCW-9FKJ]。

〔296〕 参见 *Appalachian Power*, 208 F. 3d at 1022-1023(认为联邦环保署的指导虽然有免责声明,但指导是无效的终局行政行为)。

规定，但之后仍趋于下滑。在本部分，我们考虑必须采取何种改革，以确保内部行政法的地位，既要恢复其受联邦行政程序法保护的作用，也要鼓励其进一步发展。我们首先考虑来自国会或法院的外部改革，这可以促进内部行政法的培育。然后我们转向可能的内部改革，由总统、行政部门中的集中化实体机构或行政机关自身进行，以加强和进一步发展内部行政法。所有这些都有可能强化内部法，但最终、最需要的可能是思想和概念上的转变，即承认内部行政有类似法律的性质，以及在今天行政治理的世界里，内部行政对法治保障的重要意义。

（一）外部改革：国会与法院

国会和法院是理当首先开始努力培育内部行政法的所在：之所以是国会，是因为它有权设定法院、总统和行政机关都必须遵守的要求；之所以是法院，是因为在削弱内部行政法空间的过程中，司法学说发挥了核心作用。可以设想要进行一系列改革，从增强联邦行政程序法对内部法的保护到更为根本的举措，来鼓励行政机关加强其内部法。较难的挑战是说服国会和法院朝着加强内部法的方向前进，因为这与对行政机关施加新的外部约束的方向截然相反。

1. 国会

国会通过了联邦行政程序法，理论上国会可以通过新的立法，来对法院偏离联邦行政程序法中保护内部行政法规定的做法加以补救。例如，国会可以说明，行政机关可能发布具有内部约束力的规则，而无须启动通告-评论规则制定程序。更为根本的是，国会可以大幅修改联邦行政程序法的司法审查条款，使法院更多聚焦于行政机关管理、监督体系及决策程序的妥当性，较少审查该体系和程序生成的行政机关特定行为。[297] 然后国会可以通过其他规制方式，通过施加咨询、分析或报告的要求，来改进已认识到的行

〔297〕 对当前司法审查忽略行政机关运作的系统性方面的讨论，参见 Metzger，*Duty to Supervise*，前注〔9〕，第 1871-1873 页；以及 William H. Simon，*The Organizational Premises of Administrative Law*，78 Law & Contemp，Probs. 61(2015)。

政机关内部运作中的缺陷。实际上,国会早已通过颁布《信息质量法》[298]、《政府绩效与结果法》(Government Performance and Result Act, GPRA)[299]和最近的修正案[300],以及对特定行政机关设定要求[301],做了这样一些工作。以《信息质量法》为例,它明确地寻求发展内部行政法,命令行政机关、管理和预算办公室颁布指南,以确保"由联邦行政机关散布……信息的质量、客观性、有效性和完整性",并要求行政机关允许私人请求纠正那些据称不符合指南规定的信息。[302]

这些措施表明了国会可能发挥的重要作用,不仅保护行政机关创设纯粹的内部法,来对抗司法入侵;还要求,首先行政机关应更多地创设内部法。然而在实践中,国会的干预似乎不太可能成为重振内部行政法的成功策略。联邦行政程序法的历史表明,对行政机关的内部运作施加新的、司法上可执

[298] Information Quality Act, Pub. L. No. 106-554 app. C, § 515, 114 Stat. 2763, 2763A-153-154(2000)(codified at 44 U. S. C. § 3516 note).

[299] Pub. L. No. 103-162, § 2(a)-(b), 107 Stat. 285, 285(1993)[codified as amended at 31 U. S. C. § 1101 note(2012)];另参见 Simon,前注〔297〕,第 84-88 页(讨论了《政府绩效与结果法》和其他关注政府绩效的法律)。

[300] GPRA Modernization Act of 2010, Pub. L. No. 111-352, § 2, 124 Stat. 3866, 3866-3867(2011)[codified at 5 U. S. C. § 306(2012)].

[301] 例如参见 12 U. S. C. § 5512(b)(2)(2012)(要求消费者金融保护局在发布消费者保护规则之前,要咨询审慎的金融规制者,在施加特定的要求时,要进行成本收益分析);44 U. S. C. § § 3544-3545(要求行政机关遵守网络安全标准,并向管理和预算办公室报告其网络安全工作,还要求管理和预算办公室向国会报告)。

[302] Information Quality Act § 515. 除了其他行动外,管理和预算办公室还对"行政机关意图散播的有影响力的科学信息"施加同行评审的要求,以回应《信息质量法》。Final Information Quality Bulletin for Peer Review,前注〔15〕,第 2666、2675 页;另参见 Curtis W. Copeland & Eric A. Fischer, Cong. Research Serv., RL32680, Peer Review: OMB's Proposed, Revised, and Final Bulletins(2005)。已经证明《信息质量法》存在争议,批评人士认为它是不必要的,因为有既存的行政机关机制来保证信息质量,它也被产业界滥用,用以抵制规制目标。例可参见 Sidney A. Shapiro et al., Ctr. For Progressive Reform, CPR White Paper 601, Ossifying Ossification: Why The Information Quality Act Should Not Provide For Judicial Review 2-3, CPR White Paper 601(2006), http://www.progressivereform.org/articles/CPR_IQA_601.pdf [https://perma.cc/S5P9-6C9Z]; James W. Conrad, Jr., *The Information Quality Act - Antiregulatory Costs of Mythic Proportions?*, 12 Kan. J. L. & Pub. Pol'y 521, 521(2003)(认为管理和预算办公室关于《信息质量法》的指导准则"应增强行政机关信息活动中的透明性和公众参与"); Wendy E. Wagner, *The "Bad Science" Fiction: Reclaiming the Debate over the Role of Science in Public Health and Environmental Regulation*, Law & Contemp. Probs., Autumn 2003,第 63 页。

行的要求，确实会加剧外部行政法对此前内部领域的渗透。〔303〕如果持续过去的做法，国会对司法审查予以重新定位，令其聚焦于体系化的行政机关运作，可能会为行政活动的司法审查开辟新领域，而没有给司法审查带来任何相应的缩减。诚然，过去对内部法措施的司法回应记录，表明并非一致支持司法执行。尽管产业界和商业团体一再努力，但迄今为止法院仍没有认定《信息质量法》可以在司法层面执行。〔304〕可是，关于国会对内部法进行干预的可能司法结果，历史提供的是一个警示故事，因为联邦行政程序法的程序要求明确豁免了对内部措施的适用，也未能阻止法院对内部立法进行若干控制。〔305〕即使国会通过限制司法审查来防止司法入侵的努力，有可能面临重大阻力。〔306〕

同样重要的是，国会往往不愿意放弃司法审查和外部约束。政治理论家们强调司法审查如何通过确保实施法定要求，来支持国会对行政机关的控制。〔307〕当代政治现实证明了这一点。目前行政改革的努力在压倒性地探求扩张司法审查，有时甚至是国会审查，将其作为约束行政的手段。〔308〕

---

〔303〕参见前文第二部分。

〔304〕例如 *Salt Inst. v. Leavitt*, 440 F. 3d 156(4th Cir. 2006)（认为私人没有请求执行《信息质量法》的权利）；另参见 *Harkonen v. U. S. Dep't of Justice*, 800 F. 3d 1143(9th Cir. 2015)（通过判定争议的行政行为未被《信息质量法》涵盖，来规避可诉性问题）；*Prime Time Int'l Co. v. Vilsack*, 599 F. 3d 678(D. C. Cir. 2010)（判决认为，争议的行政行为并未违反《信息质量法》，因此没有去判定是否需要通过司法来执行《信息质量法》）。

〔305〕参见前文第三部分。

〔306〕例可参见 *Bowen v. Mich. Acad. of Family Physicians*, 476 U. S. 667, 670(1986); *Abbott Labs. v. Gardner*, 387 U. S. 136, 140-41(1967)，被 *Califano v. Sanders* 案废止，430 U. S. 99(1977)。

〔307〕Daniel B. Rodriguez & Barry R. Weingast, Is Administrative Law Inevitable? 40-41 (Mar. 2, 2009)（未发表手稿），http://escholarship. org/uc/item6mx3s46p [https://perma. cc/GA9D-CKHJ].

〔308〕例可参见 Separation of Powers Restoration Act of 2016, H. R. 4768, 114th Cong. § 2 (2016 年 7 月 12 日通过)（规定法院应"重新审议所有与法律相关的问题，包括对宪法、法律条款以及行政机关规则的解释"）；Regulations from the Executive in Need of Scrutiny Act of 2015, H. R. 427, 114th Cong. § § 801(b), 805(b)(2015 年 7 月 28 日通过)[规定除非国会通过一个联合批准决议，否则一项主要规则(major rule)不得生效]；Regulatory Accountability Act of 2015, H. R. 185, 114th Cong. § § 3-7(2015 年 1 月 13 日通过)（对行政机关规则制定施加了诸多程序限制，并且提高了司法审查标准）。《信息质量法》似乎有着类似的反规制激励。以增补条款(rider)形式通过的拨款法案，未经辩论程序。该法律的正当化根据在于，产业界对"坏科学"加以关切，并怀忧虑，这部法律有助于增强产业界对规则制定中信息加以质疑的能力。

在最近共和党执掌的国会获得支持,并在即将到来的下届国会任期中有望通过的法案[309]——包括2016年的《权力分立复兴法》(Separation of Powers Restoration Act)[310]、2015年的《规制问责法》(Regulatory Accountability Act)[311],以及2015年的《必要情况下行政规章审查法》(Regulations from the Executive in Need of Scrutiny Act, REINS Act)[312]——全都是关于扩张外部行政法。这些提议背后是对规制存在的深刻意识形态分歧和激烈的政党分化。在奥巴马政府期间类似的党派纷争造成了任命延迟、预算摊牌(budget showdown)以及对职业官僚的怀疑。[313] 当前的一体化政府为制定一部重要的、跨实体行政部门的立法创造了可能性。仍有待观察的是,当行政机关执行的政策更为符合那些努力进一步约束行政之人的政治偏好时,是否仍需加强对行政机关程序的规制和对行政行为的外部审查。

更加适度的改革更可能改进内部行政法的地位。丹尼尔·法伯(Daniel Farber)和安妮·约瑟夫·奥康纳(Anne Joseph O'Connell)提出了一个这样的建议,呼吁国会让政府责任办公室(GAO)对行政机关运作实行定期调查。[314] 鉴于政府责任办公室和国会的密切关系,以及它对行政机关运作的熟悉程度,可以证明要求政府责任办公室定期开展调查,是一种改善

---

[309] 参见前注[32][讨论了规制问责法的现行版本,讨论时结合了这些最近由国会通过的个别化措施]。

[310] H. R. 4768, 114th Cong. (2016).

[311] H. R. 185, 114th Cong. (2015).

[312] H. R. 427, 114th Cong. (2015).

[313] 参见 Anne Joseph O'Connell, *Shortening Agency and Judicial Vacancies Through Filibuster Reform? An Examination of Confirmation Rates and Delays from* 1981 *to* 2014, 64 Duke L. J. 1645, 1649-1652, 1683(2015)(描述了除通过发表冗长演说阻挠法案通过外,党派纷争和其他因素对当前延迟的作用);Lauren French et al., Boehner Ends Stalemate, Politico(Mar. 3, 2015), http://www. politico. com/story/2015/03/dhs - funding - billhousevote - 115693. html [http://perma. cc/5WG4-3758](描述了共和党通过拨款限制来推翻移民政策的努力)。

[314] Farber & O'Connell,前注[10],第1180-1183页。

内部行政的机制。[315] 但是这种要求的实际内部收益取决于国会调查的非政治化和行政机关对政府责任办公室关切的重视——在目前的党派气氛中,这二者似乎都不太可能。[316]

更一般地,正如一些学者在国家安全语境下敦促的那样,国会也可以创设强有力的内部监督,从内部实时监督行政机关的绩效。[317] 国会已就此迈出了一定步伐,例如在 2004 年创设隐私与公民自由监督委员会(Privacy and Civil Liberties Oversight Board,PCLOB),作为行政分支内的独立机构,就国家安全政策引发的隐私与公民自由问题,向总统和行政分支的其他高级官员提供建议。[318] 在一个更广泛的基础上,国会创设了行政机关督察长(inspector general)来监督对不法行为的指控,还创设了功绩制保护委员会(Merit System Protection Board)来裁决针对公务员的主张。[319] 隐私与公民自由监督委员会及其他内部监督机制具有重要的功能,但有时会遭遇党派偏见和行政机关的阻力。[320] 即使它们表面上是内部实体,但缺乏真正

---

〔315〕 参见 Louis Fisher, *Congressional Access to Information: Using Legislative Will and Leverage*, 52 Duke L. J. 323, 373-374(2002)(描述了政府责任办公室的权力,以及国会对政府责任办公室的依赖)。政府责任办公室经常对行政机关的整体绩效加以研究。例可参见 U. S. Gov't Accountability Office, GAO-14-747, and Managing for Results: Agencies' Trends in the Use of Performance Information to Make Decisions(2014), http://www.gao.gov/assets/670/666187.pdf [http://www.gao.gov/assets/660/651052.pdf];U. S. Gov't Accountability Office, Gao-13-21, Federal Rulemaking: Agencies Could Take Additional Steps to Respond to Public Comments (2012), http://www.gao.gov/assets/660/651052.pdf [https://perma.cc/TU8V-UQY7]。

〔316〕 参见 Fisher,前注〔315〕,第 374-394 页(详述了在小布什政府期间行政机关对 GAO 要求的抵制,以及行政部门和 GAO 之间的争斗); Gillian E. Metzger, *Agencies, Polarization, and the States*, 115 Colum. L. Rev. 1739, 1750(2015) [以下引作 Metzger, *Agencies, Polarization, and the States*](指出了最近国会调查的政治化)。

〔317〕 例可参见 Schlanger,前注〔63〕,第 54-56 页(讨论了国会如何在行政机关中创设职位,来保护重要的但并非行政机关最主要任务的价值,以及这些职位的权力及弱点);Shirin Sinnar, *Protecting Rights from Within? Inspectors General and National Security Oversight*, 65 Stan. L. Rev. 1027(2013)(考查了行政机关督查长及其和国会的联系,以及作为内部监督者的有效性)。

〔318〕 Renan, *Fourth Amendment*,前注〔33〕,第 1118-1123 页。

〔319〕 参见 Inspector General Act of 1978, 5 U. S. C. app. § 5a(2012); 5 U. S. C. § § 1201-1206(2012)(功绩制保护委员会)。

〔320〕 参见 Margo Schlanger, *Intelligence Legalism and the National Security Agency's Civil Liberties Gap*, 6 Harv. Nat'l Security J. 112, 166(2015)(强调了隐私与公民自由监督委员会缺乏执行权);Shirin Sinnar, *Institutionalizing Rights in the National Security Executive*, 50 Harv. C. R.-C. L. L. Rev. 289, 316-324(2015)(详述了束缚隐私与公民自由监督委员会的意识形态分歧)。

的内部地位,因为它们往往受到独立保护,来抵御总统控制,实践中它们更多向国会负责。[321] 实际上,可以说往往是它们的外部联系,给予了这些实体在行政分支内的影响和权威。[322] 因此,此类国会改革虽然可能给行政机关如何运作带来重要的收益,但也可能强化对纯内部行政法作用的怀疑。

2. 法院

两条不同的司法改革路径有助于培育内部行政法。第一条来自本文第三部分的分析,即在联邦行政程序法制定后,司法学说如何逐步限缩了内部法的存在空间。这一历史为学说修正提供了几个现成的建议。可能最重要的是,法院应当放弃它们当前的进路,不应把行政机关约束内部行政官员的努力,作为将行政机关规则视为立法性规则的根据,进而要求通告-评论规则制定程序。正如前文所述,对于内部法的制定和改善而言,这种学说为行政机关创设出了错误的激励。此外,法院应将阿卡迪原则的适用范围限定为行政机关自己的立法性规则。这将厘清,行政机关选择触发外部强制执行,将取决于其对政策制定形式的选择;但无须以诉诸外部执行的威胁,来作为内部约束力的条件。最后,对于旨在架构行政机关裁量权的指导,法院不应认为其足以触发联邦行政程序法第 5 节下的审查。相反,与阿卡迪原则的限制相一致,法院仅应将行政机关的立法性规则视为"可适用的法",其目的在于授权对行政行为进行司法审查。这也使行政机关的选择变得清晰:程序形式将决定行政机关是否寻求触发外部执行。行政机关决定约束其自身裁量权的事实,是依法进行行政治理的一个必要和关键特征,如果结论认为这些约束已不合时宜,司法则不应再要求行政机关遵守这些约束。每一项改革都有助于恢复联邦行政程序法试图保护的内部法的地位,对最高法院而言也有特别重要的意义,其需要密切地遵循联邦行政程序法的文本。[323]

---

[321] 参见 Renan, *Fourth Amendment*,前注〔33〕,第 1119 页;Sinnar,前注〔320〕,第 316 页。

[322] 参见 Metzger, *Internal and External Separation of Powers*,前注〔29〕,第 444-445 页。

[323] 参见 *Perez v. Mortg. Bankers Ass'n*, 135 S. Ct. 1199, 1206(2015)(告诫下级法院不要设定超出联邦行政程序法文本授权的要求);*FCC v. Fox Television Stations*, Inc., 556 U.S. 502, 514-515(2009)(相同的告诫);*Vt. Yankee Nuclear Power Corp. v. Nat. Res. Def. Council*, 435 U.S. 519, 525(1978)(相同的告诫)。

第二条路径有更多雄心，它将超越司法对内部行政法的接受，而是让司法鼓励内部行政法的发展。目前，司法尊重往往是行政行为因循正式程序的结果。〔324〕这种构造激励行政机关表明其在特定情境下的审议与回应性，却未把行政机关的整体行政质量放在首位。作出审查和尊重的决定时，没有尝试激励行政机关去关注一些对内部法而言至关重要的特点，特别是内部管理的架构、行政机关内部审议流程或对专业工作人员的使用，以及对内部成员和外部选民对拟议决定的审查程度。就行政机关对司法审查的激励的回应程度而言，尊重学说可能是使行政机关更为关注内部法的有效杠杆。此外，鉴于当前的尊重学说很大程度上是司法创设的结果，这与联邦行政程序法中的司法审查条款相分离，因此法院可采取行动，而无须等待新的立法。〔325〕

然而，对于依托法院积极地培育内部行政法，也有理由保持谨慎。法官很少具备专业知识，机构层面也欠缺相应能力，去确证良好的内部管理架构，或理解内部行政的动态。相反，针对行政行为司法审查的一个反复指责是，法院没有考虑司法学说对行政机关内部带来怎样的影响，并以司法而非官僚的镜像，误导了对行政机关的重塑。〔326〕相较于国会、总统和行政机关而言，法院可能特别不适合培育新的、有益的内部行政法形式。

实际上，本文第三部分详述了司法对内部行政法的阻碍，至少在欠缺国会授权的情况下，法院可能不愿意采用上述的较适度的学说改革，来恢复联邦行政程序法框架下内部法的地位。司法对内部行政法的缩减，反映出行

---

〔324〕 参见 *Christopher v. SmithKline Beecham Corp.*, 132 S. Ct. 2156, 2166(2012)［引述了 *Auer v. Robbins*, 519 U. S. 452, 462(1997)］(将对行政机关的 *Seminole Rock/Auer* 尊重，以行政机关的立场反映了"公正和慎重的判断"为前提)；*United States v. Mead Corp.*, 533 U. S. 218, 230-31(2001)(表明推定对通告-评论规则制定程序和正式裁决给予谢弗林尊重)；Kevin M. Stack, *Preambles as Guidance*, 84 Geo. Wash. L. Rev. 1252, 1277-1281(2016)(提供了 *Chevron*, *Mead*, *Seminole Rock/Auer* 以及 Skidmore 尊重下的审查标准，表明这些学说对行政机关最为审慎的声明，给予最大程度的尊重)。

〔325〕 参见 5 U. S. C. § 706(2012)；Metzger, *Embracing Administrative Common Law*，前注〔113〕，第 1296-1297 页。

〔326〕 参见 Mashaw & Harfst，前注〔30〕，第 224-225 页；Frank B. Cross, *Pragmatic Pathologies of Judicial Review of Administrative Rulemaking*, 78 N. C. L. Rev. 1013, 1019-1057(2000)(描述了司法审查对行政行为的"离散病理影响"，包括扰乱议程、迫使规则制定僵化)；Magill & Vermeule，前注〔16〕，第 1041、1061 页。

政法演变中更为宽广的主题——一方面是对行政国家权力的忧虑,如法院表明的对行政领域更多方面加以审查的意愿;另一方面,总统及其办公室对行政机关实施日益集中的控制,对此也有忧虑。最终规制和把行政机关内部承诺外部化的司法学说,是法院扩大对行政行为监督范围的一部分,其他方式还包括延展司法审查的可及性,进一步要求行政机关给出理性的正当化根据。[327] 授权司法在较宽范围内对内部行政法进行监督和规制,也反映出司法对行政自治能力存在某种程度的不信任或无知。实际上,这种明确断言的司法控制法则存在着司法病态。[328] 司法未将行政机关的实践视为施加给其本身的一种法律形式,相反,司法通过对行政机关内部法的执行,断言法院能够审查和观测到的才是法。在这种态度下,未创设可为法院执行的权利类型的法律形式,其序列则被降格到法律之下。

(二)内部改革:总统与行政机关

国会和司法改革的有限前景表明,对任何培育内部行政法的方案而言,内部措施都至关重要,无论其来自总统和行政分支的集中化实体,还是来自行政机关。

1. 对行政分支的集中化法则的管理

与布朗洛报告和后来胡佛委员会的建议相一致,[329]总统很大程度上通过行政命令和其他对行政机关施加统一内部法要求的行政行为,加强了对行政机关的控制。这类行政分支的集中化的内部法,是总统维护其政策优先事项,并对行政机关加以管理和监督的主要手段。但当内部法的运作以行政分支的集中化政策形式显现出来时,它会呈现出更强的政治特征——它与其说是行政机关自我组织和承诺的事业,毋宁说显然是因控制行政行为的政治需要而生。内部法的风险不仅在于其法律形式,而在于它会作为实质政治的工具,在总统换届时尤为如此。因此,总统对这些集中化政策的

---

[327] 参见 Jerry L. Mashaw, *Explaining Administrative Process: Normative Positive, and Critical Stories of Legal Development*, 6 J. L. Econ. & Org. 267, 276(1990)。

[328] 参见 Robert M. Cover, *The Supreme Court, 1982 Term-Foreword: Nomos and Narrative*, 97 Harv. L. Rev. 4, 40(1983)。

[329] 参见前文第二部分(一)。

管理，必须更为关注包括透明、可论证性和一致性等法治价值。总统对内部法的管理还有很大的改进空间，在涉及透明性、理性阐释的规范以及行政分支中集中化机构的先例方面，则尤其如此。

对于管理这类内部法的主要部门，如管理和预算办公室、信息和规制事务办公室(OIRA)以及法律顾问办公室(Office of Legal Counsel，OLC)而言，透明依然是个问题。尽管信息和规制事务办公室投入建立了一个更加精细的"规制审查数据面板"(Regulatory Review Dashboard)〔330〕，其包含正在审查的行政机关规则数量，以及它们所处审查阶段的信息，但其披露仍然不足。信息和规制事务办公室的公开披露未包含关于被审查规则的完整图景：有些规则在出现显著迟延后，才会显现出来；一些被白宫阻止传达，还有一些从未出现。〔331〕

但信息和规制事务办公室的透明问题远不止于此。规制审查命令要求，当信息和规制事务办公室认为行政行为与总统的政策或优先次序不一致时，它必须明确地书面告知行政机关〔332〕，要为发还该规则给出一个"书面解释"〔333〕，要求行政机关用"平易、可理解的语言"，来根据信息和规制事务办公室要求，说明规则中的变化〔334〕，并使信息和规制事务办公室和该行政机关之间交换的所有文件都可获得。〔335〕学者们已经证实，布什政府和奥巴马政府都没有遵循这其中的许多要求，〔336〕而且信息和规制事务办公室的审

---

〔330〕 Dashboard, Off. Info. & Reg. Aff., http://www.reginfo.gov [https://perma.cc/4KE2-DS2X].

〔331〕 Lisa Heinzerling, *Who Will Run the EPA?*, 30 Yale J. On Reg. 39, 42(2012) (以下引作 Heinzgerling, *Who Will Run the EPA?*)(提供了这些问题的证据)。

〔332〕 Exec. Order No. 12,866 § 4(c)(F)(5), 3 C. F. R. 638, 643(1994), *reprinted in* 5 U. S. C. § 601 note(2012).

〔333〕 同前注〔322〕, § 6(b)(3), 3 C. F. R. 647。

〔334〕 同前注〔322〕, § 6(a)(3)(E)(iii), 3 C. F. R. 646。

〔335〕 同前注〔322〕, § 6(b)(4)(D), 3 C. F. R. 647；另参见 Davidson & Leib，前注〔25〕，第305页(呼吁对此要求加以关注)。

〔336〕 参见 Davidson & Leib，前注〔25〕，第305页(指出信息和规制事务办公室忽略了这些透明要求)；Heinzerling, *Who Will Run the EPA?*，前注〔331〕，第41页("奥巴马政府几乎没有遵循这些关于透明的规则")；Kathryn A. Watts, *Controlling Presidential Control*, 114 Mich. L. Rev. 683, 700(2016)(对未能遵循透明要求给出了解释)。

查经常把规则搁置,审查时间远远超出行政命令规定的90天,〔337〕这也带来了透明问题。正如丽莎·海因策林(Lisa Heinzerling)所说,当规则被延迟时,通常不清楚哪个部门是延迟的来源,不清楚究竟是因为信息和规制事务办公室自身,还是白宫其他办公室,抑或是另一个行政机关的负责人。〔338〕在管理和预算办公室与行政机关就预算编制的交流中,也出现了类似的透明问题〔339〕,这要受管理和预算办公室所设定的一部保密规范支配〔340〕;当法律顾问办公室不是撰写传统的法律意见,而是通过相对非正式的程序提供法律建议时,也遇到透明问题。〔341〕

将内部法认可为法律,透明具有尤为重要的意义,因此这些差距就构成了严重的问题。展望未来,保持并遵守规制审查行政命令中的披露和说明理由的要求,将会是一个良好的起点。〔342〕对于这类集中化的内部法形式而言,透明化的水平具有至关重要的意义,它促进了总统办公室和行政机关间的政治问责,而非令其趋于模糊化。

对于集中化行政分支颁布的内部法而言,缺少透明并非其需要关注的唯一特征。提供正当化根据和说明理由的法定要求,也适用于内部控制形式。〔343〕说明理由具有多种不同的功能,一个关键性的作用在于提供某种约束的来源。当公共机构说明理由时,它们也作出了在这些理由范围内行事

〔337〕 参见Watts,前注〔336〕,第699页(描述了奥巴马政府中,信息和规制事务办公室审查的延迟)。

〔338〕 Heinzerling, *Who Will Run the EPA?*,前注〔331〕,第40页。

〔339〕 参见Pasachoff,前注〔16〕,第2251-2261页(认为就行政机关预算如何协商与建立的重要问题,管理和预算办公室的保密要求范围远远超出了必要程度)。

〔340〕 *Preparation, Submission, and Execution of the Budget*,前注〔15〕,§22,at 1(要求了这种保密性);另参见Pasachoff,前注〔16〕,第2224-2227页(与其他预算保密规定相比较,提供了对这些保密规定的详细说明)。

〔341〕 Renan,*Law Presidents Make*,前注〔71〕,第20-27、61-62页(从定性角度,记述了转而减少使用正式意见;从定量角度,记述了法律意见发布量的减少,并提出了透明性下降的相应问题)。

〔342〕 Davidson & Leib,前注〔25〕,第305-306页(赞成遵守这些要求,以创设信息和规制事务办公室工作的透明性);Heinzerling, *Who Will Run the EPA?*,前注〔331〕,第43页(赞成将遵守该行政命令作为起点)。

〔343〕 参见注释〔89-95〕对应的正文。

的初步承诺。[344] 这意味着无论偏离理由，还是过程中改变理由或撤销理由，都需承担给出正当化根据的责任。一般而言，公共机构必须提供改变的理由，要在一定程度上回应最初提供的理由。

诚然，先前理由的约束力的权重，会因法律体系的不同方面而不同。在传统的普通法实践中，当决策者面临相似情景时，先例的约束力在于，为后来的决策者的行为提供排他性的理由，或至少是最重要的理由。[345] 但也可以如在联邦行政程序法的恣意和反复无常审查标准下所做的那样，可以更为自由的方式展开说明理由的运作。[346] 如法院所强调的，该审查标准认可行政机关能够且将会改变立场，仅要求行政机关对当下的进路给出一个有推理的解释，这使得行政机关必须承认改变，并且为改变提供理由。[347]

在行政分支中，法律顾问办公室的先例规范受到了最多关注。这并不足为奇：法律顾问办公室至少在针对特定事实撰写传统的正式意见时，容易显现出普通法上遵循先例的风格。[348] 法律顾问办公室意见中正式的理由陈述，给之后世代的律师提供了现成的指导，而且法律顾问办公室认为自己的先前意见具有先例的约束力。[349] 在过去几年里，法律顾问办公室撰写的意见较少，似乎正更多将其工作转移到针对特定情境的非正式建议。[350] 这

---

〔344〕 Kevin M. Stack, *Interpreting Regulations*, 111 Mich. L. Rev. 355, 400-401(2012)(论称用来证明规章正当性的正式理由声明，应当可以对规章的解释加以导引)；参见 Frederick Schauer, *Giving Reasons*, 47 Stan. L. Rev. 633, 641(1995)。

〔345〕 Larry Alexander & Emily Sherwin, *Judges as Rule Makers*, *in* Common Law Theory 27, 28-29(Douglas E. Edlin ed., 2007)(对先例加以记述，认为其为随后的决策者提供了先占性的权威)。

〔346〕 5 U.S.C. § 706(2012).

〔347〕 参见 FCC v. Fox Television Stations, Inc., 556 U.S. 502, 513-515(2009)；另参见 *Encino Motorcars, LLC v. Navarro*, 136 S. Ct. 2117, 2125-26(2016)。有时可能要求更多。参见 *Encino*, 136 S. Ct. at 2126(要求当先前的政策产生信赖利益时，要加强对正当化根据的说明)；*Fox*, 556 U.S. at 515(当行政机关的新政策"所依赖的事实认定与此前政策的基础相矛盾时"，要加强对正当化根据的说明)。

〔348〕 参见 Davidson & Leib，前注〔25〕，第 273 页；Renan, *Law Presidents Make*，前注〔71〕，第 8-12 页(将法律顾问办公室的书面意见视为一种基于先例的、特定案件的普通法形式)。

〔349〕 参见 Trevor W. Morrison, *Stare Decisis in the Office of the Legal Counsel*, 110 Colum. L. Rev. 1448, 1470-1474(2010)。

〔350〕 Renan, *Law Presidents Make*，前注〔71〕，第 27 页(显示出自 2000 年以来，法律顾问办公室书面意见数量下降)。

种情境化的非正式建议代表了普通法模式的衰落。与法律顾问办公室不同,信息和规制事务办公室对其在规制审查情境下的已往决定,例如以提示函或审查函形式出现的决定,都不认为构成任何形式的先例。内斯特·戴维森(Nestor Davidson)和伊桑·莱布(Ethan Leib)主张,让信息和规制事务办公室将其决定视作先例,将"能对已作出决定产生具有重要意义的倚赖,有助于说明未来对行政机关具有约束力的正当化根据,并提供一种有秩序的方式,在会带来裨益的情况下,才偏离先例"。〔351〕无论是否为信息和规制事务办公室的决定正式赋予先例的约束力,对内部行政法的承诺,都支持信息和规制事务办公室在作出决定时,有详尽阐述理由的义务。这种进路将允许偏离先前的实践,但也强调信息和规制事务办公室是在详尽阐释法律,而非仅仅作出临时决定。简言之,理性详尽阐释的原则不仅涵盖行政机关,也涵盖对其进行监督的行政分支中的集中化机构。

最近总统换届的变化使这些改革的必要性变得显著。的确在总统交接中,许多涉及对白宫政治控制的转移,新的特朗普政府已清楚地表明,它打算在诸多领域对实体性政策加以显著改变。〔352〕它的做法可以是,让改变的源流趋于透明,无论是在事实还是政策选择方面,为新进路的基础提供正当化根据。如以这样的方式推进,新政府能有助于强化行政分支中的内部行政法。然而另一种方式是,新一届总统治下的政府可能选择改变实体方向,而不关注这些内部约束和法治价值,留待法院去执行关于理性决策的内部法规范。这样做的收益是政策变革更快,但其代价是未能让行政合法性嵌入内部法规范之中,而这本可构成对抗行政权滥用的重要约束。

2.培育行政机关的内部行政法

总统还可以就内部法发挥第二个关键作用。正如布朗洛委员会在其报告里所主张的,〔353〕总统的关键作用,体现促使行政机关能培育内部行政法。这样做要面对的是,总统天然存在的实施集中化控制的激励。总统对联邦

〔351〕 Davidson & Leib,前注〔25〕,第299-303页(认为对于信息和规制事务办公室的决定,应将其视为约束办公室自身的先例)。

〔352〕 例可参见 Exec. Order No. 13,767, 82 Fed. Reg. 8793(Jan. 25, 2017); Exec. Order No. 13, 768, 82 Fed. Reg. 8799(Jan. 25, 2017)。

〔353〕 参见前注〔136-146〕对应的正文。

政府的运行负有责任，因此具有强烈的激励，来维护对行政机关的控制。[354] 除非因能力所限，否则几乎没有推往反方向的制度激励，而且增强总统控制至少不会造成明显更坏的结果。[355] 然而，以集中化方式取代行政机关自身的程序和决定规则，会产生有害的系统性结果。这会侵蚀行政机关制定这些规则的能力，因此降低行政机关的绩效。同样重要的是，它会传递这样的信息，遵守内部规范约束的责任仅仅是因为要符合行政命令，而非一个行政机关最终且不可避免的责任。

挑战在于寻找一种促进积极审议的机制，在行政分支发布集中化规范和允许行政机关制定自己的内部行政法之间，探寻适当的平衡。需要以更持续和更有体系化的方式，在内部行政法的去中心化与权力下放之间寻求平衡。现有的行政命令和行政分支政策不要求白宫明确评估集中化如何有助于总统监督行政机关执行的能力，也无须评估集中化如何削弱了行政机关对其内部法进行自我纠正和创新的激励。因此，至多以个别化的方式，通过观察到的成功或失败案例，来记录集中化的成本与收益。

已经采取了多种公法机制，来尝试对集中化的影响进行更多审议，这通常通过联邦化，而这可以为行政分支提供范例。处于一个极端的是分析和咨询要求。例如一些行政命令要求，当联邦行政机关对州、地方及部落"施加可能有显著影响的规制要求"之前，要咨询这些实体机构，还要评估这些影响，并让影响趋于最小化。[356] 这些要求旨在确保行政机关积极与各州接触，各州有责任去说服联邦行政机关，无须引入更高程度的集中化。也在使

---

〔354〕 Terry M. Moe, *The Politicized Presidency*, *in* The New Direction in American Politics 235, 244-245(John E. Chubb & Paul E. Peterson eds., 1985).

〔355〕 David E. Lewis, *Presidents and the Politics of Agency Design: Political Insulation in the United States Bureaucracy*, 1946-1997, at 4, 25-27(2003)(指出总统要对"整个政府的成败"及作为联邦官僚体制管理者的绩效负责)。

〔356〕 Exec. Order. 12,866 § § 1(b)(9), 5-6, 3 C. F. R. 638-640(1994)(说明了规章的原则，要求咨询，并授权审查，以确保减轻联邦规章给州、地方以及部落实体带来的负担), *reprinted in* 5 U. S. C. § 601 note(2012)；另参见 *Preemption: Memorandum for the Heads of Executive Departments and Agencies*, 74 Fed. Reg. 24,693, 24,693-694(May 20, 2009)(要求联邦行政机关令自己在州法律面前处于优占地位时，要充分考虑自己行为的法律依据及州的特权)；Exec. Order No. 13,132, 3 C. F. R. 206(1999)(要求联邦规章尽可能给予各州裁量权，通常要求联邦规章不得不正当地限制州的优先权)。

用要求更高的保护措施。例如,1999年的《无资金授权改革法》(Unfunded Mandates Reform Act)设定了法案的议事程序,如果一部法案给州带来的成本超过了调整通货膨胀系数后的阈值,那么在立法过程中会遭到程序上的异议。〔357〕

也可能对行政分支中的集中化控制机构提出类似的要求,即评估集中化对行政机关内部法的影响,并将影响尽可能降至最小。诚然,这两种情境明显不同。宪法的联邦主义原则构成了行政机关评估其行为对各州影响,并将影响降低至最小化的基础。与之成为对照的,可以说宪法要求行政分支中的集中化控制部门对行政行为进行一定程度的监督;在此,宪法的价值给予更多权重的可能是施加负担,而非相反。〔358〕然而,宪法对监督联邦权力的关切,也要求行政机关自身有内部监督和控制机制。〔359〕此外,必须对集中化要求给出正当化根据,将给总统一个重要的机会,使其慎思考虑并清晰阐明在总统和行政机关这两个层面,宪法监督施加了哪些必需要求。〔360〕因此,总统不仅有责任作为遵守行政分支内部法的典范,也应明确评估内部行政法进一步集中化或去中心化的成本和收益。

3. 行政机关的自我改革

培育内部行政法的最终但也是必不可少的机制,取决于行政机关,行政机关也在确立内部行政法合法性方面发挥作用。如上文所详述的,行政机关已生成了大量的内部行政法。〔361〕行政机关这样做,是因为其要有效履行职能和实现政策目标,内部行政法可谓不可或缺。行政机关领导层控制下级行政人员的愿望,给他们提供了制定内部法的额外理由。但是内部行政法也可以作为下级行政人员告知和影响其政治领导的手段,乃至对政治领导构成可能的约束。在此最主要的示例是为美国证券交易委员会和其他行政机关广为应用的不起诉函(no-action letter),此类函件由行政人员制作,

---

〔357〕 2 U.S.C. § 658d(a)(2)(2012).

〔358〕 关于阐述这种结构性宪法原则的论述,参见 Metzger, *Duty to Supervise*,前注〔9〕。

〔359〕 同前注〔9〕,第1879-1882页。

〔360〕 同前注〔9〕,第1925-1929页(描述了在法院和行政分支,有必要对总统监督的适当范围加以干预)。

〔361〕 参见前文第一部分(一)。

且几乎不受行政委员会主席的事前审查，是职员将迫切问题提请行政长官注意的方式，并附有如何处理的建议。[362] 更尖锐的是，行政人员可以倚重过往的函件以及其他布告，或对现存实践和政策的声明，来抵制新的行政领导改变进路或影响行政机关在开放问题方向上的努力。[363] 内部审查和控告机制以及日常的管理监督可以服务于行政机关全体人员的利益，标示出需更多关注的问题，确证绩效方面的不足。

简言之，行政机关不缺乏生成内部行政法的理由。但这并不意味着行政机关有同样的激励，来确保它们出台的举措在法治指标方面，例如在规律性、一贯性以及正当化根据方面，就能获得佳绩。[364] 行政机关一般会确证自己的行为有法律和规制层面的授权。但行政机关在透明性、明确性以及一贯性等方面可能表现不佳。在某种程度上，这些失败是本文第三部分所讨论的学说发展的反映。例如，在实践中美国公民及移民服务局（CIS）的检查员似乎不会有裁量权，来否决符合“对美国人的父母暂缓递解行动”（Deferred Action for Parents of Americans，DAPA）条件的移民的暂缓离境申请；[365]但是国土安全部有可能因担心触发通告-评论要求，而否认“对美国人的父母暂缓递解行动”的约束性质。

然而行政机关却可能因为不太能被接受的理由，而偏离法治价值。它们可能放弃明确性和公开性，以避免不得不对其政策和决定给出辩白，或为将来的控制留下最多的回旋余地。它们可能努力挖掘漏洞，来规避程序负担，例如把向公众施加新的法定要求的措施，包装为解释性规则或政策声明。[366] 此外，总统的政策优先次序在行政机关决策中发挥着重要作用——在面临立法僵局，且总统更多转向行政以推动政策目标时，这个作用就变得更为重要，并且即使在一体化政府时期内这也不太可能被减弱。[367] 但是行

---

〔362〕 参较 Jennifer Nou, *Subdelegating Powers* 4（未发表文稿）（文稿由作者提供）（描述了美国证券交易委员会的内部规则如何将决策权授予行政机关内的下属）。

〔363〕 同前注〔362〕。

〔364〕 参见前注〔87〕对应的正文。

〔365〕 参见 Barkow，前注〔16〕，第 1156 页。

〔366〕 5 U.S.C. § 553(2012).

〔367〕 Kagan，前注〔74〕，第 2344-2345 页；Metzger, *Agencies, Polarization, and the States*，前注〔316〕；另参见 Farber & O'Connell，前注〔10〕。

政机关几乎不承认总统干预或总统偏好对其行为正当化根据的影响。[368]

这些缺失的问题不仅因为它们使行政行为看起来不合法和更不“像法律”,更为重要的是,当行政机关不能坦言其行为背后的性质和理由时,它们就失去了公开将法律属性嵌入行政领域的机会,或退回到将法律等同于外部约束的状态。相反,行政机关将行政管理描述为无原则的、不合法的,将使外部行政法的约束显得更加急迫。因此,培育内部行政法的一个基本要素在于,行政机关要公开将法律属性嵌入行政国家之中,确保其内部法符合透明和推理阐释详尽的最高标准。这种进路可能使行政机关受到外部攻击;行政机关公开承认资源限制、选民利益,以及总统政治的因素如何影响其行为,可能会面临法律质疑和国会调查。但即使行政机关隐藏这些拘束并导引其决定的内部因素,由于法院和国会转而以外部手段对行政国家施加合法性要求,也可能导致外部约束的结果。

(三)内部行政法与政治文化

这些改革有可能加强内部行政法。然而从根本上说,需要进行更深层次的改革。法院对内部行政法的抵制,根源在于对行政治理的不信任,通过司法审查来约束内部法的努力,整体上同法院在更广泛意义上对行政法的发展相一致。长期以来对行政机关俘获的担忧,以及对不受约束的行政权的宪法关切,驱使法院在过去50年间,扩张了对行政机关的司法审查和程序约束。[369] 近年来,司法对行政的不信任变得愈益明显,有多位大法官援

---

〔368〕 参见 Nina A. Mendelson, *Disclosing "Political" Oversight of Agency Decision Making*, 108 Mich. L. Rev. 1127, 1146-1159(2010);Katherine A. Watts, *Proposing a Place for Politics in Arbitrary and Capricious Review*, 119 Yale L. J. 2, 23-26(2009)(提供了行政机关在证明决定的正当性时不披露政治影响的例子)。

〔369〕 参见 Metzger, *Embracing Administrative Common Law*, 前注〔113〕,第1295、1298-1305页;Kevin M. Stack, *The Statutory Fiction of Judicial Review of Administrative Action in the United States*, *in* Effective Judicial Review: A Cornerstone of Good Governance 317, 318-322 (Christopher Forsyth et al. eds., 2010)。

引“日益扩张的行政国家……带来的危险”[370]和行政“僭越权力”[371]，来证明拒绝尊重行政决定的正当性。

但对行政机关的不信任绝不限于法院。国会已在监督听证会上反复强烈批评行政机关，并提出了要求对行政行为进行更严格审查的法案。[372] 最近许多对行政机关的政治攻击都有明显的党派特征，并似乎经常因共和党对奥巴马政府创议的反对而推波助澜。[373] 特别考虑到，目前在国家制度架构中行政机关有着完好的建制，发挥着关键性的作用，因此至关重要的是，不要去夸大对国家行政的敌对程度。[374] 尽管如此，反行政的文化基因在美国政治文化中还是有深厚的源流，[375]并且在 2016 年总统大选周期中，也凸

---

[370] City of Arlington v. FCC, 133 S. Ct. 1863, 1879(2013)(罗伯特首席大法官的不同意见)；另参见 *Perez v. Mortg. Bankers Ass'n*, 135 S. Ct. 1199, 1217-1221(2015)(托马斯大法官的协同意见)(认为对行政规则的行政解释予以 *Seminole Rock/Auer* 尊重，削弱了对行政权必要的司法审查，并且与权力分立不一致)；Cass R. Sunstein & Adrian Vermeule, *The New Coke: On the Plural Aims of Administrative Law*, 2015 Sup. Ct. Rev. 41, 44(文件由作者提供)(将这些协同与不同意见描述为“依托于对行政滥用权力的压倒性恐惧”)。

[371] *Decker v. Nw. Envtl. Def. Ctr.*, 133 S. Ct. 1326, 1341(2013)(斯卡利亚大法官部分持协同意见，部分持不同意见)。

[372] 例可参见 Coral Davenport & Julie Hirschfield Davis, *Move to Fight Obama's Climate Plan Started Early*, N. Y. Times(Aug. 3, 2015), http://www.nytimes.com/2015/08/04/us/obama-unveils-plan-to-sharply-limit-greenhouse-gas-enmissions.html (描述了对美国联邦环保署清洁能源计划的诘难，因其“公然无视法治”并且由“激进的官僚制定”)；David Montgomery & Alan Blinder, *States Sue Obama Administration Over Transgender Bathroom Policy*, N. Y. Times(May 25, 2016), http://www.nytimes.com/2016/05/26/us/states-texas-sue-obama-administration-over-transgender-bathroom-policy.html(对教育部就变性学生指导的质疑进行评述，因为其“远远超出了对相关国会文本的任何合理解读，这样的新规则、规章、指导和解释在功能意义上，是在行使仅属于国会的立法权”)；另参见前注[270]对应的正文。对这流脉的引领研究，参见 Hamburger，前注[107]。

[373] 例可参见 Coral Davenport, *Republican Governors Signal Their Intent to Thwart Obama's Climate Rules*, N. Y. Times(July 2, 2015), https://www.nytimes.com/2015/07/03/us/republican-governors-signal-their-intent-to-thwart-obamas-climate-rules.html(指出针对清洁能源计划的诉讼是由共和党派州长提起，国会共和党人敦促州的共和党领导人反对该计划)；Reid Wilison, *Red States Push Back on Federal Transgender Guidance*, Morning Consult(May 18, 2016), https://morningconsult.com/2016/05/18/red-states-push-back-federal-transgender-guidance [https://perma.cc/6FQC-SS8Z](描述了对教育部跨性别指导的保守反对)。

[374] 参见 Sunstein & Vermeule，前注[370]，第 54 页(指出这些异议与赞同“在不久的将来，没有多大成为法律的前景”)。

[375] 参见 Rubin，前注[64]，第 2、114-119 页；Jeremy Kessler, *The Struggle for Administrative Legitimacy*, 129 Harv. L. Rev. 718, 718-722(2016)(书评)。

显政治层面对行政的反感。普遍针对的不仅是联邦行政机关制定的规章，还有行政机关本身。从这个视角看，内部行政法的观念存在矛盾。内部行政的力量在以一种无原则的自我扩张方式行事，而对于维护权力分立和法治而言，外部约束则不可或缺。[376]

因此，为内部行政法保留空间，要求的不是政治或司法改革，而是更深层次的思想和概念转型。必须承认内部行政的法律性质，以及内部行政在维护法治中发挥的关键作用。反过来需要认识到，只有能外部执行的才是法律，这是错误的观念。[377] 还需以更直接的方式，从法律和政治层面，承认行政机关的必然存在以及行政机关的合宪性。因为一旦我们承认生活在一个行政的世界里，对内部行政法的需要就变得明显。简言之，要对内部行政法予以欣赏和保护，就必须欣赏与肯定行政政府的必要性。

结　语

我们在概念、历史和改革层面，对内部行政法进行了辩护。在概念层面，为了勾连我们对行政政府抱有的价值、目标追求及实践，内部行政法发挥了关键作用；它是一系列的内部架构，让行政机关践行了对合法性和政治问责的基本承诺。通过这种方式，内部和外部法可以协同运作：在行政机关内，内部法实施了外部法。此外，尽管缺少司法执行，这些内部架构和规范仍然在作为法律形式运作，构成了一个重要的，可以同法院和立法机关的外部行政法做等量齐观的内部约束系统。不再登临法院大门的行政机关活动范围仅仅是强调了忽视内部架构和将法院审查视作行政法中心时刻的成本。

在联邦行政程序法制定前后的内部行政法的历史，为立法在架构内部行政法和外部行政法复杂关系中所起的作用，提供了一个具有警示性的故

---

〔376〕 参见 *Perez v. Mortg. Bankers Ass'n*, 135 S. Ct. 1199, 1213-1222(2015)(托马斯大法官的协同意见)；*Decker v. Nw. Envtl. Def. Ctr.*, 133 S. Ct. 1326, 1339-1342(2013)(斯卡利亚大法官的部分协同意见、部分不同意见)。

〔377〕 参见前文第一部分(二)。

事,内部行政法的方式仍易受到外部行政法的侵犯。在 1946 年联邦行政程序法制定之前,外部行政法的表现形式是一些特定领域的国会法律,以及一系列与非法定诉讼事由结合且不断积累的司法学说。这种由司法占支配地位的外部法并未标榜针对行政机关的内部状态。相反,它聚焦于审查行政机关最终决定和行为的合法性。因此,它既没有对内部法置之不理,也没有创设出对广泛的内部行政机关政策和程序的外部执行。在颁布联邦行政程序法之后,这种情况发生了改变,尽管联邦行政程序法保护内部法,但仍使得法院在若干情况下,对行政机关的内部运作加以考量,并给司法审查奠定了坚实的法律基础。在此基础上,几乎无法阻止法院将行政机关内部状态的更多方面和问责体系纳入它们的视野。它们构成了对内部法的先占,并取代了内部法,且增加了行政机关创设内部行政法的成本。

这段历史激起了改革的问题:在优先考虑外部法的法律文化中,我们如何培育和保护内部行政法?由于国会几乎没有表现出保护行政自治领域的欲望和能力,为内部行政法创设空间的关键行动者将是总统和法院,它们倾向于更强的集中化或扩张司法审查,这将给行政合法性和可问责性带来巨大代价。在此意义上,我们展示外部化的成本,以及需要进行审慎考量,探寻集中化规定的行政法和针对特定机关的行政法之间的适当平衡。行政机关发挥作用,也面临挑战:鉴于它们作为内部法源流和目标的独特地位,以及它们对政治变化的反应,行政机关有着特别的责任,去努力按照最高法律价值,来展开自己的内部运作架构。对内部行政法及其改革议程的接受,会将行政法事业重新定位为一个领域的基础,不仅从外部施加约束,还努力涵盖在运营层面对行政机构的约束。

(特约编辑:刘雪鹂)

行政法中的内部法及其法理

[日]槙重博*著　朱可安**译　汪敬涛***校

内容提要：行政法是与行政权的行使有关的法，其大部分是调整国家和私人之间的关系的法，被称为“行政法中的外部法”，与前者相对立，作者创设了“行政法中的内部法”概念，是以公务员为相对人的法律，大体可分为行政组织法、公务员法和财政管理法。行政法中的内部法，其本质都是在行政权内部规范公务员的行为；其性质是与规定国民权利义务的规范无关的行政规则，是中立的技术性法律。行政法中的内部法的法理与外部法相异：内部法的效力采属人主义；在内部法的关系中不存在行政处分；国家或地方公共团体与公务员之间的关系，并非处于与一般统治关系相对的特别权力关系之中；内部法的问题原则上不受司法审查；内部法必须根据情况的变化革故鼎新；内部法的解释也应遵照法律解释的一般理论。

关键词：日本；内部行政法；公务员；法理

---

* 槙重博（マキ，シゲヒロ）（1911—1994），日本上智大学法学院教授。本文『行政法における内部法とその法理』原载《上智法学论集》16卷3号第1-44页，上智大学法学会，1973年3月。内容提要与关键词系译者所加。译文已获作者之子槙重善先生的授权，浙江大学光华法学院章剑生教授、中国人民大学法学院王贵松教授对译文提出诸多宝贵建议，在此谨致谢忱。

** 朱可安，浙江大学光华法学院宪法学与行政法学博士研究生。

*** 汪敬涛，浙江大学光华法学院宪法学与行政法学博士研究生。

序 言

行政法规范是根据行政需要制定的数量庞大的立法。作为其研究的方法论[1],行政法学就应该如何建立行政法体系煞费苦心。[2] 并且,福利国家的要求愈发造成了行政法规范的多样化、复杂化,以至于有观点主张应该限定行政法学的范围。[3]

与一直以来争论的角度不同,本文是从探明行政法规范的法律性质以及支配行政法规范的法律原理的特色这样的学术性立场出发来分类行政法的。这是我在研究行政行为的过程中,对向来被视为行政行为的行为产生疑问,进而思索后才得出的结论。行政法中既有以规范行政的内部关系为目的的法,也有规范行政主体和私人之间的关系,即规范行政的外部关系的法。这样区分来考察有益于行政法学的发展。上述观点是受到了以下两位

---

〔1〕 关于行政法的编别,参见柳瀬良幹『行政法の基礎理論』(昭和 42 年清水弘文堂書房)3 頁以下。

〔2〕 因为バトビー・ダレスト将国法(jus civil)三分为人法(jus personam)、物法(jus rerum)、诉讼法(jus actionem)是事理之当然,所以在行政法中也参照此种分类,把行政法三分为作为人法的行政组织编、作为物法的行政活动编、作为诉讼法的行政救济编,在这之上冠以总则编。参见織田萬『行政法原理』(昭和 9 年有斐閣)序 2 頁。

〔3〕 塩野宏副教授,在第 36 届公法学会上发表了行政作用法论的研究,并主张:"我认为,行政过程论是以与行政主体和私人间在行政上特殊的权利义务的形成和消灭的过程有关的法为中心的,把行政法解释学收束到与行政过程论密不可分的司法过程论及行政手段中是妥当的。也就是说,现在仍把过去的行政作用法论当作行政法解释学体系的一部分是不适当的。"『公法研究』第三四号 209 頁。

学者的启发:田中耕太郎博士主张[4],所有的法律领域中都有组织法和行为法的区别,由于支配组织法和行为法的原理是相反的,认识这种对立的实益表现在有必要在方法论上区分组织法上的法律行为和行为法上的法律行为这点上;田中二郎博士把行政法分论的教科书大致划分为行政组织法和

---

〔4〕 田中耕太郎『組織法としての商法と行為法としての商法』(法学協会雑誌43卷7号、大正14年7月号)、『商法研究Ⅰ』(昭和4年岩波書店)所收235頁以下。以及,『商法総則概論』(昭和7年有斐閣)48頁以下如此指出道:"把商法中的各个法律制度以及法律规定中关于商业交易手段或基础的东西称作组织法,把与商业交易本身相关的法称为行为法。一言以蔽之,在法律秩序中,无外乎是静的方面和动的方面的对立。为在当事人之间发生权利义务关系,一定的不可动摇的法律组织是必要的,所以存在这种对立。这种对立,存在于任何法域之中,在商法中更是可以非常清楚地观察到。在整个商法中承认这种对立的实益体现在需要在方法论上区分组织法上的法律行为以及行为法上的法律行为这点上。例如,公司法、票据法中的行为,有必要与属于商业交易本身的买卖、运输等行为在性质上进行区别。组织法和行为法受相反原理的支配。一个是严格主义,另一个是自由主义。组织法贯彻法律安全的要求,比行为法更需要成文法的形式。组织法及行为法的原理是支配商法的两大精神,其对立因与商业相关的法律关系是集体性的,缺乏个性而变得更加尖锐。"另外,『会社法概論』(昭和7年岩波書店)18頁,阐释了公司法中的组织法的特色:"基于支配公司法的原理是干涉主义、要式主义、外观主义、交易安全保护,在公司法的学术认识上我们又有了更多可贡献之处。"『手形法小切手法概論』(昭和10年有斐閣)44頁,写道:"组织法无外乎是作为商业交易的形式以及手段的一种秩序,它不是内容而是形式,不是目的而是手段。……明确票据法是组织法的这件事,不仅仅对法学的概念构成非常重要,而且在正确解释各种实际问题上也极其重要。"

大隅健一郎『商法総則』(昭和32年有斐閣)68頁,虽写道:"从组织法和行为法的理论中能否取得在商法的解释上的成果,仍是疑问。"西原寛一『商行為法』(昭和35年有斐閣)7頁、鈴木竹雄『手形法、小切手法』(昭和32年有斐閣)94頁、石井照久『海商法』(昭和39年有斐閣)18頁,建立了组织法和行为法的体系。而且,鈴木竹雄『商法における組織法と行為法、商法の基本問題』(昭和27年有斐閣)所収93頁以下,指出:"当然,相关区分至少带有警示意义,并有助于让我们思考此处原理和方法的差异。总之,老师以目的论的解释为基础,得出相应的结论的方法不仅是对商法,应该说是对整个法学都产生了很大的影响。"

行政作用法，并指出行政组织法的特色[5]。

目前找不到从更深层次去挖掘两位博士既有研究的研究。本文认为行政法中的内部法是以公务员为相对人的法律，并进一步追求其法理。

一、行政法中的内部法

(一)

行政法中的内部法这一用语在过去未曾被使用过。在以国家和私人之间的公法上的法律关系来理解行政法概念的情况下[6]，理论上，没有容纳行政法中的内部法这一概念的空间。但是，如果用行政组织法、行政作用法、行政诉讼法来编排行政法[7]，与国家和私人之间的法律关系无关的行政组织法就可以被视作行政法的内容而被接受，以至行政法中的内部法也可以被认为是学问的对象。

作为国家活动的行政需要回应社会的、经济的、政治的、文化的要求，是

---

〔5〕 田中二郎『新版行政法下Ⅱ』(昭和44年弘文堂)1頁，他在这个意义上使用了行政组织法的概念："与国家、地方公共团体及其他公共团体这些行政主体的组织相关的法，即关于这些机关的设置、废止、命名、构成、权限等的规定及构成这些机关、使其活动成为可能的一切有关人力及物的要素的规定的总称。"6頁写道："在现行宪法之下，行政组织法虽然在原则上也在法律(或条例)的规定范围内，但其与直接规范与人民的权利义务的关系的行政作用法不同，是有关行政组织内部的权限归属分配等的规定，因此，解决与此相关的纠纷，原则上也不是通过司法权的介入，而是以行政组织内部自行处理为原则。对公务员的人事管理与对公物的管理也属于应当服务于行政目的的对人的手段、物的手段的管理，因此本就存在将其作为行政组织内部问题，交由行政权自主处理(从这个意义上说，一般而言，行政权的裁量范围很广)，抑制司法权介入的余地。但是，在现行法之下，通过公务员法关系以及公物法关系，承认其公法上的、组织法上的特殊性，同时又考虑到与同种的私法上的关系的权衡，在依据法律(或者条例)进行规制的同时，认可司法权介入关于此种关系的倾向是非常强的。所以问题在于明确在哪些范围内应当承认公法中的组织法的特性。"222頁写道："作为人的手段的公务员受到公务员法的特别规范，同样，作为物的手段的公物(营造物)也受到公物法的特别规范。同时，这与私的活动的手段是不同的，作为一种服务公共的手段，或多或少是具有公共性的，其特殊性在于它能够并行考虑使用人的手段和物的手段。"

〔6〕 Otto Mayer：Deutsches Verwaltungsrecht. Band 1. 1923. S. 13. Fritz Fleiner：Institutionen des Deutschen Verwaltungsrechts. 1928. S. 45. Robert S. Lorch：Democratic Process and Administrative Law. 1969. p. 59.

〔7〕 Walter Jellinek：Verwaltungsrecht. 1966. 織田萬『日本行政法論』(明治28年六石書房)、上杉慎吉『行政法原論』(明治37年有斐閣書房)等。

复杂广泛的,行政法规范也是以国家的法律、政令、府令、省令,外局的厅令规则、告示、训令,地方公共团体的条例、规则,特殊法人的章程、规则、规约等各种法形式而制定的。但是,在这之中可以看到两个很大的区别。一个是行政的内部的法,另一个是调整行政主体和私人之间的关系的法。

行政的活动[8]在现实中当然是由自然人执行的。我们的国家生活是凭借主权者交纳的税金来任命许多公务员,让他们去行使行政权。为使这一大批的公务员保持秩序,使行政权的行使顺利且适当公正,必须要建立一个合理的行政组织,明确权利的分配,规定公务员的权利和义务。公务员作为行政机关的构成人员,为了执行公务,会涉及预算的执行、财产的使用和运用。关于这些关系的规范,与私人的权利义务无直接关系,属于有关行政内部事项的法域。本文将这些与行政主体与私人之间的关系无关的,也可以说,不属于行政的对外关系而是对内的法称作行政法中的内部法。因此,由于本文中所说的内部法是指行政法所有领域中与行政的内部关系有关的法律规范,所以行政组织法自不必说,即使是属于行政作用法、行政诉讼法、行政法总论有关的法律规定,只要其规范的内容不是以调整国家和私人关系为直接目的的,属于行政内部的规范,就被视为行政的内部法。因此,此处的行政组织法的范围不同于将行政法各论区分为组织法和作用法时的行政组织法。此处的行政组织法是指与行政主体的组织有关的法,广义而言,除前述之外,还包含了与作为行政组织构成要素,即现实中执行行政活动的人的要素(公务员)以及现实中用于实现行政目的的物的要素(公物)相关的法。行政财产一般被当作公物,普通财产被看作是私物(私产)。但是,行政财产在现实中并不仅限于供行政目的而使用的财产,还包括被决定将来供公用或公共使用的财产(国有财产法第3条、地方自治法第38条)。行政财产、普通财产的分类是基于管理行政内部的财产的必要性而设置的,与它是否会成为公物没有必然关系。也就是说,组织法这一概念,由于是从为了达成行政目的的关于组织的法律这一立场来分类的,包含了私有公物,这与内部法的区分标准是不同的,所以组织法的概念要比内部法的概念更广。

过去,赫尔曼·罗斯勒(Hermann Roessler)将行政法分为实质性行政

---

〔8〕 译者注:原文表述为“行政作用”。

法(das materielle Verwaltungsrecht)和形式性行政法(das formelle Verwaltungsrecht),进而把实质性行政法分为社会性行政法和政治性行政法,把形式性行政法视为处理国家行政机关的设置和行为的形式的行政法[9]。他的著作题为《社会性行政法》,主要是研究这块,因此有关于形式性行政法没有再深入[10],但形式性行政法的概念或与本文提出的内部法概念相近。虽然"形式性行政法"一词有参考的价值,但由于形式性行政法[11]是相对于实际性行政法而被提出来的概念,只有将这两者对比才能理解它们各自的含义,因此为展现法的实体,用行政法中的内部法这一语词会让上文所提的内容更适当地呈现出来,所以本文使用内部法这一概念。

另外,德国从过去开始一直使用的"innere Verwaltungsrecht"一词是指内务行政法,与本文的"行政法中的内部法"是不同的概念。

行政法是与行政权的行使有关的法,其大部分是调整国家和私人之间的关系的法。行政行为、行政强制、行政立法、行政救济以及各种与实定行政法相关的法是行政主体直接或间接地把与私人的权利义务相关的事项作为对象的法律。本文将这些法律统称为行政法中的外部法。

---

〔9〕 Hermann Roesler: Das soziale Verwaltungsrecht. 1872. Erlangen. S. 1. 绪论第一章名为"行政法的概念、区分及法源",具体阐释为:"行政机关,一方面是在社会性活动的范围中自生的社会性产物,显示出人类的文化生活的必然发展,另一方面,它又是作为国家的广泛的分支的官厅及辅助机关。因此,可以将行政法分为实质性行政法和形式性行政法。实质性行政法由下述两者构成:(一)社会性行政法,是关于人类的文化关系的法律秩序以及社会自身内部的文化发展的活动。(二)政治性行政法,是有关于为了实现国家任务而使用的必要手段(财政行政法及军备行政法),是国家和社会之间通过人类的文化需求而产生的关系。形式性行政法,是处理国家的行政机关的设置及行为的形式[国家管理的政策学 (Politik der Staatsverwaltung)]。"

〔10〕 Karl Friedrich Hermann Roesler(1834—1994)应日本政府的招聘,于明治 11 年(1878)来到日本,至明治 25 年(1892)的 15 年间,为创设我们的立宪制而努力,回国不久就去世了。遗憾的是,关于行政法的研究在那之后没有留存下来。参照ヨハネス・ジーメス、H・ロェスラー『憲法理論における社会発展と立憲主義の関係』(国家学会雑誌 75 巻一・二号)3 頁。

〔11〕 田村徳治『行政法学概論第 1 巻』(昭和 11 年弘文堂)30 頁,写道:"作为一种解释性制定法学的行政法学(或者行政制定学),它是基于解释说明行政法规范而成立的,可以被分为形式性行政法学和实质性行政法学。具体来说,形式性行政法学,是探明作为对象的行政法的形式,换言之是行政规定规范过的行政的实有形态,再换句话说是行政规定给予行政的效果的外形(例如,依据规定所预想的行政的个别行为的性质、种类、分布等,以及由规定规范的行政的个别行为的效力发生、变更、消灭的要件等)。尽管分类的名称与 Roesler(参见前注〔10〕)的一样,但是实体上是完全无关的。"

(二)

作为与私人权利义务没有关系的行政的内部法,大体上有三种,即行政组织法、公务员法和财政管理法。

行政组织法包含行政机关的设置、权限的设定、内部机构的分设,与具体执行相关的内部行政手续等,以及与国家、地方公共团体、特殊法人、公共组织相关的事务等内容,是与行政的机构有关的法。

公务员法是与组成行政机关的公务员的任免、法律地位、权利、义务、福利等一切有关的法。和行政组织法一样,国家公务员、地方公务员自不必说,与属于公法关系的特殊法人的职员有关的法也属于公务员法。

财政法传统上是在行政法分论中被提及的。但是,关于财政权力活动的租税法、专卖法和关于财产管理活动的财政法、会计法、财产法、债权法等法律,支配它们的法律原理是完全不同的。前者属于外部法,而后者属于内部法。有关财政法、会计法,有这样的说明:“从行政法解释学的体系性观点来看的话,它们的性质是完全不同的,只能说主要是出于授课的方便(目前还未发现除讲授有关国、公共团体的财务会计法外的课程)才受冷遇。”〔12〕然而,关于预算、债务的负担行为、财产、物品使用的财政管理法,其作为与执行国务的物质手段相关的法律,是不可或缺的,所以就像人和人影之间的关系,认为财政管理法仅仅属于行政权的想法是不正当的,无论是立法权还是司法权的行使都离不开财政管理法的支持(国会法第32条,裁判所法第83条)。也就是说,由于每个权限的行使存在反面,就像行政权的行使需要将财政管理法这一规制物的手段作为其内部法一样,此种必要的理由也可以用来解释关于立法权和司法权的行使。在后文中会明确作为行政法中的内部法的财政管理法意味着什么,我认为它会成为内部法的重要的一部分。

(三)

内部法里也有诸如实定行政法中的内阁法(昭和22年法律5号)、国家行政组织法(昭和23年法律120号)、国家公务员法(昭和25年法律261

〔12〕 塩野宏『行政作用法論』(公法研究34号)207頁。

号)、财政法(昭和22年法律34号)等纯粹地作为行政的内部法而被制定的法律。但是,内部法和外部法这样在立法上被明确地意识区分,并制定为个别法律的例子是很少的,像会计法(昭和13年法律125号)、警察法(昭和29年法律162号)等多数法律这样,将内部法和外部法共同规定的情形更为普遍。这与实定商法的规定中,组织法和行为法的规定混杂在一起的情况是一样的。因此,在这样的法令当中,相关法条究竟是属于内部法还是属于外部法,是一定要先合理判断各个规定的旨趣目的才能认定的。

内部法的存在形式如上所述,因此在内部法的规定以法律的形式呈现的情形中,当其内容对私人会产生效力的时候,该内部法会同时具有外部法的一面。例如,会计法第15条规定,各省各厅的首长想要基于所管辖范围内的年度预算进行支出时,必须以日本银行作为支付人的支票代替现金来支付。对这一规定的解释是,就有关国家支出的方法对负责支出的各省各厅的首长下达命令的同时,也强制了国家的债权人接受日本银行支票形式的付款。

二、内部法的本质

行政法中内部法的目的在于为使行政公正地、高效地、合理地被执行而组织行政内部的机构,制定其运营所必要的内部手续,并整备手段。因为行政权的行使,在现实中,是通过组成行政机关的作为自然人的公务员的行动来实现的,所以行政法中的内部法的本质,是使属于行政的公务员的行动成为规范。因此,作为行政的内部法的行政组织法、公务员法和财政管理法,它们的本质都是在行政权内部规范公务员的行为。

与此相对的,外部法因其目的在于规范行政主体对私人的行政活动,因此应该根据国家当时的社会、经济政治、文化的状态来制定,换句话说,必须是用于具体实现宪法所提出的理念的法律。这是国家对国民所负的义务,而行政法是以完善国民应该享受的福利为根本的。[13] 外部法为及时应对复杂、多样、剧烈变化的对象,需要精细的措施,因此法律只制定原则的、概括的规定,而广泛交由行政权裁量的情形不在少数。换言之,外部法,是作为公权力的主体的行政机关,在法律委任的范围内,实施与私人的权利义务相关的行为,或是积极地提高国民福祉时的行为准则。行政法被称为实现社会构成的作用的法,这是关于行政法中的外部法所作的表述。因为那是国家、地方公共团体、行使其他行政权的机关与私人之间的关系,所以其法律关系是与市民法秩序相关联的一般统治关系。由此,与其法律关系有关的争论应该在法院里被终局性地解决。而且,法院是通过救济被违法行政活动所侵害的私人的权利,使外部法秩序得到合法的维持,进而实现其担保法治主义的机能。即外部法的本质在于,其不仅是行政机关的行为规范,同时也是裁判规范。

三、内部法的性质

(一)

行政法中的内部法是行政权内部的规范。因为它一向是基于行政组织权的,所以其性质是与规定国民权利义务的规范无关的行政规则。[14] 与之相对的,外部法是行政主体为达成行政上的目的而制定的与作为行政客体的私人的权利义务相关的规范,其权限根据是统治权,因此性质上属于法规。

日本的宪法是以立法、司法、行政这三权的分立为主义的。近代国家采

---

〔13〕 田中二郎『新版行政法下Ⅱ』(昭和44年弘文堂)251頁,写道:"对于国民滥用权力和自由的行为,为了维护其他国民的权利自由并与之相协调,有时不得不需要权力的介入。这样的行政权的权力介入,应该去探求如何调整相对立的国民相互间的利害关系,才能最符合前述所揭示的宪法规定以及其他宪法精神。另外,在所谓的非权力的、管理性的行政活动的领域中,依宪法的旨趣阐明如何在立法政策上体现以保障基本人权为根本理念的宪法精神,在解释运用的实践中,明确如何根据宪法的精神去加以实施。"这揭示了外部法的本质。

〔14〕 行政规则,在这里是被作为与法规相对立的概念来使用的。参照田中二郎『新版行政法上』145頁注(1)。

取权力分立主义的理由是,权力的联合一定会生发出权力的滥用并侵犯私人的自由。孟德斯鸠认为,为了维持市民在政治上的自由,有必要建立一个政治组织,让市民没有理由害怕其他市民。当立法权和执行权集中在同一个人或同一个执政官团体的手中时,自由便不复存在。因为这时只会制定暴政之法并付予执行。亦即,如果裁判权不从立法权和执行权中分离的话,就没有自由。法官如果成为立法者,将会使涉及市民生命和自由的权力变得恣意。如果裁判权与执行权相结合,法官便具有君主的权力。[15] 为使三种权力不能互相侵犯,因此各种内部法的自律性必须得到尊重。即使是实定法之中,如国会法(昭和 22 年法律 79 号)以及裁判所法(昭和 22 年法律 59 号)是关于各权的内部事项,因此没有将其编入一般法秩序,而是分别当作立法权及司法权的自律权范围内的问题处理。行政权中,虽然不存在对应于国会法、裁判所法这样的统一法,由于其法理是一样的,除宪法或法律中有不同规定的场合以外,立法权或司法权随意干预行政权内部的问题是宪法规定的权力分立主义绝对反对的。

不言而喻,根据国家的不同,权力分立主义的样态是不同的。由于日本的宪法虽奉行三权分立主义但采用议院内阁制,所以关于行政权的行使,最终是内阁连带对国会负责(宪法第 66 条)。也因此行政的机构和其权限的分配是以内阁为顶点、行政各部在下的金字塔形结构来构建的。[16] 行政基于这一基本构造,又因内阁应对国会负责,所以通过国会间接地以国民为根基,把应该对国民负责作为原则。[17] 据此,行政权应以服从于民主的统制为主义。因此,作为行政权的内部规范的内部法,仅限于宪法或法律没有特别规定的情况下,内部法的问题必须基于该国宪法的精神,在行政自身的责任中被解决。

只不过,在采国民主权主义的日本宪法之下,应该依国家意思决定的事

〔15〕 Montesquieu: De I'esprit des Iois. I. 1873 Paris. p. 258 转引自宮沢俊義訳『法の精神上卷』(岩波文庫)227 頁。

〔16〕 佐藤功『法学教室』3 号 48 頁,主张:"行政组织的基本原理是在由各机关间的平行和上下关系组合而成的金字塔构造中构建的这一点,正是形成行政组织的特色的基本原理。我所说的行政组织所固有的、技术性的基本原理,就是指这样的组织原理技术的基本原理。"

〔17〕 田中二郎『新版行政法下Ⅱ』(昭和 44 年弘文堂)36 頁。

项,有必要基于作为全体国民代表机关的国会的决议,因此即使是内部法,在应当听从主权者意思的事项上,至少应当有法律的依据(宪法第66条第1项、第93条,内阁法第3条,国家行政组织法第3条、第4条)。

内部法性质上属于规范全体公务员的行动的训令、指令,营造物规则一类的,规定如行政机关的组织、权限、行政事务的分配、运营,或是公务员的任免、划分权限、权力、义务,或是预算、会计、财产、物品、债券等内容的法,因此制定这些法本就属于组织权的当然权能。因此,在旧宪法之下,由于内部法不需要任何法律上的依据,可被行政权以任意的形式制定,或者是在没有特别规定的情况下,也可以在现实中设置或废止行政机关。〔18〕因为这个缘故,除非是基于法律的要求,被公布并不是内部法的制定、修改、废止发生效力的要件,根据需要,甚至以在官报的汇报栏中刊登等方式公开便足够了。在内部法中,命令和通知等发挥作用的空间也很大。在旧宪法之下,涉及内部法的问题时,是以告示、训令等形式决定国家意思,因此即使在现宪法之下,国家意思的变更也可以用相同的法规形式进行。〔19〕然而,必须注意的一点是,在国民主权主义之下,即使涉及的是内部法的规范对象,在变更国家意思时,不论以前的法形式如何,都必须依照法律进行。

(二)

行政法中的内部法的内容虽都与行政组织、公务员、财政管理相关,但制定内部法的最终目的,不论哪个,都只是为了使公务员遵从这些规范行动。从而,内部法的规范对象是不特定多数的公务员。因此,首先,有必要对公务员的性格进行研究。

所谓公务员,有这样一种特质,即不论决定多么重大的事情,都与结果的直接利害关系无关。而且,在日本,每一年或者两年,公务员经常会更换

〔18〕 柳瀬良幹『行政法教科書』(再訂版、昭和44年有斐閣)3頁。

〔19〕 现在,由滥伐国有林导致的国土荒废的问题正在形成,规定了国有林管理原则的明治32年农林省训令42号国有林施业案编成规程依照德国的森林管理原则,以小面积为单位,规定了严格的生产保护原则,但是战败后,经过屡次修改,变更了该原则,现在可以大面积皆伐。日本水源地带的国有林较多,在此情况下,对与未来国民休戚相关的国有林管理的根本原则进行变更,是必须根据主权者的意思来决定的重大事项,因为是内部法的规定,所以若不经过国会的审议就自由变更训令,这在法律上是有问题的。

工作。学者批评公务员对待责任消极有余积极不足。这是因为在公务员制度中,公务员是按照年功序列而晋升的,即使特别勤勉,也不会像民间企业那样得到特别提升,即使做了两人份、三人份的工作量,一旦失败,就永无出头之日。为了避免失败,公务员会刻意假装忙碌,实际上什么都不做。[20]尤其,日本的行政,因为并不进行行政成本计算或是国营事业的成绩评估,与民间企业根据成果来计算不同,公务员的工作成绩由于不可能量化,只能作主观评价。出于此种原因,即使公务员法向来标榜成绩主义,实际上有功不怎么赏,有过却必罚。

内部法,因为它是规范许多具有上述特征的公务员的行为的法,所以为了消除公务员的恣意、确保公平和平等的处理、尽可能地消除个人之间的知识的差异,在理想情况下,其条文的含义不应有歧义,且应有详细的可便捷查阅的程序规定。此种不留裁量余地的内部法的规定,产生了其严格适用、不允许有例外的特性。[21] 在这里,世人都在指责政府工作的墨守成规和效率低下,但从内部法的性质上看,也有不得已的地方。[22] 这与外部法或多或少预设行政主体的裁量正好相反。在外部法中,因为要规范行政权在具体事件上为实现公共利益而作的行政活动,预先制定足以应对将来可能发生的所有事态的详细规定,既无可能也不尽合理。[23] 但是,运用外部法的

〔20〕 公务员的这种性格是自古以来未曾改变的。水戸齋昭の告示篇,写道:“官吏以轻佻为旨,虽看似勤勉,但实际上投身工作的勤劳者不多,与其竭尽全力还出错倒不如不做事就不会犯错,这样的歪风邪气也是有的。”

〔21〕 昭和32年12月24日東京高裁判決、行政裁判例集8巻12号2160頁,说明道:“会计法规的大部分的性质,原本就必须要解释为是强制性法规。”

〔22〕 末弘厳太郎博士『役人学三則』中所言:“第一条,大抵有志成为役人者,凡事都应尽可能宽泛而浅显地去理解,不得对狭隘的特殊的事情抱有特别的兴趣,不应集中注意力于某事。第二条,大抵有志成为役人者,都应掌握以法则为盾牌,会讲形式上的道理的技术。第三条,大抵有志成为役人者,都应比平素更注重部门本位,固守其组织内的部门权限而排外。”改造(昭和6年8月号)。

〔23〕 佐々木惣一『日本国行政法一般論』(昭和27年有斐閣)40頁,写道:“法,在很多情况下,只规定行政执行的框架,因此就行政方式而言,在很多情况下,需要行政机关结合每个事项选择其认为适当的处置。”

人是公务员,这点不能忘记。[24]

(三)

内部法是中立的技术法。内部法是专门追求合理性的、无价值的、采用中立手段的法。与此相对的外部法,是为了忠实体现宪法理念的价值体系,结合一个个具体的行政目的,意图实现一定价值的政策性的法。

若除去公的性格,内部法的性质和民间企业中的内部规定没有什么不同之处。行政管理的原则是以最低的成本追求最大的效果(地方自治法第 2 条第 13 项)。内部法,为了和企业一样追求经济性原则,以规范多数公务员的行为标准作为命题。因此,在为数不少的情况中,价值体系的不同与政治体制的差异并未体现在内部法的立法上。否定资本主义的苏联,其目前的国营企业的管理方式是通过比较每家企业的资本收益率来评判各企业的业绩。在国营企业管理这一内部法的领域中,即使是在否认私有财产制度、不允许资本家存在的共产制度的国家中,作为资本主义社会中发达的合理的企业管理方式之一的资本收益性,也被用来作为基准的这一事实说明,内部法采用合目的的技术和那个国家所奉行的价值体系的差异丝毫没有矛盾。

内部法是技术性法律,这就意味着法的规定有必要与技术相一致。举个例子,财政法第 46 条详细说明了宪法第 91 条的财政公开的原则,并且规定内阁每季度必须向国会及国民报告有关预算使用的状况、国库状况和其他财政状况。民主主义的实现虽是高远的理想,但民主主义的实践在于国民时常监视税金的动向,当税金没有为了作为行政受益者的国民而使用时,就要立即予以纠正。只有这样,才能使已然成为债务负担原因的政治和行政能够真正地为国民服务。财政公开的原则要求资料的公开,因此对于民

---

〔24〕 有泉亨『労働基準法』(昭和 38 年有斐閣)31 頁,写道:“行政机关虽然也是根据法律来实行政治的,但一般来说,比起法院,它与负责政治的权力更紧密地结合在一起。由此产生两种倾向。其一是,行政官员在受到对其行为的批判时,往往会以形式上的法伦理作为防御的手段。更进一步说,他们只做被形式上的法伦理所覆盖范围内的事。难以期待他们会为了正确理解法的精神而尽十足的努力。第二种也许听起来像反论,但由于行政与政治紧密联系,所以行政很容易受到政治乃至政策意图的影响。”

主政治而言是至关重要的。根据财政法第46条的规定，虽然内阁在这四个半世纪里的每一个季度都进行财政报告，媒体和国民却完全没有关心这个问题。那是因为日本处理财政的内部法疏于引入能实现宪法精神的技术。因为内部法是技术法，如果仅仅整理了法条的形式，却没有采用能够实现法旨趣的技术，那么它将不会产生实际效果。这就是内部法作为技术法的特色。以大藏省〔25〕为首的负责处理财政的政府部门花费了大量努力和经费所作的报告被不管不顾，是因为它非常不及时，并且内容空洞，没有被关注的价值。其原因是，国家的会计用单式记账方式〔26〕来管理财务，但快速结算、准确计算、分析性会计必须使用复式记账方式。〔27〕只有用复式记账方式，才可能作出内容丰富并及时的报告。在欧洲，从17世纪开始，为了实现完全的财务管理，就算是家庭财务，使用复式记账方式也已经成为常识〔28〕，但在日本，"复式记账方式只能用于营利经济"的错误观念仍占据支配地位。用古老的单式记账方式来管理超过十万亿日元的财政，不对记账技术进行完善导致了忽视宪法的宗旨。如果不能将国家的记账方式改为复式，那么也无法将民间发达的经营管理技术引入行政中。〔29〕无论是多么合理的内部法，若疏于采用与内部法相匹配的技术，那么就无法达成其目的。

四、内部法的法理

从行政法之中抽取出内部法，研究其本质及性质是因为，在数量庞大的

〔25〕 译者注：大藏省（大蔵省，おおくらしょう）是日本自明治维新后直到2000年期间存在的中央政府财政机关，主管日本财政、金融、税收。2001年1月6日，中央省厅重新编制，大藏省改制为财务省和金融厅（主要负责银行监管）。

〔26〕 译者注："单式记账方式""复式记账方式"原文表述分别是"单式簿記""複式簿記"。

〔27〕 槇重博『企業特別会計法の研究』（昭和38年林野共済会）275頁以下。

〔28〕 Daniel De Foe(1659—1732): The Adventure of Robinson Crusoe. Ward Lock & Co. p. 59. Goethe(1749—1832): Wilhelm Meister Lehrjahre. Meyers Volksbücher. S. 29.

〔29〕 美国的政府会计在1970年以来采用复式记账方式，基于1949年的第一次胡佛委员会的建议，将预算更改为明确职能及业务的绩效预算，并根据1955年的第二次胡佛委员会的建议，采用发生主义的预算，来计算行政的成本。而且，第二次委员会要求，改善会计的目的是把它当作对管理运营有益的工具。槇重博，前揭書178頁、272頁。

实定行政法中,支配内部法的法理与外部法的法理相异,我认为区分这两者是有学术上的理由的。

(一)

法令的效力是围绕场所、时间、人这三点来讨论的。国法,原则上,在国家的领土范围内有效力,在没有领土权的地域中则没有效力。然而,因为内部法是公务员的行为规范,只要公务员没有脱离公的工作关系,即使不在领土范围内,根据属人原则依旧对其有拘束力。即,无论公务员是在外国的驻外公馆工作,还是在公海上、公空上工作,依旧受内部法的效力拘束。

首先,法令为了维持并尊重既得权利、既成的法律关系,并为了增益于法律生活的安定,原则上不存在追诉时效,法令对于颁布实行后的法律关系才有效。然而,内部法是行政内部的规范,因无关于私人的权利义务,没有那样的制约,在法令的公布实施之时,可以根据需要溯及既往适用。〔30〕在与人相关的关系之中,因为内部法的目的仅是使公务员遵守之,其当然只对公务员产生效力。

其次是关于违反内部法的行为的效力的问题,因为内部法是把制定行政内部的规范作为目的的训令性质的法,所以违反内部法在原则上不会影响行为的效力。只不过作出这种违反行为的公务员会被追究内部法上的责任而已。外部法因是与私人的权利义务相关的法规性质的法,违反外部法的行为的效力按照该规定的旨趣目的,或被认定为无效,或作为可撤销的瑕疵行为。这时追究公务员违反外部法行为的责任与其违反内部法时是相同的。

违反内部法的行为在原则上不妨碍其效力,但是存在两个例外情况。第一个例外是,当内部法的规范是基于宪法规定时,必须否定违反此种内部法的法律效果。宪法第85条规定,支出国费或者使国家负担债务必须基于国会表决,宪法第86条规定,此种表决的形式是基于预算的。财政法第32条规定禁止在预算目的之外使用经费,“各省厅的首长不得在各项的既定目

〔30〕 物品无偿出借及让与等相关法律(昭和22年法律229号),于昭和22年12月23日公布,同年4月1日起实行。

的之外使用年度支出预算”。因为“项”是国会的决议项目。有时超过了年度支出预算的“项”,或者,在“项”的目的之外负担债务或支出都是违反预算的行为。在此情况下,我们国家虽然会产生与债务负担和支出有关的会计职员的责任问题,但债务负担和支出的效力向来是不受妨碍的。〔31〕在同样的情况下,美利坚合众国的联邦会计会因其行为违反合众国宪法第 1 条第 9 节第 7 项(与日本国宪法第 85 条、第 86 条内容相同的规定),其行为效力必须被否定。在与宪法的规定相抵触的场合中,即使违反内部法,也必须否定其行为效力。日本的立法态度是不合理的。

在不适用宪法第 85 条的地方公共团体的预算的场合中,违反制定预算的行为的效力是不受妨碍的。在外国的立法例中,国家的预算是法律。虽然存在预算的性质是否属于法规的争论,但就预算而言,立法机关在赋予行政机关预算权的同时,也课予其只能在预算内负担债务和支出的义务。因为预算并不是针对私人的,无论预算是不是法律,其规定的都是内部法。因此,违反地方公共团体的预算进行的行为,其效力虽然不受妨碍,但实行该违反预算的行为而给地方公共团体造成损害的职员是必须对该损害承担赔偿责任的〔32〕(地方自治法第 232 条之三、第 243 条之二、第 242 条、第 242 条之二)。

另一个例外是,违反内部法的行为的效力是法律规定无效的情况。行政财产不能出贷、交换、贩卖、让与,或是用于投资,或是对其设定私权。违反此项规定的行为是无效的(国有财产第 18 条、地方自治法第 238 条之

〔31〕 根据与执行预算的职员责任相关的法律(昭和 25 年法律 172 号)第 3 条,执行预算的职员,因不服从既定预算而作出支出等行为,进而给国家造成损害的,在有故意或重大过失的情况下,应承担赔偿责任,但是支出等并非无效。

〔32〕 昭和 45 年 6 月 8 日山口地方判决、『行裁例集 21 卷 6 号』892 頁。案件事实是,在山口县,由于给教育职员的旅费预算不足,为了达到公平分配的目的,由各学校制定内部规定,因为实际支付的金额比旅费条例规定的更少,34 名教师作为原告提出了请求支付旅费条例的金额与实际支付的金额之间的差额的诉讼。法院判决:“预算赋予预算的执行者支付权限的同时,也限制其超出预算额的支出行为,但这种拘束力只限于预算执行者,并不及于预算执行者以外的人。上述的旅费条例因为规定了只能在旅费预算的范围内发出旅行命令,所以超过此预算的旅行命令是违反条例的一种违法的行政行为,但除了重大且明确的情形之外,在法律上并非当然无效。”预算属于内部法虽是一种正确的判断,但由于旅费条例也是只适用于公务员的内部法,即使旅行命令有违反该条例的瑕疵,也应该认为其效力不会被影响。关于此判决的研究,参照原田尚彦『自治研究 47 卷 11 号』142 頁。

四)。另外,从事有关于财产的事务的职员,不能受让这些财产,也不能用来与自己的所有物交换。违反这些规定的行为被认定是无效的(国有财产法第16条、物品管理法第18条、地方自治法第238条之三)。正如这些例子所示,特别是在违反禁止规定的行为被规定无效的情况下,违反该内部法的行为的效力会受到否定。

除了这样的例外的场合之外,可以认为违反内部法的行为的效力应该是不受影响的。判例将町村长受领租税的行为〔33〕和村长以村的名义进行借款的行为〔34〕因无权限而被认定为无效。一般认为,"在町村中,因为授受现金是(市、町、村的)出纳员〔35〕的专有权限,这并不是在内部分担事务的规定,而是有关划分对外权限的规定,关于这点,判例、学说一直以来都对此没有异议。理由在于该规定是为了分散町村中的执行权限,防止町村长的专权,确保町村的财政基础"〔36〕。但是,谁来授受地方公共团体的现金?因这确实是地方公共团体的内部法的问题,关于此项权限的规定是不能影响私人权利义务的。关于将会计行为从有行政权限的行政机关中分立出来,设置另外的形式的会计机关这点,因为在旧宪法中公法关系和私法关系是完全不同的,故公务员与国家或地方公共团体之间的关系不能适用私法的理论,无论公务员是基于故意或过失而造成国家或地方公共团体在财产上的损失,只要法律上没有特别规定,就不需要赔偿。这样的想法至今仍存留着,因此形式上的会计机关的设置不过是为了让公务员承担赔偿责任,纯属内部法的问题。〔37〕 这是在行政内部公务员的责任承担问题,并不是行政部门的权限分配问题,与之相关的规定在本质上与行政厅的对外权限的规定是不同的。在判例中,债权人通常是地方公共团体,而不是町村长或出纳员。在地方自治法的规定上,对于解释现金的授受是否是出纳员的专有权

〔33〕 美濃部達吉『公法判例大系上卷』(昭和8年有斐閣)124頁。

〔34〕 昭和34年7月14日最高裁判所第三小法廷判决『民集13卷7号』960頁。昭和37年2月6日最高裁判所第三小法廷判决『民集16卷2号』195頁。

〔35〕 译者注:原文表述为「収入役」(しゅうにゅうやく)。收入役是指掌管市町村会计事务的特殊职位地方公务员,随着改正地方自治法的施行,自2007年3月31日起废除。

〔36〕 我妻栄博士对昭和34年7月14日最高裁判所判决的判例研究『法学協会雑誌78卷2号』85頁。

〔37〕 槙重博『わが国行政作用法における財政行為独立の原則』(上智法学論集九卷一号)71頁。

限，是否要排除在町村长的权限之外虽有疑问〔38〕，但即使是作为执行机关的町村长有违反与会计行为相关的内部法的行为，也不能仅因为这样，就以此去侵害第三人的权利或忽视交易的安全。〔39〕现在，公务员对国家或地方公共团体无责任的原则已不被认可，在地方议会的监视和国家的监督之外，住民也有罢免町村长的直接请求权，住民诉讼也得到了承认，因此防止町村长专权恣意、确保町村的财政基础这样的理由我认为太贫乏了。

在一份较新的最高法院的判决中〔40〕：町条例就通过竞标以外的方法来出售町有不动产，规定了预定价格未满 20 万日元的，或是预定价格在 20 万日元以上 50 万日元以下并需要紧急处理的，可无须经过町议会的表决，就可以由町长作为町的代表缔结私法上的买卖合同。对于在此情况下，町长超越此规定的限制贩卖町有不动产的行为，可以将町条例中规定的代表权限当作基本权限，类推适用民法第 110 条。判例认为町长在此情况下违反内部法的行为对外是具有效力的，这点自属正当。〔41〕

（二）

在内部法的关系中，不可能有行政处分。因为，行政不服审查法第 2 条及行政事件审查法第 3 条中规定，行政处分是指，行政厅基于法律，依靠优越的意思表示或公权力的行使，就具体的事件对人民采取法的规制的行为。〔42〕所以，在内部法的关系中，是不可能有行政处分的。大概是因为，内部法旨在规范与私人权利义务无关的行政权的内部关系，内部法的规定是

---

〔38〕 从地方自治法第 147 条到第 149 条的规定来看，不能解读出地方首长没有出纳的权限。同法第 170 条也无法解读为将出纳作为出纳员的专有权限并除去了首长的权能。因为首长最终要承担所有的会计责任，出纳员只不过是首长的辅助职员。

〔39〕 根据德国财政法院的判例，在纳税办公室，即使是向其他非出纳人员交税，该纳税被认定为是有效的，当然也是正当的。Paulick: Lehrbuch des allgemeinen Steuerrechts. 1971. Carl Heymanns Verlag. S. 201.

〔40〕 昭和 39 年 7 月 9 日最高裁判所第三小法廷判決民集 18 卷 6 号 1016 号。

〔41〕 昭和 32 年 12 月 4 日東京高裁判決行政裁判例集 8 卷 12 号 2160 頁，判决写道："因为这些会计法是强制性法所以不得违背，作这样的理解是困难的，而且，这些违反强制法规的行为，也不能说它们就是无效的。"

〔42〕 田中二郎，前揭書 218 頁。EVw Verfg. 1963 § 27. H. J. Wolff: Verwaltungsrecht. I. 1965 Beck S. 261. Günter Erbel: Die Unmöglichkeit von Verwaltungsakten. 1972 Atkenöum S. 5.

不针对人民的。

因内部法的问题是诸如阶层结构的行政机关的纵向或横向关系,公务员的工作关系以及作为行政手段的财政管理的关系,故无须涉及对人民的法的规制。也因此,行政厅之间的内部行为不是行政处分,就不能成为行政案件诉讼的对象。[43] 内部法的行为不产生作为行政行为特色的公定性、不可变更性等效力。把这些效力当作必要的是在外部法的关系中生发的问题。关于针对公务员的惩戒处分具有不可变更性,即便是拥有惩戒权的人,也不允许其事后自由地取消或变更。那是因为,对公务员的惩戒处分被解释为是行政处分。然而,就算这些惩戒处分不是行政处分,如果认为可以自由地被取消或变更,那么这样的想法与应该慎重决定的惩戒处分的性质不相符合。于是,法规定,对公务员的惩戒处分有不服的,应根据行政内部的第三方机关的判断,以一裁终局为原则(国家公务员法第90条、地方公务员法第49条之二)。因为有这个制度的缘故,在法律上将惩戒处分构建为行政行为并非必要。对公务员的惩戒明明是内部法的问题,但仍要服从司法审查,这是因为法律允许公务员对违背其意愿的不利处分提起诉讼(国家公务员法第92条之二、地方公务员法第51条之二)。公务员与国家或地方公共团体之间的关系的实质,除了下述的本质上的区别以外,与私法上的雇佣关系没有差别。

对公务员的惩罚以及其他不利的措施,不是国家对人民作出的,而是对于行政组织的构成人员,在存在对组织内部的运营或秩序造成妨害的行为时,基于组织权采取的内部性措施。其实质是与私企业中的同种措施性质相同的,没有理由因为是公法关系的缘故,就去变质成为行政处分。

判例中相关的见解如下,关于地方议会的议员的惩罚,不涉及议员的身份的丧失,像禁止出席这样的惩罚,因为是内部规范的问题,由法院裁判并

---

[43] 都道府县农地委员会取消对市町村农地委员会制定的农地出售计划的批准案,昭和二七・一・二五最高裁二小法廷最高民集6卷1号33頁。依消防法七条取消消防长官的建筑许可案,昭和三四・一・二九最高裁一小法廷最高民集13卷1号32頁。县农业委员会认可农地买卖计划案,昭和三五・六・一四最高裁三小法廷最高民集14卷8号1342頁。农业委员会转呈县知事相关文件案,昭和三七・七・二〇最高裁二小法廷最高民集16卷8号1621頁。田中二郎,前揭書310頁。美利坚合众国联邦行政程序法一〇条C项在立法层面上解决了此问题。关于前揭昭和二七・一・二五最高裁判所判决的研究,参见成田頼明,『法学協会雜誌』72卷1号90頁。

不合适。[44] 但是，关于地方议会议员除名的学说有分歧，有三种学说[45]：(1)消极说[46]认为，除名也是内部规范的问题，法院不应干涉；(2)限定的积极说[47]认为，在惩罚中，唯独与市民法秩序有关的除名应当服从司法审查；(3)积极说[48]认为，在一切惩罚中，只要是违法的，那么就可以作为司法审查的对象。不过，对地方议会议员的惩罚是内部法的问题，因为没有明文规定应该将其纳入到司法审查中，所以可以认为(1)的消极说是正当的。如果依据准许司法审查的学说，那只好将地方议会当作行政机关，将地方议会的议决当作行政处分，但这是非常勉强的解释。

也就是说，对于公务员和地方议会议员等人员的惩戒，是为了在行政责任层面维持行政内部的秩序，按照其就任之时就事先认可的内部法律规定进行的，并不是行政厅基于一般统治权对私人实施的处分。这两者的权力根据与对象完全不同。国家公务员法与地方公务员法虽然认可对前述不利处分提起诉讼，但在没有这种特别规定的场合中，行政内部的问题是应该在行政内部中通过行政责任来处理的，人们普遍认为行政处分理论不应适用于公务员的惩戒事件。虽然行政事件诉讼法的旨趣或许是将针对公务员的不利处分的撤销诉讼作为抗告诉讼来处理的[49]，但在内部法的关系中，因为不可能会有行政处分，所以其应被视为当事人诉讼。

(三)

国家和公务员之间的关系，历来与服刑人员的服刑关系、国立学校的学生的在校关系一起，被称为公法上的特别关系。[50] 但是，在所有公法上的

〔44〕 昭和三五・一〇・一九最高裁大法廷、最高民集 14 巻 12 号 2633 頁。

〔45〕 山村恒年『抗告訴訟の対象となる行政処分』民商法雑誌 60 巻 6 号、在特别权力关系和抗告诉讼的项中，将现有的学说按如下分类：①否定说、②限制的肯定说Ⅰ、③限制的肯定说Ⅱ、④裁量说、⑤法的效果说。

〔46〕 最高民集 7 巻 1 号 12 頁田中、栗山、小林裁判官の意見、最高民集 14 巻 3 号 355 頁田中、斎藤、下飯坂裁判官の意見。

〔47〕 最高民集 14 巻 1 号 2633 頁の多数意見。田中二郎，前掲書 310 頁。

〔48〕 鵜飼信成『判例研究五巻一号』141 頁。室井力『行政法判例百選』40 頁。

〔49〕 行政事件訴訟法第 25 条的停止执行规定不适用于当事人诉讼。

〔50〕 田中二郎，前掲書 78 頁。園部敏『公法上の特別権力関係の理論』(昭和 30 年有斐閣) 1 頁。Ernst Forsthoff: Lehrbuch des Verwaltungsrechts, 8 Aufl. 1961. S. 116.

特别关系之中,存在两种类型。一种是,根据类似于公务员关系那样的内部法的规定,要成为公组织的一员,基于本人自愿同意,服从其组织权。另一种是,基于外部法的规定,服从由法律规定的特别公权力的支配,是与一般统治关系不同的公法上的支配服从关系。

特别权力关系这一概念,在学术上,因为是基于与一般统治权力关系相对的意义被使用的〔51〕,故基于本人自愿的意思成为公组织的一员并服从内部法秩序,这并不是真正意义上的特别权力关系。公务员的权利义务虽是法律规定的,但正如宪法前文和第15条所明示的,因为公务员是接受国民信托,为了国民而执行国务的,他们的工资是用国民缴纳的税金支付的,与受私的资本雇佣的人的性质完全不同,公务员的权利义务实际上产生于此。除了公务员被公资金扶养和为公共福祉工作这两点以外,成为公务员并自愿作为行政组织成员服从内部法规定,与在私企业中根据雇佣合同就职并基于自己的意思服从其所在职场的规则〔52〕,并受其权利义务的拘束并无不同之处。〔53〕服从于与一般统治权力相对的特别权力关系的人,其权利义务可不基于法律而受拘束,而公务员自愿服从内部法规定的关系与之在本质上有所不同。服刑人员不是像公务员一样作为行政组织的一员进入内部法

---

〔51〕 佐々木惣一『日本国行政法一般法論』78頁以下,写道:“日本国宪法奉行这样的主义,即不允许在无关国会的情况下制定法律。国家不仅在对国民进行一般统治时,即使是特别统治时,如果没有法律依据,就不能行使权力。即,在帝国宪法下被承认的那种名为特别权力关系的广泛的观念在日本国宪法下是不被承认的。但是,如果特别统治关系的设置本身是符合法律的,那么在这种特别统治关系之下,对于行使存在于其统治行动之中的权力,是不需要有法律依据的。行使存在于其统治行动之中的权力,不发生是否违法这种意义上的法律问题。”

〔52〕 有泉亨『労働基準法』210頁,本来关于职场规定的部分是规范性的,如果没有特别的保留,其制定权是在雇主手中的。既然雇主通过基准法所要求的程序进行了修改(以公众知晓作为效力要件),即使它是更为严格的规定也仍然是有效的,也拘束劳动者。与此相对的是,有关劳动条件(劳动条件的含义,并不是观念上的,而是由劳动关系的历史的展开所决定的)的部分,要以在某种意义上的合意为根据。

〔53〕 昭和26年4月4日最高裁大法廷判決、最高民集5卷5号214頁,是关于某公司员工得知公司有不正当调配人员的传闻后,当作真事一样对其他员工宣传,公司以其行为损害了公司信用、妨碍了业务运行为由予以解雇后,该被解雇的员工以公司违反宪法第21条为由发生争诉的案件。判决认为:“宪法第21条所规定的言论、出版及其他一切的表达自由不得有损于公共福祉,这点不仅在宪法第12条、第13条的规定上予以明确,而且依本人的意思,也不得不受到特别公法关系或私法关系上职务的限制。”同样,昭和27年2月22日最高裁二小法廷最高民集六卷二号258頁,承认了私立学校聘用教员时附带的“教员不得参与政治活动”的雇佣合同条件的有效性。参照昭和27年的判决研究,雄川一郎『法学協会雑誌』72卷3号。

的支配的，而是基于监狱法等外部法的规定，是服从于与一般统治关系相对的特别权力关系的人员。

国家或地方公共团体与公务员之间的关系，因为不是基于一般统治关系，所以不是特别权力关系。

（四）

内部法的问题，原则上不是司法审查的对象。日本国宪法，由于采权力分立主义，只要没有特别的规定，立法权、司法权及行政权原则上不能互相侵犯各自的内部规则。国会的内部关系完全由其自身决定（宪法第 55 条、第 58 条等），法院也是自行制定其内部规则，并自行执行对法官及法院职员[54]的惩戒。只有法官的弹劾才通过国会设置的弹劾法庭（宪法第 77 条、第 78 条、第 64 条）。行政法中的内部法是行政内部的规则，因为与私人的权利义务无关，所以原本就属于行政权的事项，只要法律上没有特别的规定，属于内部法的事项照理是司法权不能干涉的。

司法权的审查范围是立法政策的问题，因此即使是行政法中的内部法，在某些情形中，司法权干预行政法中的内部法也被认为是妥当的，至于在何种情况下允许司法权适当地干预，在内部法中有特别的规定。日本国宪法中，通过适用法规解决当事人之间具体的法律上的纠纷，即关于权利义务的纠纷，这样的判断活动即被视为司法。[55] 在行政内部关系中，因为双方当事人是相对立的观念没有存在余地，所以不存在法律上的争诉。只是在组成行政机关的公务员和国家或地方公共团体之间的关系上，这个问题是通过在立法上认可公务员可以对不利处分提出诉讼，在立法层面解决了这个问题。因此，在没有特别规定的情况下，有关内部法的问题是司法审查不能干预的。除了公务员关系外，即使是在其他经由法律例外地承认了司法权的介入的情况中，考虑到内部法的问题原本就应依行政责任来解决，以及考量司法权的特质，也应当划明司法审查的界限。[56]

---

〔54〕 昭和 44 年 4 月 2 日最高裁判所大法廷判决、最高刑集 23 卷 5 号 685 頁。

〔55〕 田中二郎，前揭書 8 頁。清宮四郎『權力分立憲法の理論』(昭和四四年有斐閣)所収 219 頁。

〔56〕 田中二郎，前揭書 284 頁。

在最大化尊重个人尊严的宪法之下,应该如何判断限制公务员的基本人权的公务员法的规定是一个困难的问题,这也成为司法审查的对象,出现了几个重要的判例。

判例表明,基本人权也可以基于自己的自由意思,受到公法关系上的义务的限制。[57] 问题是,公务员法中各个规定的合宪性以及其适用的条件,无论是对与表现的自由相关的政治行为的限制的规定(国家公务员法第102条、地方公务员法第36条),还是对争议权的否定的规定(国家公务员法第98条、地方公务员法第37条),都没有被认为违宪。只不过,在私法上,即使经本人的同意,对劳动权的限制也是违法的,因此若要使公务员法对争议权的否定合乎宪法,在条件的设定上仍有待判例积累的阶段。换句话说,因为行政内部的自律权的界限尚未被明确划分,仍处于等待将来的判决的状态。

关于公务员的争议权的先例规范,正如众所周知的那样,是最高法院判决的中邮事件(昭和41年10月26日大法庭,四名法官反对。刑集20卷8号901页)。案件事实是,38名适用公共企业体等劳动关系法的任职东京中央邮局一般职务的国家公务员,因在未经所属上司许可的情况下,为了出席全职工会联合分会举办的职场大会,离开了办公大楼,在凌晨2:30左右至9点或10点间都没有在岗位上,依据邮政法第79条规定的不处理邮件罪被起诉,一审判决无罪,二审撤销原判发回重审,被告上告至最高法院。最高院判决虽然与第一审的判断相同,但对其理论的根据进行了如下详细的说明:"结合宪法保障劳动基本权的旨趣来考虑的话,应根据以实定法规保障劳动基本权这一根本精神,来考察该限制的意图。特别是在把生存权的保障作为基本理念之时,在保障财产权以及与之并列的劳动者的劳动权、团结权、团体交涉权、争议权的法律制度之下,为了保持这些权利两两之间的平衡,必须要对实定法规作出适合妥当的法解释。上述的劳动基本权,不仅仅是关于保障私企业的劳动者,公共企业体的职员也当然包含在内,无论

〔57〕 同前注,昭和26年4月4日最高裁大法廷判決、最高民集5巻5号214頁。昭和27年2月22日最高裁二小法廷最高民集6巻2号258頁。参照昭和27年的判决研究,雄川一郎『法学協会雜誌』72巻3号。

是国家公务员还是地方公务员等，只要是属于宪法第28条所述的劳动者，就都应该被理解为受到该保障。”此外，还设定了实定法适用的条件：“也应考虑到在劳动者提供的职务或业务的性质是具有强公共性的事务，其职务或业务的荒废可能有害于国民生活整体的利益，也可能给国民生活招致重大损害的情形中，为了避免这种情况，不得不对劳动基本权进行限制。”

关于是否应将罢工权交与公务员，尽管在昭和45年9月联邦德国的美因茨召开的第48届法律工作者大会中已被讨论〔58〕，但像这个最高法院的判决那样触及劳动基本权的本质的议论尚不存在。〔59〕宪法学者也不反对此判决。〔60〕确实，如这项判决中所述的，与通过保障财产权带来的资本的力量相对的，劳动基本权是保障在经济上处于劣势的劳动者的实质性自由和平等的手段。资本的力量与劳动者人数的力量之间的均衡，是立足于维持和平这一原理的。因此，这里所谓的财产权是一种私有财产，正如劳动法学者所指出的那样，对应宪法第28条的是宪法第29条对私有财产权的保障。〔61〕

如ILO〔62〕这样的国际机构，将公务员的劳动基本权视为问题，是因为在君主政体和专制政体的国家中，实质上存在有必要承认公务员的争议权的事例，但是在一个民主政体的国家中，因为公务员是由国民缴纳的税金所扶养，接受国民的信托并施行国政，故与劳动基本权对立的贪婪的私有资本并不存在。因此，也不存在保障劳动基本权并通过力量相均衡以保持和平

---

〔58〕 田上穣治『西ドイツの旅』(時の法令、772号、773号合併号30頁以下)。联邦德国的社会党试图修改公务员法，赋予组成工会的公务员罢工权，这成为第48届联邦德国法律大会公法部会的议题。任国会议员的波恩大学教授フリードリヒ・シェーファ主张将公务员的权利义务全部移交给由团体协商的劳动契约。对此，波恩大学前辈フリーセンハーン教授反对，他认为在拥有罢工权的公务员的集体支持下，很容易就进入了独裁体制，这是危险的。柏林大学的ヘルムートクワリッチェ教授反对，他认为劳动契约的第一个事项就是工资的决定，这直接关系到物价和增税，因为影响到超越政府和公务员群体之外的广大国民，所以应该是用法律来决定的。如果准许团体交涉，公务员群体诉诸违宪的斗争手段的可能性很高。表决的结果是159票对45票，即决定反对修改。

〔59〕『ウーレ、ドイツ連邦共和国における公勤務法の諸問題』季刊公企労研究13号19頁以下。

〔60〕 宮沢俊義『憲法Ⅱ(新版)』(昭和46年有斐閣)444頁。

〔61〕 有泉亨『労働基本権の構造・基本的人権5』(1969年東京大学出版会)197頁。

〔62〕 译者注：International Labor Organization。

的机构。保障这样民主政体的国家的公务员的争议权，是与将劳动基本权作为经济的自由权来保障的原理相悖的。所以，公务员虽是负有宪法第 27 条规定的劳动义务的人，也并非宪法第 28 条所谓的劳动者。因此，日本宪法第 73 条 4 号，特别规定了内阁“遵照法律规定的标准，管理与官员相关的事务”。那就是，以该领域的问题不可能通过力对力解决为前提，作为主权者的国民通过法律明确公正的工作条件的标准。也就是说，以法律确定标准，禁止公务员的争议行为，禁止对国家罢工，并整备补偿制度，这是基于宪法第 28 条不适用于公务员这一事实的。美利坚合众国的劳动管理关系法(Labor Management Relations Act, 1947)〔63〕第 305 条规定：“受雇于包括合众国或者全额由政府出资的公司在内的合众国的机关的人员，牵涉任何罢工均属违法。受雇于合众国或其机关的所有的人员，在进行罢工之时，会被即刻解雇。而且，丧失职员资格，三年内不得再次受雇于合众国或其机关。”同法第 501 条规定：“罢工，是指所有同盟罢工，以及以集体合同期满为由，包含停止在内，根据职员的协议来停止业务、放慢业务速度或作出其他妨害。”在民主政体的国家中，这样的规定属逻辑上之必然。中邮判决中的反对意见引用了宪法第 15 条，明确指出虽说公务员是服务全体的人，但民主政体中的公务员与其他政体中的公务员在本质上存在差异〔64〕，虽然作为

〔63〕 Labor Management Relations Act, 1947. Title Ⅲ Strike by government employees. Sec. 305 It shall be unlawful for any individual employed by the United States or any agency ther of including wholly owned Government corporations to participate in any strike. Any individual employed by the United States or by any such agency who strikes shall be discharged immediately from his employment, and shall forfeit his civil service status, if any, and shall not be eligible for reemployment for three years by the United States or any such agency. Title V Definitions Sec. 501 When used in this act. The term “strike” includes any strike or other concerted stoppage of work by employees(including a stoppage by reason of the expiration of a collective bargaining agreement) and any concerted slow-down or other concerted interruption of operations by employees, Congressional Comment. 1947. U. S. Code Congressional Service. p. 1174. Violations of this section were to be punishable by immediate discharge, forfeiture of all rights of reemployment, forfeiture of civil-service status, and forfeiture of all benefits which the individual had acquired by virtue of his Government employment.

〔64〕 在旧君主政体的宪法下，官吏服務規律(明治 20 年敕令 39 号)第 1 条规定，“凡官吏皆应对天皇陛下及天皇陛下的政府忠顺勤勉，服从法律命令，尽职尽责”，表现了君主制中官吏的本质。田口精一『公務員の憲法上の地位』(公企劳研究 12 号 18 頁)，写道：“宪法第 15 条规定的公务员制度的基本条款，揭示了结合国民主权的民主的公务员制度的本质和原理。”

一种论据是正当的，但是如果能直截了当地指出多数说的立论的出发点的错误会比较具有说服力。

因此，公共企业体等劳动关系法在没有明示任何标准的情况下，允许适用该法的公务员就工资以及其他劳动条件缔结劳动合同，不得不说是一种违宪的立法。就民间的企业而言，企业破产虽然会基于团体交涉而“刹车”，但在国家或地方公共团体的情况下则没有“刹车”一说。民间的企业以追求利润为目标，根据收益性的状况划定其经营的界限，而行政则是以实现公共福祉为目标的，其经济上的损益不能成为划定界限的指标。在适用于公共企业体等劳动关系法的公务员的情况下，雇主方中作为谈判委员参加团体谈判的人也是和职员方中的谈判委员一样，受到国民的税金供养的被雇佣者，故在希望改善待遇的方面，双方利益是完全一致的。只不过是在立场上和形式上，在团体谈判中处于对立方而已。虽说是雇主，但雇主方的公务员的立场并不像民间的经营者那样和企业共命运。在公劳法关系的团体谈判中，代表政府的谈判委员在团体谈判中的“刹车”，是经大藏省批准的。英国工党在产业国有化进行之后，长期无法执政的原因是，职员在某家国有化企业中已获得的利益会立即成为其他国有化企业的职员的口实，最终，产业国有化的利益，在国民的牺牲和国有化企业职员的待遇改善中结束了，这是众所周知的事实。我们国家的公社、公团、公库等特殊法人的资本是来自国民的筹款，而非私有资本。美利坚合众国的劳动法制，把全额由政府出资的公司当作行政机关一样进行处理，严禁包含其职员在内的公务员的罢工，作为民主政权的国家，这是理所应当的事情。

判例上，就表现的自由这样的精神上的自由权，也允许凭自己的意思，作为就职条件被限制，也认可以扰乱组织内秩序的表现行为为理由的惩罚性解雇。劳动者的争议权，不过是经济上的自由权。〔65〕在其与民主政治的本质不相容的情况下，否认公务员的争议权是理所当然的事情。因此，日本的公务员法中禁止争议行为的规定，与上述的美国全面禁止公务员及公社

〔65〕 伊藤正巳『言論・出版の自由』(昭和 34 年岩波書店)62 頁。田中二郎，前掲書 42 頁。

职工罢工的规定一样,应遵照法律的明文来解释。[66] 因此,在法律的范围内,对进行了违法的争议行为的公务员进行处罚是属于内部规定的问题,也是内部法的问题,基本上应该由行政权自身来决定。

即使是有关于内部法的问题,像民众诉讼和机构诉讼那样,法律在政策上承认司法权介入的例子也是有的。例如,在地方自治法第146条第12项规定的职务执行命令诉讼中,最高法院认为,相当于国家机关的町长[67],可以判断作为国家机关的都知事对其下达的命令内容的适当性。[68] 但是,下级行政厅没有审查有效训令的内容的权能,而必须根据上级行政厅的训令行使其权限,这归结于上述行政组织的分层组织原则。这是纯粹的内部法的问题,不能因为是国家机关委任事务就作不同的解释。如果,其职务命令的内容是违法的,由于下级行政厅已经依其作出处分,违法地侵害了私人的权利和利益,或者让其承担了法律上本没有的义务,那权利被侵害或被附加了违法义务的人只要起诉这个行政处分就够了。职务执行命令诉讼的制度的目的只是在于,在由上级机关代执行机关委任事务时,虽然这作为内部法的问题属于在行政权内部也可以处理的事项,但通过法院的介入,使之能够更慎重地顺利地处理程序事宜。不承担行政责任的法院,在还没有行政处

[66] 孟德斯鸠指出,“判决应该始终依据法律正文且保持一贯。判决不应该是法官的偏向性意见。”“如果法官成为立法者,那么与市民的生命和自由相关的权力将变得恣意。”参照宮沢俊義『法の精神上巻』227頁、230頁。激化公务员以及公共企业职员们的争议行为,给国民的生活造成意外损害,这是此判决否定法律条文所造成的灾难。即使是在英国,就1844年的劳动保护立法“十小时法”,在1850年2月8日被提起的一个诉讼案件中,因最高法院判决:“工厂主们虽然作出了违反该法律意思的行为,但在该法律中包含了使该法律本身变得毫无意义的语句。”最终作为制定法的“十小时法”被废止了。Karl Marx: Das Kapital. Erster Band Dietz Verlag. 1966. S. 308.

[67] 译者注:町长,可理解为镇长,是作为日本地方公共团体的一町之长。

[68] 昭和35年6月17日最高裁判所第二小法廷判决,全员一致,发回重审,民集14卷8号1420頁。案件事实是,基于土地法的规定,征用委员会虽然已将征用的裁决申请书向土地所在町的町长寄送,但反对该征用运动的町长,没有按该法规定进行公告。于是,都知事向法院要求执行职务命令。虽然町长主张都知事的职务命令是违法无效的,他没有义务去遵守,但原审判决命令町长执行公告,判决写道:“町长作为国家机关,关于其处理的行政事务,要立足于和都知事之间上命下从的关系,受上级机关的命令拘束,……除非形式上的要件(该命令符合规定的方式,都知事对该事项具有命令权限或命令事项属于町长权限范围内的国家事务或其他要件)欠缺或者命令客观不能完成的事项以外,町长具有服从该命令的义务。”对此,町长提出上诉,即本案,上诉审撤销原审理由是:“在职务执行命令诉讼中,法院理应实质审查该指挥命令的内容适当与否,因此,在这一点上,原审判决中认为形式审查就足够的判断是不正当的。”但实际上原审的判断是正当的。

分作出的阶段就对行政内部的程序规定的适用进行干预，在本案的情况中，法院阻止了法律也认可的行政机关为实现基于土地收用法的在公益上具有急迫性的“土地收用”事业而实行的行政执行，这罔顾宪法规定的权力分立原则。这是缺乏对行政法中的内部法的理解的结果。

在公务员的法律关系之中，特别是为了维持内部法所规定的秩序，法律设置了科以刑罚的规定(国家公务员法第 109 条至第 111 条、邮局法第 79 条等)。在此情况下，法律的旨趣是将这种处罚关系置于一般统治关系之下，因此即便是属于内部法关系的事项，当然也应服从于司法审查。

还有，当内部法的规定直接关系到私人的权利义务时，也会成为司法审查的对象，例如，根据会计法第 29 条之三的第 1 项规定，国家的买卖、借贷和其他合同以一般竞争为原则。这条规定被理解为是对负责国家合同的职员的训示规定，但实际上一直被无视，有名无实。但是，因为宪法保障对国民的平等与自由的最大的尊重，以及因为民主政治的经济的基础在于自由竞争，所以这个会计法中一般竞争的原则是从所有国民都必须均等地享有与国家订立契约的机会，这是从国民的经济活动的自由这一宪法原理中导出的会计原理。与此同时，如果没有竞争，就不会有适当的对价形成，所以这个原则实现了财政法第 9 条第 1 项的适当对价主义，也为了维护纳税者的利益，必须严格遵守。也就是说，会计法第 29 条之三的第 1 项的规定，并不是仅仅是对负责契约职员在执行事务上的训示规定，还是为了实现受宪法上最大尊重的国民的平等和自由，并保障纳税者正当利益而制定的规定。因此，当国民享有的可以与国家订立契约的地位被不当或违法地否认时，有要求会计审查院进行审查的权利(会计检查院法第 35 条)，而且，其必须能够向法院寻求对该权利的救济。此外，因指名竞争和协商契约等没有适当的对价的契约，承担或有可能承担不当的财政上的负担的纳税者，必须能够除却这种不利益。[69] 因此,认可国民也可以提起住民诉讼这样的纳税者诉讼是民主政治的要求。当内部法的规定关系到私人的权利利益之时,它必须成为司法审查的对象。

纯粹的内部法的问题不能成为司法审查的对象的理由是:(1)宪法上权力分立的原理;(2)不是法律上的争讼;(3)组织权内部的自治;(4)属于特别权力关系。

作为法律理论来说,因为行政内部的行为是在行政机关之间,或者是在行政机关和组成行政机关的公务员之间进行的,诉讼法上所要求的适合成为当事人的对立的人格是不存在的,所以,这足以解释法律上的争讼是不可能存在的。

(五)

内部法必须根据情况的变化来进行改革和废除。一直以来,因内部法是规定与国民无关的行政内部的事项,是具有训令性质的法,对其制度的改革和废除历来都不被关注。[70] 但是,因为内部法是为了达成外部法的目的的法,故必须一直不断地关注外界环境的变化,为了能够合理地进行行政运营而不断制定修正。

行政机关的权限虽然是由国家行政组织法以及各省各厅的设置法所规

---

〔69〕 昭和 45 年 1 月 19 日東京地方裁判所判決、行裁例集 21 卷 1 号 1 頁。案件事实是,中野区把国电中野车站南口的区有地以每坪(即每 3.3 平方米)422400 日元的价格,与 K 公司订立协商契约出售了。这是因为,K 公司和邮政部签订合同,将该地用作中野邮局大楼和邮局职员住宅用地。对此,住民提起住民诉讼,主张出售价格明显过低,请求不得出售给 K 公司。因为有协商契约作为依据,法院驳回了住民的请求。在日本,由于没有实行自由经济的经验,所以一般人很难理解根据一般竞争所定的价格和根据指名竞争或协商契约所定的价格是有很大差异的。住民诉求的是,以只有通过一般竞争才能得到的适当的实价出售。K 公司如果要取得那块土地,应该参加竞争并按照时价支付。前注昭和 39 年 7 月 9 日最高裁判所第三小法廷判决『民集 18 卷 6 号 1016 号』也是同样的判决,原告依地方自治法 242 条之二的规定提起住民诉讼,主张的是违反内部程序规定,因而败诉,这从内部法的效力来看是理所当然的。但是,其主张的主旨若是攻击未经竞争,便签订契约以不正当的低价出售财产,给地方公共团体造成损失的话,作为原告,主张这一点才正符合纳税者诉讼的旨趣,才能达到其目的。在这些纳税者诉讼中,住民诉求的是以合理对价来出售公共财产,而不是协议契约的合法性。参照槓重博『憲法の変遷と行政法、民主主義の原理と十七世紀的契約方式』(上智法学論集 11 卷 1 号)96 頁以下。

〔70〕 明治 22 年制定的物品会计规则,也没有显著的修正,在昭和 32 年物品管理法实行之前的约 70 年间被适用。

定，但至于其权限的行使，必须要各省各厅与作为国库大臣的大藏大臣进行协商，必须获得其批准的情况不在少数。而且，没有既重要又不需要财政的支持的事项，所以在该情境下，各省各厅的权限在事实上是被握在大藏大臣的手中的。内部法的规定是在大藏大臣握有预算核定权，具有强有力的权威的背景下，为有效地进行财政统制而制定整备的。无论是众议院、参议院还是最高法院，都服从于此财政统制（财政法第 20 条第 2 项、第 31 条至第 34 条，会计法第 2 条、第 18 条、第 46 条、第 47 条，国有财产法第 10 条、第 11 条之二、第 12 条、第 31 条，物品管理法第 12 条等）。在以权力分立为原则的宪法之下，为什么会容许存在这样的内部法呢？这是为了确保宪法第 9 条的和平主义。〔71〕就像其制定理由中明确表示的那样，明治宪法将财政权视作行政权的专有权限而不容许议会置喙，不让议会阻碍行政运营。〔72〕这就是在国民不知不觉间做好战争准备并实现战争的原因。因此，日本国宪法规定，财政权必须牢牢握在国民的手中，行政权则以财政为媒介被放置在了国会的控制下（宪法第 38 条以下）。〔73〕由于这个国会中心主义的财政政策，为了使财政无时无刻都能够在国会的统制之下，必须能够时刻把握财政，有效控制财政。

法律和预算是形影相伴的〔74〕，由国会把握财政权限对监督法律的施行是非常有效适当的，立法机关、司法机关也要立于大藏大臣的控制之下，这

〔71〕 根据财政法的立法理由，保障宪法第 9 条的是国会中心主义的财政，其具体的手段是禁止负债的原则（财政法第 4 条）。明治维新后至第二次世界大战期间，日本从没有过连续 10 年没有战争，而战败后却近 30 年都没有战争，原因在于日本国宪法实施以后，直到昭和 39 年，从未发行国债。必须铭记如果不发行国债是无法筹备战争的，国债不是为了准备战争而发行的。

〔72〕 有许多文献涉及明治宪法的制定过程。小早川欣吾『明治法制史論』（公法之部上卷）432 頁以下。鈴木安蔵『日本憲政史概説』（昭和 16 年中央公論社）472 頁。

〔73〕 据高柳賢三外『日本国憲法制定の過程 Ⅱ』、『解説——連合国総司令部側の記録による』（1972 年有斐閣）247 頁，作为日本国宪法的财政处理的基本原则，提出“立法机关对财政上的措施具有专属权限”的方针，第 7 章财政の章被国会中心主义的基本原则所贯彻。

〔74〕 田中二郎『法律と予算、法律による行政の原理』（昭和 29 年酒井書店）381 頁。即使法律成立了，如果不批准实施该法律的预算，就能够阻止法律的执行。如果看一看劳动法的实施过程，无论是英国还是日本，都采取了同样的措施。英国议会在 1802 年至 1833 年间通过了五部劳动法，狡猾的是，由于没有通过用于实施的必要预算，这些法律都成了一纸空文（Karl Marx：a. a. O. S. 294）。日本的工厂法亦然，虽在明治 44 年被制定并公布，但由于没有对其实施必要的预算措施，直至大正 5 年才编列预算下决心实施。石井照久『労働法総論』（昭和 32 年有斐閣）26 頁。

是为了保障宪法最重要的原理——和平主义而不得已为之的。然而,这样的内部法的规定,实际上,与分离财政权限和行政权限并想要防止行政权优位的宪法意图恰恰相反,它比起旧宪法更强化了大藏大臣的权限,也更招致了行政权的优位。〔75〕这是因为,虽然宪法已被改为与民主政治相称的宪法,但内部法却没有按照政体的变化进行修改。国会为行使立法权,在众议院、参议院分别设置法制局,明明放置了国会图书馆、专门委员、调查员、事务局等,然而却完全没有行使财政权限的组织,这就是国会把宪法上规定本应由其行使的财政权限委托给内阁行使的原因。国家政策规划局、预算局、财政控制局、会计检查部局,虽然同旧宪法下的行政组织一样,但若没有将它们改为国会的附属机关,就不能实现从行政权中分离财政权限并使其成为国会的专有权限这一煞费苦心才改定的宪法的要旨。〔76〕上述情况也是因为没有意识到内部法的规定必须随着宪法的改变而改变,疏于修改才导致的。

理论上,内部法虽是外部法的附属物,但如果内部法与外部法不相适应,外部法的意图是无法实现的。除非向行政导入在民间进步发达的、为实现经营管理而采用的合理技术,否则内部法是绝对不可能改善的。

(六)

内部法和一般私人的生活没有直接关系,因此有关其解释,是在行政组织的内部独自进行的,有时会以层级组织原则和协议承认权为背景去强迫其他机关遵守。即使是内部法,也必须和外部法一样,应该正确地理解法的旨趣目的,运用目的论进行法解释。

内部法的解释,尽管是法的解释,但由于很少会进行法学上的研究,在繁忙的行政事务中追寻纷繁复杂的先例并进行独特的行政解释的情况不在

〔75〕关于其弊端的一部分,参照槇重博『憲法の変遷と行政法』(上智法学論集11卷1号)89頁以下。

〔76〕这样的改革,虽然有议论认为有必要修改宪法,但在日本国宪法的制定过程中,宪法第86条内阁预算提出权的主要内容,是由内阁向国会提出行政部的预算案,由国会为预算立案,同90条的会计检查院法,是将会计检查院当作当然的国会附属机关被提出的。因此,宪法修正对于本文这样的改革而言并不是必要的。有关会计检查院制度,参照槇重博,前揭論文110頁。

少数。[77] 合目的的解释,一直存在这样的倾向,即反过来利用行政需圆滑运行与内部法的技术性的特点,来作强化自己的权威,或者是帮助其回避责任的消极的解释。内部法的解释会形成行政内部处理的先例,法院有时也会尊重该解释[78],所以,对内部法也有必要进行法律上的解释。

结　语

在行政法中,存在两种大的类型。一种是有关行政组织的法,关于构成组织的公务员的法以及在行政运营中必要的起财政管理作用的法。另一种是实施行政措施的法、维持社会的安全和秩序的法以及与筹集国家财源的财政权力作用相关的法。前者是行政内部的法规范,后者是调整行政主体和私人之间关系的法规范。前者是为了更好地实现后者的目的而存在的法。本文将前者命名为内部法,将后者命名为外部法。

在以三权分立为原则的日本宪法下,与立法权、司法权拥有各自的内部的规范权一样,行政权也有其内部的规范权。行政法中的内部法是基于这种行政权的内部规范权而制定的法,其本质是公务员的行为规范。与此相对的,外部法是为了实现宪法规定的价值体系的实体法,因为其具有实现社会构成的作用,其本质既是行政机关的行为规范又是裁判规范。故而,行政

〔77〕 纯粹的内部法,无论如何解释,其效果都仅限在行政内部,所以一般来说影响较小。例如,即便说到与私人有关的规定,如竞争投标制度,是依自由竞争的经济原理来追求适当价格的制度,所以同意竞标者把竞标书放入投标箱后可依当时的局面追加投标报价,也是符合制度宗旨的。另外,在竞标失败后再次投标时,在竞标场的人,即使第一次没有参与竞标也允许其竞标,这也是符合竞标制度的。然而,行政指导的意见都是持反对态度的。参照杉村章三郎外『財政・会計・国有財産法』(昭和 39 年日本評論社)307 頁、308 頁。另外,会计法第 32 条规定的缴纳通知,与私人的单纯的催促是不同的,因为是由具有法定权限的机关履行了正规程序而实行的,并且是可以公开证明的,所以判例表明再次的缴纳通知具有时效中断的效力(大正五・三・八大審院判决、大正一三・九・一八大審院判决)。在尊重公共财产的民主财政之下,作为保全国家债权的方法,在此承认时效中断的效力当然是正当的。但是,在实务上却理解为只能进行一次缴纳通知(前揭書 394 頁)。杉村章三郎『財政法』(昭和 34 年有斐閣)208 頁,承认了再次的缴纳通知的时效中断的效力。

〔78〕 昭和三九・三・二六東京地方、下級裁判所民集 15 卷 3 号 641 頁。昭和四一・五・一九岡山地方、行政裁判例集 17 卷 5 号 549 頁。昭和四一・一二・一二山口地方、行政裁判例集 17 卷 12 号 1337 頁。槇重博『公法上の債権の時効の中断』行政判例百選(新版)51 頁。

法中的内部法,在行政法中保有特异性,可以认为它有值得作为独立的部门被研究的独立性。

内部法的特质在于,为使多数公务员公平地有效率地行使行政权,在内容上要求合理性,要求形式上的详细的程序规定与规定的无疑义性,更为重要的是,追求在内容上的全部合理性,其特质是超越价值观差异的中立的技术法。

行政法中的内部法因为有这样的本质和性质,便被认为有如下法理:(一)内部法的效力采属人主义,公务员在外国从事公务的情况下,即便是在领土之外,内部法仍然有效力。违反内部法的行为,只要没有宪法或法律上特别的规定,其效力不受影响,只是会追究那个作出违反内部法的行为的公务员的责任而已。(二)因为内部法与私人的权利义务无关,在内部法的关系中,不存在行政处分。这是因为,行政处分是指,行政主体基于法律,依靠优越的意思表示或公权力的行使,就具体的事件对私人采取法的规制的行为。(三)在国家或地方公共团体与私人之间的关系上,除公务员是被公共资金所扶养,为国民福利而被委托执行公务之外,与那些基于自身的自愿承诺而服从内部规范权的一般被雇佣者一样,并非处于与一般统治关系相对的特别权力关系之中。(四)因为是基于行政权的内部规范权的法,内部法的问题原则上不受司法审查。即使是在法律政策性地认可司法权介入的情况下,关于内部法的问题,也必须尊重行政权的内部规范权。(五)虽然普遍认为内部法具有固定的性质,几乎没有变化,但那不过是由于它是和国民没有直接关系的法的领域,而怠于对其进行制定修正罢了。因内部法是为了施行行政的技术法,必须根据情况的变化来进行革故鼎新。(六)由于内部法的解释是在行政内部进行的缘故,官员容易有独善其身的想法,因此内部法也应该根据法律解释的一般理论来进行解释。

像这样,如果把行政法中的内部法当作一个行政法的部门来研究,我认为有可能会提出更多的问题。另外,关于内部法的法理的结论,还有需要更进一步细化研究的点。关于这些问题,我想要在今后的研究中继续思考。

(特约编辑:刘雪鹂)

受规制的自我规制

——作为行政法体系建构的组成部分

[德]埃博哈德·施密特-阿斯曼*著　金健**译

内容提要：行政法学体系建构的意涵关照了静态与动态——对过往既有所在的行政管理和对往复生成的行政新任务的全新构架。受规制的自我规制属于既拥有启发性功能，又是一个兼具教义学意义的"中继"概念。对此，应分六步展开：含义的确定、参照领域、建构形式与安排、利益结构、秩序理念、法教义学。受规制的自我规制将行政法的发展趋势集于一体，它不是一种根本性的重构，而预示了行政法体系的继续发展。受规制的自我规制的不同表现形式必须与法教义学体系相适应，且须嵌入到行政的现实中。

关键词：受规制的自我规制；行政法；系统建构；秩序；教义学

一、行政法的体系建构

法律体系不能成为僵化的、一劳永逸的秩序样式。法律体系对法律和

---

* 德国海德堡大学法学院荣休教授、博士生导师，曾任海德堡大学德国与欧洲行政法研究所所长、德国学术研究学会特聘专家、北莱茵-威斯特法伦州、巴登-符腾堡州高等行政法院法官、德国科学院院士。研究方向：宪法与行政法学、规制理论。

** 金健，法学博士，南京大学法学院专职科研人员、中德法学研究所副研究员。本文受国家建设高水平大学公派研究生项目(留金发〔2014〕3026 号)资助。

原文是《霍夫曼-里姆教授六十周岁祝寿文集》中收录的一篇施密特-阿斯曼教授的论文。

Eberhard Schmidt - Aßmann, Regulierte Selbstregulierung als Element verwaltungsrechtlicher Systembildung, in: Regulierte Selbstregulierung als Steuerungskonzept des Gewährleistungsstaates: Ergebnisse des Symposiums aus Anla? des 60. Geburtstages von Wolfgang Hoffmann-Riem, Berlin Duncker und Humblot, 2001, Die Verwaltung: Beiheft 4, S. 253-271.

社会的变迁宜持开放态度。法律体系无疑也为这些变迁指明了方向,对变迁的阶段展开观察,对变迁的结果进行评价。这就对体系的相对稳定性提出了要求。因此,法律体系方面的论著与法律注释学的论著相较,以目光的逡巡著称。"体系建构"的意涵关照了特殊的状态:静态与动态——对过往既有所在的行政管理和对往复生成的行政新任务的全新构架。〔1〕

行政法的体系建构以三种方式进行:

第一种方式:在运用迄今为止的教义学知识的日常行政和司法实践中对其进行检验,在几乎无法察觉的步调中进一步发展。

第二种方式:通过从出发点看毋宁是任务指向型而非由已框定的系统目标指向型且铺陈甚广的议会立法和超国家立法。

第三种方式:通过既从传统的判例和现今的法律变化的知识中,又在与更深的价值取向和贯穿其中的发展脉络的距离中雕琢出的学术性法律科学。

这三种影响在体系上的力量互为依靠。因此,将实践与理论、个案与体系、法教义学与法律改革对立起来,从一开始就是错误的。行政法上的体系建构同时也往往是体系的改革,即"在发展中的教义学"。欲绝知行政法的体系建构,须对法律和行政中真正的发展进行观察。新的教义学知识不会从数学严谨推理的确定预设中获得。在描述、分析、类型化、确立发展方向、形成新的或变化的法律知识之间不存在明确的边界。使得对社会现实的描述突变为规范性的冲击并不存在。法律科学是一门论证科学。解释方法和衡量规则还需要证明什么?因此,当法律科学的教条和体系建构对新的或有所转变的社会现象修改或重置法律后果时,必须建立在说服力的基础上,并有赖于创新性。直击最新现象的分析的要义、昭示明确的法律应对的"中继"(Vermittlungsbegriffe)概念需要进一步解析。关于行政法改革的新近

〔1〕 *Hoffmann-Riem*, in: *Hoffmann-Riem/Schmidt-Aßmann/Schuppert*(Hrsg.), Reform des Allgemeinen Verwaltungsrechts, 1993, S. 115(116 f.).

讨论恰好证明了这一特性。[2]

二、受规制的自我规制(后设规制)

受规制的自我规制(后文又称后设规制)[3]属于既有启发性功能,又有教义学上的意义的"中继"概念。对此,应分六步展开。

(一)含义的确定

受规制的自我规制表明了在国家和社会活动的中间地带的相互作用。我们认为,它和一个集合性概念有关,只有先分开处理它的两个构成要件,才能正确理解它的意义。

1. 自我规制是非国家机构保证参与人的行为标准的措施。[4] 它的力量源于私人的社会行为。这关系到追求基本权利自由的、集体的秩序样式的形成,关系到"与自我相关的功能逻辑",既追求自我利益,也追求公共利益,只要其仍与集体的、全面的秩序有关。[5] 一个不恰当的观点无疑是被采纳了,当其与自我规制的特殊关系被纳入到与国家的关系中时。从在自我规制中起作用的力量中内生的对公共目的的追求,恰恰不是国家所定义的公共目的。[6] 国家层面的秩序考量不应当渗透到概念的形成中。所以,

---

〔2〕 Dazu Schuppert, Die Verwaltung 1999, Beiheft 2, S. 103 ff. Speziell zur Verantwortung *Trute* und *Voßkuhle*, in: Schuppert (Hrsg.), Jenseits von Privatisierung und "schlankem" Staat, 1999, S. 11 ff. und 47 ff. Zurückhaltender gegenüber diesem Begriff *Rähl*, Die Verwaltung 1999, Beiheft 2, S. 33 ff.

〔3〕 Grundlegend *Hoffmann-Riem*, in *Hoffmann-Riem/Schmidt-Aßmann* (Hrsg.), öffentliches Recht und Privatrecht als wechselseitige Auffangordnungen, 1996, S. 261(300 ff.); Trute, DVBl 1996, S. 950 ff.; *Schuppert*, Die Verwaltung 31(1998), S. 415 ff.; mit weiteren Nachweisen J.-P Schneider, Liberalisierung der Stromwirtschaft durch regulative Marktorganisation, 1999, S. 41 ff.

〔4〕 *So Hoeren*, Selbstregulierung im Banken- und Versicherungsrecht, 1995, S. 6,经济中自我规制的形式。

〔5〕 *Schmidt-Preuß*, VVDStRL 56(1997), S. 160(162 f.).

〔6〕 *Anders Di Fabio*, VVDStRL 56(1997), S. 237(238: "instrumentelle Selbstregulierung"); vgl. aber auch dort S. 241.

这样的自我规制和行政法及其体系建构几乎无关。所有的这些思考,只有在对"中继"概念的考量时才登场。[7]

2.政府规制是国家高权(hoheitlich)地进行的活动。它是一种带有特别的、超出个案的秩序目的的调控。只要政府规制是以行政手段进行的,就应当归入往往在多级行政关系中扮演角色的控制性行政的类型。政府规制是行政法的一个经典话题,作为这样的角色,再依赖自我规制就毫无必要了。

3.作为行政法体系建构的"中继"概念的后设规制,只有在自我规制的意愿和政府规制的意愿相互联系、相互补充时才起作用。这个概念的本质是一种耦合。高权和个人之间的对立,国家初始的共同福祉责任和同时也在促进共同福祉的个人自由之间的对立,以及在共同的秩序理念中超越这些对立,是释明受规制的自我规制的概念的题中之义。

(二)参照领域

受规制的自我规制在法律秩序中的许多领域都有体现,表现形式却极为不同。为了避免向典型的公法视野过快收缩,参照领域须以截然不同的传统和利益结构进行分析。[8]

一个重要的参照领域是环境法,在此处体现了在普通行政法上作为突出的关涉领域的优位。[9] 当人们谈及可作为环境法工具的代表性规范的《环境法典(独立专家委员会草案)》[10]时,纳入到政府规制的利益中的自我规制机制就凸显出来,如下:以自我规制形式的纯粹自我监督(第143条至第147条),在整个制度内的自我监督,如环境评价(第164条至第169条),关于企业内部的环境保护组织的规定(第151条至第171条),自我责任的

---

〔7〕 为给受规制的自我规制的"中继"概念描绘清晰轮廓,不推荐在行政的范畴内讨论自我规制。Anders J.-P. Schneider,第177页以下。

〔8〕 关涉到的领域的意义 vgl. *Schmidt-Aßmann*, 参见前注〔1〕,第26页;与一般行政法的特殊关系 *Groß*, Die Verwaltung 1999, Beiheft 2, S. 57 ff。

〔9〕 参见前注〔1〕,第118页。

〔10〕 Bundesministerium für Umwelt, Naturschutz und Reaktorsicherheit (Hrsg.), Umweltgesetzbuch(UGB-KomE), Entwurf der Unabh? ngigen Sachverständigenkommission zum Umweltgesetzbuch, 1998.

认领和标准制定的合同(第 35 条至第 39 条)以及关于技术规则和对政府决策事项的接受方式的规定(第 31 条至第 33 条)。在这些领域,企业的自我规制要么与国家的监督任务相联系,有时减轻了国家的任务,从长远来看,甚至会被自我监督所取代。在自我规制的标准制定中还加入了以下观点:(1)国家的信息共享;(2) 国家为法律上可实施的技术法上的标准承担最后责任。综上,环境法提供了受规制的自我规制的一个范例,首先从剩余的国家监管责任维度发展起来,因此在法政策上,作为传统警察法的软化却常遭批判。

在电信法上,我们在与公共相联系的经济领域会邂逅受规制的自我规制。[11] 类似的管制结构也能在能源、邮政、铁路等领域寻得踪迹。[12] 这样的机制以垄断规制、市场组织的形式发挥作用。在电信法上,受规制的自我规制是国家的履行责任(Erfüllungsverantwortung)到保障责任(Gewöhrleistungsverantwortung)间起过渡作用的铰链(Schanier)。在立法层面,国家的规制文件处于中心地位,而自我规制的机制,如在不同的电信服务提供商之间关于互联的合同合意,毋宁位居幕后,仅提供一个出发点。规制的工具是国家的分配决策,往往以行政行为的形式作出,并和促进公共福祉的命令相联结。

受规制的自我规制的其他形式在商法和公司法上也有体现。此处起支配作用的是私人经济行为和与谦抑的国家框架责任(如消费者保护或债权人保护)相对的力量的自由运行。被文献称为自我规制不同表现形式的有:(1) 制度化,如银行的存款保证金的建立;(2)专业化,如内部行为规则的制定(收购守则);(3)程序化,如通过建立自己的解释和调解程序。[13] 以上几项是参与的经济主体自身利益的表达,这些主体试图强化商业交易对效率的信任和市场经济主体的团结。这些过程只有经由以下步骤才能成为受规

---

〔11〕 Dazu *Ruffert*, AöR 124(1999), S. 237 ff.; *Hoffmann-Riem*, in: *Schmidt-Aßmann/Hoffmann-Riem*(Hrsg.), Strukturen des Europ? ischen Verwaltungsrechts, 1999, S. 317 ff.; *Eifert*, Grundversorgung mit Telekommunikationsleistungen im Gewöhrleistungsstaat, 1998, bes. S. 175 ff.; *Scherer*, in: *Grundmann*(Hrsg.), Systembildung und Systemlücken in Kerngebieten des Europ? ischen Privatrechts, 2000, S. 691 ff.

〔12〕 能源法 Schneider 前注〔3〕,S. 525 ff。

〔13〕 参见前注〔4〕,第 24 页。

制的自我规制:国家在其框架责任的基础上对这些规则的关注或以法律形式对责任条款进行拘束性规定。监管机构的建立,譬如联邦有价证券交易监管局的建立,同样服务于这个目标。政府规制通过帮助建立信任、透明和稳定,如此这般,支撑着自我规制。它为私人措施提供了支点或平台。在德国不但呈现了最新的发展:国家-社会的责任划分没必要迷失在民营化或规制缓和的路途中,而且需要澄清的反而是"公共化趋势"。〔14〕 例如,以《有价证券法》的强制性条款替代最初在自愿地承认的基础上建立的内部规则。〔15〕

在产品安全法上,受规制的自我规制的机制基于欧盟法的相应规定才逐渐形成。〔16〕 根据新理念进行的转化将安全标准的形成大规模让渡给了私人形成的欧盟标准,此外,这些标准也为国家标准主管机关所用。在操作层面上,产品的认证实质上是自我规制的,即通过生产者的生产控制和技术文件,或通过私人专家或通过基于合同与生产者协作的、由于其跨国的任务分配不认定为政府机关或受委托机构而认定为私人机构的所谓指定机构。〔17〕 国家主管机关仅负责对这些机构的认可。虽然在产品安全法上关涉到危险防御的任务,但政府规制进行了大面积后撤。

科学法提供了受规制的自我规制的多层体系。〔18〕 然而共同的结构在此处由于按公法(形式)组织的科学单位(大学)和私法上的组织(如马克斯普朗克协会、弗劳恩霍夫应用研究促进协会)之间的差别并不全然清晰。我们仍要考虑的是,针对科学的政府规制首先是借助于财政上的缰绳进行的,如此,便不难将在财政手段的分配意义上处于核心地位的德国科学基金会确定为自我规制和政府规制的接口。

---

〔14〕 参见前注〔4〕,第 363 页。

〔15〕 Verkündet als Art. 1 des 2. Finanzmarktförderungsgesetzes, BGBl I 1994, S. 1749; dazu *Assmann*, in: *Assmann/Uwe H. Schneider* (Hrsg.), Wertpapierhandelsgesetz, 2. Aufl. 1999, Vor § 12 Rn. 1 ff.

〔16〕 Dazu grundlegend *Röhl*, Akkreditierung und Zertifizierung im Produktsicherheitsrecht 2000, passim.

〔17〕 同上,第 23 页。

〔18〕 Eingehend Trute, Die Forschung zwischen grundrechtlicher Freiheit und staatlicher Institutionalisierung, 1994, bes. S. 280 ff.; ders., Die Verwaltung 27(1999), S. 301 ff.

迄今为止，在器官移植法领域鲜有对后设规制进路的法学关照。[19] 当国家的影响在决定生死的领域(此外考虑到“重要性学说”)理应起支配作用时，这显得更难以置信了。1997 年的《器官移植法》却呈现了另一番景象。它为移植器官的分配决定设定了中转中心——不必是一个德国的机构。决定(移植)的标准也不是由国家制定，而是由联邦医师协会的委员会制定。这就主导了自我规制——无疑与自治(Selbstverwaltung)结构相联结，以授权的要义为贯彻。

(三)建构形式与安排

谈到行政法的体系建构，较国家的调控及行政的角色而言，极少言及自我规制。受规制的自我规制的若干类型需要重点论述，它们的规范的、行政的建构形式和不同的安排联系在一起。

1. 通过规范的规制技术进行的自我规制

立法方面国家影响有其侧重点。当立法者在一般的私法已规定的领域之外进行安排时，才涉及政府规制。《德国民法典》中的合同类型不是特定的国家规制使命的表达。立法上的规制方法在特别私法上有所体现，如通过特殊的义务构成要件以立法的形式超越了以往的自我规制机制。(计划中的)《收购法》上便有例证。[20] 技术法上关于自我规制的立法，例如《环境法典(独立专家委员会草案)》第 31 条至第 33 条也属于此种现象。

2. 通过有义务的自我执行机构进行的自我规制

立法者不仅在制定自我的标准或承认国家标准方面对承担自我规制的社会主体课以义务，在自我执行机构方面也是如此。这些机构本身属于自我规制的一部分。它们不会成为国家的执行机构。一个典型是受委托的数据保护或环境保护机构。同样，私人的外部监督机构，例如《商法典》第 316 条规定的年度决算审计师和产品安全法上的被指定机构。此外，自身的子系统也通过和国家监管的联系得到发展，认证和认可的相互合作即证实了

---

〔19〕 例外参见 *Holznagel*, DVB11997, S. 393 ff。

〔20〕 Entwurf des Bundesministeriums der Finanzen zum Gesetz zur Regelung von öffentlichen Angeboten rum Erwerb von Wertpapieren und von Unternehmensübernahmen vom 12. März 2001.

这一点。类似的还有生态管理和审计及由政府许可的环境鉴定师。

3. 由政府的执行部门进行的自我规制

自我规制的运行在法律上往往和国家的执行机关联系在一起。连接点经常是传统的经营监管。在与自我规制的联系中,它以“对监督(进行)的监督”(Kontrolle der Kontrolle)之模式进行构架。[21] 例如,国家机构与私人的监督部门并行运转,或作为私人规制失灵情形下的后备力量。关于国家的执行,也要考虑在监管职责之外另有“社会塑造”(Sozialgestaltung)的任务指派给行政的情形,例如垄断规制、市场组织等,就如在电信法中一般。最后,行政为了形成理应由自我规制机制完成的目标计划(Zielvorgaben)进行授权,这也属于此类积极明确的行政规制的情形,例如在废物法上联邦政府的目标计划。[22]

4. 合作的组织

自我规制和政府规制最终会在各自设立的组织中耦合。一般说来,关系到根据私法设立的组织,国家的代表在其中起到咨询或决策的协同作用。不仅是在技术标准的组织中如此,对于科学自我组织的机构的委员会中国家的代表亦是如此,如德国科学基金会和马克斯普朗克协会。

5. 界限

受规制的自我规制必然有不同程度的联系。然而,行政权和社会的合作光谱肯定尚未充分利用。当人们将处于一端的命令式的政府完全规制和处于另一端的完全不受国家影响的自我规制作为两个端点移除时,在这两个端点间,有一合作光谱紧绷如下:[23]

● 授权方面关涉到统一的借助于高权手段履行的国家任务。在运用领域中,被授权组织可理解为行政的一部分。被授权组织因此要根据行政的理性标准进行调试,至少服从于法律的监督。

---

〔21〕 行政控制的变迁参见 *Schuppert*, DöV 1998, S. 831 ff.; Pitschas, DöV 1998, S. 907 ff., sowie die Beiträge in: *Schmidt-A? mann/Hoffmann-Riem*(Hrsg.), Verwaltungskontrolle, 2001。

〔22〕 参见前注〔10〕,第 502 页。

〔23〕 Vgl. die Typisierung bei *Hoffmann-Riem*, in: Auffangordnungen(前注〔3〕), S. 300 ff.

● 在行政辅助方面国家任务也起支配作用。[24] 私人也为此作出贡献：由其根据自己的行为模式一般以私法的形式进行，但在功能上与国家任务相关。所以人们可以在此范畴内称之为植入个别自我规制元素的高权任务。

● 仅当私人力量不只接受辅助的任务而自行生成一种集合性的秩序时，国家的受规制的自我规制才存在。这发生于私人的标准制定、私人监督或私人组织中。国家激励这样的活动，利用之，使之稳定，同时也偶尔加以节制。自我规制也有利于公共利益，但是进行自我规制的主体既不接受国家任务，也不作为纯粹的行政辅助人参与履行这样的国家任务。在清晰的委托的情形下则有所不同(《器官移植法》第 16 条)。

自治不在这一条光谱中。正如在新法学著作中十分普遍的一样，这个概念应当在公法上的组织和决策情境进行保留。自治主体因其法律形式处于国家那一侧。在自治主体的历史发展中，它大概脱胎于以往的自我规制形式，在功能划分上，它大概更接近社会领域。然而在法律形式方面，行政法上预先确定了如此多的义务，以至于在体系上将其归入行政领域。

(四)利益结构

受规制的自我规制的教义学只有通过对运行机制产生深刻影响的利益结构的精准分析才能展开。文献中出现了一些危险的场景，但被错当成了相反的信号。“一方面好似自由社会的充分浸润”，在这样的社会之中，国家身上背负着对权力的垄断，就像背着箭筒里的毒箭一样；[25]另一方面却呈现出别样的景致：“行政权使经济上的强者成为自愿的自我责任的信箱。”[26]这样的担忧并不是新发现。类似的思考给先前关于“国家和协会”的专题讨论施加了影响。在 1965 年的国家法教师大会上，行业自我限制协

---

〔24〕 Grundlegend *Burgi*, Funktionale Privatisierung und Verwaltungshilfe, 1999, bes. S. 61 ff.

〔25〕 So *Di Fabio*, NVwZ 1999, S. 1153(1157).

〔26〕 So Führ, in *Roßnagel/Neuser*(Hrsg.), Reformperspektiven im Umweltrecht, 1996, S. 211 f.

议的优长和国家放弃的危险完全处于争议之中。[27]

利益方面的详尽分析展示了至少三种立场(1至3)需要考虑,此外还有三种立场进行补充(4至6)。

1.自我规制承担者的利益

此种力量可以是个人、企业、协会和它们的联合体或非政府组织。它们的利益首先在于由它们构架的体系的效率。效率意味着防范国家通过设置与自我利益毫无关联的特别义务,对自我理性行为进行间隔。它们构架的体系的保护也属于此。

2.第三人的利益

作为第三人,首先须关注自我规制机构的受众。它们作为服务接受方、消费者、债权人、顾客,应当受到保护,它们的信任也应当得到加强。第三人的利益在于被提供的服务的质量和可用性有稳定的保障。应保证稀缺资源的合理分配,通过国家(设置)的准入义务实现。某种程度上这和规制缓和、民营化相悖。当人们细观时,第三人的利益,例如存在灵活度低的国家给付垄断的廉价供给方面的利益,也有往反方向发展的趋势。

3.国家的利益

自我规制首先意味着为国家减负,因此从公法视角被评价为"基本上积极的"。它也可能削弱国家的资源。三个问题领域应当被突显出来:

(1)对于政府来说向受规制的自我规制的退让会丧失必要的调控知识,或在将来只在利益明确的预选中选择,这样便产生了信息问题。

(2)政府规制融入强大的私人利益同盟而无法脱身时,就会出现行动问题。当相关架构的稳定性通过例如信赖保护原则规定下来时,行政法也会对这样的混凝提供助力。

(3)最后,当行政与自我规制机制的行为理性过于紧密地捆绑在一起、难以保持必要的距离时,会产生心理问题。

4.参加人的利益

除了这三种主要主体之外,还须考虑其余的利益主体。自我规制体系

---

〔27〕 VVDStRL 24(1966), S. 79 ff.;研讨部分尤其参见 *Ipsen*, S. 103 ff。

的参加人的诉求要进行独立的分析。个体参与人可能将自身视为极为多元的利益会生效的社团主义组织(korporatistische Organisation)的一员。所以,在不均质的利益结构中,在内部的社团机构前有必要保护少数群体。为保护其自身成员的利益或许应当为社会的自我规制厘定边界。〔28〕

5. 竞争者的利益

当政府规制招致特定的自我规制制度的优先权时,竞争者的利益问题便浮出水面。关于形成新的垄断的问题,正如在废物法的二元体系中提出来的一样,以及在若干的制度中进行抉择的问题,会在法律上得到回答。

6. 相关人的利益

当自我规制主体为了自己的客户的用益,对第三人的权利范围进行侵害,正如会在私人安保措施中发生的一样,相关人的利益需要特别的证明,对其保护必要性也要进行研究。〔29〕

(五)秩序理念

对于行政法的传统体系,秩序行政、给付行政和计划行政已被证实十分有裨益。〔30〕这些行政(类型)被指派给一个将利益结构的分析和确定的法律构架条款联系在一起的特殊秩序理念。秩序行政法应当以法治国的形式对法律干预进行规制,因此需要授权基础的构成要件、侵害应当遵守的比例原则、为侵害的相对人提供的程序性保障和(临时)法律救济的可能性。给付行政法关系到一个国家保障方面稳定、可信的分享,关于请求权基础、裁量明确的给付的选择标准、如何强化信赖保护等问题均服务于此。计划行政的秩序概念是法律上最终编定的、有义务在解决计划上的争议时进行根本的综合分析、利益衡量的行政,此种行政与行政计划相关人、公众均有联系,对这些群体却又似乎进行准备性的安排、提供(法律)规范的模板。上述三个概念证明,在秩序概念中启发学和教义学相互间发生着联系。

相应的秩序理念能否也为受规制的自我规制展开?

---

〔28〕 科学自我规制机构的例子参见 *Schmidt-Aßmann*, NVwZ 1998, S. 1225(1230 ff.)。

〔29〕 Dazu *Schuler-Harms*, in diesem Band, S. 159 ff.

〔30〕 *Schmidt-Aßmann*, Das allgemeine Verwaltungsrecht als Ordnungsidee, 1998, S. 148 ff.

1. 法律基础

这一话题的出发点必然是共同福祉的具体化共同委托给国家和社会。没有哪一方享有对定义的垄断权。共同并不意味着相同。两者各自呈现着有所区别的子系统,众所周知,两者的贡献存在不同之处。“唯有私人和公众的不同理性间的矛盾才能变成自由社会的一个有成效的动机,当国家对此作出调整时:在无法逃避的不确定性的情形下,只有对依赖于尝试和学习过程的‘最佳实践’的务实理解才为可能。”[31]当人们将这些承认为受规制的自我规制的特殊性时,秩序理念这才在以下的特点中确定下来:

● 两种子系统的自我理性的获得,一方面是国家的中立性,另一方面是社会的自发性。

● 一次性做好的共同安排相对的灵活性的获得。

● 两个子系统中进行继续的、与公共化趋势相联系的自我观察的必要性。

● 在为规制事务提供目标计划和框架的国家立法帮助下建立起结构。

秩序概念的进一步构架由公法和私法共同完成。两种法律秩序可作为“兜底秩序”(Auffangordnungen)提供保障。“意在将新的行政现实引回到行政法中”的最广泛的公共化,[32]并非正确的途径。受规制的自我规制因此也不以授权的形式出现。[33] 与公法上被信任的主体的联系也试图配享一种确定的清晰性。一大显著的弊病在于参与的私主体的行为理性变得异化。法律上的保护机制,由于大量竞争的、冲突的利益对其必要性不存在疑问,因此不能浇注成统一的公法上的法律形式。更确切地说,必须分开至一个子系统或两个子系统放置。对于政府参与方来说,必须首先确定合作的边界、形成承担监管责任的义务以及保留进路的选择。而对于社会参与方来说,尤其关系到可用的程序和组织形式的利益适当性。规范基础首先确立于法治国家原则和民主原则。

---

〔31〕 *Ladeur*, Negative Freiheitsrechte und gesellschaftliche Selbstorganisation, 2000, S. 3.

〔32〕 参见前注〔6〕,第 242 页。

〔33〕 参见前注〔6〕,第 271 页以下; dagegen *Burgi*(FN 24), S. 89; *Schoch*, VVDStRL 57 (1998), S. 158(209)。

2. 在规制上国家指向的要求

国家的要求能在传统行政法的教义学中得到发展，[34]因为规制的行为是由立法者和行政权一般按照公法标准接受的高权任务。

在法治国要求下，基本权利有特殊的意义。基本权利作为防御权发生作用，例如，当其关涉到纳用私人(私人直接基于法律规定承担行政法上的义务，Indienstnahme)的界限或支付义务的界限时。毫无疑问，没有必要完全遵守目前的划分。对于危险防御的费用义务，迄今为止归于危险引发者，其余归于国家，在很大范围上转移到了私主体的身上。但是必须找到一个恰如其分的联结点。[35] 自我规制优先于政府规制的一般规则在基本权利上不能被证立。这并不能排除在宪法之外的法律层面上确立一个相应的优位。根据《环境法典(独立专家委员会草案)》第 7 条第 2 款，实施警察法上的措施前，行政机关必须确认，能否通过协议以同样的方式达成目的。就这点而言，出现了往辅助性原则发展的趋势。在法律上，目前这种关系只通过比例原则明确下来，比例原则保证了私人的自我规制只有相应的政府措施确定其显然没有必要时才能确保。反过来，也没有国家在警察法上的强制，为避免自我规制机制和与之伴随的利益损害。在基本法上，国家也没有义务在私人间实现最优的利益平衡。在利益损害的情形中，不必然是由国家承担履行责任。否则警察法就成了"无人问津的功能性均衡规则"。[36] 但是，当国家改变了社会参与方的利益权重，由此引发了特定的尴尬处境时，增加的义务"因先前的行为"而产生。假如受规制的自我规制以合作和合同法的形式表达，对私人的行为可能性的有根据的限制就自动不能定义为对基本权利的干预。[37] 人们很少谈到法律上值得注意的合作结构性强制。[38]

对于规制行政和其所追求的合作机制的其他要求来源于民主性原则。正当性原则有重大意义。《基本法》将它以层级模式处理，将等级式和去中

---

〔34〕 Vgl. *Ruffert*, AöR 124(1999), S. 237(244 ff., 280).

〔35〕 Vgl. BVerwG, NVwZ 1989, S. 864 ff.

〔36〕 Dagegen zutreffend *Trute*, UTR 1999, S. 13(19).

〔37〕 *Trute*, UTE 1999, S. 13(23).

〔38〕 相关思考参见前注〔6〕，第 254 页。

心化的合法化方法相互联结。它的基础是第20条第2款上的民主正当性，首先展现的是议会导出的正当性，从这种正当性，经由地方自治的民主正当性到自主正当性。重要的是借由不同的正当性形式可达到的正当性水平。为了系统上归属于社会的合作性中间组织的结构，国家承担了一种在先作用的正当性责任。[39] 此外，民主的组织法的重要形成因素有决策的可接受度、相关人的参与、组织结构的透明和决策程序的公开。它们在正当性原则之外进行了补充和强化。

法治国和民主原则共同确立于在理解后设规制的秩序理念时值得注意的要求。

● 侵害保留中的法律保留。例如自我规制设施的国家资助，国家资助行为侵害了第三人的基本权利(事实上的基本权利侵害)；首先是在对行政组织起反作用的责任结构根本性变更情形中以机构的法律保留的形式。

● 透明要求。确保责任分配的清晰性，[40]可能的话，推动后设规制采取的安排的公共化。[41]

● 合作标准。国家层面有义务使得引入私人规则的过程变得可视，在竞争性的自我规制机制中保持竞争的中立性。针对不存在联系的威慑手段的禁止不当结合(Koppelungsverbot)原则[42]也在此列。

3. 对自我规制的社会导向的要求

首先指向企业和合作性的主体。法律基础优先来源于特别私法。对此，商法和公司法、卡特尔法、反不正当竞争法包含了重要的条款。[43] 例如在产品法上确立的保障私人认证机构的独立性、客观性和专业性的条款就属于这种情形。[44] 立法上的组成部分作为基本权利上有根基的国家保护义务或作为在先作用的国家正当性责任来解释。有时其也自我表达为基础性的公平标准(Fairneβstandard)，此种标准恰恰是整个法律秩序，即公法和

---

〔39〕 *Trute*, in: Auffangordnungen(前注〔3〕), S. 167(197 ff.).

〔40〕 *Di Fabio*(前注〔25〕), S. 1157 与后注〔46〕。

〔41〕 Trute, UTR 1999, S. 13(23).

〔42〕 *Engel*, Staatswissenschaften und Staatspraxis 1998, S. 535(561).

〔43〕 卡特尔法 vgl. *Bechtold*, Kartellgesetz, Gesetz gegen Wettbewerbsbeschr? nkungen, 2. Aufl. 1999, § 1 Rn. 2。

〔44〕 参见前注〔16〕，第85页。

私法的基础。这同样也适用于《德国民法典》第242条的概括条款或起初有呼吁作用的规范要件，例如在《环境法典（独立专家委员会草案）》第3条第1款上的一种一般环境责任[45]，基础性的公平标准在实证法学上仍可留有广阔具体化空间的法律基础，首先对解释产生影响。

（六）教义学

作为裹挟着规范上的秩序理念的启发学概念，后设规制的概念辐射到行政法的体系建构的所有大的专题上。

1. 法律上的信息秩序

后设规制的领域彰显了信息法上的重大意义。信息、交流和互动的意义作为其他手段的基础、作为独立的调控路径在所有的相关领域中凸显出来。此外，绝不只是与站在国家的对立面为私人的数据保护提供保障相关。反而是应当倒过来，为国家机构考虑信息的可用性。必要的管理知识仅为私人主体所拥有，会威胁到国家的管理能力，这种危险上文业已指明。因此，规制行政机关和第三人对私人数据的进取的规则也属于在数据保护条款之外的法定信息秩序。

一项特别的任务是保证必要的数据质量。指出这一点是恰当的：自我规制必须和新知识的更新义务结合起来。在要求对系统的若干部分进行自我观察的秩序理念的目标设立中便可得出这一点。出于同样的原因，信息公开也有重要意义。在国家和自我规制的机构间的持续安排必须公共化。与公开相对的报告义务可以为私主体通过合同方式或者基于法律确定下来。

2. 国家的法律渊源和自我规制的标准制定

此外，行政法教义学的一项重要任务是将自我规制的标准制定和国家的法律渊源学说系统性地联系起来。自我规制的标准制定的表现形式是多样的。不仅局限于技术标准，也包含了专业团体的行为标准和独立确定的职业群体准则。商法中合乎秩序的企业领导的重要原则也属于此。

自我规制的标准制定是基本权利自由的表达。标准制定上不存在国家

---

〔45〕 理由参见前注〔10〕，第452页以下。

垄断。只有在社会团体的自行“立法”在国家的实施机制的帮助下，旨在寻求拘束力或被国家有意识地继受入国家的规范体系时，才有法律问题。首要的问题通过私人合同和协会法来确定。国家的法律在此一般充当私人的框架法的角色，以提供被动的国家惩戒可能性，例如合同法保护或由国家提供执行帮助的私人仲裁。

更大的问题是将自我规制的标准引入到国家的法律秩序中。这方面由国家法律中的引入条款(Rezeptionsklausel)作出决定。它们是为自我规制的力量在国家的标准制定上施加影响设定边界的过滤器。至于这种影响有多大，就取决于引入条款。规范转介(Verweisungen)有很高的接受价值，所以基本上只作为静态的转介被允许。被引入的标准的推定效力(Vermutungswirkung)只传递有限的影响。在这些情况下需要额外的保障自我规制制定的法律条款的质量和利益均衡保护措施。《环境法典(独立专家委员会草案)》第32条为技术守则规定了政府引入时形成制定标准的私主体的原始行为上其他的程序性要求。总而言之，引入条款昭示了公法上的法律渊源与这一学说上的传统等级烙印相比，本质上呈现出强烈的不同，裹挟着去中心化因素，加以贯彻。

3. 组织法

同样的观察体现在组织法上。这里的组织法不仅是行政组织法，而且是私人组织法。为公法和私法组织体存在的法律规则进行的比较分析显露了法律思维和调控技术上的统一的不可思议的程度。组织内部的决策形成的结构化，为理性、效率、透明度和少数群体地位的保护提供保障在私法上要求可与公法上相较的调控机制。而这一点在协会的委员会(Kollegialgremien)上是显而易见的。[46] 然而，对于公法上的组织形式而言，保障其民主上的正当性和相应的施加影响的结构也加入进来。但自我规制的组织不需要满足正当性要求。当自我规制通过规制机制带入国家的决策事务中时，正如在技术标准的接受中发生的一样，国家担负起一种组织责任：在私主体的组织领域决策结构的共同福祉效能也要得到保证。这通过法定调控和合同规制皆可。

---

〔46〕 *Dazu Groß*, Das Kollegialprinzip in der Verwaltungsorganisation, 1999, bes. S. 138 ff.

4. 法律形式理论

这里体现出行政行为内容的不同。这关涉到利益平衡联系(interessenausgleichend-konnex)的决定。决定的此种范例是带有双重作用的行政行为。它关涉多级行政法律关系中竞争的或冲突的私人利益之间的冲突解决。为了建筑行政法和环境行政法领域该学说的应用,基本上确定的"部分教义学"已经形成。而未来发展的任务是使得经济行政法上保证群体利益(例如可供应性利益和消费者保护方面的利益)的市场秩序决定必须作出的规制环境中的行政行为变得易于操作。一揽子措施中体现了平衡功能,从这些措施中无法析出个体的受益或者负担。法律形式应当保证一揽子措施的功效。私人的冲突解决结果应当作为部分要素更有力地纳入进来。

政府规制和自我规制时常在合同的构架形式中耦合。自我规制活动和政府规制的要求之间长期的联系使得"结构化合同"(Strukturierungsvertrag)很有必要。这一合同的法律框架可如为行政辅助(Verwaltungshilfe)发展出最新教义学的"动因契约"(Veranlassungsvertrag)一般发展起来。此外,《环境法典(独立专家委员会草案)》第 36 条规定了代替国家立法文件的"规范替代契约",同意联邦政府与协会或个别的经济企业合作以确立环境保护要求。为了这些契约,需确立一系列的法律上的前提。当它们满足了这些前提,契约在契约当事方和其成员之外,在确定的法律附带条件下可认为具备拘束力。《环境法典(独立专家委员会草案)》的这一建议为"替代立法的协商机制"不甚满意的法治化实践开创性地指明了一条改革化路径。

三、展　望

受规制的自我规制将霍夫曼·里姆时常提及的行政法的发展趋势集于一体,"从上下层级到网状结构","从命令式到合作性的行为形式","从正当性链条到正当性平面","从部分法秩序的联结到兜底的理念"。这所有的一切虽然不是根本性的重构,但是预示了一个目标明确、知识伴随型的行政法体系的继续发展。受规制的自我规制的不同表现形式必须在熟识的教义学体系内进行处理,如法律保留学说、行政程序法、合同法等。环境法和经济法的最新立法提供了应当能在一般学说、评注和教科书中重拾的范例。[47] 如此,行政法的体系建构的"参照领域"发生了转移。体系自身又重新嵌入到行政的现实中。"仅当法律与关联社会领域的特定功能模式、组织结构、价值取向和其他理性范畴匹配时,它才能作为调控手段发生作用。"[48]

Abstract: The system construction of the administrative law refers to the state and the movement, administration of a traditional possession and a composition of an always again newly placed task. Regulated self-regulation has not only a heuristical function, but also obtains a dogmatical meaning as a mediating concept. This article examines the concept in six steps: definition, reference areas, construction and arrangement, structure of interest, concept of order and dogmatic. Regulated self-regulation bundles the development tendencies of the administrative law. It is not a radical new construction and indicated an ongoing development of the administrative law systematology. The form of appearance of regulated self-regulation must get used to the dogmatic and be embedded to the fact of the administration.

Keywords: Regulated self-regulation; Administrative law; System construction; Order; Dogmatic

(特约编辑:刘雪鹂)

[47] Dazu *Ehlers*, in: *Erichsen*(Hrsg.), Allgemeines Verwaltungsrecht, 11. Aufl. 1998, § 1 Rn. 49 ff.

[48] So *Hoffmann-Riem*, *in*: Reform(前注[1]), S. 115(118).

行政上的诱导

[日]中原茂树* 著　王明喆** 译

内容提要：为了实现公益所希望的状态，行政主体可以对私人课以义务，也可以通过行政指导寻求私人的自愿合作。除了这两种方式以外，行政主体还可以通过给予私人一定的利益或者不利益，诱导私人作出一定的行为。与传统的"命令-强制模式"比较可以发现，行政上的诱导具有间接性的特征：其一，在进行诱导时，行政主体并不直接指出私人应该采取的行为；其二，行政上的诱导并不直接作用于最终的受影响者。在诱导中，私人的状况和行动会使法律规范拥有不同的含义。此外，诱导主体具有多元性的特征。在把握行政上的诱导时，着眼于行政作用的目的，尤其是终局目的，十分重要。

关键词：诱导；间接性；多元性；终局目的

一、"行政上的诱导"的概念

(一)定义——"诱导"在行政作用法中的定位

在行政法学上，"行政上的诱导"并不是一个确定的概念，对这个概念如何定义，也是本稿的课题之一。这里，暂且将其定义为"行政主体通过给予

---

* 日本东北大学大学院法学研究科教授。

** 日本东北大学大学院法学研究科博士研究生。

私人一定的利益,或者课以一定的不利益,将人们的行为选择向着公益所希望的一定方向进行的诱导。但是,对违反法律义务的行为课以不利益除外"[1],这一定义是否准确,也是本稿将要讨论的内容。

在上述定义的背景之中,存在着以下的问题意识。当对行政的作用进行法的考察时可以区别出以下两种行政作用,行政主体自己实现公益所希望之状态的作用,行政主体让私人作出符合公益所希望之行为(作为或者不作为)的作用。在与实现公共利益这一行政目的的关系上,前者是直接性的行政作用,除即时强制、直接强制、代执行以外[2],还包括给付财产、提供服务。后者以私人的行为为媒介,从这一点来说,在与实现公共利益这一行政目的的关系上,是一种间接性的行政作用,但是,作为一种在复杂的现代社会中存在的行政手法,其重要性一直在增加[3]。作为后者,一方面有对私人课以义务的方法(针对义务违反,通常情况下,存在着制裁或者行政上的强制执行),另一方面,也有寻求行政相对人的自愿合作的方法(行政指导)。这里的问题意识是,不属于上述两者任何一种的中间范畴不也是存在的吗?也就是说,行政主体虽然不对私人课以法的义务,但是通过给予一定的利益或者课以一定的不利益,有意地影响私人行为的选择,在这种意义上,私人的行为选择有时不能被说是单纯的自愿[4]。在本文中,作为对这种行政上的作用进行法学把握的理论上的概念,将其定位为"行政上的诱导"。

---

〔1〕 包含本文在内,笔者有关"行政上的诱导"的研究,受到了将"行政主体的通过给予国民利益或者不利益、为了将国民向特定行为进行诱导而采取的活动"概括为"赏罚"(sanction),并列举各式各样的具体例子、进行法学考察的畠山武道教授的研究(畠山武道《「サンクシの現代的形態」》,载芦部信喜主编:《纷争(岩波讲座基本法学8)》(岩波書店,1983,第365页以下)的很大影响,本文关于"诱导"的定义,比较接近于畠山武道教授的"赏罚"。

〔2〕 作为行政强制执行的直接强制、代执行和金钱的强制征收(动产扣押)是以本文所说的后者的作用,也就是对私人课以义务为前提的,但是,它们自身也可以被定位为前者,即行政主体自己实现公益上所希望之状态的作用。

〔3〕 小早川光郎:《行政法(上)》(弘文堂,1999),第193页以下指出,"即时强制是行政对人们权利自由进行干涉的原始的形态,但在现代的行政中,一般地,比即时强制更加考究的手法被使用","作为应该取代即时强制、比即时强制更加考究的手法,存在有广义的'下命令',也就是对私人下达一定的行动命令(作为、不作为、给付、忍受)的手法"。

〔4〕 当然,这与如何定义"自愿"有关,如果将"自愿"定义为没有赋予法律义务的状态的话,本文所说的情况也可以被称为自愿。但是,只要没有被赋予法律义务便被当作"自愿"的做法是否合适正是本文的问题意识,希望通过下文的探讨来分析这一问题。另外,参见小早川光郎:《行政法(上)》(弘文堂,1999),第316-318页。

对违反法律义务的人课以一定的不利益，以此来抑制义务违反行为的做法，在功能上，就通过课以不利益来影响人们的行为选择这一点来说，与这里所说的诱导有一定的联系性。但是，从法学考察来看，对象是否是违反法律义务的行为是重要的差异，对违反法律义务的行为课以不利益的做法是制裁或是间接强制，将其与诱导分别对待比较妥当（本书第二卷·北村喜宣论文《行政罚、强制金》），所以应该从诱导的定义中除去。但是，当它与诱导的关系成为问题时，在此范围内，本文也将会关注。

作为诱导的手段被使用的利益和不利益，不是只有以金钱等为媒介的经济上的利益和不利益，通过信息的公开，提升或者降低私人的名誉、社会信用的行为也被包含在内〔5〕。所以，通过给予证明达标的标记来鼓励达标，或者公开不服从劝告等行政指导者的姓名、促使人们服从劝告，也都可以包含在这里所说的行政诱导中（然而，当劝告被认为是赋予义务行为的时候，信息公开就被定位为间接强制，根据前文的理由不属于诱导）。但是，这些信息类行政手法由本书第二卷矶部哲论文《行政保有信息的开示、公开和信息行政手法》所讨论，本文将只探讨它与金钱诱导的关联。

另外，确保行政指导实效性的许可、认可的保留，在一定范围内被认可的话，也可以被包含在诱导的概念之中。但是，这一问题由本书第二卷太田匡彦论文《行政指导》讨论，本文也不涉及。

（二）与实定法上的用语的关系

前文（一）定义的“行政上的诱导”的概念，是理论上的产物。在实定法上，在相近的意义上使用“诱导”一词的例子，有环境基本法第 22 条第 2 项，其规定“以通过对负荷活动者课以适当公平的经济负担，诱导其努力减轻自己的负荷活动给环境带来的负荷为目的的措施”。但是，该项法规只是关于通过课以不利益进行诱导的规定，与通过赋予利益进行诱导有关的该条第 1 项，没有使用“诱导”一语，而是使用了“助长”。

除此之外，与都市计划相关的例子很多。比如，“高层住宅诱导地区”

〔5〕 将“用信息来引导”和“用信息来抑制”包含在诱导行政中的体系书，参见宇贺克也：《行政法概说 1》（有斐阁，第二版，2006），第 125 页以下。

(都市计划法第9条第16项,建筑基准法第57条之五),“诱导具有与区域特性相应的高度、排列和形态的建筑物之整备的地区计划”(所谓的街道诱导型地区计划,建筑基准法第68条之五),“谋求土地之合理健全的高度利用的特别用途、容积、高度、排列等的建筑物之建设的诱导必要性被认可的地区”(都市再生法第36条),等等。这些例子实际上是,在特定的区域内,为了便于建设一定高度、用途的建筑物,不适用或者缓和一些高度限制、容积率限制、斜线限制的优惠的行为,本文所说的理论上的诱导概念也可以包括这些例子。然而,即使是同样的构造,在实定法上,不使用“诱导”一词的例子也非常多[6]。

另外,“避难居民的诱导”(关于武力攻击事态等情况下保护国民的措施的法律第61条以下),“着陆诱导”(航空法第2条第7项)等例子,并不一定以赋予利益或课以不利益为手段,与本文所说的理论上的诱导不同。

就像这样,本文所说的理论上的诱导概念和实定法上的诱导概念,虽然有部分重合,但是也有很大一部分并不重合。即使实定法上没有使用“诱导”一词,着眼于该作用之目的或机能的统一把握是有可能之时,也存在理论上的诱导。

二、“行政上的诱导”的法特征

(一)诱导作用的间接性——与“命令-强制模式”比较

作为诱导的特征经常被提到的一点是,诱导并不是直接命令或者禁止一定的行为,而是试图用其他的间接性方法促进或者抑制一定的行为[7]。的确如此,这可以被认为是诱导的最重要的特征,但是诱导作用在何种意义上是“间接的”,并不是当然明确的,对这一问题的分析,与阐明诱导的法特

---

〔6〕 宇贺克也:《行政法概说1》(有斐阁,第二版,2006),第128页把这样的、为了促成行政所希望的土地利用而采取的规制缓和(包含实定法上没有使用“诱导”一词的例子),定位为一种“通过规制缓和进行引导”的诱导行政。

〔7〕 小早川光郎:《行政法(上)》(弘文堂,1999),第189、231页。

征相互关联[8]。下文将通过与"命令-强制模式"的比较，考察这一问题。"命令-强制模式"是指，依据法令，或者依据基于法令的行政行为，命令私人作出一定的行为(作为或者不作为)，对不服从命令者课以制裁或通过行政(或民事上的)强制执行进行强制的模式。这是行政法的古典的、基本的构造，通过和这一模式进行比较，诱导的法特征变得鲜明，同时，也可以使行政法学上对诱导的把握找到线索和头绪。

与"命令-强制模式"相比，诱导作用所具有的"间接性"特征，可以从以下两个方面考虑。

1. 不直接指示想让行政相对人选择的行为

第一，在"命令-强制模式"的情况下，在法令或者基于法令的行政处分中，"行政相对人应该作出一定的行为"这样的命令(不允许有该行为以外的选择)经常会被明确地表达出来。这时候，通常还会规定违反命令行为的制裁(或者强制执行)，但从理论上讲，首先存在的是通过命令课以义务的行为，规定制裁是为了确保其实效性，并不是因为规定了制裁手段，所以这一命令才是义务[9]。另外，即使命令没有被明确表示，但是比如"对作出 A 行为的人处以 10 万元的罚金"这一法令的规定，实际上是以"禁止作出 A 行为"这一命令为前提的，所以罚则是为确保命令的实际效果而制定的。为了抑制 A 行为，如果 10 万元罚金额度过低，导致罚金在实务上没有被很好地执行，因此出现大量作出 A 行为的人，即便如此，A 行为仍然是法律上的禁止行为，其违法行为的性质并没有改变。就像这样，在"命令-强制模式"中，课予义务的过程和确保其效果的制裁过程之区分是有可能的，通过命令对行政相对人直接课予义务是其重要的特征。

与此相对，"对作出 B 行为(比如，排出一定量的环境污染物质)的人课以 10 万元的税金"这样的命令，并不必然包含着"禁止作出 B 行为(或者希

---

[8] 关于这一问题，中原茂树《以金钱赋课为手段之诱导的法的构造及其统制》本乡法政纪要 3 号(1994)第 196 页以下参考德国的理论就这一问题进行了论述，下文将在此基础上再次考察这一问题。

[9] 所以，即使对违反命令行为没有规定罚则，也不能说当然说其不是法律上的义务。齐藤诚《关于自治体法政策的实效性确保——从近来的动向出发》地方自治 660 号(2002)第 9 页指出，关于条例的"终止命令"虽然没有制定罚则，但是罚则只不过是判断"终止命令"的法拘束力的一个考量要素，并不意味着直接否定法拘束力。

望不要作出 B 行为)”这样的命令(或者希望的表明)[10]。也就是说,在诱导中,立法者或者行政主体虽然有着让行政相对人作出一定行为的意图,但是并没有明示行政相对人,而是通过提示选择该行为后产生的利益或者不利益,间接地指示行政相对人。在上面的例子中,即使立法者有意图让行政相对人回避 B 行为,但是如果对行政相对人来说,10 万元的金额不足以成为使其回避 B 行为的诱因,导致基本没有人回避 B 行为,这样一来的结果是,这一法令作为回避 B 行为的诱导规范的意义基本丧失(关于这一点,将在下文 2 中深入讨论)。就像这样,关于诱导,(作为被预设的)实效性确保的措施实际上如何发挥作用,直接左右着该措施的意义(诱导手段抑或是不具有该意义的税金),这一点是诱导的特征。诱导作用的间接性的第一层意思,正如上文所说,行政主体想让相对人选择的行为,(作为不允许其他的选择的行为)并没有向相对人直接表明,而是通过提示作为行政相对人的考量要素的利益或不利益,间接地表明。

2. 不直接作用于最终的受影响者

第二,在“命令-强制模式”下,行政主体直接使其想要影响的对象自身采取行动。与此相对,在诱导的情况下,行政主体经常不直接使最终作出公益所希望之行为的行为者(以下称为“目标人群”)采取行动,而是首先影响其他人群,进而使其波及效果影响到目标人群。比如,为了维持扩大某种物资的生产,公主体在市场上买入该种物资,是以买卖的相对方为直接对象的行为,但是通过这一行为该种物资的价格得以维持或上升,这一行为影响到了该种物资的全体生产者。这时,在行政主体的直接活动和目标群体的行为之间,存在着直接相对人的行为(以及受其影响的人的行为),在这种意义上,正如文字表述的那样,是一种间接性作用。像这样的行政作用,因为过程中存在着各种各样不同主体的行为,目标群体最终是否能够如行政主体所愿采取行动,经常是不确定的。但是,重要的是,尽管这种作用有很大的

---

〔10〕 H. L. A. Hart, The Concept of Law, Clarendon Press, 1961, p. 39[矢崎光国监译:《法的概念》(みすず书房,1976),第 43 页]指出,“比较对某种犯罪的罚金和对某种其他行为的税金,两者都包含着使其蒙受金钱损失的对公共机关的指令,但是二者并不相同。要说这两种观念哪里不同的话,罚金不同于税金,罚金是因为犯罪——侵害了作为一般市民的行为指针而设立的规则,进而含有义务违反色彩的行为——而产生的。”

不确定性，但是行政主体以其对市场和社会的一定的影响力为背景、以将目标群体的行动朝向一定方向引导为目标有意地进行活动，在这一点上，应该和与行政主体意图无关的、因行政活动而偶然产生的波及效果区别开来〔11〕。

基于以上的分析，接下来将探讨因间接性而产生的各种各样的问题。

(二)规范和事实的融合

像前文(一)1所说的那样，"对作出A行为的人处以10万元的罚金"这一法律规定，包含着"禁止作出A行为"这样一个针对所有行政相对人的命令规范，不可以解释成"只要支付10万元的罚金，就可以作出A行为"。在这种意义上，与实际上有多少想作出A行为的人这一事实问题分离，进而确定规范的含义是可能的。

与此相对，如果法令规定"对作出B行为的人课以10万元的税金"，这一规范的意义，会因为行政相对人的状况而改变。也就是说，对于可以用低于10万元的价格回避B行为的行政相对人来说，这一规范意味着"回避B行为"，与此相对，对于只能用高于10万元的价格回避B行为的行政相对人来说，这一规范意味着"支付10万元的税金"〔12〕。就像这样，规范的意义会随着行政相对人的状况而改变，不能确定为某种固定意义，这一点与前文所述的罚金明显不同。但是，立法者认为B行为是公益所不希望的行为并且意图抑制这一行为，并且，因为这一法令使得实际上许多人回避作出B行为之时，从功能上来说，这与罚金是非常类似的。在这种情况中，不能仅仅将其理解为事实上的作用，而应该理解为设定"希望不要不作出B行为"这一规范，并且为了确保其实际效果而规定税金，也就是"诱导"的方式。立法者一方面预测到并且允许规范的意义因各个行政相对人的状况不同而不

〔11〕 中里实《通过诱导手法的公共政策》，载岩村正彦等编：《政策和法(岩波讲座现代的法4)》(岩波书店，1988)，第295页，将政策分为明示的政策(①)和默示的政策，并将后者分为"政策者自觉地给予引导的政策"(②)和"结果上有波及效果的政策"(③)，并认为诱导属于②。

〔12〕 本文的例子，主要以经济情况为考虑要素，如果法律的规定是"公开作出B行为的人的姓名"，那么行政相对人的考虑要素就会包含社会状态和心理状态，会变得更加复杂。但是，如果该项规定的宗旨是一律禁止B行为，不能被解释成"只要忍受姓名公开就可以作出B行为"的话，该项规定就是"命令-强制模式"的一种，而不是诱导作用。

同,另一方面,作为整体,试图将行政相对人的行为向一定的方向进行诱导,这正是诱导的特征。

然而,在诱导时,行政主体想让行政相对人选择的行为并没有被明示,所以立法者的意图和行政相对人的理解并不总是保持一致。前文所说的例子,特别会在这两种情况上产生问题。第一,虽然立法者并没有试图去抑制B行为,但是实践中大量的行为人选择回避B行为。在这种情况下,不仅原本没有必要抑制的私人行动被抑制,而且也无法取得相应的税收,可能违反税收公平原则和税收中立原则,成为不恰当的(也可能是违宪的)课税行为。第二,与第一种情况相反,虽然立法者试图抑制B行为,但是实践中基本没有人回避B行为。在这种情况下,不论立法过程中进行过什么样的议论,客观上,因为这一税额并没有达到抑制B行为的程度,这一法令并不含有回避B行为的诱导规范的意义,仅仅是课税规范。但是,与对所有行政相对人下达特定的命令(或者禁止)的"命令-强制模式"相比,诱导的特征是部分受到影响的行政相对人采取行为进而达到行政目的。所以,上述的第二种情况中,如果有一定程度的行为人回避了B行为,即使比立法者当初预想的行为者少,诱导目的也得以部分实现,立法者规定的课税法令也可以被认为没有丧失诱导手段的意义。

就像这样,在诱导中,行政相对人的状况和行动等事实会使得规范的意义不同。这同时意味着,在"命令-强制模式"中经常会出现的规范和事实的背离问题,在诱导模式中很难产生。在"命令-强制模式"中,赋予义务的过程和确保其实际效果的制裁过程是互相区别的,所以可能会出现义务虽然被赋予,但是制裁没有启动,或者制裁虽然启动但是义务没有被履行的状况。尤其是当制裁的手段是罚金等刑罚的时候,在严格的执行程序、巨大的执行成本之外,根据行政便宜主义、起诉便宜主义,行政机关、司法机关没有被赋予对义务违反行为的告发、搜查、起诉的义务,所以制裁经常不被执行。另外,即使制裁被执行,罚金作为一种刑罚,原本被期待的是社会非难和污点赋予的功能,而不是只着眼于经济方面,所以可能无法达到足以抑制违法行为的金额,对于只重视经济上的成本收益分析而从事违法行为的人来说,没有充分的抑制力。此外,伴随着社会的复杂化,义务赋予规范不断增加,"规范的洪水"和"执行的欠缺"之间的鸿沟,更加难以填平。

与此相对，在诱导规范的情况下，对于对象行为进行善恶定性的一面相对较弱，而对行政相对人的以经济上之成本收益分析为基础的行为选择施加影响之观点被正视，并以此设定诱导金额。因此，在以理性经济人为前提的各个领域中，立法者意图和实际效果之间的背离不容易产生。而且，即使设定的金额不足以产生诱导效果，在这种情况下就像前文所述，可以理解成立法者没有设定诱导意义的规范，"不应该作出的行为被作出"这种意义上的规范和事实的背离也不会产生。另外，作为诱导手段被使用的赋予利益或者课以不利益，因为不需要刑罚那样的严格的程序，相比于刑罚更容易被执行。特别是在以租税等金钱赋课为手段的情况下，课税等的法律上的构成要件得到满足时，行政机关的执行与否的裁量权不被承认，"执行的欠缺"不容易产生（"赏罚的自动装置"〔13〕）。就像这样，这一可以被称为"规范与事实的融合"的现象，使得诱导手法的实效性备受期待，与此同时，从法的观点来看，作为规范问题来把握诱导也变得十分困难。

(三)诱导主体的多元性及主体间的调整

1. 诱导主体的多元性

规范和事实融合的诱导的特征，与诱导主体的多元性相关联。在"命令-强制模式"之中，根据禁止自力救济的原则，命令的法律强制（强制执行、刑罚等）只能由国家（包含地方公共团体）采取。与此相对，诱导是由对市场、社会的事实上的支配力和影响力实现的，国家以外的主体也可以从事诱导行为。诱导手段之中，课税是只能由国家采取的行为，但是关于使用费、分担金等金钱手段，国家以外的主体也可以采取。另外，自不必说，通过买卖合同和交付补助金等方法进行利益赋予的行为也可以由国家以外的主体进行。

此时，这些行为是否是"行政上的"诱导就成了问题。这是因为，私主体为了自己的私利益，也可以通过设定费用体系、给予一定的利益、提供一定的信息等手段，诱导人们采取一定的行为，但是将这样的行为理解成"行政上的诱导"并不妥当。所以，诱导的主体不是为了自己的私利益，而是从公

〔13〕 Me? erschmidt, Umweltabgaben als Rechtsproblem, 1986, S. 106.

益的观点出发采取的诱导,才可以称为“行政上的诱导”。而且,是否符合上述情况,要根据立法在这一作用上是否设立了公共目的,是否为其实现进行了规制来综合判断。此时,诱导的主体,是否被赋予了不同于其他主体的特别的法律地位也是判断的线索。相反,在让特定主体从事诱导行为因符合公共利益而被正当化的情况下,为了提升诱导的实效性,在对其手段的行使方法等进行规制的同时,给予该主体特别法律地位等措施也可以被正当化。

比如,日本银行以公开市场操作(日本银行法第15条第1项4号,第33条第1项3号、4号)为手段采取的金融政策,从手段来看属于银行业务,但是应该是为稳定物价这一公共目的而采取的措施〔14〕,可以认为属于“行政上的诱导”。

2. 主体间的调整

如前文1所说,多种多样的主体都可以进行诱导活动,所以为了确保特定主体的诱导能够顺利地进行,有时候需要用法律来限制其他主体干预该诱导过程〔15〕。

另外,国家和地方公共团体之间,根据宪法第94条,立法权限的分配被规定,关于这一点,不仅规制权限的分配,诱导权限的分配也是问题。这时,如前文所说,诱导虽然在目的和功能上与规制有共通的一面,但是诱导并不完全禁止对象行为,行政相对人还有选择的余地,在这一点上,诱导有着不同于规制的特色,所以,规制权限的分配和诱导权限的分配并不是当然一致的。比如,用条例(即地方性法规,译者注)来禁止某种行为尽管不能被算作“法律的范围内”,但是地方公共团体为了某行为尽量不被作出而采取诱导措施并不是绝对不允许。

此外,关于以租税为手段进行的诱导,在国家和地方公共团体之间,诱导权限的分配与(由宪法第92条和地方税法决定的)课税权限的分配的关系也是一个问题。一方面,课税权限的分配原本是从确保各个行政主体的财源的观点出发进行的,但是即使在作为诱导的手段使用租税时,只要是租税,就被课税权限的分配规定所拘束,在此意义上,课税权限的分配会影响

〔14〕 盐野宏监修、日本银行金融研究所编:《日本银行的法律性质》(弘文堂,2001),第15页。
〔15〕 小早川光郎:《行政法(上)》(弘文堂,1999),第234页。

到诱导权限的分配。另一方面，租税诱导和其他手段的诱导一样，从作用上来说与规制有相同的一面，因此有必要考虑与规制权限的分配的关联（但是，如前文所述，这并不要求诱导权限的分配和规制权限的分配应该当然一致）。关于以租税为手段进行的诱导，从以上的观点来看，应该根据诱导的特质来考察与课税权限分配相关的立法论和司法论〔16〕。

（四）着眼于行政作用的目的

基于前文（一）所说的诱导作用的间接性，为了准确地把握行政上的诱导，着眼于行政作用的目的十分重要。

一般情况下，考察行政作用时，可以从行政作用的形态和行政作用的目的两个角度出发〔17〕，行政主体对私人施加一定的影响——更进一步，使其得以正当化的——本来就是为了实现一定的行政目的，所以，对行政作用进行法的考察时，着眼于行政目的就十分重要〔18〕。特别是，行政上的诱导在形态上，同时包含以金钱等为媒介的课以不利益和赋予利益，两者可以被看作是侵害和给付两种正好相反的作用。但是，通过着眼于行政的目的（立法者或者行政主体的意图），可以发现两者之间存在着诱导这一共同点。另外，正如前文（二）所说，课税等课以不利益的行为，其目的并不（仅）是确保行政主体的财源，在判断其是否具有诱导规范的意义时，不能仅仅考虑赋税金额和人们所采取的行为等客观状况，还有必要考虑立法者的意图。此外，正如前文（一）2 所说，当行政作用影响到直接行政相对人以外的行为者时，关于其法的考察，应该考虑该影响效果是否是立法者或者行政主体有意而为。

为了对行政作用进行法的考察而关注行政作用的目的时，将行政作用使直接相对人作出了什么样的行为，也就是微观的目的（以下称为“直接目的”）和受到直接相对人行为影响之人们的行为的总体所产生的结果，也就

〔16〕 关于这一点，具体情况参照中原茂树：《自治体的诱导手法的可能性与法的界限》，载桥本信之编：《21 世纪的都市活力》（都市问题研究会，2006），第 125 页以下。

〔17〕 小早川光郎：《行政法（上）》（弘文堂，1999），第 185 页以下。

〔18〕 扩大法律保留的范围时，将重点放在国家决定的目的，重视行政作用的意义和功能的观点，参见山本隆司：《行政上的主观法和法关系》（有斐阁，2000），第 341 页。

是宏观目的(以下称为“终局目的”)区别开来的做法是适当的[19]。正如前文(二)所说,“命令-强制模式”之下,直接目的通常可以明确地从法令语句中解读出来,与此相对,关于诱导,很多时候从法令语句和作用的样态(对作出一定行为的行为人,课以或者给予一定的金钱)来看,其直接目的并不明确。

另外,即使在“命令-强制模式”中,终局目的也并不一定在法令中被明确表示,需要从法律的目的规定[20]、法律构造全体的宗旨、立法资料中进行解释。终局目的是使该规制或者诱导必要、正当的理由,对于判断该规制或者诱导的宪法适合性、解释各种规制或者诱导的结构也十分重要。然而,正如前文所说,在“命令-强制模式”中,各个命令规范的直接目的是明确的,并不存在如果不确定终局目的就无法确定直接目的的情况。与此相对,在诱导模式中,正如前文所说,很多情况下从法律的语句、作用的形态中无法得知诱导的目的,所以,该构造全体是以什么为目的这一所谓的终局目的(比如,稳定物价或者减轻社会全体的环境负荷),对于判断直接目的而言就是重要的线索。另外,正如(一)2所言,在通过影响到直接相对人以外的行为者、将关系人的行为向一定的方向进行诱导时,为了将该影响与单纯的事实上的作用区分并对其进行适当的法律上的把握,关注该行为(比如,公主体通过买卖合同参加市场交易)的终局目的也是十分必要的。从以上分析来看,对行政上的诱导进行法律统制时,通过法律明确终局目的有着重要的意义[21]。

---

〔19〕 参见中原茂树:《诱导手法和行政法体系》,载小早川光郎、宇贺克也编:《行政法的发展和变革(上)》(有斐阁,2001),第560页、第568页以下。

〔20〕 关于法律的目的规定的解释机能,参见盐野宏:《关于制定法的目的规定的考察》,载《法治主义的诸相》(有斐阁,2001),第44页以下。

〔21〕 德国《环境法典(独立专家委员会草案)》第196条以下,关于以环境保护为目的的补助金,表达了与上述考量同样的方向。Vgl. Bundesministerium für Umwelt, Naturschutz und Reaktorsicherheit(Hrsg.), Umweltgesetzbuch(UGB-KomE), 1988,S,796ff.

三、结　语

本文以与"命令-强制模式"进行比较为线索，简单地描绘了将"行政上的诱导"放置在行政法总论时显现的法特征。这里，有一个不得不面对的根本问题，"行政作用""命令-禁止""义务""强制"等行政法上的基本概念，是否能够适用在"行政上的诱导"。当然，"行政上的诱导"没有必要放置于行政法总论这样一种想法也是能够成立的。与此相对，本文从这样的观点——将在现代行政过程中重要性不断增加的这一手法或现象，设法与行政法总论衔接的做法不也是可以的吗？——出发，尝试描绘出其中的困难和可以找到的与行政法总论的连接点。

Abstract: In order to achieve the desired state of public interest, the administrative subject can impose obligations on private individuals, and also seek private voluntary cooperation through administrative guidance. In addition to these two ways, administrative subjects can also induce private individuals to make certain actions by giving them certain interests or non-interests. Comparing with the traditional mode of "command and enforcement", it can be found that administrative inducement is indirect. Firstly, when making an inducement, the administrative subject does not directly point out the behavior that the private should take. Secondly, administrative inducement does not directly affect the final affected person. In case of inducement, private conditions and actions make legal norms different in meaning. In addition, the subeject of inducement is characterized by diversity. When controling the administrative inducement, it is very important to focus on the purpose of the administrative action, especially the ultimate purpose.

Keywords: Inducement; Indirectness; Diversity; Ultimate Purpose

（特约编辑：刘雪鹂）

日本行政的变化与行政不服审查法的修改

［日］市桥克哉*著　李龙贤**　陈晓菊***译

内容提要：包括关于不服申诉〔1〕的法律（《行政不服审查法》等）在内的行政程序方面的法律被认为是解读"行政法的线索（Rosetta Stone）"〔2〕。其原因在于，它可以"解读"受国家、行政以及社会的制度变化和配置所限制的行政法的状态，并从纵向、横向两个维度为行政法提供有益且丰富的"信息"。而且现在的日本，与过去相比，处于更具广度和深度的时期，在行政以及社会的变化之中探讨如何应对行政法的上述变化已成为重要课题。因此，在探讨和解读行政程序方面的法律时，特别是《行政不服审查法》等关于不服申诉制度时，"行政法的线索"对衡量变化中的日本行政法的发展会起

---

* 曾任日本国立名古屋大学副总长、名古屋大学法政国际教育协力研究中心主任，现任日本国国立名古屋大学法学研究科教授，东亚行政法研究会日方常务理事、名古屋市个人情报审议会会长、名古屋市法制顾问以及名古屋市人事委员会委员等要职。本文是基于市橋克哉『行政の変化と行政不服審査法改正：多治見市是正請求審査会の経験をふまえて：第一四回行政法研究フォーラム：行政不服審査法改正(1)』自治研究 90 卷 12 号 33-55 頁（2014 年）论文的基础上，再根据市桥克哉教授在 2019 年 3 月 24 日西北政法大学雁塔校区"中日行政复议制度比较研讨会"上所做的讲演稿修改而成，内容提要和关键词系译者所加。本译文是司法部 2018 年度国家法治与法学理论研究课题"政府与社会资本合作（PPP）纠纷解决机制研究"（18SFB2013）阶段性成果。

** 日本国立名古屋大学大学院法学研究科法学博士，西北政法大学行政法学院讲师，西北政法大学人权研究院研究员。

*** 日本国立名古屋大学大学院法学研究科法学博士，现任日本国立名古屋大学大学院法学研究科学术研究员。

〔1〕 日语原文为"不服申立て"，类似于我国的"行政复议"制度，但是在具体的制度框架以及内容上还是有所区别。为了更好地体现日本行政法独有的特色，本文将其翻译为"不服申诉"。——译者注

〔2〕 Javier Barnes, Towards a Third Generation of Administrative Procedure, in COMPARATIVE ADMINISTRATIVE LAW 339(Susan Rose-Ackerman & Peter L. Lindseth eds., 2010)。

到重要作用。

尽管如此，实际上的日本行政法，并没有充分应对上述行政现实中的变化，并由此导致了与行政的巨大隔阂。[3] 在探讨"行政法的线索"与新《行政不服审查法》等不服申诉制度的相关法律时，我们不难发现它会直接影响到以下所列出的当代日本行政的变化，但遗憾的是现有的法律框架几乎没有相应的解决对策。

关键词：行政不服审查；行政不服申诉；自主法；行政不服审查委员会

一、变化中的行政

（一）规则的制定阶段、实施（决定）阶段以及审查（裁决）阶段之间门槛的降低

比如说在环境、公共卫生以及食品安全等行政领域，行政通过规则设定标准，并据此作出决定，进行审查。也就是说，根据法律委任，设定融入当前最新知识框架中的行政规则[4]，再适用法律、行政规则作出个别决定，审查（裁决）法律、行政规则的适当性。这种所谓的传统的，即在阶段性和纵向性的过程中进行控制的手法，时至今日已处于动荡的状态之中。行政规则在

---

〔3〕 Barnes, Id. at 338—339。因为现有的行政法存在无法对应新形势下的行政变化的缺陷，所以主张冲破现有行政法的守备范围，开辟新的领域。此外围绕着新形势下的行政变化现有的行政法无法对应的问题，指明此种弊端根源在于现有行政法所具有的浓厚的国家法性质，主张新形势下的行政法应由传统的作为国家法的行政法与由新兴的行业组织的自主法（"administrative law" avant la lettre）紧密结合，以克服上述弊端。具体参见，安田理惠『行政法を構成する専門職自主法（一）—（四・完）』名古屋大学法学論集 248 号、249 号、251 号、253 号（2013 年、2014 年）。最后，对于上述新形势下的行政变化的原因所引起的行政申诉制度的需求列举了三个方面的变化：1. 对于行政行动基准和行政指导行为的不服申诉数量的增加；2. 伴随着事后监督以及规制性处分的增加，而相应攀升的不服申诉数量；3. 由于事后监督制度不完整引起的不服申诉数量的增加。为了对应以上三种不服申诉量的增加趋势，主张在行政不服审查领域，不仅要扩大审查对象及保障正当程序，还应增加对应新形势行政下的崭新意义的类式行政案件诉讼中的义务赋科、差止等得救济形式。具体参见，本多滝夫『行政不服審査制度の改革 改正行政不服審査法案の特徴』福家俊朗等編『行政不服審査制度の改革 国民のための制度のあり方』（日本评论社，2008 年）第 2 页以下。

〔4〕 行政规则，是指虽然以法条的形式规定，但对外不具有法的效果或者拘束力的一种行政准则。具体参见，市桥克哉、榊原秀一、本多泷夫、平田和一：《日本现行行政法》，田林、钱蓓蓓、李龙贤译，法律出版社 2017 年版，第 93 页。——译者注

循环(有时是逆循环)状态的螺旋式发展过程中,始终处于形成、变化和淘汰的状态。为适应行政规则,行政需要同样地作出变动性的决定,并不断地进行修正,而且在这种形成、变化和淘汰的状态中,也必须要对它的程序合法性进行司法审查。这导致一直沿袭下来的传统手法开始向复杂的、流动的过程转换。因此,司法审查不仅要衔接程序合法性,而且需要衔接规则的制定决定。也就是说有必要重新认识"行政争讼"这一概念中的不服申诉制度,重新作出自我定位。在这种循环(逆循环)状态的螺旋式发展过程中,今后的不服申诉制度应如何去对应是值得我们深思的问题。

(二)脱离正式规则和限制性手法的行政活动的增多

行政一方面制定正式的法律规范并据此作出决定,另一方面,近期的行政越来越倾向于制定非正式规则(例如政府方针)和作出非正式决定(例如行政指导、公告等)。而且部门行政之间在共享或互相参照过程中所获取的情报,会导入到各自的制度之中,作为上述规则与决定的依据。[5] 针对上述的以信息为媒介、越发体现其重要性的行政活动,今后的不服申诉制度应如何去对应是值得我们深思的问题。

(三)私行政活动的增多

行政在形式上不仅作为公权力的主体进行公行政活动,而且作为私人的行政,依据民法、商法的规律进行活动的场合也在不断增多(公共服务合

〔5〕 例如,为了防止大学以及研究机构科研经费等的不正当使用行为,规范运营管理模式,日本文部省规定了相关指导方针。其中详细规定了,促使大学以及研究机构,针对科研经费的合理分配以及对于不正当使用科研经费的相对人进行撤销其申请资格等处分的行政指导事宜。具体参见,http://www.mext.go.jp/component/a_menu/science/detail/__icsFiles/afieldfile/2014/03/18/1343906_02.pdf(最终确认2016年6月26日)。碓井光明『公的資金助成法精義』(信山社,2007年)442页以下。主张学术界的自我规制正在被政府积极借鉴有可能成为政府层面的非正式决定或规则。具体参见,德本広孝『学問・試験と行政法学』(弘文堂,2011年)118页以下。

同等)。[6] 在这种情况下的行政活动内容中,其追求的公共目的、作出的公益性决定,以及共享或互相参照的信息(行政网络化)等,都可作为各自行政主体决定的依据,并引入到各个行政主体所设置的制度框架之中。针对上述现状,今后的不服申诉要如何去对应日益增显其重要性的异种混成型(heterogeneous)活动的问题,应值得我们去深思。

(四)公共主体以及私主体参与公共活动的增多

不仅是国家、地方公共团体,其他的公共主体或私主体承担公共性服务的情形不断增多(独立行政法人、国立大学、指定法人以及政府投资股份公司等。此外还包括医疗、体育等自治组织之类的行业组织=所谓的部分社会集团)。这些多样化的主体与行政主体一样,制定规则(自主法),作出决定,并完善了相应的不服申诉制度。[7] 当行政法把这些领域也纳入考察范围时,今后的不服审查制度化应如何去对应这些多样化的主体也成为重要课题。

(五)立足于全球化公共空间的多极化主体的公共活动的增多

现如今,已呈现诸多行政主体、公共性主体以及私主体所构成的多极化主体,其活动频繁出现于跨越国界的全球性公共空间(其自身也是零散的部分社会空间。例如学术研究、医疗、体育等)之中。[8] 在这些既是零散的,但又是全球性的公共空间中,诸多主体既需要制定规则,作出决定,又需要完善其不服申诉制度(行政法的全球化和多极化)。当行政法把这些领域也

---

〔6〕 例如,根据《为促进公共工程投标以及合同签署正规化相关法律》第15条第二款规定,政府层面也相应制定了《为促进公共工程投标以及合同签署正规化相关指针》(2014年内阁会议决定)。其中规定,在选定公共工程参与者时,政府应确保与诸多参与者之间的情报共享,排除不良、无资格相对人参与,通过停止合同缔结资格等行为,确保其高效实施。参见,http://www.mlit.go.jp/common/000162876.pdf(最终确认2016年6月26日),对停止合同缔结资格等行为的处分性与不服申诉之间关系的具体讨论,参见碓井光明『公共契約法精義』(信山社,2005年)472页以下。

〔7〕 例如,由私主体参加行政活动的现象叫作"行政法扩大模式",对其的具体讨论可参见前田雅子『行政法のモデル論』,磯部力他編『行政法の新構想Ⅰ行政法の基礎理論』(有斐閣,2011年)27页以下。

〔8〕 有关跨越国界的全球性公共空间的探讨,具体可参见社会科学研究65卷2号(2014年)の特集『グローバル化と公法?私法の再編』中的诸位学者论点。

纳入研究时,今后的不服申诉制度应如何去对应也成为重要课题。

上述的关于行政变化的问题意识正是笔者的关心所在。以下,从上述问题意识出发,对修改后的日本《行政不服审查法》中的不服申诉制度,与日本的不服申诉制度整体构造相结合,进行分析和探讨。

二、由各种类型的行政不服申诉制度所构成的多元化不服申诉体系

(一)《行政不服审查法》的特例及特殊的不服申诉

新旧《行政不服审查法》第 1 条第 2 项都规定:“有关行政厅的处分和其他相当于公权力行使行为……的不服申诉,除其他法律有特别规定之外,适用本法规定。”这说明《行政不服审查法》是有关行政不服申诉制度的一般法。

但是,即使是相当于“行政厅处分”的行为,考虑到处分的性质及其相应程序的适合性,《行政不服审查法》允许个别法律设置特例,或是排除《行政不服审查法》的适用而设置特别的不服申诉制度。也就是说,首先,新《行政不服审查法》中的第 7 条第 1 项规定,关于第 1 号到第 12 号列举的处分及不作为,排除了适用第 2 条及第 3 条规定的审查请求制度。其次,《行政不服审查法》第 1 条第 2 项规定,认可以《行政不服审查法》规定的审查请求制度的适用为前提设置特例,或者排除适用《行政不服审查法》而另外设置特别的不服申诉制度。最后,针对排除审查请求制度适用的第 7 条第 1 项中所规定的“处分”,第 8 条规定允许设置“特别的不服申诉制度”。[9] 因此,从上述《行政不服审查法》的规定不难看出,针对已排除适用《行政不服审查

---

〔9〕 主张一方面将不服申诉中个别法所规定的由第三者机关执行的特别手续纳入到一般法中,另一方面则主张各种不服申诉程序应适应部门领域的具体情况,因此不服申诉应纳入到作为各个部门领域“特别法”中的“特别争讼”的框架之中。具体参见,杉村敏正・兼子仁『行政手続法・行政争訟法』(筑摩書房,1973 年)375 页(兼子仁执笔部分)。此外,有学者主张应统一规定不服申诉制度。参见,阿部泰隆『行政不服審査法改正への提案(二・完)—民主党政府の検討について』自治研究 86 卷 12 号(2010 年)24 页。

法》的"处分"，新《行政不服审查法》试图另行通过法令来完善相应的不服申诉之路的制度探索。

例如，针对外国人出入境的处分，虽然不适用《行政不服审查法》(新《行政不服审查法》第7条第1项第10号)，但是《出入境管理法》设置了这样的不服申诉制度，即收到强制出境判定通知的相对人，可以向法务大臣提出异议申诉(《出入境管理法》第49条第1项)。还有，针对刑事收容设施收容者的处分，虽然不适用《行政不服审查法》(新《行政不服审查法》第7条第1项第9号)，但是《刑事收容设施法》配备了这样的不服申诉制度，即对刑事设施首长的措施有不服者，可以向矫正管区首长提起审查申请(《刑事收容设施法》第157条第1项)。此外，也有通过"在其他法律中设置特别规定"来排除《行政不服审查法》适用的情形。比如说《自卫队法》第49条是这方面的例子。该条规定，涉及针对自卫队员的惩戒处分等的审查请求，不应纳入到《行政不服审查法》第2章(审查请求)的范围。但是在《自卫队法施行令》中预备了特别的审查请求制度，即针对惩戒处分等有不服的相对人，可以向防卫大臣提起审查请求，防卫大臣根据防卫人事审议会的决议进行裁决(自卫队法施行令第65条以下)。

(二)自主法设置的"不服申诉制度"(Administrative Law avant la lettre/Global Administrative Law)

学校为了达到其教育目的而对学生施行的处分，不应适用《行政不服审查法》(新《行政不服审查法》第7条第1项第8号)。对于上述处分行为，旧《行政不服审查法》也没有规定个别法令以及特别的不服审查制度。以2004年"国立大学法人化"[10]之前的国立大学为例，法律法规层面不存在对学生开除学籍处分行为的不服审查制度。但是，就设置不服申诉制度的规则来看，不应仅限于法律法规的国家层面的实定法，如果我们跳出这一框框的话，就会发现，上述不服审查制度中还应包含国立大学制定的校规和规章等广泛的"自主法"。现如今，随着国立大学法人化的全面推进，虽然已

〔10〕 自2004年4月1日开始，所有国立大学根据《国立大学法人法》规定，已成为独立的法人组织。

不存在对学生的开除学籍处分(例如国立大学的开除学籍处分与私立大学一样,应视为在学合同的单方性解除行为),但是仍存在相应的不服审查制度。因此,在国立大学专门职集团与部分社会相当的情况中,出现了"新行政法"(译者注:与传统行政法相区别,或者说带引号的行政法)(Administrative Law avant la lettre)。

如上所述,当我们不受制于传统行政法的思考模式,脱离实体法的桎梏时,就会发现至今为止被传统行政法驱逐于门外的"新行政法"(或者说带引号的行政法)的样态。例如,以国立大学及国立理化学研究所等国立研究所为例,其"自主法"设置了不服申诉制度,不仅包括针对学生的开除学籍处分,也包括以针对教师及研究人员的学术不端与科研经费不正当使用为由的处分争议。再比如,以《医师会》[11]为例,"自主法(章程)"规定了对医师会所属的裁定委员会的裁定不服时适用的不服申诉制度。此外还包括体育团体,例如日本奥林匹克委员会下属的日本体育仲裁机构,设有针对反兴奋剂机构作出决定不服时适用的不服申诉制度。

针对归属于变化中的行政活动之类的"公共主体及私主体的公共活动"与"定位于超越国界的全球性公共空间多极化的各主体的活动",上述的各种不服申诉制度的设置都可以视为将上述各种活动纳入"不服申诉"的尝试。从上述各种活动的关系来看,这类不服申诉制度应该是带有引号的"新行政法",并且也是超越国界的带有引号的"新行政法"(Global Administrative Law)。

(三)由各种制度所构成的不服申诉制度及其构成要素之一的《行政不服审查法》

在这里,如果将视角回归于传统的法实证主义,仅限于实定法制的角度进行分析的话,就会发现新《行政不服审查法》出台之前之后都是同样状况,即在适用行政不服审查法的不服申诉制度以外,还存在着大量的适用于不

---

[11] 译者注:全称为"公益社团法人日本医师会",是日本唯一的医师个人资格的加入团体,其前提为任意加入,已加盟"世界医师会"。1906年所成立的"医师会",在日本47个都道府县全部拥有其作为地方的"医师会",此外还包括920个郡市区的"医师会"(都是独立的公益法人)。

同处分的多种不服申诉制度的个别法令。也就是说现行的新《行政不服审查法》及多样化的个别的"实定法"，已经构建了某种程度的多样化、个别化、具体化的不服申诉制度。

关于这一点，在民主党执政下的2010年，由总务省组建的行政救济制度检讨小组所提出的一系列资料，为我们提供了有参考价值的信息。〔12〕这些资料将广泛的行政不服制度进行分类，既包括了针对不适用《行政不服审查法》处分的特别不服申诉制度，也包括了以适用《行政不服审查法》为前提并设置特例的不服申诉制度。资料显示，就国家层面的涉及行政不服申诉的事件来说，虽然程度上有一定的差异，但是几乎在所有的领域都存在这种现象，即排除《行政不服审查法》的适用，或是设定特例，基于个别法令设置不服申诉制度，并通过这类行政不服申诉制度来处理事件。因此，2009年国家层面的行政不服申诉案件总数为23456件，其中排除《行政不服审查

〔12〕民主党政权所进行的，有关修改《行政不服审查法》的研讨会中，行政救济制度检讨小组所制定的汇总(2011年12月)表明，除撤销之诉中的原告适格与同等认定的不服申诉适格问题以外，在遇到修改《行政不服审查法》时曾经提出的对于广泛受理申诉、苦情等问题时，主张行政厅的法律判断合法性审查国民的不满或不服申诉处理领域中也应架构法律框架的问题，具体参见稲葉一将『行政不服審査法改正と救済態様』法律时报86卷5号(2014年)88页以下。此外，如上述《行政救济制度检讨小组》所制定的"汇总"一样，除了对国民的权利、利益加以保护之外，还应为行政的正当运行目的提供相应的保障。平田和一『行政不服審査法改正に関する覚書』专法100号(2007年)99页以及久保茂樹『行政不服審査』，礒部力他編『行政法の新構想 Ⅲ 行政救済法』(有斐閣，2008年)168页。如前所述，假如把确保行政活动的正常运行制度嵌入到《行政不服审查法》之中的话，不服申诉的范围将超越传统的可诉行政行为以外的"行为"。此时就会发生，该"行为"与抗告之诉的衔接问题以及如何厘清该"行为"与民事诉讼(当事者之诉)关系的问题。具体参见，前田雅子『行政不服審査法改正の論点』法时86卷5号(2014年)86-87页，以及前田雅子『行政不服審査制度に関する論点の検討』ジュリ1324号(2006年)11页。根据具体案情，既可以适用不服申诉来谋求权利救济，如行政方不予撤销原行政行为又可以提起"撤销裁决之诉"(行政诉讼法第3条第3项)。如果原"行为"不属于可诉行政行为时，就不得适用"原处分主义"(行政诉讼法第10条第2项)，而可以考虑以原"行为"的违法、不当为理由主张其裁决的违法性。因此对于不是可诉性行政行为的原"行为"违法、不当问题而言，在原"行为"的架构中披上经上级机关"裁决"的"外套"，使得该"裁决"在撤销之诉讼中被进入到法院的审查范围之内。假如在撤销之诉中，法院判决撤销该"裁决"的话，也可以提起不服申诉的再审查。此种撤销之诉容忍判决，不以权利救济为直接目的，而是以与其他的诉讼外纷争制度进行衔接之后，再次启动谋求行政运行公正性的错误纠正制度，作为一个补充间接可起到权利救济的功能(由撤销之诉与其他诉讼外纷争制度的衔接而构成的权利救济)。在这一点上，最近的中国已经开始适用柔性纷争解决机制，这对于日本而言具有一定的参考价值。据我了解，在中国围绕着行政合同，如果行政机关与公民产生争议时，已从传统的只关注"契约行为"可撤销性，转变为上级机关对签署该契约的下级机关监督权的适时性和适当性。

法》而适用特别不服申诉制度,以及适用有特例的不服申诉制度处理的案例有22894件,占案件总数的97.6%之多。

另外,除了设置特别的不服申诉制度之外,还有诸多既适用《行政不服审查法》,又可以设置附带特例的不服申诉制度的情形。关于这一点,总务省向行政救济制度研讨小组所提供的资料也值得关注。这份资料列举了排除《行政不服审查法》的适用时,作为特例设置的不服审查制度的类型,其形式具有多样性。其中包括,第三者机关审议的类型(咨询型第三者机关)、第三者机关为裁决机关的类型(裁决型第三者机关)等。作为特例所设置不服审查制度包括,对整体制度设计具有很大影响力的特例、关于不服申诉期间的特例以及比较轻微的特例等。

在这里需要特别强调是,日本的立法政策是基于所谓的分担管理原则(各省所管辖业务由其主任大臣分担管理),因此几乎不可能设置由非主任大臣的第三者机关(裁决型第三者机关)对不服申诉进行裁决的制度。即使设置第三者机关,大多数也只能是咨询型第三者机关(行政不服审查会、信息公开、个人信息保护审查会等)。就这点来说,这与中国部分发达地区所设置的复议委员可能会有很大的差异。但是,日本的咨询型第三者机关不允许行政机关的职员兼任(兼任行政不服审查会委员),因而保障了其第三者的地位。

日本大多数法解释和观点认为,不服申诉制度的主体应是作为一般法的《行政不服审查法》,个别法令只是例外地设置了不同的不服申诉制度。然而上述总务省的资料显示,事实上已经颠覆了这种传统解释和观念,如今存在着由多数的法律群所设置的多种多样的不服申诉制度。如果只是注重表面的法律条文,其构造像是呈现出一种状态,那就是《行政不服审查法》把自身定位于一般法,由它承认个别的法令作为例外设置的特例以及设置代替《行政不服审查法》的特别的不服申诉制度。也就是说,由《行政不服审查法》和多数特别法令所构成的不服申诉体系之中,《行政不服审查法》只不过是其中的冰山一角。从《行政不服审查法》的运行现状我们可以了解到,它只是不服申诉制度中的构成要素之一,充其量也就是不服申诉制度诸类型中的构成部分而已。新《行政不服审查法》以及相关法律的整备法也承认了这种现状,并没有以《行政不服审查法》为核心或对其主体地位进行再定位的改革。

(四)《行政不服审查法》中的不服申诉制度以及由多数、个别法令所规定的各种特例或不服申诉制度所构成的多元化不服申诉体系

《行政不服审查法》默认了由个别法令所设置的数量庞大且形式多样的不服申诉制度。这一现状会遭到来自《行政不服审查法》是行政不服申诉制度的"一般法"这一形式化的空洞化的传统理念的谴责。

但是如前所述,当《行政不服审查法》无法充分对应行政变化这一不稳定的、有失平衡的现状时,我们就会认识到,如果只是把作为行政不服申诉制度构成部分之一的《行政不服审查法》的不服申诉制度定位于"一般法",如果只是把数量庞大的"特别法"整理后收敛于《行政不服审查法》的内容的话,仅从形式上而言,可能会建构稳定的、均一的以及有秩序的以《行政不服审查法》为"一般法"的不服申诉制度,但是就其实质和结果而言往往会是矫枉过正,过犹不及。

虽说是不平衡且不稳定,但是确实存在多种多样的个别法令所规定的特例或特别不服申诉制度作为支撑。同时《行政不服审查法》中的不服申诉制度,是作为多元化不服申诉体系中的构成要素而配置其中的。以此现状为前提,《行政不服审查法》在多元化不服申诉体系中,原则上只是一种最低限度的保障,这种逻辑结构也可以作为探讨其他制度时的参考。《行政不服审查法》之不服申诉制度的今后的课题就是,能否将多元化不服申诉体系逐渐改造成新的制度,由此迈向构建新秩序之路,此课题将在新《行政不服审查法》的实施过程中得到验证。

综上所述展现给了我们一个清晰的轮廓,那就是现在的国家制度,包括《行政不服审查法》中的不服申诉制度,是作为开放性的多元化不服申诉体系所构筑起来的。其原因在于,如果把国家制度看作是开放的,那就需要重新认识在其领域中地方公共团体的条例与《行政不服审查法》的关系。虽然地方公共团体中的不服申诉制度,也应包括到开放性、多元化的不服申诉体系之内,但传统观念认为地方公共团体的条例不能设置基于《行政不服审查法》的不服申诉制度之特例。既然《行政不服审查法》的不服申诉制度是开放的制度,那么为何要求地方公共团体只能把其解释为闭塞的制度,而不能灵活地运用呢?认识到开放性的、多元化的不服申诉体系的现实状况,就会

得出对《行政不服审查法》的形式上的文本解释只不过是恶意观念论的结论。另外,从近年积极推进地方分权的立法解释的角度而言,此种做法也不具有说服力。

结　语

作为构成开放性的多元化的不服申诉制度之一,《行政不服审查法》的不服申诉制度是以配置完善不服申诉体系构造为前提的。并且,此种制度对其他制度来说是一种最低限度的保障。但是从其他制度也应参考《行政不服审查法》的观点来看,基于《行政不服审查法》的不服申诉制度,是否具备通过参考促进其他制度变化的能量[即耗散效应(Dissipation Effects)],这个问题只能在新《行政不服审查法》实施过程中寻求解答。

作为新《行政不服审查法》的亮点之一的审理员制度〔13〕〔14〕,在多元化不服申诉制度体系中,通过灵活运用审理员这一新制度(发挥耗散效应),对于构成该体系的其他不服申诉制度来说,审理员制度是否成为最有效的制度?也就是说,是否能成为标准模型?这也是决定新《行政不服审查法》今后发展方向的分歧点。

新《行政不服审查法》以及相关法律整备法所整理的"个别法",这些围绕不服申诉制度改革,是以制定或修改地方公共团体的条例为目的的。但事与愿违,在制定或修改地方公共团体的条例时异口同声地排除了这种审理员制度。这说明,新《行政不服审查法》所规定的审理员制度只能停留在

---

〔13〕 与欧美不同(欧美的审理委员一般具有法曹资格),日本的新《行政不服审查法》所创设的审理委员一般情况下不具备法曹资格,而只是行政厅的一般职员,因此在不服申诉的审理等方面无法充分得到国民的信赖。今后期待通过不服审查会(由具有法曹资格或一定学识的人员组成)对审理员的监督等程序进行培养以提高其专业资质(capacity building)。

〔14〕 一般情况下审理员从审查机关本厅的职员中指定,但同时为了实现与行政厅的职能分离,适用回避制度。即与审查有利害关系或者曾参与审查请求相关的处分或者参与了与再调查请求相关的决定的人不得成为审理员,《行政不服审查法》也规定可以聘用外部人才以非固定职员的形式作为审理员。有关审理员制度的相关中文文献,具体参见曹鎏:《五国行政复议制度的启示与借鉴》,《行政法学研究》2017 年第 5 期,第 21 页。——译者注

多元化不服申诉体系层面，还未上升到全方位的开放的不服申诉体系层面。

虽然在不服申诉体系中，审理员制度仅作为一个构成因素，但是今后可以通过审理员制度的运用，将其纳入到其他制度可参考的范例之中。如果将审理员制度引入其他不服申诉制度之内，也可充分发挥审理员制度的耗散效应。然而从新《行政不服审查法》的实施情况来看，显现出涉及国家和地方自治体的行政不服申诉案件数逐年变少，偏向于特定行政领域（福祉行政）的倾向。

另外，现行制度对不服申诉的认定率非常低。其初衷是力图通过设置具有独立性的行政不服審查会，依次提高其认定率。但相比同类具有独立性的情报公开审查会，不难发现两者之间的悬殊差距（比修改《行政不服审查法》之前所估计的百分比还要低）。

其原因在于：首先，行政不服审查会与信息公开制度不同，它几乎都是停留于对审理员意见书的审查层面。其次，行政不服审查会只是进行书面审理，虽然赋予不服申诉人意见陈述的权利，但不服申诉人几乎无法行使其权利，也无法听取处分厅职员的意见。不服审查会判断，处分为违法的案件中多数会涉及程序违法的问题。尤其是审理员问题上，如果是由行政内部职员进行审理，该职员就会受到法定约束力的通知、通达之类的行政规则的束缚。相比之下行政不服审查会具有不受诸如通知、通达之类的行政规则的束缚进行判断之长处。因此在个别的具体事案中，积极期待行政不服审查会作出与通知、通达不同的实体性判断，但现状是几乎没有这种前例。

基于上述日本现状的分析及说明，认为 4 年前我所得出的结论依然具有很重要的意义。4 年前我曾阐述道"在新《行政不服审查法》实行过程中，对于审理员制度而言，重要的是培育审理员制度的姿态"。但遗憾的是，背负众望的审理员制度，在现实活动中，并未实行积极的审理。这类事例接触多了，容易造成行政内部职员担任审理员时也会按部就班，只停留于和原先的行政厅职员同样的水平，容易形成一种恶性循环。虽然也需要耐心等待审理员的能力的提升，但是现况之下其路尚远。

（特约编辑：刘雪鹂）

论美国餐馆监管制度发展历史及制度现状

林沈节*

内容提要:美国餐馆监管经历了从无到有,从简单到相对完善的发展阶段。由于联邦制的国家制度,美国餐馆监管的法律制度形成了联邦、州和地方三个不同的层级。联邦和州的卫生监督机构以制定法律、规则为主,地方政府的健康监管机构作为一线的执法机关,成为监督餐馆食品安全的基石,在监督餐馆食品安全方面发挥着不可或缺的作用。美国联邦食品药品监督管理局制定的《食品法典》虽没有强制的法律效力,但是在被各州的法律采纳后,逐渐成为统一执法标准。在该法典的典范作用下及各州及地方政府自治权下,逐渐形成了餐馆许可、菜单标签、监督检查、检查结果公示及违法行为处理等一套相对完整的监管制度体系。这一整套体系的形成及构建对我国餐馆监管有着极大的借鉴意义。我国的监管机关需要在整体制度的构建、具体规范的执行等方面,借鉴相关内容,并通过中国实践完善餐馆监管制度。

关键词:美国;餐馆;监管制度;监督检查;信息公开

一、引　言

美国是世界上实行食品安全监管制度非常严格的国家,但是在美国食品安全问题依然存在。其中,食源性疾病的发生率依然较高,且食源性疾病

---

* 林沈节,上海商学院文法学院讲师,法学博士。本文系作者主持的国家社会科学基金项目“行政法视野中的风险警示研究”(课题编号 15&CF019)的成果。

所引发的社会成本非常高。美国疾病控制和预防中心预估每年大概有4800万人患食源性疾病，其中有12.8万人就医，3000人因此死亡。在预估的4800万食源性疾病的患者中，可以将特定病原体确定为发病原因的大概只有940万。[1] 由于食源性疾病发病周期和治愈周期相对较短，更多的患者是在家里就自愈而无须去医院就医。在《食源性疾病暴发的监测——美国(2009—2015)》的报告中，向政府机构上报的发生在餐馆的食源性疾病事件一共有2880起，占食源性疾病事件总数的61%。[2] 在1998年到2008年的统计数据中，大约三分之二的食源性疾病发生在餐馆。[3] 餐馆成为食源性疾病发生的主要场所，引起消费者的广泛关注，促使监管机构更加重视对餐馆行业的监督。此外，美国国家餐馆协会2017年餐饮行业报告指出，餐饮行业2017年的总销售收入为7990亿美元，比2016年增加了4.3%。餐馆在美国人民的生活中占据重要的位置，这也是美国的监管机关越来越重视对餐饮的监管的主要原因之一。

二、美国餐馆监管的历史

（一）美国餐馆发展历史

西方餐馆历史可以追溯到18世纪60年代的巴黎。而在17、18世纪的美国，人们基本上都在家里就餐，人们吃自己种植的食物，或者从当地的农场主处购买食物回到家里做饭，到外就餐的非常少。

---

〔1〕 Hoffmann, S., Maculloch, B., and Batz, M. (2015). *Economic Burden of Major Foodborne Illnesses Acquired in the United States*, EIB-140. Washington, DC: United States Department of Agriculture. Available at: http://www.ers.usda.gov/media/1837791/eib140.pdf.

〔2〕 Dewey-Mattia D, Manikonda K, Hall AJ, Wise ME, Crowe SJ. *Surveillance for Foodborne Disease Outbreaks — United States*, 2009-2015. MMWR Surveill Summ 2018;67(No. SS-10):1-11. DOI: http://dx.doi.org/10.15585/mmwr.ss6710a1.

〔3〕 Gould, L. H., Walsh, K. A., Vieira, A. R., Herman, K., Williams, I. T., Hall, A. J., & Cole, D. (2013). *Surveillance for Foodborne Disease Outbreaks—United States*, 1998-2008.

美国的餐馆大约起源于19世纪30到40年代。如果人们无法在家里、朋友家就餐而又需要填饱肚子时,他们就到小酒馆、旅馆、寄宿公寓、茶馆、咖啡馆或酒店就餐。随着旅行者、移民的增加,以及汽车工业的发展,像波士顿、纽约、费城等这样的大城市的人们需要经常在外就餐。就餐的地点名称有很多,如 eating houses, restorators, dining rooms, dining halls, or victualizing houses,当时的人们很难对餐馆作出明确界定。随后,美国的餐馆飞速发展,美国纽约市的曼哈顿地区是当时餐馆行业发展的领导者。科学和技术的发展,如冰箱的发明,铁路、汽车等交通运输工具的发展,也推动了餐馆行业的发展。此外,工业化食品行业的出现,对餐馆行业产生了特别的影响。到了20世纪,汽车工业的发展促使美国餐馆行业加速发展,尤其是像麦当劳等连锁的快餐餐馆的飞速发展,人们习惯了快餐式的就餐方式。

(二)对餐馆的监管

1. 初步监管

根据美国宪法的规定,为公民提供公共卫生服务和社会福利是每个州的责任。早期美国人都在家里吃饭,只需在外购买少量食物,如从烘焙师处购买面包,因此最早关于食品的法律,就是对面包的治理,要求面包里不能含有面粉之外的其他物质。19世纪后期,人们开始关注吃得健康的问题。美国农业部成立之后,开始专注于对食品营养的研究,同时影响了美国人们对饮食健康的关注,如卡路里与体重之间的关系开始受到重视,激素、维生素等对人体的影响也逐渐被公众知悉。

2. 法典化的监管

20世纪初期,食品安全事件的发生引发了公众对食品的特别关注,也推动联邦政府关注并重视食品安全。著名记者厄普顿·辛克莱(Upton Sinclair)撰写的《丛林》(*The Jungle*)一书揭露了肉品包装行业的食品卫生问题,该书的上市促进了美国立法机关制定并通过了纯净食品和药品法。1915年成立了全国家庭主妇联盟的地方分会,对其所在社区的杂货商和食品制造商的卫生条件进行监控。

(1)联邦食品法典

1934年,联邦食品和药品监管局和美国公共健康卫生服务部设立了首个"餐馆卫生项目",该项目主要是针对餐馆的食品安全法规,这些规则由各州自愿决定是否采纳。[4] 早期的监督检查制度包括划分餐馆等级(A、B、C),以此来提醒消费者关注食品安全。在评价餐馆等级过程中,影响等级的因素有很多,其中餐馆工人洗手和卫生是最为重要的,其次是容易腐化的食物、厨房和卫生间的整体清洁程度。这个原始的餐馆卫生项目持续了数十年,最终成为现行的美国联邦食品法典。从1993年到2001年,该食品法典开始每两年更新并重新出版一次;从2001年开始改为每四年更新出版一次。食品法典每隔几年就更新一次,目的在于反映出当前科学研究中最新的研究成果,以及将该法典作为餐馆消费者安全最优秀的指导手册。

食品法典与1934年的原始文件一样,依然是自愿性的规则,不是联邦的法律,不具有强制性。尽管大多数州制定的法规与食品法典内容大致相同,但食品法典的效果依然取决于各州自己制定的食品安全规则。

(2)特别内容的监管:餐馆菜单的监管

联邦政府和地方政府特别关注餐馆对食品所做的广告。为了吸引顾客,餐馆会做有关菜品的广告,因此法律要求餐馆不能欺骗消费者,必须在菜单中精确地描述菜品。这一类型的法律在20世纪70年代开始盛行,被称为"真实性菜单"(Truth-in-Menu)。一般来说,在餐馆行业中使用"真实性菜单"用来描述那些存在于地方、州和国家不同层面且松散的法律。"真实性菜单"的最低要求是餐馆必须提供其宣传的服务。

菜单真实性法在国家和地方层面获得大量的支持。超过20个州与联邦政府通过了相关法律。所有的经营者都认识到支持菜单真实性制度的必要性,并且为消费者提供信息更加透明的食品,通过信息公开保证食品的安全性。[5]

菜单真实性法主要集中于经营者使用的描述和市场特别的标准。这些

---

〔4〕 Fuchs, A. W., *The U. S. Public Health Service Restaurant Sanitation Program*, Am J Public Health Nations Health. 1942 Aug;32(8):848-852.

〔5〕 David T. Denney, "*What You Say is What They Get: A Truth-in-Menu and Menu Labeling Laws Primer*," in Restaurant Startup & Growth, October 2009, pp. 24-31.

标准包括准备方式、来源、潜在的过敏源、分量、健康声明、成分、健康利益声明、营养声称、定价、名称和等级(Barth,Hayes,Ninemeier,2001)〔6〕。虽然其中一些标准非常具体,但在涉及健康声明、健康利益声明、营养声称、潜在的过敏源等标准时,标准是不明确的。每个食品安全治理管辖区都有自己的标准,导致监管机构的执法和合规要求不一致,也使得许多餐馆无法遵守规定〔7〕。

随后在1990年《营养标签和教育法》中,联邦食品和药品监管局则允许餐馆销售无标签食品。但是在*Public Citizen Inc. etal. v. Donna Shalala*一案中〔8〕,华盛顿特区的联邦地区法院强制要求联邦食品和药品监管局必须在菜单上采用营养宣称标签规则。自1997年起,联邦政府扩大了1990年《营养标签和教育法》的适用范围,将标签的适用范围扩展到餐馆。此后,诸如低钠、低脂肪、无胆固醇等类似的声明必须符合联邦食品和药品监管局所确定的定义标准。

上述规定让餐馆很难书写其菜单,所以很多餐馆反对适用上述规定。此外,许多州有很多法律能够覆盖到菜单真实性原则,菜单真实性法是否有必要存在也遭到怀疑。例如,纽约州的农业和市场部自从1920年起就有此类法律规定,但是因为该条款很少被适用,很多人都不知道有这一规定。也有部分州认为,即使适用上述规定,也很少有消费者会报告这一违法行为。

但是随着美国肥胖人数的增加,呼吁改变餐馆必须标注清晰的营养信息的呼声高涨。2010年巴拉克·奥巴马总统签署了《病人保护和经济适用医疗法》,其中涉及食品的标签部分。经过多次讨论,美国联邦食品和药品监管局于2014年12月1日公布了"食物标签;餐厅和类似零售餐饮场所标

---

〔6〕 Stepheb Barth, David K. Hayes, Jack D. Ninemeier, *Restaurant Law Basics: Wiley Restaurant Basics Series*, John Wiley & Sons, Inc. pp. 275-280.

〔7〕 Lionel Thomas Jr, Juline E. Mills . *Consumer Knowledge and Expectations of Restaurant Menus and Their Governing Legislation: a Qualitative Assessment*, Journal of Foodservice 2006(17)17: 6-22.

〔8〕 932 F. Supp. 13(1996). 参见 Public Citizen, Inc. v. Shalala, https://www.leagle.com/decision/1996945932fsupp131942,最后访问日期:2018年10月13日。

准菜单项目营养标签”的法规，[9]该规定要求规模在20家门店以上的餐厅或运营自动贩卖机运营公司及其他出售熟食的场所，都必须在菜单或食品标识板上列出食物的热量，即卡路里。联邦食品和药品管理局还要求餐厅提供的营养信息尽量详尽，最好包括脂肪、钠、蛋白和膳食纤维。经过数次推迟实施后，联邦食品和药品监管局决定从2018年5月7日起正式施行该规定。

三、美国餐馆监管机构

餐馆遍布全美国，仅依靠联邦食品和药品监管局显然无法实现监管目标。美国各州和地方政府在餐馆监管方面履行了更多的义务，发挥了更重要的作用。联邦食品和药品监管局依靠超过3000多个州和地方政府的监管机关监督餐馆。各州的机关，特别是地方政府的监管机关，根据各州或者地方的法规完成对餐馆的监管任务。

（一）联邦政府层面

根据《食品药品和化妆品法》第301(k)的规定，联邦食品和药品监管局对所有的餐馆、食品自动销售机器和蔬菜店有监管权。但是，联邦食品和药品监管局认识到自身缺乏资源去监督成千上万的食品设施，成千上万的餐馆和数不清的餐食供应，即使是设在地区的办公室也很难履行监管责任，所以主要责任不得不保留在州和地方政府。

联邦食品和药品监管局依赖于州和地方政府监管餐馆。1975年，美国会计总署(GAO)发布一个报告称，联邦食品和药品监管局支持地方监管餐馆卫生制度在很大程度上是无效的。该报告批评餐馆卫生，并预估调研中的“大约90%的餐馆是不卫生的。这个报告还说明，联邦食品和药品监管

〔9〕 Food and Drug Administration, *Food Labeling; Nutrition Labeling of Standard Menu Items in Restaurants and Similar Retail Food Establishments*; https://www.federalregister.gov/documents/2016/12/30/2016-31597/food-labeling-nutrition-labeling-of-standard-menu-items-in-restaurants-and-similar-retail-food，最后访问日期：2018年10月12日。

局有权监督经过州际运输的餐馆食品,但其依赖于州和地方政府规制餐馆”。

联邦食品和药品监管局依赖于和地方合作来实现监管。这一合作的主要工具是食品法典。此外,联邦和州的合作依赖于具体的合作项目,如合作项目中历史最长的是“A”级巴氏杀菌奶条例(PMO),该项目从1924年开始实施,并被大多数州采用。

联邦食品和药品监管局通过发布食品法典、对食品法典进行更新,并担任州和地方监管机构的技术顾问等手段来协助州和地方政府监管餐馆。食品法典既不是联邦法律,也不是联邦法规,州和地方政府可以不遵守。但是,它给各级政府及监管机构提供了很好的样本,而且食品法典与联邦的法律和法规是一致的,能够给这些监管机构提供有力的科学技术和法律支持。这些均有利于州和地方政府采纳食品法典。

此外,联邦食品和药品监管局的地区食品专员通过培训、项目评估和技术支持帮助监管机关,为地方健康监管机构提供资金等方面的支持。

(二)州层面

大部分关于食品的法规在州层面被制定,并且由地方或州的卫生部门执行。大多数的城市、县,或者州健康检查员(也叫卫生员、健康官员或者环境卫生专员)执行食品服务检查任务。

根据联邦食品和药品监管局发布的关于食品法典被采纳情况的报告(2016)〔10〕,66个州的行政机关负责对餐馆、零售食品进行监管。其中,37个州(包括华盛顿特区)只有一个州规制机关负责监管餐馆和零售食品店;14个州有多个监管机关监管餐馆和零售食品店。在14个州的多个监管机关中,7个州仅有一个监管机构监管餐馆;在4个州的多个监管机构中,有一个监管机构既监管餐馆,同时又监管零售食品;2个州的两个监管机构都

---

〔10〕 U. S. Food & Drug Administration, National Retail Food Team, *Adoption of the FDA Food Code, State and Territorial Agencies Responsible for the Oversight of Restaurants and Retail Food Stores*.

有权监管餐馆和零售食品〔11〕;1 个州(佛罗里达)有三个监管机构可以监管餐馆,其中一个监管机构负责监管餐馆(商业和职业监管部),卫生部监管机构内设的餐馆(如学校、剧院内设的餐馆),农业和消费者服务部监管食品零售店、饮料店。

而州层面的监管机关主要发布和制定法律、法规,并不具体执行法律,具体执行一般授权给地方政府的部门,但新罕布尔州除外,该州的健康监管部门直接监管全州的餐馆安全(15 个城市或镇除外,这些地方的餐馆由地方卫生监管机构监管)〔12〕。

(三)地方层面

地方层面的餐馆监管机构一般是指县级或城市健康部门根据法律规定或授权对餐馆进行监管,包括对餐馆的许可、许可后的监督、对违法行为的处理等。将近 3000 个公共卫生机关涉及食品安全监管。这些监管机关站在餐馆监管的第一线,直接监管餐馆的卫生安全,对餐馆食品安全的保护发挥着不可或缺的作用。

四、美国餐馆监管的具体制度

美国对餐馆的监管由一系列的制度构成,这些制度构成一个相对完整的整体,虽然这些法律制度依然称不上完美,但是其对餐馆食品安全的保障、对消费者权益的保护起到了非常重要的作用。

(一)许可制度

1. 餐馆经营许可制度

在美国经营一个餐馆,申请者需要获得多个许可,如商业许可、餐馆服

---

〔11〕 笔者查阅最新资料显示,威斯康星州的餐饮和零售监管职责已经发生变化。根据法律规定,餐饮监管和零售食品监管授权给农业、贸易和消费者保护,该州卫生服务部保留食品小摊贩的监管。但是,在地方政府层面,餐馆和零售食品的监管依然是卫生部门负责,其被称为代理人。

〔12〕 Division of Public Health Services > Food Protection > https://www.dhhs.nh.gov/dphs/fp/inspection.htm,最后访问日期:2018 年 10 月 12 日。

务许可、食品处理人员许可证、雇主身份识别码、建筑的健康许可(building health permit)等。虽然各州的法律和基本要求略有不同,但是大部分的州都对申请经营餐馆列出有关许可的表格,其中餐馆服务许可是不可或缺的许可证。任何一个餐馆经营者都必须向当地的监管机构提出申请。地方的监管机关一般是地方的健康监管部门。在一些州,餐馆的类型决定了许可证的类型。如拥有餐厅的餐馆可能需要根据座位的数量获得许可,而外卖的经营者也需要食品服务许可证,但名称换为食品销售的许可证。

在申请书中,经营者必须填写餐馆的名字、永久的厨房设施地址、经营者的个人信息。此外,许可证的有效期是自动确定的,许可证到期时需要更新许可证。

在经营者获得餐馆许可证之前,卫生部门会派人上门检查餐馆的卫生情况。这种检查是为了确保经营者遵守了所有的餐馆食品安全规章。一旦餐馆服务许可证被通过,地方卫生部门将会持续进行常规检查。如果检查不通过,可能会被吊销许可证。

经营者申请餐馆许可证需要支付许可费,一般的申请费用在100美元到1000美元之间。根据分类和大小(座位的数量)不同、地理位置的差异,许可证的收费有所不同,此外,还可能根据雇员的数量调整收费。

2.食品处理人员和餐馆负责人资格证制度

监管部门对餐馆进行检查,以确保餐馆的食品安全。然而,对餐馆的检查是否能够有效地预防食源性疾病不乏争议〔13〕。同时,为了防止与餐馆有关的食源性疾病的暴发,很多公众健康机关要求餐馆厨房经理必须持有食品安全证书。餐馆厨房经理必须通过食品安全知识的考试才能获得食品安全证书。在考试之前,考生必须先参加食品安全培训或教育。

(1)餐饮服务人员资格证(Food Handler Card)制度

餐饮服务人员一般是指处理、准备、服务、销售或者赠送供人食用的食物的人。餐饮服务人员有责任确保食品在其工作涉及的环节中不至于产生

〔13〕 Owen H. Seiver, Thomas H. Hatfield, *Grading Systems for Retail Food Facilities: A Risk-based Analysis*, Journal of Environmental Health, 2000, Vol. 63 Issue 3, pp. 22-27; Paul B. Allwood, Petrona Lee, and Pamela Borden-Glass, *The Vital Role of Restaurant Health Inspections*, Journal of Environmental Health, 1999, vol. 61 Issue 9, pp. 25-28.

影响食品安全的危险。如加利福尼亚州的餐饮服务人员法要求,除了临时食品设施以外,所有的食餐饮服务人员必须完成认证培训,通过评估并获得食品处理卡(Food Handle Card)。

餐饮服务人员资格证的培训课程一般教授餐馆雇员有关餐馆卫生、食品储存、食品处理等事项,以避免食源性疾病的发生。食品处理人员培训的费用一般在100美元到500美元之间。

各州对于餐饮服务人员是否必须持证上岗要求不一样,有的州要求餐馆服务人员必须持有该证书才能上岗,有的州则是推荐的要求(如爱达荷州),有的州则取决于县级政府卫生部的要求(如肯塔基州)。

餐饮服务人员资格证的获取在不同的州要求也不一样,如:加利福尼亚州除圣地亚哥、圣贝纳迪诺、里弗赛德(三县有自己的食品处理人员培训资格证,不必遵守加利福尼亚州的食品处理人法律制度要求)之外,必须从美国国家标准协会(American National Standards Institute)认可的组织获得[14];西弗吉尼亚州的Cabell、Monongalia County认可美国国家标准协会的State Food Safety网上培训课程,除了网上培训课程之外,两县卫生部门还设置了线下的食品安全培训课程;伊利诺伊州公共健康部要求餐饮服务人员必须获得美国国家标准协会认可的证书,但餐饮服务人员已获得地方政府卫生部门提供的经州政府公共健康部认可的培训项目证书除外。换句话说,虽然美国各州对餐饮服务人员资格证有要求,但是以地方政府卫生部门的要求为例外。

(2)餐馆服务经理资格(Certified Food Manager)制度

基于餐馆经理的资格认证可以获得更多食品安全知识的假设,餐馆经理具有食品安全知识可以成功地保证食源性疾病的风险因素的控制,减少此类疾病暴发的风险,许多公共卫生机关已经要求每个餐馆必须至少有一个人具有餐馆服务经理资格证书。

在美国50个州中,31个州强制要求餐馆经营者或者管理者必须获得

---

〔14〕 美国国家标准协会公布的餐馆服务人员资格证项目名录:https://www.ansi.org/accreditation/credentialing/certificate-issuers/food-handler-certificates/,最后访问日期:2018年10月5日。

资格证书,9个州要求经理在检查时能够展示餐馆食品安全知识即可,10个州由县级卫生部门提出具体要求,此外,华盛顿特区也要求餐馆经营者或者管理者必须获得资格证书。[15]

餐馆服务经理资格制度可以在预防餐馆发生食品安全事件方面发挥重要作用,餐馆服务经理要想获得证书必须提前进行培训。当然,餐馆服务经理或者经营者获得资格证书并不意味着餐馆的食物就绝对安全,只能说餐馆服务经理或者经营者懂得更多的食物知识,能够更好地预防和处理食源性疾病。有研究认为,拥有经过培训和认证餐馆服务经理的餐馆的严重违法行为明显减少,并且违法次数比没有认证人员的餐馆少。[16]

(二)菜单标签制度

1990年美国国会通过了修订的《联邦食品、药品和化妆品法》,这次修订主要增加了两个条款。这两个条款被称为《营养标签和教育法》。餐馆被允许免除该条款的某些规定。美国联邦食品和药品管理局认为该法授权其治理餐馆的标志、标语牌或者海报上宣称的内容,而不治理菜单上宣称的内容。在Public Citizen, Inc., et al., v. Donna Shalala[17]一案中,原告认为美国联邦食品和药品监管局违反了法律规定,不应该免除餐馆菜单的营养和健康宣称标签要求;而联邦食品和药品监管局认为餐馆的菜单经常改变且根据该法的规定可以免除餐馆(特别是小餐馆)在菜单上提供有用营养信息的义务。法院最后判决认为联邦食品和药品监管局的免除餐馆菜单标注营养内容和健康宣传的规则违反了《营养标签和教育法》以及《行政程序法》的规定,因为该规则与《营养标签和教育法》的目的背道而驰,要求联邦食品和药品监管局应该在判决后30日内修改规则,并要求所有餐馆菜单执行菜单营养和健康宣称标签的义务。根据该判决,联邦法规第21卷食品和

---

〔15〕 关于各州对餐饮服务经理资格证要求:https://www.servsafe.com/ss/regulatory/default.aspx? aliaspath=/Special-%20Pages/ssredirect,最后访问日期:2018年10月09日。

〔16〕 Hailu Kassa, Gary S. Silverman, and Karim Baroudi, *Effect of a Manager Training and Certification Program on Food Safety and Hygiene in Food Service Operations*, Environmental Health Insights 2010(4), pp. 13-20.

〔17〕 932 F. Supp. 13(1996). 参见Public Citizen, Inc. v. Shalala, https://www.leagle.com/decision/1996945932fsupp131942,最后访问日期:2018年10月13日。

药品章规定了餐馆营养标签制度[18]。

在《营养标签和教育法》制定之前,美国各州已经有针对餐馆标签的相关法规,这些法规的主要法律基础是联邦食品广告法规,即自 20 世纪 70 年代开始盛行的"真实性的菜单"(Truth-in-Menu)运动。而"真实性菜单法"一般是用来描述那些存在于地方、州和国家不同层面且松散的法律。真实的菜单最低要求是餐馆必须提供其宣传的服务。加利福尼亚州的洛杉矶是第一个设立"真实菜单法"的地方。[19] 早期的餐馆实践鼓励州制定"真实的菜单法"。后来,这些规则被《营养标签和教育法》所替代。当然各州也可以制定比联邦法更严格的规则。

纽约市健康部门是美国第一个提出建议并制定菜单标签的地方监管机关。[20] 不过,该制度在执行过程中遭到了很多抵制。在纽约州餐馆协会诉纽约市健康委员会的案件中,[21]该协会认为纽约市健康法典的规定"要求纽约市的餐馆必须在菜单上公布卡路里信息",特别是连锁餐馆是违反宪法的。该案中纽约州餐馆协会胜诉。纽约市健康部门随即修改了规定,要求超过 15 个地点使用同一个名字的餐馆需要公布餐食的卡路里。该规定被联邦地区法院和联邦第二巡回法院认可。随后,美国其他的城市、县和州制定了类似的菜单标签制度。最后,美国餐馆协会放弃抵制,并寻求国家层面统一的菜单标签制度。

经过多年实践的发展和个案的推动,以及由于美国肥胖人口的增加,呼吁改变餐馆销售食品必须标注清晰的营养信息的呼声高涨。2010 年奥巴马总统签署了《病人保护和经济适用医疗法》,其中包含有食品的标签部分。随后美国联邦食品和药品监管局在 2014 年 12 月 1 日公布了"食物标签;餐厅和类似零售餐饮场所标准菜单项目营养标签"的规则,该规则要求规模在 20 家门店以上的餐厅或运营自动贩卖机公司及其他出售熟食的场所,都必

---

〔18〕 21CFR101.10.

〔19〕 John R. Goodwin, Jolie R. Gaston, *Hotel and Hospitality Law Principles and Cases* (5th *Ed.*), Gorsuch Scarisbrick Pub.

〔20〕 Brent Bernell, *The history and impact of the New York City menu labeling law*. Food and Drug Law J. 201065(4), pp. 839-872.

〔21〕 参见 New York State Restaurant Association v. New York City Board of Health, https://caselaw.findlaw.com/us-2nd-circuit/1189180.html,最后访问日期:2018 年 10 月 13 日。

须在菜单或食品标识板上列出食物的热量,即卡路里。联邦食品和药品管理局还要求餐厅提供的营养信息尽量详尽,最好包括脂肪、钠、蛋白和膳食纤维。经过数次推迟,联邦食品和药品监管局决定从2018年5月7日起正式施行该规定。从2018年7月26日到2020年1月1日,每年食品销售额在1000万美元及以上的食品制造商将被强制执行相关规定。每年食品销售额低于1000万美元及的制造商的最后期限从2019年7月26日推迟到2021年1月1日。

美国餐馆菜单标签制度建立的前提是假设消费者缺乏关于餐馆食物营养的信息,以及消费者渴望获得其就餐餐馆食物的信息。[22] 有了餐馆菜单标签制度,餐馆就必须将其提供的各种餐食的营养信息提供给消费者,消费者可以根据这些信息选择更为适合自己的食物。在美国,菜单标签制度成为规范餐馆食品安全更为严格的制度,其目的不仅仅要求餐馆提供安全的餐食,且要求餐馆提供更加营养、更加符合个体健康需要的食物,让消费者吃得更加健康。

(三)监督检查

1.检查制度的发展

1946年第一个针对餐馆的联邦食品法典通过之后,针对餐饮服务的食品安全标准开始由联邦、州和地方政府机关执行。在每个城市,公共健康检查员执行食品安全检查,以确保餐馆所提供的食物的安全性。联邦食品法典推荐的餐馆检查次数是一年至少两次。各州会根据本州的情况以及餐馆风险等级的不同,设置每年至少检查一到四次的检查频率。如纽约市要求健康部门对餐馆的检查是每年至少一次。

美国餐馆检查大多数由城市或者县的官员执行,而不是州的监管人员。地方卫生机关会制定和执行各自的食品安全规则。例如,在科罗拉多州丹佛市,该市比州建立的历史更久,丹佛市在“自治规则”(home rule)授权下进行治理,食品安全规则属于丹佛市法典的一部分,为了与联邦和州的法律

---

〔22〕 Michelle I. Banker, *I Saw the Sign: The New Federal Menu-Labeling Law and Lessons From Local Experience*, Food & Drug Law. J. 2010, 65(4), p. 901, pp. 915-916.

及规则保持一致，每隔几年就会进行修改。有的州部分由城市或者镇自行检查，其他的则由州的执法机构检查。如在新罕布什尔州，有15个城市(镇)的餐馆检查由该城市(镇)的执法人员执行，其他的地方则由州的监管人员负责执行。

2. 餐馆健康检查的类型

美国各地方卫生部门的检查类型有所不同，但通常将餐馆的监督检查分为三类。第一类是日常检查(routine)，日常检查可以根据餐馆服务的类型和过往检查历史确定检查次数；第二类是违法后续检查(follow-up)，是指在日常检查发现有违法行为后，在违法行为不足以导致餐馆关闭的前提下，检查餐馆是否纠正违法行为，以解决严重违法行为的后续问题；第三类是消费者投诉所引发的检查(complaint)。

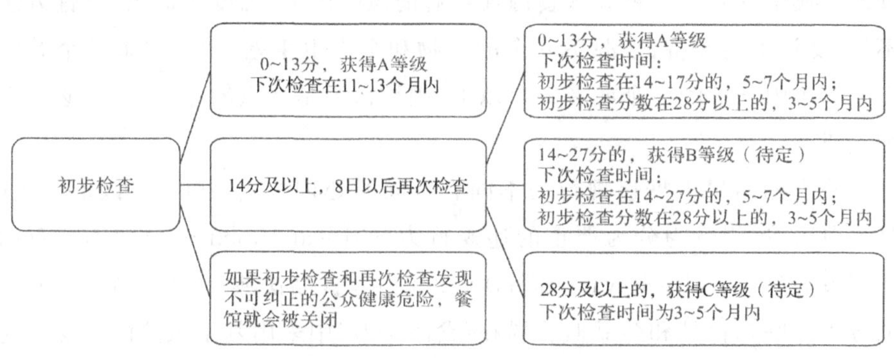

纽约市餐馆等级检查情况图

纽约市的餐馆三类检查称为检查循环(检查分数在13分及以下，那么这个检查周期内就只有一次检查。如果检查分数在14分及以上，就有随后的再次检查和合规检查)。检查循环分一次检查、再检查(reinspection)和合规检查(compliance inspection)三类。在一个检查循环内，如果首次检查得分在13分及以下，下次检查循环的初步检查将在11～13个月之间；如果初步检查在14分及以上，那么检查人员将在8天之后再检查；如果餐馆在再次检查中得分在28分及以上，餐馆必须接受合规检查，且健康部门作出

餐馆存在对消费者增加的食品安全风险的决定。〔23〕

再如,科罗拉多州的丹佛市,检查类型分为常规检查(或整体检查)(regular or full inspection)与限制检查(limited inspection)。前者是不提前告知的针对餐馆所有设施的检查;后者是后续检查,即针对违法项目的再检查或者针对消费者投诉的检查。〔24〕西弗吉尼亚州莫农加利亚县的检查类型有四类:日常检查、后续检查、投诉检查和开业检查(opening inspection)。〔25〕

在大部分州和地方卫生部门,日常检查通常是基于风险机制而确立的,餐馆中的风险机制是基于餐馆是食源性疾病发生可能性最高的来源。高风险的餐馆被检查的次数要比低风险的餐馆检查次数多。餐馆中发生食源性疾病的风险要素由联邦食品和药品监管局确立。联邦食品和药品监管局在食品法典中确立了五种导致食源性疾病的风险因素:温度不适当、烹饪方法不当、受污染的设备、来源不安全的食物和个人卫生差。〔26〕如果某个餐馆涉及五个因素中的一个或者一个以上,则被认为是严重的违法行为,必须立即改正。

检查的结果根据违规行为不同有不同的处理方式,2009年以前的《食品法典》将违规行为分为严重的违规行为(Critical Violations)和不严重的违规行为(non-Critical Violations)。2009年《食品法典》修改之后,引入新的分类。联邦食品和药品监管局在《食品法典》中采用基于风险的三层次违规行为分类制度,即优先项(Priority Item)、优先基础项(Priority Foundation Item)、核心项(Core item)三种:优先项是指食品法典中的可能造成食源性疾病的条款;优先基础项是指食品法典中如果不纠正可能导致优先项类的违规行为的条款;核心项是指食品法典中涉及包括一般卫生、设

---

〔23〕 *Food Service Establishments and the Inspection Cycle*, https://www1.nyc.gov/assets/doh/downloads/pdf/rii/inspection-cycle-overview.pdf,最后访问日期:2018年10月10日。

〔24〕 Food Safety Inspection Information, https://denvergov.org/restaurantinspections,最后访问日期:2018年10月10日。

〔25〕 Inspection Reports Database, http://healthspace.com/Clients/WestVirginia/MonongaliaCounty/Web.nsf/home.xsp,最后访问日期:2018年10月10日。

〔26〕 U.S. DEPARTMENT OF HEALTH AND HUMAN SERVICES Public Health Service ? Food and Drug Administration, Food Coda 2017, Preface ii.

施设备的所有维护项目的条款。[27] 在不及时纠正的情况下，前两类的违规行为比核心违规行为更可能导致食品污染或者食源性疾病的发生。《食品法典》规定：优先项必须在72小时内纠正违规行为；优先基础项必须在检查后的10天内纠正违规行为；核心项目的违规行为可以在监管机关同意或者指定的日期内更正，但必须在检查后的90天之内纠正。[28] 目前大部分州还是将违规行为分为严重的违规行为和非严重的违规行为两类。

监督检查是非常重要的公共服务，该制度用以保证餐馆消费者的健康权和知情权。但是餐馆的监督检查结果好或者差，并不直接表明餐馆的饮食就是安全的或不安全的。在营业期间餐馆安全情形变化非常频繁，而餐馆的检查结果只能表明检查员现场检查的那一刻的餐馆安全状况，这可以称之为餐馆安全检查的快照。因此，餐馆检查只是监督餐馆、确保餐饮安全的一种手段，消费者还需要根据公布的情形自己选择。

(四)检查结果公示制度

为了让消费者对餐馆的安全有清晰的了解，能够作出符合自身要求的选择，监管机关会将餐馆检查结果进行公布。美国的餐馆监管部门对餐馆检查结果的公布有两种方式：一是在网站上公布餐馆检查的报告；二是给餐馆检查作出评级，并要求餐馆在经营场所内张贴公布。各州地方卫生部门的规定不同，有的以计分的形式（纽约市以计分的形式，且按照得分分成不同的字母等级并要求餐馆张贴等级卡），有的不计分（如密歇根州的餐馆检查不计分，查看检查结果的形式就是阅读整个检查报告）。在加利福尼亚州，各县的卫生部门执行的公布方式有所不同，如：萨克拉门托县规定张贴不同颜色的卡，绿色代表开业，黄色代表有条件开业，红色表示关闭；洛杉矶县在1997年就开始引入卫生质量等级，并要求餐馆将等级卡张贴在餐馆的窗户上，张贴的形式是根据餐馆检查得分给餐馆评价字母等级（A、B、C）；

---

〔27〕 U. S. DEPARTMENT OF HEALTH AND HUMAN SERVICES Public Health Service ? Food and Drug Administration, Food Coda 2017, p. 5, p. 26, pp. 222-223.《食品法典》中的这些条款以标注“p”或者“pf”的形式展示。

〔28〕 U. S. DEPARTMENT OF HEALTH AND HUMAN SERVICES Public Health Service ? Food and Drug Administration, Food Coda 2017, pp. 222-223.

德克萨斯州的普莱诺市则将餐馆等级分为6级(A、B、C、D、E、F);而新罕布什尔州则采用颜色来标示等级,以绿色、黄色和红色三种颜色表示餐馆检查的结果。

餐馆评级被广泛认为是监管信息披露的典范。[29] 如洛杉矶县自1998年开始实施餐馆卫生等级以来,餐馆的检查分数提高了,消费者越来越重视食品卫生,食源性疾病的发生率降低了[30];再如纽约市自2010年开始实行餐馆字母评级公布以来,沙门氏菌感染率下降了32%,而纽约市的周边地区(纽约州、新泽西州、康涅狄格州)仅下降了7%。[31] 此外,在互联网时代,检查结果在网站上公布成为常态,这不仅便于公众获取检查结果,也会促使餐馆经营者遵守法律。有研究表明,基于网络的公开制度可能会导致20%～30%的严重违法行为的减少。[32]

不管是公布计分结果还是公布计分对应的等级结果,消费者如果需要知道该餐馆确切的违规行为,必须查看检查报告,这样才能获知更精准的信息。

当然,也有人对餐馆检查等级公布持有异议。[33] 也有研究表明,健康检查员对于食品安全评级有着比较大的影响。[34] 因为健康检查员的个人原因,可以导致健康检查得分有34.15%的差异,这种现象导致急需对健康

---

〔29〕 Omri Ben-Shahar, Carl E. Schneider, *The Failure of Mandated Disclosure*, University of Pennsylvania Law Review, 2011, Vol. 259, pp. 743-748.

〔30〕 Jin, Ginger Zhe, Leslie, Philip, *The Effect of Information on Product Quality: Evidence from Restaurant Hygiene Grade Cards*, the Quarterly Journal of Economics, 2003, 118 (2), pp. 409-451.

〔31〕 93 *Percent of Restaurants Earn an "A" Letter Grade as Sanitary Violations, Salmonella Cases Plummet*, https://www1. nyc. gov/site/doh/about/press/pr2017/pr031 - 17. page,最后访问日期:2018年10月12日。

〔32〕 A. Blake Waters, James vanderslice, *Royal deLegge*, *Lynne durrant*, *Impact of Internet Posting of Restaurant Inspection Scores on Critical Violations*, Journal of Environmental Health, 2013 June, Volume 75 • Number 10.

〔33〕 Grant Pardee, *I Don't Trust Restaurant Letter Grades*, https://munchies. vice. com/en_us/article/wn7mbb/i-dont-trust-restaurant-letter-grades,最后访问日期:2018年10月12日。

〔34〕 Ji-Eun Lee, Douglas C. Nelson, Barbara A. Almanza, *The impact of individual health inspectors on the results of restaurant sanitation inspections: empirical evidence*, Journal of Hospitality Marketing & Management, 2010, Vol. 19 No. 4, pp. 326-339.

检查员进行培训，以便消除健康检查员个人原因造成的不一致。[35] 当一个健康检查员对某种违法行为的关注比其他检查员要少时，这表明必须对违法标准进行培训。这项研究表明，健康检查员和雇员的培训对餐馆正确理解和遵守食品安全法规是非常重要的。虽然如此，但是餐馆检查结果公布对于督促餐馆经营者遵守法律法规、保障消费者知情权和健康权都是有益的。纽约大学巴克鲁学院 2012 年的一项调查显示，91％的纽约人认可餐馆等级制度，88％的纽约市餐馆消费者会参考餐馆等级选择就餐的餐馆，76％的消费者更愿意到获得 A 等级的餐馆就餐。[36]

虽然反对检查结果公开制度的声音仍然存在，但是该制度带来的良好效果非常明显，违法行为减少、公众知情权得到满足、食品安全事故发生率降低等，都说明检查结果对食品安全治理非常有益。对消费者而言，能够以最简洁的形式、最方便的地址、最快的速度、最低的成本获取餐馆的安全信息才是最好的保护，也最有利于消费者作出符合自己要求的理性选择。因此，在逐渐完善制度的前提下，餐馆检查结果的公开制度，特别是餐馆字母等级的张贴形式，会成为保护消费者权益、提升餐馆形象最好的治理工具之一。

(五)对违法行为的处理

餐馆的违法行为必须在规定的时间内及时纠正，如果未及时纠正，餐馆经营者会面临不同类型的处罚。根据《食品法典》(2017 年)的规定，餐馆经营者在违反食品法典规定的情况下，规制机构可以寻求行政的或司法的救济方式达到促使餐馆经营者遵守法典规定的目的。行政的方式包括：检查命令(inspection orders)，查封、检查和销毁食物(holding, examination, and destruction of food)，暂扣许可证(permit suspension)，和解

---

〔35〕 Ji-Eun Lee , Douglas C. Nelson, Barbara A. Almanza, *Health Inspection Reports as Predictors of Specific Training Needs*, International Journal of Hospitality Management, 2012, Vol. 31, No. 2, pp. 522-528.

〔36〕 93 *Percent of Restaurants Earn an "A" Letter Grade as Sanitary Violations*, Salmonella Cases Plummet, https://www1.nyc.gov/site/doh/about/press/pr2017/pr031-17.page, 最后访问日期：2018 年 10 月 12 日。

(settlement)。司法的方式包括：检查命令(inspection order)、民事罚款(penaltie)(类似于我国行政处罚的罚款[37])、禁令(injunction)、刑事罚金(fine)、监禁(imprisonment)[38]。

各州与各地方卫生部门根据州的法律或者地方的法规、自治规定，制定了不同的违法行为处理方式。如加利福尼亚州的食品法典规定的处理方式有刑事处罚(罚金和6个月监禁)、民事罚款、暂扣或撤销许可证。[39] 纽约市的健康法典规定了没收(forfeiture)、罚款(penalties)、暂停或撤销许可(suspend or revoke)等处理方式。俄亥俄州的哥伦布市针对餐馆违法行为的处罚包括：限制经营行为(restriction probation)、暂扣许可证(permit suspension)、撤销许可证(revocation)[40]。科罗拉多州丹佛市的公共卫生检查机构可以使用的监管工具包括：民事罚款、法庭传票、食品处置、扣押设备、关闭餐馆。[41] 西弗吉尼亚州的食品法典则规定，如在检查时发现餐馆有三次及以上的无法即时修改的重大违法行为时，则吊销执照。

其中，民事罚款是各州采用的相对较多的处理手段，而罚款的金额是餐馆最为关注的。各州及地方健康部门可以根据当地的情况确定具体额度，例如，在科罗拉州丹佛市可以根据自治法规设定针对餐馆违法者的罚款金额，可以针对严重的违规行为和非严重的违规行为进行罚款，罚款金额最高

---

〔37〕 苏苗罕：《美国联邦政府监管中的行政罚款制度研究》，《环球法律评论》2012年第3期。

〔38〕 food code(2017), pp. 233-251.

〔39〕 CALIFORNIA RETAIL FOOD CODE, https://www.cdph.ca.gov/Programs/CEH/DFDCS/CDPH%20Document%20Library/FDB/FoodSafetyProgram/RetailFood/CRFC.pdf，最后访问日期：2018年10月13日。

〔40〕 *Columbus Public Health Food Protection Program: Enforcement Procedures*, https://www.columbus.gov/uploadedFiles/Columbus/Departments/Public_Health/All_Programs/Food_Protection/DMS_Documents/EnforcementProcedures.pdf.

〔41〕 *Civil Penalties and Enforcement Actions*, https://www.denvergov.org/content/denvergov/en/environmental-health/public-health-inspections/food-safety-section.html，最后访问日期：2018年10月14日。

可以到 2000 美元,[42]这是非常严厉的惩罚。而在科罗拉多州其他的县,根据该州的指引规则(guidelines),只有在四次相同的严重违规行为之后才允许罚款。丹佛市的高额罚款对于经营者有着制约作用,当该市实施该制度之后,导致食物中毒的严重违法行为减少了 43%。[43] 而纽约市针对餐馆的罚款会根据餐馆检查类型和检查结果的等级不同而有所差异。如果餐馆在首次检查中获得 A 等级,则餐馆不会因为检查到的违法行为受到罚款处罚;而如果餐馆在再次检查中获得 A 等级,监管机构会对初次检查中的违法行为作出罚款的处罚。

美国对餐馆违法行为的处理,根据违法行为的情节轻重,构建了行政机关的处理决定和法院作出的处理决定两种模式。前者的目的在于纠正餐馆的违法行为,确保其遵守法律规定,采取如限期纠正、限制经营行为、暂扣许可证、暂停营业、民事罚款等措施;后者主要针对相对严重的违法行为,采取以罚金和监禁为主的刑事制裁方式。

五、结　语

通过对美国餐馆监管的历史发展及相关制度的分析,我们可以得知,美国餐馆监管制度经历了较长的时间才逐渐建立起来,其制度的核心也并非以制裁为核心,而是非常重视监管的过程,并给予经营者纠正违法行为的机会。时至今日,这些监管制度在实施过程中依然存在着缺陷,美国的各级餐馆监管机关仍在采取措施完善各项制度,如美国联邦食品和药品监管局每

---

〔42〕 第一次检查,不罚款。第二次检查,重复严重的违规行为的罚款 250 美元,每次检查最高罚款总额为 500 美元。第三次检查,(12 个月内)重复严重的违规行为的罚款 500 美元,每次检查最高罚款总额为 1000 美元。有即刻发生的健康危险、拒绝检查或者不遵守命令的,关闭餐馆并罚款 2000 美元。Denver Public Health &Environment Public Health Inspections Division Fine Schedule for Food Establishments https://www.denvergov.org/content/dam/denvergov/Portals/771/documents/PHI/Food/Food%20Fine%20Schedule.pdf.

〔43〕 Steve Raabe, *Denver restaurant safety violations plunge as inspection fines rise*, https://www.denverpost.com/2012/08/21/denver-restaurant-safety-violations-plunge-as-inspection-fines-rise/,最后访问日期:2018 年 10 月 16 日。

隔四年修改《食品法典》，这些修改就是根据实际发展情况来完善监管。因此，制度的构建不是一蹴而就的，而是在实施过程中逐步完善并结合时代特征不断进行改进的。

Abstract: American restaurant regulatory system has experienced a history of development. Due to the federal system, the legal system of American restaurant regulation has formed three levels, named federal level, state level and local level. Federal and state health agencies mainly make laws and regulations. Local government health supervision agencies, as front-line law enforcement agencies, have become the cornerstone and play an indispensable role in supervising food safety in restaurants. Although the Food Code has no mandatory legal effection, it has gradually become a unified law enforcement standard after being adopted by the laws of each state. Under the exemplary role of the Code and the autonomy of the state and local governments, a relatively complete set of regulatory system has been formed, such as restaurant licenses, menu labels, supervision and inspection, inspection information disclosure, and punishment. The formation and construction of the whole system has great reference significance for the restaurants regulatory system in China. China′s regulatory authorities need to draw on relevant content in the construction of the overall system, the implementation of specific norms, and improve the restaurant regulatory system by Chinese enforcement practice.

Keywords: United States of America; Restaurant; Regulatory System; Supervision and Inspection; Information Disclosure

(特约编辑：叶敏婷)

美国宪法征收条款中的“公共用途”

——一页美国法的考察(1787—2017)

方　涧*

内容提要:从立宪原旨考察,美国宪法征收条款的逻辑起点在于对私有财产权的保护,其原始意图和原始含义更倾向于对“公共用途”作出狭义解释。19世纪,美国法院通过判例基本延续了这一立宪原旨,直到20世纪,“公共用途”的内涵被逐渐扩大到“公共目的”,众多商业开发被纳入了“公共用途”的射程之内。凯洛案之后,立法和司法部门作出了强烈的回应以限缩对“公共用途”的理解。美国法上“公共用途”含义的变迁即是以保护私人财产权为原点,利用司法权对其进行灵活的时代映射。

关键词:公共用途;公共利益;征收条款;美国宪法

一、引言:无休无止的公共利益之争

“公共利益”是世界通行的土地征收启动要件,也是中外公法学者长久关注的核心命题之一。美国宪法“征收条款”(第五修正案)规定:“未经公正补偿,不得为公共用途而征收私人财产。”[1]如果追本溯源,这一征收条款

---

* 浙江工商大学法学院讲师,法学博士,主要研究方向为土地法学、行政法学。本文系国家社科基金重大项目“新时代中国特色土地管理法律制度完善研究”(18ZDA152)研究成果。

〔1〕 Takings Clause of the Fifth Amendment: “nor shall private property be taken for public use, without just compensation.”

可以回溯到《大宪章》。[2]而《中华人民共和国宪法》第10条第3款规定："国家为了公共利益的需要,可以依照法律规定对土地实行征收或者征用并给予补偿。"第13条第3款规定:"国家为了公共利益的需要,可以依照法律规定对公民的私有财产实行征收或者征用并给予补偿。"两国宪法在征收补偿条款中的表述十分相似,也正因如此,对美国宪法"征收条款"的研究显得尤为必要。[3]

即使抛开两者在表述上的相似,我们也可以发现,包括美国在内的世界发达国家,无论采取何种立法技术和立法语言规范国家的征收行为,也不论设计何种具体的征收补偿制度,其基本模式和要素是一致的,即"公共利益+正当程序+公平补偿"。[4]法治意义上的土地征收,一定是基于公共利益的正当目的而启动的,同时对于公共利益的认识和规范不仅仅是一个立法技术上的问题,更是"权力—权利"的博弈和一种对法治建设高度的映射。

公共利益是整个法律秩序,更是以行政法为代表的公法体系的基石。现代意义上的行政是一种社会塑造活动,现代行政的客体是社会的共同生活,行政致力于共同体的事务,服务于共同体中的成员,因此行政的出发点是公共利益。[5]而"公共利益"也由此成为宪法规制和约束财产征收权的一项根本规则。

在美国,"公共用途"条款的意义随着时间的推移和基于不同的征收类型不断发生着变化。尽管根据美国法院的惯例,不能为了将私人的财产转移给其他私主体而行使征收权,但对"公共用途"却从没有一个简洁的定义。"公共用途"概念的缺位使得法院在对待关于公共用途的立法决策时表现出了极为谦逊的姿态。随着发展,有两个相互之间存在竞争的解释都试图将其含义纳入到"公共用途"的条款之中。这二者分别是"公共利益理论"和"实际效用理论"。"公共利益理论"的解释被称为广义的观点,它包括任何

---

〔2〕 *See* Magna Carta, Ch. 39(1215): "No free man shall be... disseizede... except by lawful judgment of his peers or by the law of the land."

〔3〕 杨显滨:《论美国征收条款及对我国的启示》,《政法论丛》2015年第5期,第104-112页。

〔4〕 方涧、沈开举:《土地征收中的公平补偿与增值收益分配》,《北京理工大学学报(社会科学版)》2017年第3期,第142页。

〔5〕 [德]哈特穆特·毛雷尔:《德国行政法总论》,高家伟译,法律出版社2000年版,第6页。

对不特定多数的社会成员的行为，诸如扩大资源开采、提高工业产出或促进生产等活动。相对而言，“实际效用理论”是狭义的观点，它要求公众实际上使用了，或具有可以使用的能力。历史上“公共用途”判例的发展均是基于这两种基本观点下形成的二分法。尽管这两个观点存在差异，但它们都有两个共同的重要假设。二者都强调在“公共用途”中必须明确一个征收行为是否被准许；与此同时，二者都认为应该用限制性条款去禁止国家非基于公共用途的征收行为。〔6〕

美国独立后的土地征收历史实际上就是一部对“公共用途”(public use)实践不同理解的历史。〔7〕在美国历史上，对该条款中“公共用途”的解读大体经历了从立法初期到19世纪的严格限制，20世纪的逐步放宽，并在凯洛案达到顶峰之后又掀起了一轮限缩趋势。因此，从美国宪法第五修正案中“公共用途”的原旨出发，考察其在司法和政治领域演进的历史，剖析其内涵的变迁，有助于更为深刻地认识“公共用途”的内涵。

二、“公共用途”的立宪原旨及19世纪的延续

(一)“公共用途”的立宪原旨：逻辑起点与原始意图

“公共用途”的准确内涵在美国已经争论了200多年，在这个过程中，不同的利益集团、不同的社会阶段、不同的发展理念都对其内涵和外延产生了不同的影响。〔8〕也正因如此，即使当下对“公共用途”的解释与立宪之初相差甚远，也应当承认，对于原旨的解读是准确认识这一概念的起点，或者作

---

〔6〕 沈开举、方涧：《由Kelo案谈土地征收中“公共用途”的界定主体及其对中国的启示》，《公民与法(法学版)》2015年第1期。

〔7〕 许迎春：《中美土地征收制度比较研究》，浙江大学出版社2015年版，第44页。

〔8〕 *See*, e.g., Philip Nichols, *The Meaning of Public Use in the Law of Eminent Domain*, 20 B.U. Law Review, 615(1940); Lawrence Berger, *The Public Use Requirement in Eminent Domain*, 57 Oregon Law Review 207-212(1977); Eric R. Claeys, *Public-Use Limitations and Natural Property Rights*, 2004 Michigan State Law Review, 877(2004).

为解释方法论的一种,立宪者的本意也是不能回避的因素。[9]在建国初期,从制宪伊始到第五修正案的起草,制宪者的本意是限制还是扩大对"公共用途"的解释,将是本部分研究的重点。

1."征收条款"的逻辑起点:保护财产权

尽管"征收条款"(第五修正案)的制定时间是1791年,但《美利坚合众国宪法》(United States Constitution)(以下简称《联邦宪法》)诞生于1787年,建国之父们作为立宪者,对私有财产权的保护和主张才是理解后续"征收条款"的逻辑起点,因为其思想是一脉相承、一以贯之的。因此笔者的梳理将主要始于1787年,而非1791年。

然而,直接在1787年《联邦宪法》的文本中寻求对于"公共用途"的解释存在难以克服的困难,甚至在第五修正案的征收条款被纳入宪法之后,通过宪法文本也难以直接揣摩立宪之父们对"公共用途"内涵的精准创制。本质上讲,"公共用途"与"私人使用"相对,协调的是财产权的私人所有与公权力征收征用的关系,因此从立宪之父们以及当时的法院对于"私有财产权"的态度中去寻求"公共用途"的原旨不失为一条可能的路径。

对财产权的私有保护在美国建国之初至今都具有难以替代的地位,这在美国国父们的各种演说、文献记载以及后续的各种司法判例中都能找到强有力的证据。约翰·亚当斯(John Adams)在一次演说中说道:"若不保护财产,自由将荡然无存。"[10]在1787年的费城制宪会议上,亚历山大·汉密尔顿(Alexander Hamilton)声称:"政府的一个重大目标在于保护私人财

〔9〕 关于美国宪法"原旨主义"方法论的论著,可参见王云清:《原旨主义、活的宪法与复杂状态下的宪法解释》,《北方法学》2017年第1期;张宇飞:《原旨主义宪法解释方法的客观性问题——以美国宪法解释理论与实践为例》,《东岳论丛》2016年第12期;徐爽:《域外宪法文本解释方法的历史演进——以美国宪法解释为例》,《现代法学》2017年第3期。文章认为:"原旨主义与'活的宪法'与其说是法条解释的方法和技术,毋宁说代表了如何理解'忠于宪法'抑或切入宪法的不同进路。"

〔10〕 Charles Francis Adams, *The Works of John Adams*, Boston: Little, Brown, 1851, p. 280.

产的安全。”〔11〕第五修正案的起草人，〔12〕美国“立宪之父”詹姆斯·麦迪逊(James Madison)在《财产权》(1792年)中写道：“政府的建立是为了保护各种财产，包括个人各种权利中具有财产属性的财产权，也包括明确规定的财产权。这是政府存在的终极目的，也唯有如此才能成为一个公正的政府，它不偏不倚地保障每一个人拥有的任何私产。”〔13〕在《联邦党人文集》第10篇中，麦迪逊也指出虽然人生来在才能和智力方面便不平等，获得的财富也存在差异，但政府的第一要义乃是平等地保护这些获得的财产。〔14〕同时，绝大部分建国者也都深信，财产权是与生俱来的自然权利，承认和保护这一权利有助于共和政府的发展和繁荣。〔15〕可以说，第五修正案的征收条款更多体现的是《权利法案》起草之时麦迪逊的个人思想，而非真正出于公共的需要。

对于私有财产的保护，不仅体现在国父们的思想论断之中，在18世纪90年代的司法判例中，联邦最高法院也表达了相同的态度。在著名的*Vanhorne's Lessee v. Dorrance*中，法官认为征收权作为一种“强制性专断权”，有必要“存在于每个政府之中”，但这一权力只有在“非行使不可”之时才能启动，并且政府永远不能“从一个合法取得土地所有权的公民手中征收他的土地转移给其他人”，最后，“如果该征收合法，政府也应当支付由第三

〔11〕 Max Farrand, *The Records of the Federal Convention of* 1787, New Haven, CT: Yale University Press, 1937, p. 534.

〔12〕 Akhil Reed Amar, *The Bill of Rights: Creation and Reconstruction*, New Haven, CT: Yale University Press, 1998, pp. 77-78.

〔13〕 Philip Kurland & Ralph Lerner, *The Founders Constitution*, Chicago: University of Chicago Press, 1987, p. 598.

〔14〕 [美]汉密尔顿、杰伊、麦迪逊：《联邦党人文集》，程逢如、在汉、舒逊译，商务印书馆1995年版，第44-51页。

〔15〕 对该问题的论述相关文献较多，具有代表性的有：James W. Ely, Jr., *The Guardian of Every Other Right: A Constitutional History of Property Rights*, 3rd ed. New York: Oxford University Press, 2008, pp. 42-59; Jennifer Nedelsky, *Private Property and the Limits of American Constitutionalism*, Chicago: University of Chicago Press, 1990, pp. 103-104, 152-153; Buckner F. Melton, Jr., Eminent Domain, "Public Use," and the Conundrum of Original Intent, 36 Natural Resources Journal, 77-79(1996).

方中立机构计算的补偿费用”。[16]这些思想的源头来自洛克(Locke),洛克的自然权利理论对美国影响深远,财产权神圣不可侵犯也深入人心。[17]

但令人困惑的是,除却立宪者们对私有财产保护的一致性之外,几乎没有找到同时期,甚至第五修正案出台后,也未见学者们对于何谓“公共用途”的讨论。更重要的是,“征收条款”实质就是《权利法案》中的一个条款,而《权利法案》在诞生之初仅适用于联邦政府,而非州政府。换言之,在建国初期,主流观点认为联邦政府无权在各州运用征收权征收财产。[18]在1875年之前,联邦政府有权征收的私有财产微不足道,几乎所有的关于“公共用途”的案件所依据的都是各州的宪法,而非《联邦宪法》第五修正案“征收条款”。[19]因此,客观而言,并没有文献或其他史料可以直接证明立宪者们或者《权利法案》的起草者们对“公共用途”的原意持有扩大还是限制的态度。但是唯一可以肯定的是他们对保护私有财产达成了高度的一致,从这一思想可以窥见他们更可能持有狭义“公共用途”的态度。

虽然从目前列举的材料而言狭义“公共用途”更有可能是该条款早期的内涵,但是也有部分学者持相反态度。他们的主要证据有磨坊法(Mill Act)和州政府授权征收土地用于私人建造道路的事实。[20]磨坊法是关于

---

〔16〕 *Vanhorne's Lessee v. Dorrance*, 2 U.S. 304(1795). 与此类似的还有 *Calder v. Bull* [Calder v. Bull, 3 U.S. 386(1798)],该案中,法官同样认为在任何情况下将一方的财产征收并给予另一方是不公正且不合理的。这两个典型案例在判决上都重述和表达了建国时期国父们对私有财产保护的价值衡量,即财产权是自然权利,立法机关无权将其剥夺。从某种程度上讲,这两个判决是限制解释“公共用途”的佐证,因为两者均反对任何形式的将私有财产征收并转移给其他人,即便这种转移可能会使公共获益。

〔17〕 许迎春:《中美土地征收制度比较研究》,浙江大学出版社2015年版,第44页。同时,洛克对美国国父们保护私有财产权思想的影响,可具体参见 Steven Menashi, *Cain as His Brother's Keeper: Property Rights and Christian Doctrine in Locke's Two Treatises of Government*, 42 Seton Hall Law Review, 185-187(2012)。

〔18〕 *See* William Baude, *Rethinking the Federal Eminent Domain Power*, 122 Yale Law Journal, 1738(2013).

〔19〕 *Kohl v. United States*, 91 U.S. 367(1875).

〔20〕 *See*, e.g., Buckner F. Melton, Jr., Eminent Domain, "*Public Use*," *and the Conundrum of Original Intent*, 36 Natural Resources Journal, 85(1996); Philip Nichols, *The Meaning of Public Use in the Law of Eminent Domain*, 20 B.U. Law Review, 616-618(1940); Lawrence Berger, *The Public Use Requirement in Eminent Domain*, 57 Oregon Law Review, 205-209(1977); Nathan Sales, *Classical Republicanism and the Fifth Amendment's "Public Use" Requirement*, 49 Duke Law Journal, 339(1999).

利用水利资源有偿拨给用地的制定法，在当时技术条件落后的情况下，水能成为重要的能量来源渠道，因此很多州都通过了磨坊法，允许征收土地为私人磨坊建造水利设施。〔21〕然而持有这一观点的学者们忽略了一个重要的事实，那就是磨坊法在殖民时期和共和早期所授权的征收仅用于谷物磨坊，且一般要求为公共开放。〔22〕因此，征收的土地主要承担的是公共功能，而非为了公民个人的利益。相比较而言，早期法律允许为建造私人道路而征收土地更具证明力，〔23〕但是他们同样忽略了一个重要的问题，事实上，大部分法律也要求因该种征收而建造的私人道路，应当允许一般大众使用。〔24〕因此，从功能上讲，这些道路“像高速公路一样对一般大众开放，是公共交通网络的一部分”〔25〕。综上，虽然“狭义”和“广义”都缺乏直接的证据，但从对私有财产高度保护的理念中可以推测“狭义”的可能性大于“广义”。

2.“公共用途”的原始意图与原始含义

在“活的宪法”大肆鼓吹的现代，似乎对宪法的解释就完全应当与时俱进，适时调整，但是不可否认的是，尊重宪法的原旨是理解其真正内涵的起点，也是一种必要的解释方法。〔26〕宪法第五修正案征收条款始于 1791 年，但当时仅适用于联邦而对各州没有约束力，直到 1868 年宪法第十四修正案的通过才使得征收条款在各州实施得以可能，因此在美国也有不少著名学

---

〔21〕 关于这段历史的讨论，可参见 Morton J. Horwitz, *The Transformation in the Conception of Property in American Law*, 1780-1860, 40 University of Chicago Law Review, 270-279(1973)。

〔22〕 *See* Henry Walcott Farnam, *Chapters in the History of Social Legislation in the United States to* 1860, Washington, DC: Carnegie Foundation, 1938, pp. 94-100.

〔23〕 持有该观点的代表性学者和作品为 Nathan Sales, *Classical Republicanism and the Fifth Amendment's "Public Use" Requirement*, 49 Duke Law Journal 339 (1999); Lawrence Berger, *The Public Use Requirement in Eminent Domain*, 57 Oregon Law Review 203(1977).

〔24〕 相关判例可参见 Philip Nichols, *The Law of Eminent Domain: A Treatise on the Principles Which Affect the Taking of Property for the Public Use*, 2nd ed., Albany, NY: Matthew Bender, 1917, pp. 234-235.

〔25〕 Ibid., at 235.

〔26〕 原旨主义者认为宪法的解释应当基于文本被制定与执行之时大众对内容的一般理解。*See* Ilya Somin, *Originalism and Political Ignorance*, 97 Minnesota Law Review 625-627(2012)。

者指出应以1868年时的意图和含义来确定其原旨。[27]为了全面和准确理解"公共用途"的原旨,笔者认为无论是1791年被执行之时,还是1868年第十四修正案通过之时,两个时间点均具有考察的价值,不能厚此薄彼,而应当全面考察1791年和1868年的意图和含义。

正如上文所分析的,第五修正案征收条款在1791年纳入宪法之时,主要起草者和倡议者麦迪逊的意图十分清晰明确,那就是保护私有财产权。[28]尽管麦迪逊本人并未直接对"公共用途"作出解释和评价,更没有明确指出此处应作广义还是狭义解释,但是基于其对财产权的论述和公权控制的思想,笔者有理由推测麦迪逊本人更倾向于作狭义解释。而同时代的其他建国者们,同样也对自然权利抱有敬畏之心,限制公权力肆意践踏私人财产权在当时是所有国父的共识,只是程度有所不同。[29]如果对"公共用途"作广义解释,那么显然有将政府的征收权无限扩大的危险,与保护私有财产的本意相违背。

细心的学者也同样观察到,在征收条款中,还有"公正补偿"(just compensation)的要求,这一要件可以在一定程度上限制政府征收权的无限扩大,同时也是对私有财产保护的另一项保障。然而即使存在公正补偿的限制,也不能得出"公共用途"的原旨是"扩大化"的"公共利益"的结论,因为即使对这种财产的强制转移进行了补偿,这依旧是一种对财产权的破坏。

对1868年宪法第十四修正案通过之时征收条款原始意图的讨论无论是学界还是司法界都十分有限,但现有文献更倾向于"狭义"。根据记载,征收条款被纳入宪法并在1868年在第十四修正案通过之后得以在各州适用主要是为了保护非裔和白种美国人的财产,以获得他们对南北联合的支持,

---

〔27〕 持有这一观点的原旨主义学者们还认为不仅仅是第五修正案,所有《权利法案》中的条款在并入宪法成为修正案之后,只要内容是"根本的",或者"对公平和开明的司法系统而言是本质的",那么其原旨也应当以1868年时的理解为主。*See* Kurt T. Lash, *The Fourteenth Amendment and the Privileges and Immunities of American Citizenship*, Cambridge: Cambridge University Press, 2014, pp. 296-297; Michael Rappaport, *Originalism and Regulatory Takings: Why the Fifth Amendment May Not Protect against Regulatory Takings, but the Fourteenth Amendment May*, 45 San Diego Law Review 729(2008).

〔28〕 *See* Laura S. Underkuffler, *On Property: An Essay*, 100 Yale Law Journal 134(1990).

〔29〕 *See* Jennifer Nedelsky, *Private Property and the Limits of American Constitutionalism*, Chicago: University of Chicago Press, 1990, pp. 22-31.

对抗南方州政府的分裂势力。[30]因此,第十四修正案的目的之一也在于保护私人财产权(主要是原住民和南方支持共和党的白人),保护民事权利,[31]由此,"公共用途"的解释自然不能扩大到"任何公共目的"。

因此,虽然无论是1791年还是1868年,制宪者都鲜有直接提及"公共用途"的准确含义,但是从意图而言,显然"狭义"解释的可能性远远大于"广义"解释。

应当说,对原始含义的探究比原始意图更有意义,因为如果仅仅从宪法解释论上而言,这不仅关乎历史解释,还是一种对文义解释的有益实践。通常而言,原始含义所指代的是宪法制定颁布之时的"公共含义",也即一般意义上的理解,然而就谁的理解属于一般意义上的理解,原旨主义者们分成了两大阵营:一些学者认为"同时代的一般公众"在事实上的理解代表着宪法的原始含义;[32]另一些学者认为"同时代的理性人"的理解才是宪法的原始含义。[33]两者的区别在于,相对于"一般公众","理性人"对宪法文本具有更强的认知和理解能力。[34]

但是"理性人"本身是一个十分不确定的概念,在理论和实践中也没有明确和统一的认识。[35]如在 *Columbia v. Heller* 中,法官认为"宪法的起草是为了被选民所理解,其斟词酌句亦是为了表达其一般和普通的含义,而非

---

〔30〕 *See* Gerard Magliocca, *American Founding Son: John Bingham and the Invention of the Fourteenth Amendment*, New York: NYU Press, 2013. 当时的国会领导人约翰·宾汉姆(John Bingham)解释说,制定修正案的主要目的之一在于保护成千上万的光荣的合众国白人公民的财产免受政府的没收。

〔31〕 1865年,国会通过了一项在后来成为《1866年民权法案》的提案,它确保了个人的种族、肤色或之前是否曾作为奴隶及受到强制劳役等因素不会成为其能否获得公民权的先决条件。

〔32〕 *See*, e. g., Robert H. Bork, *The Tempting of America*, New York: Free Press, 1990, p. 144.

〔33〕 *See* Antonin M. Scalia, *A Matter of Interpretation: Federal Courts and the Law*, Princeton, NJ: Princeton University Press, 1997, p. 17; Randy E. Barnett, *Restoring the Lost Constitution*, Princeton, NJ: Princeton University Press, 2004, p. 92.

〔34〕 详细论述参见:Ilya Somin, *Originalism and Political Ignorance*, 97 Minnesota Law Review, 633-634, 636-637(2012)。

〔35〕 "理性人"假设是西方经济学中最基本的假设前提,其基本观点是"每一个从事经济活动的人都是利己的,都试图获得个人利益的最大化",但法学意义上的"理性人"与经济学上的概念存在分野。相关论述可参见:李永军:《民法上的人及其理性基础》,《法学研究》2005年第5期;刘燕:《制度下的矛盾人格——对现代主义法学"理性主体观"的考察》,《甘肃社会科学》2013年第5期。

专业技术上的特殊含义”[36]。在此处,“理性人”和“一般公众”几乎不存在差异。也有学者认为法学上的“理性人”应当具备更高的法律素养和经验。如有学者将“理性人”假设为“熟悉法律的传统和惯例”,“受过良好的教育且高度聪慧,有能力建立和认知事物之间微妙的联系和因果推论”。[37]

探索两者的区别并非本文研究的重点,但两者的差异也确实客观存在,鉴于此,笔者将同时考察“一般公众”和“理性人”对“公共用途”的理解,以更全面客观地展现美国宪法征收条款的原旨。

对于“一般公众”的理解,无论是1791年还是1868年,都很难发现明确的证据并得出确切的结论。但是通过有限的社会学调查发现,无论是在18世纪、19世纪还是当代,公众经常忽视政治常识,甚至是对最基本的政治知识,公众也存在普遍忽视的态度。[38]从这些调查和分析可以推测很多选民在当时可能并不会意识到“公共用途”的定义这一问题,不会去考虑其含义,甚至可能不知道征收条款的存在。因此将目光聚焦于那些对此毫不关心的公众身上对探究“公共用途”的原始含义并无意义,但如果我们抛开这一部分大众,去探究另一部分虽然不专业,但对政治、宪法有所了解的公众,可以发现“狭义”解释更符合当时人们的认知和心态。一般公众对法律条文的理解通常基于其字面含义,而从字面上理解,“公共用途”与“公共利益”不同,前者强调的是某种事实上的、物理上的使用,只不过使用的主体是公众,或者代表公众的政府;而后者则不强调这一特点。甚至部分支持“广义”解释的学者也承认“狭义”解释更符合征收条款“公共用途”的字面含义。[39]

而对于“熟悉法律的传统和惯例”的“理性人”,他们可能意识到征收条

---

〔36〕 *Columbia v. Heller*, 554 U. S. 570, 576-577(2008).

〔37〕 Gary Lawson and Guy Seidman, *Originalism as a Legal Enterprise*, 23 Constitutional Commentary, 72-73(2006).

〔38〕 *See* Ilya Somin, *Originalism and Political Ignorance*, 97 Minnesota Law Review, 625 (2012); Ilya Somin, *Democracy and Political Ignorance: Why Smaller Government Is Smarter*, Stanford, CA: Stanford University Press, 2013, chap. I.

〔39〕 See Nathan Sales, *Classical Republicanism and the Fifth Amendment's "Public Use" Requirement*, 49 Duke Law Journal, 345(1999); Stoebuck W B., *A General Theory of Eminent Domain*, 47 WASH. L. REV, 553(1934). 另外,还有一些持有“狭义”解释立场的学者,也表达了类似的观点,参见:Roger Clegg, *Reclaiming the Text of the Takings Clause*, 46 South Carolina Law Review, 537(1995)。

款中“公共用途”的表述存在两种可能的解释，但与此同时，他们也应当清醒地意识到在当时，“狭义”解释更符合自然法中对财产权保护的旨趣。

作为假定的“理性人”，应当十分明白在法律解释中，法律文本中的任何一个字都有存在的价值和意义，每个字都应当有确切的含义，避免泛化和多余冗杂。〔40〕从这个意义上讲，如果“公共用途”可以扩大解释为一切可能的“公共利益”，那么显然这一表述在法律意义上是泛化而不明确的，因为任何对个人财产的征收都可能基于不同程度的“公共利益”。也因此，征收条款中的“未经公正补偿，不得为公共用途而征收私人财产”完全可以等同于“未经公正补偿，不得征收私人财产”。另外，如果加入“公共用途”的要件是为了限制公权力，保护私有财产，那么其含义就应当与社会福利或者公共福祉相区分。〔41〕至于1868年，当时的“理性人”应当比1791年时的“理性人”更清醒地意识到法院的态度，因此也更有可能以狭义解释为主流认知。

（二）19世纪的“公共用途”：判例中的延续与摇摆

在美国建国时期，关于“公共用途”的相关案例十分有限，但从19世纪伊始，州法院内涌现了大量案例，这一时期也是美国国内关于何谓“公共用途”争论最为激烈的时期之一。1776年，宾夕法尼亚州和弗吉尼亚州首度将“公共用途”条款纳入本州宪法。〔42〕随后，几乎每个州都将类似的条款纳入本州宪法，并在土地征收诉讼中发挥了关键作用。因此，通过19世纪的各州和联邦的代表性案例可以窥见当时对“公共用途”的争论和代表性观点。

1. 州法院的解释

根据统计，在19世纪，共有31个州的法院对何谓“公共用途”作出了明

〔40〕 *Holmes v. Jennison*, 39 U.S. 540, 570-571(1840).

〔41〕 John Lewis, *A Treatise on the Law of Eminent Domain in the United States*, Chicago: Callaghan, 1888, p. 221.

〔42〕 *See* Pennsylvania Constitution of 1776, art. VIII; Virginia Constitution of 1776, Bill of Rights, § 6.

确而可考的界定，[43]其中有21个州采纳“狭义”解释，10个州持“广义”解释观点(见表1)。[44]

表1　十九世纪美国州法院对“公共用途”的解释

州	公共用途	案　例
亚拉巴马州	狭义	*Sadler v. Langham*, 34 *Ala.* 311(1859)
加利福尼亚州	狭义	*Billings v. Hall*, 7 *Cal.* 1(1857)[45]
康涅狄格州	广义	*Olmstead v. Camp*, 33 *Conn.* 532(1867)
特拉华州	狭义	*Whiteman v. Wilmington & S.R. Co.*, 2*Harr.* 514(*Del. Super.* 1839)
佛罗里达州	狭义	*Bradford v. Cole*, 8 *Fla.* 263(1859)
乔治亚州	广义	*Hand Gold Mining Co. v. Parker*, 59 *Ga.* 419(1877)
伊利诺斯州	狭义	*Nesbitt v. Trumbo*, 39 *Ill.* 110(1866)
印第安纳州	狭义	*Wild v. Deig*, 43 *Ind.* 455(1873)
爱荷华州	狭义	*Bankhead v. Brown*, 25 *Iowa* 540(1868)
肯萨斯州	广义	*Venard v. Cross*, 8 *Kan.* 248(1871)
缅因州	狭义	*Jordan v. Woodward*, 40 *Me.* 317,323(1855)
马里兰州	广义	*New Cent. Coal Co. V. George's Creek Coal & Iron Co.*, 37 *Md.* 537(1873)
马萨诸塞州	广义	*Talbot v. Hudson*, 82 *Mass.* 417(1860)
密歇根州	狭义	*Ryerson v. Brown*, 35 *Mich.* 333(1877)

---

〔43〕 其他州的法院并未对何谓“公共用途”进行明确界定，或者从相关案例中难以确定法院的态度。例如在密西西比州，州最高法院在 *Brown v. Beatty*[*Brown v. Beatty*, 5 George 227, 239 (Miss,1857)]中认为，政府为了建设“公共产品，以提高公共利益”，可以征收私人财产并转移给私人公司。但是法院并未解释何谓“公共产品”，更准确地说，法院并未指出“公共产品”与“公共用途”之间的关系，即“公共产品”是否必须以对公众开放才属于“公共用途”。就该案而言，发动征收权是为了让铁路公司建造铁路，该铁路对公众开发，因此即使在“狭义解释”的观点下，该案中的征收也是符合“公共用途”要件的。但问题在于，法院并未清晰地说明是否受到“狭义”解释的限制，直到19世纪末期，密西西比州法院也未对该问题作出进一步的阐释。

〔44〕 笔者在 Ilya Somin 教授的统计上又进行了部分补充，详细参见：Ilya Somin, *The Grasping Hand: Kelo v. City of New London and the Limits of Eminent Domain*, Chicago and London: The University of Chicago Press, 2014, p. 46。

〔45〕 更详细的论述可参见：Timothy Sandefur, *A Natural Rights Perspective on Eminent Domain in California: A Rationale for Meaningful Judicial Scrutiny of "Public Use"*, 32 Southwestern University Law Review, 620-624(2003)。

续表

州	公共用途	案例
密苏里州	狭义	*Dickey v. Tennison*, 27 *Mo.* 373(1858)
明尼苏达州	狭义	*Miller v. Troost*, 14 *Minn.* 365(1869)
内华达州	广义	*Dayton Gold and Silver Min. Co. v. Seawell*, 11 *Nev.* 394(1876)
新罕布什尔州	广义	*Great Falls Mfg. Co. v. Fernald*, 47 *N. H*, 444(1867)
新泽西州	广义	*Scudder v. Trenton Delaeare Falls Co.*, 1 *N. J. Eq.* 694(*N. J. Ch.* 1832)
纽约州	狭义	*Varick v. Smith*, 5 *Paige Ch.* 137, 155-156(*N. Y. Ch.* 1835)
俄亥俄州	狭义	*Buckingham v. Smith*, 10 *Ohio* 288, 297(1840)
俄勒冈州	广义	*Seely v. Sebastia*, 4 *Ore.* 25(1870)
田纳西州	狭义	*Memphis Freight Co. v. City of Memphis*, 44 *Tenn.* 419(1867)
佛蒙特州	狭义	*Tyler v. Beacher*, 44 *Vt.* 648(1871)
威斯康星州	狭义	*Whitting V. Sheboygan & F. du L. R. Co.*, 25 *Wis.* 167(1870)
宾夕法尼亚州	狭义	*Twelfth St. Market Co. v. Philadelphia & R. T. R. Co.*, 21 *A.* 989(*Pa.* 1891)
阿肯色州	广义	*St. Louis, I. M. & S. Ry. Co. v. Petty*, 21 *S. W.* 884 (*Ark.* 1893)
西弗吉尼亚州	狭义	*Varner v. Martin*, 21 *W. Va.* 534(1883)
内布拉斯加州	狭义	*Jenel v. Green Island Drain Co.*, 12 *Neb.* 163(1881)
得克萨斯州	狭义	*Kyle v. Texas & N. O. Ry. Co.*, 3 *Willson* 518(*Tex. Ct. App.* 1889)
肯塔基州	狭义	*Hancock Fence & Stock Law Co. v. Adams*, 9 *S. W.* 246(*Ky. App.* 1888)

在21个采纳“狭义”解释的州中,其代表性案例大多对磨坊法有所冲

击,其余的则有关征收土地用于建设私人道路[46]、私人铁路[47]等。在剩下10个持有"广义"解释观点的州中,绝大部分典型案例都支持了磨坊法,且主要关于征收自然资源用于矿产等的开发[48],或者灌溉、排水等[49]。

可以说,美国各州法院对磨坊法的态度就是对征收条款中"公共用途"作出"狭义"还是"广义"解释的镜像反映。因为从大体上看,支持磨坊法的州倾向于"广义"解释,而反对磨坊法的州倾向于"狭义"解释,因而广义解释论者时常援引支持磨坊法的案例来佐证"公共用途""广义"解释的合法性和合理性。[50]

然而事实上,19世纪关于磨坊法的案件比以上论断要复杂得多,支持磨坊法的州也并非像广义解释论者想象的那样,都支持"广义"解释。诸如缅因州、威斯康星州、明尼苏达州、肯萨斯州等,州法院虽然支持磨坊法,但法院也明确表达了支持"狭义"解释的态度和立场,因为这些州通过磨坊法的目的是考虑到了大量的资金投入,为公众带来的长久利益,并且将公开使用作为一个必要的条件。[51]因而,支持磨坊法并不能够与支持"广义"解释画等号,部分支持磨坊法的州仍旧应当划入"狭义"解释的阵营。不过,一个不争的事实是:19世纪下叶,伴随着美国经济的发展和工业革命的推进,各州加大力度授权私人公司进行基础设施和经济设施的开发。与之前相比,很多州在事实上承认只要征收有利于公共工程的完成,即使是"私用征收",也应得到支持,越来越多的私人财产因此作出牺牲。[52]

因此,从对案例的统计情况来看,19世纪美国州内对"公共用途"的解释呈现出一种延续性和摇摆性。延续性在于大部分州依旧支持了"狭义"解释,以保护私有财产权为主;摇摆性体现在有部分州已经在判例中支持了"广义"解释。

---

〔46〕 *See*, e. g., *Sadler v. Langham*, 34 Ala. 311(1859).

〔47〕 *See*, e. g., *Whiteman v. Wilmington & S.R. Co.*, 2 Harr. 514, 519(Del. 1839). 在该案中,特拉华州最高法院认为征收土地建造铁路的,只有当该铁路"被设计用于公众"时,征收行为才合法。

〔48〕 *See*, e. g., *Dayton Gold and Silver Min. Co. v. Seawell*, 11 Nev. 394(1876).

〔49〕 *Seely v. Sebastia*, 4 Ore. 25(1870).

〔50〕 Harry N. Scheiber, *Property Law, Expropriation, and Resource Allocation by Government: The United States*, 1789—1910, 33 Journal of Economic History, 239-244(1973).

〔51〕 *See*, e. g., *Miller v. Troost*, 14 Minn. 365,369(1869).

〔52〕 许迎春:《中美土地征收制度比较研究》,浙江大学出版社2015年版,第53页。

2. 联邦法院的解释

相比较州法院而言,19 世纪的联邦法院审理的征收案件十分有限。一方面,因为联邦最高法院直到 1875 年才判决认定联邦政府拥有征收权;〔53〕另一方面,在 19 世纪中叶,法院并不承认《权利法案》(包括宪法第五修正案的"征收条款")可应用于州内。〔54〕尽管如此,在为数不多的判例中,仍可以觉察到联邦法院在"公共用途"的解释上所持的是狭义的观点。

最典型的如 1848 年的 *West River Bridge Co. v. Dix*,〔55〕1896 年的 *United States v. Gettysburg Electric Railway Co.*。〔56〕在 1848 年的案件中,虽然多数意见书并未对何谓"公共用途"作出明确的解释,仅仅认定了公共桥梁的建造符合公共用途的要求,但是利瓦伊·伍德伯里(Levi Woodbury)法官在单独意见书中明确指出了"公共用途"的界限,这也是整个 19 世纪美国联邦最高法院中对于"公共用途"作出的最清晰的说明。他写道:

> 若征收土地建造道路或者桥梁并非公用,而只是特殊个体的私用,那么即使在某种程度上这种私用会给公众带来一定的利益,该征收行为也应当被禁止。相反,使用者必须是人群中的"大多数",如为了旅行者,或者为了所有人;同时对于所有者而言,这必须是一种强制性的义务,而非选择;对于使用者而言,这必须是一项权利,而非喜好。〔57〕

而在 1896 年的 Gettysburg 案中,法院同样以一种非常审慎严格的态度否决了征收土地用于建造葛底斯堡战场纪念牌的决议。

可以说,19 世纪的美国关于"公共用途"的争论达到了一个小高潮,尤其是在州的层面上,涌现出了大量的征收案例,每个州对"公共用途"的判断和解释也不尽相同。但通过梳理可见,大部分州还是持有"狭义"解释的观点;在联邦层面,尽管由于种种原因,没有丰富的案例,但就有限的判决中依

---

〔53〕 *Kohl v. United States*, 91 U.S. 367(1875).

〔54〕 *See*, Bryan H. Wildenthal, *The Road to Twining: Reassessing the Disincorporation of the Bill of Right*, 61 Ohio State Law Journal, 1457(2000).

〔55〕 *West River Bridge Co. v. Dix*, 47 U.S. 507(1848).

〔56〕 *United States v. Gettysburg Electric Railway Co.* 160 U.S. 668(1896).

〔57〕 *West River Bridge Co. v. Dix*, 47 U.S. 507, 546(1848).

旧可以窥见“狭义”解释的缩影。因此,整个19世纪对“公共用途”的解释和运用可以说是处于延续和摇摆之中。

三、20世纪的扩张:从“公共用途”到“公共目的”

到了20世纪,尤其是20世纪30年代的经济危机之后,美国关于“公共用途”的解释才有所改观,并逐渐成为主流观点。这一时期的主要特征是将客观的“公共用途”和主观的“公共目的”相联系甚至等同;同时,议会在个案中决定何谓“公共用途”的权力得到了充分的司法尊让。

20世纪初期,有部分激进者开始批判狭义解释的弊端,认为其过分地保护了私人财产权和经济自由,妨害了积极的经济促进计划;[58]更有甚者,将20世纪30年代的大萧条归责于这种对私人财产权的“过分”保护和自由放任的经济政策。[59]因此,20世纪涌现出了大量标志性案例,并在21世纪初期将“公共用途”的“广义”解释推向顶峰。[60]实质上,美国司法系统在20世纪对“公共用途”解释的变化始终在回答同一个问题,即将征收的不动产用于商业开发是否违宪?或者说何种情况下违宪,何种情况下合宪?而这

〔58〕 关于批评意见,可参见 Morton J. Horwitz, *The Transformation of American Law, 1870—1960: The Crisis of Legal Orthodoxy*, Cambridge, MA: Harvard University Press, 1992; Barbara Fried, *The Progressive Assault on Laissez-Faire: Robert Hale and the First Law and Economics Moment*, Cambridge, MA: Harvard University Press, 2001; James W. Ely, Jr., *The Progressive Era Assault on Individualism and Property Rights*, 29 Social Philosophy and Policy, 255(2012)。

〔59〕 *See*, James W. Ely, Jr., *The Guardian of Every Other right: A Constitutional History of Property Rights*, 3rd ed., New York: Oxford University Press, 2008, pp. 125-142.

〔60〕 具有典型代表意义的案件有:为了消灭破败落后区而进行商业开发的伯尔曼诉帕克案[*Berman v. Parker*, 348 U.S. 26(1954)];为了经济复苏降低失业率而进行商业开发的波利敦案[*Poletown Neighborhood Council v. City of Detroit*, 404 N. W. 2d 455,(Mich. 1981)];为了推行土地改革消灭垄断抑制房价的夏威夷房屋管理局诉米德基夫案[*Hawaii Housing Authority v. Midkiff*, 467 U.S. 229(1984)];为了经济转型升级而进行商业开发的维尼县诉哈斯考克案[*County of Wayne v. Hathcock*, 684 N. W. 2d 765(2004)];以及将扩大解释推向顶峰的凯洛诉新伦敦市案[*Kelo v. New London*, 545 U.S. 469(2005)]。需要说明的是,虽然本节讨论的是20世纪美国法院对“公共用途”解释的变迁,但21世纪初期的凯洛案将这一广义解释的趋势扩大到顶峰,为了论述的连贯性,笔者将时间节点划至2005年。

也是中国当下土地征收面临的最为重要和最直接的问题之一。

无论是州法院还是联邦法院，从20世纪早期开始，出于消灭破败落后区、促进经济转型、复苏经济等目的，就已经逐渐将“公共用途”的解释由“狭义”转向“广义”。〔61〕但是第一次有明显倾向“广义”解释的案件是1946年的*United States exrel. TVA v. Welch*案，〔62〕在该案中，法院支持了联邦田纳西河谷管理局的征收行为，并在判决中表达了明确的司法尊让：“我们认为决定一项征收是否满足公共用途是议会的职权。”〔63〕但同时，这种尊让和“广义”解释在该案中只是初现端倪，并未完全贯彻。因为在同意意见书中，法官也明确表示，支持征收和尊重议会的自由裁量权并非表明议会拥有绝对的权威去决定何谓公共用途，也并不表明法院放弃了对“公共用途”的最终审查权。〔64〕下文中笔者将选取三个具有典型意义的案件分析法院在“公共用途”解释上的变迁，这实质上回答了一个问题：商业开发何以满足公共利益？〔65〕

（一）伯尔曼诉帕克案：旧城改造式的商业开发

在1954年的伯尔曼诉帕克案中，〔66〕法院首次明确说明征收条款中的“公共用途”等同于“公共利益”，只要符合“公共目的”的要求，就并不违宪。

---

〔61〕 虽然总体而言，出现了不可阻挡地向“广义”解释倾斜的趋势，但并非所有法院都附和这一趋势，实践中仍然存在支持“狭义”解释的判例，但这些案件的影响力十分有限。如：在*Baycol, Inc. v. Downtown Development Authority*, 35 So. 2d 451(Fla. 1975)案中，法院认为“公共经济利益”并非等同于“公共目的”，也不能用于证明征收的合法性；在*Owensboro v. McCormick*, 581 S. W. 2d 3(Ky. 1979)案中，法院认为征收个人土地用于给他人建造工厂并不满足“公共用途”；在*Karesh v. City of Charleston*, 247 S. E. 2d 342(S. C. 1978)案中，法院认为仅仅为了发展经济而实行的征收行为并不合法；在*City of Little Rock v. Raines*, 411 S. W. 2d 486(Ark. 1967)案中，法院指出私人的经济发展项目并不是公共用途；在*Hogue v. Port of Seattle*, 341 P. 2d 171(Wash. 1959)案中，法院否决了一项征收住宅用地用作工业或者商业等产生更高经济效益的用途的决议。

〔62〕 事实上，早在*United States exrel. TVA v. Welch*之前就有1916年的*Mt. Vernon-Woodberry Cotton Duck Co. v. Alabama Interstate Power Co.*案和1931年的*International Paper Co. v. United States*案，但这两个案件均没有直接分析和解决征收条款中的“公共用途”的具体含义，也没有明确表示支持“广义”解释。

〔63〕 *United States exrel. TVA v. Welch*, 327 U. S. 546,552(1946).

〔64〕 *United States exrel. TVA v. Welch*, 327 U. S. 546,557(1946).

〔65〕 该部分的写作参考了刘连泰：《宪法文本中的征收规范解释——以中国宪法第十三条第三款为中心》，中国政法大学出版社2014年版，第94-108页。

〔66〕 *Berman v. Parker*, 348 U. S. 26(1954).

美国哥伦比亚特区议会于 1954 年通过了《哥伦比亚开发法》(Columbia Redevelopment Act)〔67〕,该法试图收购城区内危害安全、健康的破败区,并予以重新规划和改造。本案原告拥有的一家小型商店并没有达到破败不堪的程度,但由于位于整体建设规划区内,因此被一并征收后转给私人公司管理。伯尔曼起诉到地区法院败诉后,最终上诉至联邦最高法院,要求审查征收法案的合宪性。他认为改造贫民窟的征收行为和创造和谐、迷人的社区而进行的征收行为应当被区分;他的房屋并不破败,并不会对公众健康、安全构成威胁,同时房产被征收后将被私人公司进行管理,这并不满足"公用"的要求。〔68〕

法院判决征收行为并不违宪,并从两个角度进行了大开大合的论证。首先,公共福利的概念相当广泛,既可以是精神价值,也可以是物质价值;既可以是艺术审美价值,也可以是金钱价值,因此,议会作出的改造决定符合公共目的。同时,一旦公共目的成立,选择何种路径去实现这一目的则是议会的权力:可以交由政府部门完成,也可以委托给私人企业来完成,并不能简单地认为政府部门的开发才是促成社区公共目的的唯一途径。其次,虽然伯尔曼的房屋并不破败,但整个社区应当被当作整体去考量,要改善整个社区的环境状况,必须整体统一规划。

概括而言,法院在该案件中基于极其宽容的立场认为只要符合"公共目的",就满足"公共用途"的要求;而商业利益并非完全排除在公共利益之列,相反,还有可能成为实现公共利益的途径;而通过何种途径实现公共利益,则应由议会裁量,法院不应过多干预。

(二)维尼县诉哈斯考克案:经济转型式的商业开发

从严格意义上讲,该案件并非"广义"解释的典型代表;相反,该案件甚

---

〔67〕 790, D.C. Code, 1951.

〔68〕 刘连泰:《宪法文本中的征收规范解释——以中国宪法第十三条第三款为中心》,中国政法大学出版社 2014 年版,第 98 页。

至还是相对坚守“狭义”解释的代表性案例。〔69〕但该案的重要性在于明确回答了当私人利益和公共利益混杂在一起时，征收行为合宪与违宪的区分标准，这对准确理解和运用“公共用途”、“公共目的”、“公共利益”和“私人利益”大有裨益。

2001 年本案原告维尼县为了本地区的经济转型，改变产业结构，特开展“尖端计划”，征收都市机场附近 19 块土地。〔70〕项目共需 1300 英亩（1 英亩约等于 4047 平方米）土地，政府通过前期的协商购买和后期的征收程序获得了超过 1000 英亩的土地，但是仍然有 19 块土地的所有者拒绝政府的征收行为，认为该征收行为违宪。案件最后由密歇根州最高法院审理，并判决维尼县的征收行为违宪。

“尖端计划”是一项旨在通过经济转型而增加就业、税收，改变产业结构的方案，但哈斯考克等人认为虽然该项目能带来一定的公共利益，但私人主体获得的利益远远超过一般公众，公共利益只是私人利益的附属品而已。因此，本案要解决的核心问题便是：当私人利益和公共利益混杂在一起时，如何判断征收行为的合宪性？密歇根州最高法院承担起了回答这一问题的重任。

经过归纳、分析和总结，法院得出了三条标准，认为只要满足任意一条，将征收的财产转让给私人开发就依旧满足“公用”的要求：第一，创造公共利益的私人企业因“极端的公共需要”要求政府征收土地；第二，政府将征收的财产转让给私人主体后，该财产仍然受到公权力机关的监督；第三，政府的财产征收行为本身就满足了“公用”要求，无须通过该财产的最终受让人（私人主体）来实现公共利益。〔71〕

本案在判断商业开发与“公共用途”的关系时已经从大开大合的论证走向了精细化，商业开发并非完全与“公共用途”水火不容，只是要满足特定的条件。

---

〔69〕 与该案件持类似观点的案件还有 *Southwestern Illinois Development Authority v. National City Environmental, L. L. C.*, 768 N. E. 2d 1(Ill. 2002)；*City of Bozeman v. Vaniman*, 898 P. 2d 1208(Mont. 1995)；*Georgia Department of Transportation v. Jasper County*, 586 S. E. 2d 853(S. C. 2003)。

〔70〕 *County of Wayne v. Hathcock*, 684 N. W. 2d 765(2004).

〔71〕 具体论述可参见刘连泰：《宪法文本中的征收规范解释——以中国宪法第十三条第三款为中心》，中国政法大学出版社 2014 年版，第 102-103 页。

(三)凯洛诉新伦敦市案:经济复苏式的商业开发[72]

1998年1月,康涅狄格州政府通过了一项经济发展计划,旨在增加税收,发展经济。而整个工程的核心区域便是曾经繁华的Fort Trumbull半岛。一个月之后,知名制药公司辉瑞(Pfizer)宣布将耗资3亿美元在半岛的相邻区域建设全球研究中心。当地政府认为这是一剂具有潜力的"区域复兴的催化剂",能促进本地区的就业和税收。市议会于2000年1月批准了该规划,并指定新伦敦市开发公司(NLDC)作为其开发机构并负责具体实施,同时授权该公司以该市名义购买财产或通过行使征收权获得财产。数月之后,大多数居民与开发公司达成协议,但以凯洛(Kelo)为代表的部分居民依旧拒绝出让自己的不动产。案件经过一系列程序最终到了联邦最高法院,9名大法官最终以5∶4的票数判决凯洛等人败诉,新伦敦市政府可以行使国家征收权。

法庭援引了*Berman v. Parker*案和*Hawaii Housing Authority v. Midkiff*案,Stevens大法官陈述了多数意见:"没有有效的方法能够将公共目的与经济发展区别开来。"法院在判决中一开始就重申康涅狄格州最高法院所认定的"公共用途"的范畴,并澄清新伦敦市毫无疑问不能为了特定私人的利益而强制征用上诉人的土地,通过分析新伦敦市开发公司强制征用的事实与背景,法院强调,本案中并无任何证据显示这一决定存在"非法目的"。法院同时表示之前的判例也同样支持为了公共利益而征收私人财产,而主观上为了公共利益,产生客观上附带私人利益的财产征收也并不违宪。

随后,法院指出判例法在"公共用途"裁决中对立法权的尊重。法院强调州立法机关在确定什么是本地区的需求时应享有"足够的尊重",法院注意到"一个多世纪以来,我们的公共用途案件管辖一直明智地避开了苛刻的规则和严密的审查,而这些审查偏向于赋予立法机关更大的自由裁量权去决定什么样的公共用途能够使强制征用合法化"。法院确认,新伦敦市的计

---

〔72〕 更为具体的论述可参见沈开举、方涧:《由Kelo案谈土地征收中"公共使用"的界定主体及其对中国的启示》,《公民与法(法学版)》2015年第1期。

划是严格按照发展计划的标准执行的，因而当地政府所做的关于此类经济发展计划的决定应该得到尊重。

上诉人请求法院将“经济开发”排除在“公共用途”的范畴之内。然而，法院驳回了这项请求。通过引用先例，法院认为“没有有效的方法能够将公共目的与经济发展区别开来”。法院同样未接纳上诉人宣称的判决会造成潜在危害的观点。在这样的背景之下，所谓会造成一系列的严峻后果是没有说服力的，因为强制征用条款很大程度上只是一个一般性的限制，它允许政府在提供赔偿的情况下做想做的事情。最后，上诉人认为法院应当就预期公共利益的实际实现提出“合理可能性”的要求，这同样遭到了法院的拒绝。法院认为，一项合宪性规则若因为要求证明其成功的可能性之后再实施，那毫无疑问将对很多类似的计划造成巨大的障碍。更为关键的是，法院强调，他们的决定并不排斥各州对自己的强制征收权设定限制。〔73〕

在凯洛案中，法院遵循了这样一个论证进路：扩大“公共用途”的范畴——利用“合理性”标准进行审查——经济发展是有效的“公共用途”——新伦敦发展计划与“公共用途”“合理相关”——征收行为合宪。该案将“公共用途”的解释扩大到了“公共目的”，认为只要“主观上”满足“公共利益”，而不论“客观上”是否带来私人利益，就不违反“公共用途”的要求。

---

〔73〕 当然，也有四位法官提出了反对意见。O’Connor 大法官和 Thomas 大法官认为多数意见的决定是对第五修正案中的“公共用途”条款的一个错误理解。O’Connor 大法官强调，多数意见可能会引发潜在的危险：“征用的幽灵会盘旋在所有财产的上空。没有任何事物可以阻止国家将任一汽车旅馆变成丽嘉酒店，将任一房子变成购物大厦，或者将任一农田变成工厂。”与此同时，O’Connor法官认为立法上关于公共用途理性标准的确定过于模糊，法院必须清醒地行使自我的权力去审查所有“看似合法的使用私人不动产”以满足公共用途要求的案件。Thomas 大法官认为公共用途条款的解释应当基于制宪者的原始意图。因此，他反对将该案件与“*Berman v. Parker*”案和“*Hawaii Housing Authority v. Midkiff*”案同样看待。Thomas 认为公共用途条款的本意是用“一种有效手段限制政府的征收权”。扩大公共目的这一概念的范畴以满足任何经济利益会使得穷人承担与此所不相适应的压力，最后丧失他们的政治权利。Thomas 大法官觉得“法院单单基于先例而对当今的案件得出结论是危险的。法院处理该案件的原则应当到公共用途条款本身中去寻找……我们应当从条款本身出发去解决这一案件，以支持制宪者的本意”。他同时坚持认为联邦最高法院应当放弃对公共用途仅仅使用合理性标准的审查，而应当采取一个更高的审查标准。

四、“公共用途”的重塑:凯洛案的后续效应

在凯洛案之后,无论是社会大众还是立法、司法等部门都作出了强烈的反应,尤其是主张保护财产权的各界人士,更是将此视为一次难得的契机,一时之间,凯洛案成为全美历史上影响力最大的案件之一。公众负面情绪和危机感是极其强烈的,但是大多体现在对财产权的伸张与捍卫上,就本身而言,他们并未证明判决的错误,也未说明为经济发展而征收是一项武断不明智的“恶治”。考虑到其影响和作用的模糊性,笔者将从更明显可查的立法与司法两方面的回应来探究美国土地征收中“公共用途”要件的最新动态。

(一)立法的回应与偏颇

截至目前,已有44个州制定了新的法律以限制凯洛式的征收,〔74〕笔者统计了美国50个州的立法变动情况,包括1998年至2002年的征收案件数量、改革的主要类型和改革的有效性等(详见表2)。〔75〕

在44个修改或者制定新的征收法的州中,有22个州事实上并未在实质上保护私有财产免受商业开发式征收的“侵害”。而在这22个州中,有19个州主要选择了泛化“衰败”范畴的方式,通过扩大“衰败”的立法定义,将其列入防止商业开发征收不动产的例外情形。表面看来是在限制征地进行商业开发,规范“公共用途”的具体情形,实则象征意义多于实质意义,“衰

〔74〕 有学者统计为45个州,但实际上,华盛顿州在2007年通过的新征收法并非严格意义上的对凯洛式征收的回应,其目的并非限制商业开发式的征收,或者用新的形式去界定公共用途,此次修改更多的是对华盛顿州最高法院在2006年的判例[*Central Puget Sound Regional Transit Authority v. Miller*, 128 P. 3d 588(Wash. 2006)]的一次吸收,修改内容主要涉及听证,因此笔者未将其统计在列。犹他州在凯洛案之前已经出台新的法律限制此种征收行为,因其在内容上是一种实质性的限制,因此笔者也将其统计在列。

〔75〕 统计数据主要来自Ilya Somin, *The Grasping Hand: Kelo v. City of New London and the Limits of Eminent Domain*, Chicago and London: The University of Chicago Press, 2014, p. 144,笔者在此基础上增加了部分内容。

败”的界定依旧十分主观，任何不动产都可被认定为“衰败”而被征收用于商业开发，因此对私人财产权的实质性保护十分有限。〔76〕

除了泛化“衰败”的界定之外，加利福尼亚州、康涅狄格州、马里兰州采取了别的立法方式，但依旧没有对私有财产的保护起到实质作用。2006 年 9 月，加利福尼亚州议会一次性通过了 5 部征收改革法案。〔77〕但没有一部禁止或者在实质上限制了商业开发式的征收，大部分都是关于一些细枝末节地规范当地政府征收程序的规定，或者重复早已确定的规则。康涅狄格州法律限制“主要目的是增加当地税收收入”的征收行为，〔78〕但是并未限制目的是经济发展或者消除衰败的征收行为。在实践中，很难区分目的是增加税收还是消除衰败而发展经济，因此几乎没有实际效果。马里兰州新修订的法律也没有直接禁止为了经济发展或者消除衰败的征收行为，只是在时间上作了限定，规定征收行为必须在获得授权后的 4 年内实行。〔79〕即使过了 4 年的授权期限，再次获得授权也相对比较容易，因此马里兰州新修订的法律也未对私有财产提供更为实质的保护。

22 个州通过议会立法或者全民公决的形式通过了新法，在一定程度上限制了此种征收行为，保护了公民的私有财产权，其中最为彻底和激烈的是佛罗里达州和新墨西哥州。这两个州完全禁止了以商业开发或消灭衰败区而进行的征收行为，即使对“公共用途”“衰败”等进行狭义的解释，只要以发展经济为目的的征收，一概被禁止。〔80〕剩下几个州则采取了相对折中的方式，一方面它们并不完全禁止为了消除衰败而进行的征收，另一方面它们则

---

〔76〕 通过扩大“衰败”的范围以此来获得立法的许可进行征收在实践中产生了两方面的问题，一方面，将“衰败”的口子无限扩大，以至于所有财产都可以落入其中，导致这一限制形同虚设，这与我国在立法中将“公共利益”的范畴无限扩大的情况类似；另一方面，界定为“衰败区”之后进行的征收和改造时常导致在衰败区的弱势群体遭受更大的损失。

〔77〕 S. 53, 1206, 1210, 1650, 1809, 2006 Leg. (Cal. 2006).

〔78〕 Conn. Gen. Stat. § 8-193(b)(1)(2009).

〔79〕 Md. Code Ann. Real Prop. § 12-105. 1(a)(West 2007).

〔80〕 从严格意义上讲，犹他州、佛罗里达州、新墨西哥州这三个州的法律规定最为严苛。但犹他州于 2007 年又放宽了消灭衰败区的征收行为，规定只要区域内绝大多数业主同意，即可实行征收行为。而新墨西哥州在凯洛案之前也极少存在基于商业目的或消灭衰败区的征收案件，因此新法只是进一步明确了对私有财产的保护。相较而言，佛罗里达州更具代表意义，因为无论是凯洛案之前还是之后，基于经济发展才采取的征收行为在州内屡见不鲜，通过此次立法，极大地保护了州内公民的私有财产权。

通过严格界定“衰败”来限制这一类型的征收。亚拉巴马州、乔治亚州、密歇根州等均采取了此种方式。南达科塔州和肯萨斯州采取了另外一种折中方式,在上述两州,虽然新的征收法未完全禁止消除衰败的征收,但是也明令禁止任何“将征收的财产转移给私人、非政府企业,或者其他公私合营的商业实体”的行为,〔81〕也即通过完全禁止“私对私”的模式来保护私人财产权。

可见,凯洛案之后,虽然绝大部分州都采取了立法措施试图为私有财产提供更完善的保护,但是这种措施“雷声大雨点小”,出现了严重的偏颇。无论是采取泛化“衰败”还是进行程序性改革,都是捉襟见肘,象征意义远大于实质意义。而在进行限缩“衰败”和严格禁止“私对私”征收的州中,除了宾夕法尼亚州、密歇根州、佛罗里达州和弗吉尼亚州之外,其他各州的征收案件数量原本就十分稀少,因此实质意义大打折扣。〔82〕

表2 凯洛案后美国各州立法改革情况统计表

序号	州	征收案件数量〔83〕	主要改革类型	改革有效性〔84〕
1	宾夕法尼亚州	2517	限缩“衰败”	有效
2	加利福尼亚州	223	程序性改革	无效
3	肯萨斯州	155	严格禁止“私对私”	有效
4	密歇根州	138	限缩“衰败”	有效
5	马里兰州	127	限制时间	无效
6	俄亥俄州	90	泛化“衰败”	无效
7	佛罗里达州	67	完全禁止	有效
8	弗吉尼亚州	58	限缩“衰败”	有效
9	纽约州	57	无改革	无改革

〔81〕 S. D. Codified Law § 11-7-22.1(1)(Supp. 2008).

〔82〕 联邦政府虽然在凯洛案之后也采取了一系列措施,包括出台《私有财产权保护法案(2005)》《债券修正案》,甚至时任总统的布什也发布了行政命令禁止凯洛式的征收。但是上述措施和州内立法一样,同样是象征意义远大于实质意义。因为联邦对州的干预力度十分有限,除非州内高度依赖联邦的资助,否则不可能从实质性上通过这些法案控制地方的征收行为。

〔83〕 征收案件数量统计的是1998年至2002年征收私人财产用于私人开发的案件,数据来源:Ilya Somin: *The Grasping Hand: Kelo v. City of New London and the Limits of Eminent Domain*, Chicago and London: The University of Chicago Press, 2014, p. 144。

〔84〕 改革有效和无效的判断标准在于是否实质上通过立法限制了征收私人财产用于私人开发的行为,而排除程序上的变革。

续表

序号	州	征收案件数量	主要改革类型	改革有效性
10	新泽西州	51	泛化“衰败”	无效
11	康涅狄格州	31	限制增加税收式征收	无效
12	田纳西州	29	泛化“衰败”	无效
13	科罗拉多州	23	泛化“衰败”	无效
14	俄克拉荷马州	23	无改革	无改革
15	密苏里州	18	泛化“衰败”	无效
16	罗得岛州	12	泛化“衰败”	无效
17	亚利桑那州	11	限缩“衰败”	有效
18	得克萨斯州	11	泛化“衰败”	无效
19	华盛顿州	11	无改革	无改革
20	明尼苏达州	9	限缩“衰败”	有效
21	亚拉巴马州	8	限缩“衰败”	有效
22	伊利诺斯州	8	泛化“衰败”	无效
23	西弗吉尼亚州	8	泛化“衰败”	无效
24	肯塔基州	7	泛化“衰败”	无效
25	路易斯安那州	5	限缩“衰败”	有效
26	马萨诸塞州	5	无改革	无改革
27	印第安纳州	4	限缩“衰败”	有效
28	爱荷华州	4	泛化“衰败”	无效
29	密西西比州	3	限缩“衰败”	有效
30	内华达州	3	泛化“衰败”	有效〔85〕
31	缅因州	2	泛化“衰败”	无效
32	阿肯色州	1	无改革	无改革
33	内布拉斯加州	1	泛化“衰败”	无效
34	北卡罗来纳州	1	泛化“衰败”	无效

〔85〕 内华达州新的征收法虽然宽泛解释了“衰败”，并将此作为禁止征收的例外情形，但内华达州的选民则通过修改宪法对私有财产提供了更强有力的保护，因此笔者也将其标注为有效。

续表

序号	州	征收案件数量	主要改革类型	改革有效性
35	北达科他州	1	限缩“衰败”	有效
36	阿拉斯加州	0	泛化“衰败”	无效
37	特拉华州	0	限缩“衰败”	有效
38	佐治亚洲	0	限缩“衰败”	有效
39	爱达荷州	0	泛化“衰败”	无效
40	南达科他州	0	严格禁止“私对私”	有效
41	怀俄明州	0	限缩“衰败”	有效
42	夏威夷州	0	无改革	无改革
43	蒙大拿州	0	泛化“衰败”	无效
44	新罕布什尔州	0	限缩“衰败”	有效
45	新墨西哥州	0	完全禁止	有效
46	俄勒冈州	0	限缩“衰败”	有效
47	南卡罗来纳州	0	泛化“衰败”	无效
48	犹他州	0	凯洛案前改革	有效
49	佛蒙特州	0	泛化“衰败”	无效
50	威斯康星州	0	限缩“衰败”	有效

(二)司法的反应与取向

在凯洛案之后，各州法院都在试图准确把握联邦最高法院的裁判逻辑，并应对可能发生在州内的相关征收案件。是否认同凯洛案的判决？联邦法院对“公共用途”的理解，对经济发展式征收的妥协与退让是否应同样在州宪法“公共用途”条款中得以贯彻？这些都是州法院需要直接面对而无法回避的问题。

各州法院的反应大致可以分为四类：(1)直接拒绝以凯洛案为指引；(2)通过废除“快速征收”程序来限制凯洛式征收；(3)通过限制“衰败”的范围来限制凯洛式征收；(4)接受以凯洛案为指引。

作出拒绝的有俄亥俄州、俄克拉荷马州和南达科他州最高法院。[86]在*Norwood v. Horney*案中，俄亥俄州最高法院直接批评了凯洛案中无限扩大衰败、将发展经济视为公共用途而支持征收的逻辑，并旗帜鲜明地指出，凯洛案中反对意见书中的理解和逻辑比多数意见更准确地把握了征收条款的含义。南达科他州最高法院在*Benson v. State*案同样拒绝了凯洛案对“公共用途”的解释，并指出“公共用途”要求征收的财产被政府或一般大众“事实上”使用，而非像凯洛案那样将“公共用途”“公共目的”或者“公共利益”相混淆。[87]俄克拉荷马州最高法院同样在*Board of County Commissioners of Muskogee County v. Lowery*案中拒绝了凯洛案的指引，但其论证多着笔于州宪法中的征收条款和联邦宪法征收条款之间的表述差异，而非直截了当地否定凯洛案的认识。[88]

罗得岛州最高法院和马里兰州上诉法院通过废除“快速征收”程序来限制凯洛式征收。[89]“快速征收”是一种利用简易程序进行征收的方式，通常只需要提交一份征收公告并且满足公正补偿的要求就可实行征收。在*Rhode Island Economic Development Corp. v. The Parking Co.*案中，罗得岛州最高法院判决该快速征收违宪，因为没有足够的证据能证明征收满足“公共用途”的要求。而在马里兰州的*Mayor of Baltimore v. Valsamaki*案中，因为征收机构无法证明“公用”的“即刻性”(immediate)而被法院判决征收违宪。

新泽西州最高法院和宾夕法尼亚州上诉法院则通过对“衰败”进行狭义

---

〔86〕 See, *City of Norwood v. Horney*, 853 N. E. 2d 1115(Ohio 2006); *Board of County Commissioners of Muskogee County v. Lowery*, 136 P. 3d 639(Okla. 2006); *Benson v. State*, 710 N. W. 2d 131(S. D. 2006).

〔87〕 法院得出这一结论主要基于三点理由：一、基于最主要和基本的文义解释，就字面理解而言应当是事实上使用；二、基于宪法实施早期的实践，这样理解更为合理；三、基于限制征收的目的，这也是唯一合理的解释。*Benson v. State*, 710 N. W. 2d 131, 146(S. D. 2006).

〔88〕 联邦宪法中的表述是：“nor shall private property be taken for public use without just compensation.”，俄克拉荷马州宪法中的表述为：“no private property shall be taken or damaged for *private use*, with or without compensation.”因此，从严格意义上讲，俄克拉荷马州最高法院的反对是不彻底的。

〔89〕 See, *Rhode Island Economic Development Corp. v. The Parking Co.*, 892 A. 2d 87(R. I. 2006); *Mayor of Baltimore v. Valsamaki*, 916 A. 2d 324(Md. 2007).

解释来限制凯洛式的征收。[90]如新泽西州最高法院在*Gallenthin Realty Development, Inc. v. Borough of Paulsboro*案中对作为征收之正当理由的“衰败”作了限定性解释,认为“衰败”的内涵指代的是“恶化或停滞发展对周边财产造成不利影响”,[91]仅仅是开发利用不足不能认定为“衰败”。

纽约州上诉法院[92]在这股限缩趋势之中却依然通过*Kaur v. New York State Urban Development Corp.*和*Goldstein v. New York State Urban Development Corp.*两个消除“衰败”的征收案件支持了凯洛案的判决和论证逻辑。[93]在Goldstein案中,法院为了支持私人开发商的开发,扩大了“衰败”的范畴,将贫民窟区域内所有的不动产都认定为衰败的财产,而将这种商业开发行为定性为“公共用途”。而在Kaur案中,法院以同样的逻辑认定系争财产处于“标准以下且不卫生”,属于征收的正当理由。这种认定方式极其粗略,而且几乎达到了“无所限制”的程度。

五、总结:公共利益美国模式的解构

通过上述梳理和分析不难发现,在美国历史上,“公共用途”条款的表述虽然屹立不倒,但具体含义却随着时代变迁处于动态变化之中(见图1)。在征收条款还未诞生之时,美国的国父们就将保护私有财产权放到了一个极其崇高的位置,以至于1791年征收条款被孕育成形之时,身上就带有深深的保护私产的烙印。在一个多世纪的实践中,征收条款的触角逐渐由联邦伸向各州,并体现在各州土地征收和经济开发的重要层面。随之,大量的

---

〔90〕 *Gallenthin Realty Development, Inc. v. Borough of Paulsboro*, 924 A. 2d 447(N. J. 2007); *In re Condemnation by Redevelopment Authority*, 962 A. 2d 1257(Pa. Commw. Ct. 2008).

〔91〕 *Gallenthin Realty Development, Inc. v. Borough of Paulsboro*, 924 A. 2d 447, 458-459(N. J. 2007)

〔92〕 在纽约州的司法系统中,纽约州上诉法院(New York Court of Appeals)是纽约州最高等的法院,而初审法院则被称为纽约最高法院(New York Supreme Court).

〔93〕 *Kaur v. New York State Urban Development Corp.*, 933 N. E. 2d 72(N. Y. 2010); *Goldstein v. New York State Urban Development Corp.*, 921 N. E. 2d 164(N. Y. 2009).

征收纠纷在19世纪的美国各州如雨后春笋般涌现，基于时代的特性和对传统的坚守，各州法院对“公共用途”的理解虽出现动荡，但大部分还是延续和秉持了立宪原旨。时代的拐点出现在20世纪30年代的大萧条时期，该时期出于复苏经济的考量，1946年，美国司法界第一次向行政权和时局妥协，作出了第一个带有倾向性的判决，打开了“公共用途”的大门。此后，这一趋势愈演愈烈，无论是消灭衰败、经济转型，还是复苏经济，一切经济目的都成了“公共目的”，也都满足了“公共用途”的要求。直到2005年，凯洛案以5∶4在联邦最高法院一锤定音之后，社会大众、立法部门、司法部门开始警觉，摆在面前的问题是：征收的界限到底在哪里？应当如何防止“有形的手”进一步伸向私人的领地？一时间，各种抗议、游行、辩论，各种立法建议，各种司法回应层出不穷，对“公共用途”的解释也逐步回归限缩。

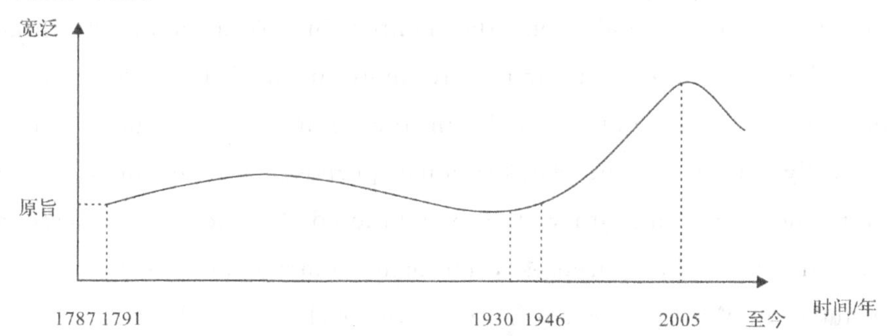

图1 美国宪法征收条款“公共用途”界定范畴变迁图

可见，即使历经了200多年的争论，征收条款在美国依旧如诞生之初那样保持着神秘性、不确定性和时代性，同样也催生着这种模糊化带来的制度红利。这是一个形散神聚的历程，尤其是各种立法和司法活动，在整个历史进程中，看似杂乱无章，实则都保持着对原点的敬畏和对时代的尊重。如果用一句话概括美国“公共用途”（公共利益）的运行模式，那就是以保护私人财产权为原点，利用司法权对其进行灵活的时代映射。

具体而言，“美国模式”呈现出了以下几个特点：第一，作为平衡“权力—权利”“公权—私权”而存在的“公共用途”（公共利益），无论时代如何变迁，其基本内涵和本源性的政治根基应得以捍卫。第二，“公共用途”的基本内涵虽然应该捍卫与保持,但具体的含义应当结合具体的国情和时代需要作出合宪合理的解释。第三,虽然"公共用途"在某个具体的时代存在相对稳定的一般意义上的判断标准,但是就具体案件而言,仍旧需要个案分析,而非"一刀切"。第四,"商业开发"与"公共用途"(公共利益)之间并非总是一对难以调和的矛盾体,"私人利益"和"公共利益"也并非存在明显的分野,[94]判断的关键是区分商业开发和公共利益,何者为目的,何者为手段。第五,即使在公共利益内部,也存在着不同的层次,社会大众对其也存在不同程度的需求,因此在判断和权衡"公私"权益之时也应当将其考量在内。第六,立法机关和司法机关在认定"公共用途"上权责明确,立法机关(议会)进行初次审议和判断,发生争议之时,由法院司法审查进行二次判断。

Abstract: From the original intention of Constitution, the logical starting point of the Takings Clause of the Fifth Amendment is to protect private property, and from the limited historical data, its original intention and original meaning are more inclined to make a narrow interpretation of "public use". In the 19th century, the US courts basically continued the constitutional purpose through jurisprudence. Until the twentieth century, the connotation of "public use" was gradually expanded to "public purposes", and many commercial developments were included in the "public use". After the Kelo case, the legislative and judicial authorities made a strong response to limit the understanding of "public use". In short, the change of the meaning of "public use" in American law is to protect the private property rights as the origin, and use the judicial power to make a flexible time map.

Keywords: Public Use; Public Interest; Takings Clause; United States Constitution

(特约编辑:刘雪鹂)

---

〔94〕 张千帆教授甚至直言不讳地指出"公共利益"不是别的,其实就是私人利益的总和。参见张千帆:《公共利益是什么?社会功利主义的定义及其宪法上的局限性》,《法学论坛》2005年第1期。

名作书评

比较法研究的理想范式

——《法治国下的目的性创设》述评

沈广明*

一、引言:行政行为理论的引入与迷失

行政行为理论滥觞于法国,系因行政诉讼制度的发展而产生。自1810年起,行政行为(Acte Administratif)一词便为法国学界所认同,用以表示行政机关采取的具有行政法效果的法律行为。1826年,德国行政法学家奥托·迈耶将行政行为概念引入德国,并将其界定为“行政向人民就什么是个案中的法(所为)的高权宣示”[1]。由于该定义不甚明了,之后德国学者对行政行为的理解亦大相径庭。但总的来说,德国行政法因迈耶的学术探索而大放异彩,其影响力先后辐射到日本、我国台湾等地。然而,概念历史的悠久并未使其定义明晰起来,在长期的演变历程中,各地的行政法学界均产生了对行政行为的诸多定义。[2]

新中国成立后,中国对行政行为理论的较早接触可追溯至1983年刊印的部编教材《行政法概要》以及于1988年出版的王名扬先生所著《法国行政法》。可以说,中国学者对行政行为乃至行政法的认识缘起于这两本著作。遗憾的是,由于概念输出方对行政行为的理解亦未达成统一认识,以及语义

---

* 沈广明,杭州师范大学沈钧儒法学院讲师,法学博士。

〔1〕[德]奥托·迈耶:《德国行政法》,刘飞译,商务印书馆2002年版,第97页。

〔2〕参见杨海坤、蔡翔:《行政行为概念的考证分析和重新建构》,《山东大学学报(哲学社会科学版)》2013年第1期。

表述上的模糊性、相关学术资料的匮乏等因素,自概念引入之时起,行政行为逐渐成为行政法学中“充满混乱、矛盾和争议的领域”〔3〕。应松年教授曾言:“行政行为是行政法中最重要、最复杂、最富实践意义、最有中国特色,又是研究最为薄弱的一环。”〔4〕

对行政行为认识的不到位直接影响了学者们对其概念的理解,学界对于其定义聚讼纷纭、莫衷一是。正如有学者指出:“行政行为已经成为我国行政法学研究中一个极为混乱的基本范畴。”〔5〕学界对行政行为概念的界定主要有最广义说、广义说、狭义说和最狭义说等4种学说。〔6〕还有学者作了进一步梳理,总结出了行政行为界定的10种学说,〔7〕可见对其概念认识的分歧之大。此外,对行政行为概念理解的混乱又引发了一系列负面效应:第一,导致行政行为分类的繁杂无序,〔8〕其中具体与抽象行政行为的不当分类,使许多应当纳入法院受案范围的行政行为被排除在外,损害了行政相对人的合法权益,同时在客观上为行政机关逃避司法审查、滥用职权创造了便利空间。〔9〕有学者就指出:“对行政行为分类火力最猛烈的批评,集中于抽象行政行为与具体行政行为的分类。”〔10〕基于此分类方式,旧行政诉讼

〔3〕 马生安:《行政行为研究》,山东人民出版社2007年版,第1页。

〔4〕 应松年主编:《行政行为法:中国行政法制建设的理论与实践》,人民出版社1993年版,前言,第1页。

〔5〕 杨海坤、章志远:《中国行政法基本理论研究》,北京大学出版社2004年版,第200页。

〔6〕 有多位学者对此四种学说作了概括,虽然个别表述不同,但其观点基本一致。参见徐崇德等主编:《新中国行政法学研究综述》,法律出版社1991年版,第176-178页;章剑生:《现代行政法基本理论》,法律出版社2008年版,第128页;杨海坤:《中国行政法基本理论》,南京大学出版社1992年版,第252-253页;张尚鷟主编:《走出低谷的中国行政法》,中国政法大学出版社1991年版,第133-135页;等等。以张尚鷟先生的观点看:最广义说论者认为,行政行为是一切与国家行政管理有关的行为,包括行政机关行使职权的行为、在行政诉讼中的行为,以及公民、法人和其他组织等引起行政法律关系产生、变更和消灭的行为;广义说论者认为行政行为是指行政机关所为的一切行为,包括行政机关的各种法律行为和非法律行为、民事法律行为和行政法律行为;狭义的行政行为,是指行政机关在行政管理活动中所为的一切具有法律意义的行为;最狭义的行政行为是指行政机关在行政管理活动中对具体的人和事采取具体措施的行为,相当于具体行政行为。

〔7〕 参见杨海坤、蔡翔:《行政行为概念的考证分析和重新建构》,《山东大学学报(哲学社会科学版)》2013年第1期。

〔8〕 可进一步阅读叶必丰:《行政行为的分类:概念重构抑或正本清源》,《政法论坛》2005年第5期。

〔9〕 参见章志远:《行政行为概念之科学界定》,《浙江社会科学》2003年第1期。

〔10〕 叶必丰:《行政行为的分类:概念重构抑或正本清源》,《政法论坛》2005年第5期。

法和行政复议均以具体行政行为为标准确立了其受案范围。但随着社会发展，行政赔偿等行政事实行为、行政规范性文件等抽象行政行为对现有理论产生了颠覆性冲击。第二，在丧失法治国内核情况下衍生而来的行政行为公定力理论沦为一种“威权国家下”的效力观而饱受质疑。[11] 第三，学界主流提法——存续力、确定力、拘束力及执行力等内涵不清、界限不明，失去了对现实的解释力及说服力。第四，在行政行为合法与违法判断上，由于缺乏扎实的行政行为理论指导，其理论学说与制度实践之间相互龃龉，导致实定法上有关行政行为违法类型的表述缺乏逻辑连贯性，存在交叉重复等问题。

正如叶必丰教授所言：“学术研究在不经意间所犯下的意想不到的错误，将造成研究功能的迷失、理论体系的混乱和制度构筑的障碍，而要清理这种错误却是多么的困难、代价是多么的巨大。错误不可避免，但不可缺少的是时常的检讨和反思。”[12]面对行政行为理论遭受如此严峻的挑战，国内学者围绕行政行为理论的改良作了许多有益的反思与探索。关于行政行为概念的重构，杨海坤教授等认为“应采用比较宽泛的行政行为概念，使之更具有包容性、前瞻性和适应性，更适合当今中国依法行政、建设法治政府的需要”[13]。朱新力教授等认为“在保留行政行为作为行政诉讼受案范围的功能概念的基础上，另外创设‘行政处理’等概念来概括具有法律行为特征的具体行政活动，不失为一种可行的选择”[14]。在行政行为公定力理论方面，沈岿教授认为，“唯有在技术规范层面进行一种系统的整合，才可使公定力理论的原理得到充分的支持”[15]。王天华教授主张扬弃我国传统公定力学说中的“公权力的先验优越性因素”[16]。还有学者鉴于行政行为理论的静态性、局限性等缺陷，主张引入“行政过程”概念，以应对传统理论面临的

---

〔11〕 参见许宗力：《行政处分》，载翁岳生主编：《行政法》，中国法制出版社2002年版，第681页。

〔12〕 叶必丰：《行政行为的分类：概念重构抑或正本清源》，《政法论坛》2005年第5期。

〔13〕 杨海坤、蔡翔：《行政行为概念的考证分析和重新建构》，《山东大学学报(哲学社会科学版)》2013年第1期。

〔14〕 朱新力、高春燕：《行政行为的重新定位》，《浙江大学学报(人文社会科学版)》2003年第11期。

〔15〕 沈岿：《行政行为公定力与妨害公务》，《中国法学》2006年第5期。

〔16〕 王天华：《行政行为公定力概念的源流》，《当代法学》2010年第3期。

挑战。[17]

二、"十年磨一剑":追寻行政行为理论创设背后的法治国理想

在从事行政行为理论研究的学者队列中,赵宏教授探索时间之长久、研究成果之丰硕、理论阐释之深刻,无疑是当之无愧的领军人物。早在2002年,赵宏教授便完成了以《行政行为效力问题研究》为题的硕士学位论文,初步奠定了行政行为理论这一研究方向。随后,其赴德系统研习德国公法,于2005年完成了其博士学位论文——《法治国下的行政行为存续力——以德国法为基础的分析》,并于2007年以博士论文为主体出版了第一本学术专著《法治国下的行政行为存续力》,引起学界的广泛关注。据我了解,该著作也是到目前为止唯一一部专门、系统论述行政行为存续力的专著,其学术价值可见一斑。赵宏教授秉承"博士论文并非一个人学术生涯的终结而只是开端"(*515*)[18]的认知与期许,将视野进一步拓展至整个行政行为理论领域,借助此"阿基米德支点,撬开德国行政法的洞门"(*515*),揭示德国行政行为理论的亘古血缘及其演变。2012年,第二部专著《法治国下的目的性创设——德国行政行为理论与制度实践研究》[19]付梓,最终完成对德国行政行为理论这一知识景观的巡礼。从2002年的初登学术之殿堂,到2012年攀上其第一个学术研究高峰,可以说,用"十年磨一剑"来形容赵宏教授的科研之路最贴切不过。

正如法学家翁岳生所言:"行政处分(行政行为)是一种为法治国之建构而提出之'目的性创设',吾人于掌握行政处分之概念时,必须追本溯源以人民权利在个案中是否受到侵害及是否有保护之必要加以决定,而不得降级

---

〔17〕 参见江利红:《论行政法学中"行政过程"概念的导入》,《政治与法律》2012年第3期。

〔18〕 本文多处引用所评书作品的相关内容,故采用文中夹注作品页码的方式,引用作品均为赵宏:《法治国下的目的性创设——德国行政行为理论与制度实践研究》,法律出版社2012年版。

〔19〕 该专著亦是本文所述评作品,为表述方便,下文将其称之为"论著"。

以概念或文义做解释之惟一依据。”[20]“唯有了解作为制度起点的目标追求，制度发展的内在逻辑，制度外化的具体问题，才能够获得对该项制度足够清晰的认知和相对准确的判断。”(*160*)易言之，欲全面、准确认识德国行政行为理论，则必须了解理论奠基者所作的“目的性创设”。因此，为了改变时下学界对于行政行为理论研究“自说自话又难以自圆其说”的混乱局面，赵宏教授通过对行政行为的创设者——奥托·迈耶的思想巡礼进行“知识考古”，向读者展示了现代德国行政行为理论滥觞与发展的知识景观全貌。而行政行为理论背后的“精神支柱”亦成为赵宏教授首要、着重论述的内容。

论著花费整整两章(第二、三章)内容，专门阐述了德国法治国思想的兴起及其对行政法的浸染，并将迈耶构筑以实现法治国为目的的德国行政法理论的过程娓娓道来。如书中所述，“最初的法治国是19世纪的市民阶层为对抗专制国家而提出。”(*17*)国家要限制公民权利及自由必须要以人民议会制定的法律为依据。这一观念与绝对军权统治下的警察国思想迥然相异。在崇尚法治国理念的迈耶看来，“法治国就是经过理性规范的行政法国家”(*19*)。因此，迈耶在设计德国行政法学的伟大蓝图时，提出“依法律行政”，为“原本仅限于简单的资料累积，并无任何目标和价值导向的德国行政法注入了法治的内涵和方向”。(*19*)一旦确立其精神内核，以司法制度为蓝本建构起一个系统完整的法治国家的行政法总论就显得水到渠成了。因而，从法国舶来的行政行为概念“经由迈耶的重塑，被彻底浇筑了法治的内核”(*49*)。行政行为理论亦因迈耶的目的性创设而焕发出强大而持久的生命力。因而可以说，当赵宏教授将德国法治国思想及迈耶建构以法治国为目标的行政法的过程条分缕析地阐述完毕之时，其论著对于德国行政行为理论的诠释也就成功了一大半。

从行政行为理论研究，乃至整个法学研究领域来看，相较于奉行便宜的拿来主义作简单的概念剪切拼凑，这种知识考古式的学术探索虽然“笨拙”、费时，但却最能驱散认知迷雾，揭示真理的本来面目。“学科的真正发展和进步决不能仅仅依赖于功利主义者的雄心和实用主义者的巧计，它需要扎实的铺垫和辛苦的累积，需要反复的推敲和认真的锤炼，更需要诚恳谦卑的

---

〔20〕 翁岳生:《行政法》(上)，中国法制出版社2002年版，第55-56页。

态度和坦然接受批评、积极修正谬误的勇气和决心。”(51)毋庸置疑,赵宏教授这段话对于我国这样仰赖外国法移植与继受的法治后发国家来说,有偌大的警示、启发意义。

三、比较法研究中的中国问题

论著共设有十四章,从内容上看,可大致分为四大部分:引言(第一章),行政行为创设的“法治国”目的及体系化建构(第二至五章),行政行为的概念、效力、附款等具体内容(第六至十二章),行政行为面临的挑战(第十三至十四章)。总的来看,论著内容丰富,对德国法上的行政行为理论的学理及制度层面都作了精致阐述。其画龙点睛之处在于赵宏教授的论述不仅仅局限于对德国法的单纯介绍,而是在每章末尾处会就相应的中国学理论题进行比较,提出问题、反思或启示,用“局外人”的视角一针见血地审视中国问题。此种精湛的比较法研究技艺无疑值得我等后辈学习。下面,我对论著内容的讨论将依以上顺序展开,由于专著内容殷实,我难以在有限的篇幅内对所有内容作详尽的论述,因而只对其部分内容作一些由点及面的思考、述评。

(一)对问题意识——继受不足的思考

著作第一章将研究的问题意识定位为我国行政行为理论“面目不清、轮廓不明”等困顿源自于对德国法的继受不足。那么,问题在于:我国的行政行为理论是否真的继受自德国?或者说是简单地对日本等地继受成果的“再受”,(3)而在此过程中引发继受不足问题?

从我国相关的学术研究及法规范看,这一结论及其论证有待商榷。新中国成立后最早的一本行政法学官方部编教材将行政行为界定为:“国家行政机关实施行政管理活动的总称,它是国际公认的研究行政法学的专用词,实际上是行政管理活动的代称。”[21]另外,对学界颇有影响的王名扬先生所

[21] 王珉灿:《行政法概要》,法律出版社 1983 年版,第 97 页。

著的《法国行政法》中以行为的作用为标准，对行政行为亦下了定义："行政行为是指行政机关用以产生行政法上效果的法律行为，以及私人由于法律或行政机关授权执行公务时所采取的某些行为。"〔22〕可见，无论是官方解释还是坊间代表专著对行政行为的理解均不同于德国法，采取的是较为广义的理解。然而，我们亦不能说其理解异于德国法，于是武断地认为我国行政行为制度存在弊端的原因在于对德国法的"继受不足"。如引言所述，德国学界对行政行为概念的认识本就不一致。例如，迈耶的理论同样遭到过学者的严厉批评。德国行政法学家巴杜拉（Peter Badura）曾指出：奥托·梅耶以公权力、强制性、单方性为标准来界定行政行为，就把不具有上述特征的行政活动排除在行政行为之外了，这一概念的局限性会导致行政机关高高在上，公民屈服于行政机关之下的高权行政。〔23〕 并且，早已有学者指出，"法国、德国和日本关于行政行为的各种定义几乎都曾被我国理论界借鉴"〔24〕。

此外，为更好地指导行政诉讼实践，现已废止的最高人民法院《关于贯彻执行〈中华人民共和国行政诉讼法〉若干问题的意见（试行）》曾对具体行政行为作了如下定义："具体行政行为是指国家行政机关和行政机关工作人员、法律法规授权的组织、行政机关委托的组织或者个人在行政管理活动中行使行政职权，针对特定的公民、法人或者其他组织，就特定的具体事项，作出的有关该公民、法人或者其他组织权利义务的单方行为。"由是观之，我国法规范中"具体行政行为"概念基本与德国法上的"行政行为"（Verwaltungsakt）相近，而我国的行政行为概念则要比德国法更为宽泛。但此种宽泛被作者称为"我国行政法学理中最大的概念谜团"(*50*)则未免有些言过其实了。其他国家在引入、吸收外国法时亦会对其作本土化改造，对行政行为的概念理解同样有争议。例如，日本通常被认为是德国法衣钵最忠实的继承者之一，日本行政法移植了德国 Verwaltungsakt 概念，并将其译为行政行为。然而，

---

〔22〕 王名扬：《法国行政法》，北京大学出版社 2007 年版，第 106 页。

〔23〕 参见[德]巴杜拉：《在自由法治国与社会法治国中的行政法》，陈新民：《公法学札记》，三民书局 1993 年版，第 112 页。

〔24〕 朱新力、高春燕：《行政行为的重新定位》，《浙江大学学报（人文社会科学版）》2003 年第 11 期。

据日本法学家田中二郎分析,在日本学界,对行政行为这一术语尚有四种不同理解。并且,日本实定法没有使用"行政行为"一词,而是使用了"行政厅的处分""处分"或者"行政处分"等。〔25〕

事实上,由于国家间制度、文化等环境因素不尽相同,法律移植或学术理论"拿来"后的适用过程中必然需要经过本土化的改造。而此过程中对行政行为理论因地、因时制宜的"驯化"或改造,在形式上容易被理解为"继受不足"。赵宏教授认为:"'继受不足'的最大恶果是外国法思想和制度精华在继受过程中被极大地稀释甚至遗漏,而依样画出来的葫芦由于内核被抽去,并不完整,也就无法在本国法秩序中生根成长、并内化为本国法秩序的固定构成。"(4)然而,已有学者通过对行政行为概念的本土化生成路径的梳理发现,以受案范围调控为导向的行政行为概念在"学说—立法—裁判"互动中被不断反思与更新,最终成功构筑了本土化的行政法释义学体系。〔26〕因此,相对概念输出国内核的忠实把握,从法律或学理移植的结果考量看,填入本土化的规制内核无疑更为重要。此种本土化改造也不宜理解为"继受不足"。当然,我不否认且非常赞同,在比较法研究中需要对研究对象有一个彻头彻尾的了解,以防止移植造成的概念理解上的曲解。

综上,从以往的学术观点及法规范来看,我们难以从中得出我国的行政行为理论受到了德国法的深刻影响的结论,亦难以将我国行政行为理论的现有困顿归因于继受德国法时"遭遇误解(与)扭曲"导致的"忠诚继受的缺失"(3)。倒不如说,我国在构建行政行为理论时考察、比较了多国的行政行为理论,虽用了"行政行为"一词,但填充了不同于德国法的内涵与外延,构筑了我国特有的行政行为制度。赵宏教授认为,"'法律继受'本质上强调的就是对作为'继受母国法'的忠实效仿"(3)。然而,一个国家的法治得以发展绝不能仅限于对继受国制度的照搬,学者们在行政行为概念中填补本土性价值的做法亦不宜简单称之为"继受不足"。虽然在我国的行政法治发展过程中,这一制度不论是在学理还是在司法实践中都遇到了诸多困难与挑

---

〔25〕 例如,《行政程序法》第 2 条、《行政案件诉讼法》第 3 条中有"行政厅的处分"的概念,这个概念和学术上的行政行为几乎是相互对应的,但也存在并不一致的地方。参见[日]盐野宏:《行政法》,杨建顺译,法律出版社 1999 年版,第 80 页。

〔26〕 参见陈越峰:《中国行政法(释义)学的本土生成》,《清华法学》2015 年第 1 期。

战，但需要注意的是，即使像德国这样具备如此逻辑严谨、内容自洽的法教义学体系，行政行为理论在近期发展中还是受到了巨大冲击。因而，对于行政法治根基未深、处于转型期的中国而言，行政行为理论表现出的种种不适应与瑕疵实为再正常不过。因此，对于论著第一章的问题意识部分，我认为尚有进一步论证的空间。

（二）作为中国问题的行政法学体系化建构

“法律并非单纯的感情宣泄，它并不能仅依赖某种价值内核而独立存在，仍需要一整套规则系统来表达和践行这种价值判断和精神内容。”(*79*)因而，迈耶在创设完毕行政行为理论之后，顺理成章地在其《德国行政法》中建构起一套逻辑缜密、条理清晰的行政法学体系。此作业以法治国为精神内核，以“行政行为”为概念工具，以法释义学方法为支撑，以“行为规范——权利救济”为框架，构筑了涵盖国家警察高权、国家赔偿、特别权力关系等内容的一套完整的行政法学总论。该体系化建构并非形式主义者的奇技淫巧，徒有其表，严密的技术性与逻辑性使其“拥有超乎寻常的稳定性和独立性，它就像脱离了设计师的机器一般可以自行运转，绝不会因为宪法、政策的更迭而变化无常。它的自我运转完全可以达到同样使行政服从于法律治理的构想。正因如此，迈耶在其《德国行政法》第三版的序言中自信满满地写下，‘宪法消逝，行政法长存’”(*80-81*)。

在论著第五章中，赵宏教授通过挖掘、分析行政行为概念在体系化建构中肩负的原初规范作用，向学界展示了行政行为的价值多样性，并希望德国法上的体系化思考能为我国行政法的发展提供有益的借鉴。赵宏教授认为，自改革开放以来，蔚为大观的法律移植浪潮使我国行政法构成趋于完整，但继受源头的杂乱致使“行政法学体系不协调和逻辑不周延的恶状已经越来越显现”(*84*)。因而，现阶段需要对行政法学作整体性反思，进行体系化整饬，以发挥“稳定自足的学科体系应具备的积极功能”(*86*)。赵宏教授对行政法学体系化的思考不止于此，其于 2013 年、2014 年连续发表两篇文章，从体系化建构的功能，基本原则、抽象概念、法释义学三项要素，以及体系化均衡等层面作了深入探讨，为我国行政法体系化建设提供了宏伟蓝图及宝贵的智识素材。[27]

体系化建构的完整性与自洽性标志着一门学科的成熟度,我国的行政法学在经历了近三十年跌跌撞撞、拼拼凑凑的成长后,亟须这种体系化思维对其进行学科的"再造",因而中国行政法学的体系化构建这一命题具有强烈的现实需求与深刻的历史意义。就目前来说,赵宏教授对此论题的思考主要站在比较法的角度进行,若能以本土化视角对我国行政法学体系化建构作一些有针对性的对策研究或许更有裨益。例如,已有学者对我国行政法学体系化构建中存在的困境与可能的突破方向作了研究。朱芒教授指出,中国行政法学至今仍未完成理论的体系化有三方面原因:[28]第一,理论上缺乏统领性的抽象概念;第二,既有概念无法有效回应学科发展中出现的"行政程序""行政规制"等新问题;第三,既有法学方法的形式框架不能容纳现代行政所需的政策目的,此问题主要表现为以抽象概念统摄的行政法总论与以行政任务导向的各分论之间的紧张关系。对于第一个问题,新《行政诉讼法》出台之后已将理论上半抽象[29]的"具体行政行为"改为"行政行为",因而通过赵宏教授提出的"知识考古"式的研究,抑或可以科学重构"行政行为"概念,使其在体系化建构中承担与德国法上那样的统领性角色。然而,对于第二、三层困境,作为公法典范的德国行政法近年来遭遇着相同问题:"行政合同""行政程序"等新事物不断冲击着以"行政行为"为核心的德国公法体系,总论的"一体化功效在面临现代行政的变革时日渐不稳"(*456*),都市计划法、环境法等许多新行政领域的勃兴消弭了总论的统领性。因此,在尚未解决历史遗留问题又有新问题不断凸显的当下,中国行政法学的体系化建构必然任重道远,感佩及期待赵宏教授及其他法学人"知其不可为而为之",在此领域持续探索。

(三)比较法研究的典范之作

德国比较法学家克茨在其专著中曾引用歌德的名言——"不知别国语

[27] 参见赵宏:《行政法学的体系化建构与均衡》,《法学家》2013年第5期;赵宏:《基本原则、抽象概念与法释义学——行政法学的体系化建构与体系化均衡》,《交大法学》2014年第1期。

[28] 参见朱芒:《中国行政法学的体系化困境及其突破方向》,《清华法学》2015年第1期。

[29] 参见朱芒:《中国行政法学的体系化困境及其突破方向》,《清华法学》2015年第1期。

言者，对自己的语言便也一无所知"来强调比较法研究对于深刻、准确领悟本国法律内在品格的重要性。[30] 对于我国这样的法治后进国家来说，比较法的研究更具举足轻重的地位。那么，如何做好比较法研究便是每一位法学人在学术生涯中必须面对的课题。可以说，赵宏教授的论著为我们进行比较法研究提供了一种理想范式。

"法律的比较自然离不开概念和规则，但是法律概念和规则的比较属于简单的比较，只有深度发掘特定概念的文化意蕴、具体阐释特定规则的制度语境，才可能避免生硬和肤浅，才不致蜕变为望文生义的'拉郎配'。"[31]如前所述，赵宏教授对德国行政行为理论的引介并不仅止于对法律概念、规则的生硬比较，而是深挖制度形成的历史脉络，展示其背后的精神内核，以严谨扎实的笔触生动描绘了德国行政行为理论的"前世今生"。然而，若比较法研究的作业只完成到这一步，则尚不能认为其已是"典范之作"。很多学者在比较法研究中往往过度崇尚外国法，容易陷入一种"外国法至上"的思维定式。例如有学者专门研究日本法，则其通常言必谈日本法，若日本法上采某一项理论、制度，则认为我国也应当引入该理论或制度，这种"介绍—移植"两步法之间没有任何审慎思考、批判的空间。换言之，客观、中立的立场是优秀的比较法研究中必须具备的要素之一。法理论或制度如同计算机程序，必然存在漏洞或缺陷，即使某一项外国法理论对于解决某一中国问题有所帮助，亦需要经过审慎考虑，批判地吸收引进。

在论著中，赵宏教授并非一味地强调正统德国法的"政治正确"，其在写作中客观地指出了德国法上一些制度的短板。例如，其在第十一章介绍行政行为的合法/违法机制时就对德国重实体、轻程序的法理念的缺陷直言不讳："这种实体上严格恪守依法行政原则的精神，却没有一以贯之地体现于行政程序中，尤其是我们以特别强调程序价值的美国行政法为参照进行对比，就会发现，德国法在这方面实在不是一种良好示范。立法者对行政机关程序违法的极度宽容，使行政机关即使不遵守程序义务，只要该程序没有对

〔30〕 K.茨威格特、H.克茨：《比较法总论》，潘汉典等译，法律出版社2003年版，中译本序，第2页。

〔31〕 高鸿钧：《比较法研究的反思：当代挑战与范式转换》，《中国社会科学》2009年第6期。

实质内容产生影响,就可以免受苛责;对行政机关形式与程序瑕疵嗣后补正的开放,也使说明理由、听证等这些现代行政程序法的核心制度形同虚设;而公民不能仅因那些对实体没有影响的程序瑕疵,就诉请撤销行政行为的规定,更使公民的程序权利被相对化,甚至被彻底排除。”(371)同时,赵宏教授亦强调现实中并不存在经由理想化学理重述的法规范,实定法的真实样态正是对“完美”的学理观念所作妥协与退让的产物。而这种不完满的“客观规律”也是我们在比较法研究中需要客观指出的,以便对外国法制度作批判性审视及谨慎引介。

此外,尽管赵宏教授在论著中多次提出我国可以借鉴、移植德国法的相关制度或理论,但其在最后一章中亦客观指出了当下德国行政行为理论面临的诸多挑战,包括:大量未型式化行为的出现、对行政过程体察的缺乏、行政高权的式微与合作行政的兴起以及风险社会下行政行为可确定性的消弭等等。这些前所未有的冲击甚至动摇了整个德国行政行为理论的根基,不禁令赵宏教授发出这样的疑问——行政行为的未来是“整饬调整还是彻底放弃”?当然,在论著末尾处,赵宏教授还是表明了其对行政行为理论的乐观期待,然而这份期待并非出于对外国法的盲目推崇,而是基于对德国行政行为理论面对危机所作积极调整与修正的深刻体察。这份对现实的客观洞察力与对未来的乐观态度,正是我们在中国行政法学同样面临诸多挑战的今天所应具备的。因而,将此论著称为比较法研究的“典范之作”当不为过。

四、结　语

综上,赵宏教授在论著中不仅全面、准确介绍了德国法上的行政行为理论,深入挖掘了其背后的亘古血缘及作为精神内核的法治国思想,同时亦引介了国内尚未熟知的一些新型行政行为,客观阐述了近年来行政行为理论在德国遭遇的诸多挑战及其采取的应对措施,表达了对行政行为理论未来发展的乐观期待。以上知识性内容为我国的行政行为理论研究提供了弥足珍贵的智识素材。不仅如此,论著同样兼具深刻的思想性,以精湛的比较法研究技艺,借由德国行政法理论这面镜子对中国行政行为制度作了入木三分的反思，并提炼出相应的启示与展望，字里行间尽显对中国问题的现实关怀。毋庸讳言，知识性内容必然因时间的推移而被更新换代，如在今天看来，我国学界对行政合同、行政承诺等的理解已比论著中的相关描述更具实效性；然而，论著所展现的“十年磨一剑”的学术态度、客观中立的学术立场、巧妙的比较法研究进路以及对中国问题的热切关怀等思想性内容绝不会因时间的流逝而失去光彩。因此，我非常愿意向读者推荐此论著，同时也期待赵宏教授能在若干年后续写德国行政行为理论与制度实践的新发展！

（特约编辑：叶敏婷）

寻求法治国与比较的限度

——评《法治国下的目的性创设》

张　力*

内容提要：行政法学业内曾有戏言，赵宏教授专注"行政行为"数十年。此话半真半"假"，"假"的是此言容易让人误以为赵教授是一位德高望重、白发苍苍的老者，真的一面则是，在中国行政法学界，研究行政行为理论与运用的人虽然不少，但系统性、全面性地推进对该理论认识和理解深度的，恐怕仅只赵宏教授一人。《法治国下的目的性创设——德国行政行为理论与制度实践研究》是赵宏教授从行政行为释义学角度研究德国行政行为理论的又一鸿篇力作，它在为国内行政法学研究提供新的概念工具和历史背景的同时，也或隐或现地提出了若干有趣的命题，值得细究与反思。

一、基于行政行为教义学的病理性诊断

《法治国下的目的性创设》一书首要的特色在于其详细的病理性诊断风格，虽然本书的副标题是"德国行政行为理论与制度实践研究"，但举凡行政行为概念、要素、效力等问题的讨论，无一不是指向当下中国行政法中的行政行为。换言之，诊断的对象乃是中国语境下的行政行为概念及其理论内涵。既然是病理性诊断，自然需要将病征、病因等叙明，需要指明健康的状况应是怎样，因此，全书以行政行为教义学为基本工具，在内容上耗费了大量的气力去描摹德国的行政行为理论。那么，行政行为在德国行政法语境

* 张力，中国政法大学法学院副教授，法学博士。

中处于何种层次的地位呢？又是以怎样的方式呈现这一地位的呢？

正如赵宏教授在全书开篇所言，"行政行为"是德国一脉大陆法系行政法的"阿基米德支点"。行政法学界如锺赓言、范扬等人早在民国初年便对该理论有所体察和引介，彼时距离奥托·迈耶1895年出版《德国行政法》，并将行政行为概念体系予以定型化的时代并不太遥远。随后由于历史原因，德国一脉的大陆法系行政法理论在我国中断了数十年，行政行为概念及其教义学体系也无从谈起。待到20世纪80年代，行政行为概念再次以学理的面目出现时，又混杂了法国行政法理论以及当时中国行政法所面临的现实需要，其概念内核被架空，演化为具体行政行为与抽象行政行为，进而在理论界和实务界引发无数争议。

借助《法治国下的目的性创设》一书试举两例：其一，德国语境中的行政行为概念体系蕴含着强烈的"主观目的"，赵宏教授转述为规制特征，即行政行为必然"意欲发生法律效果"。〔1〕但这层内涵在我国重建行政法学理论体系和行政行为概念框架的过程中被丢弃了，致使直至今日，即便在2014年修订《行政诉讼法》后，"行政行为"一词依然包含事实行为的内涵，进而导致这一概念依然不具有直接框定行政诉讼受案范围的能力。

其二，德国语境中的行政行为概念自奥托·迈耶的定型化工作开始，便具有"具体化和个案化"特征，也正是基于该特征，行政行为"成为实现法治国的重要概念工具"。〔2〕而在20世纪80年代的中国，行政行为概念固然也体现了学界对形形色色的行政管理活动予以抽象化、理论化的努力，如张尚鷟先生便在其1988年出版的《行政法教程》中明确指出，"行政行为"是一个几乎在任何法律条文中都找不到的理论概念，是一种概括和抽象。〔3〕但具体行政行为与抽象行政行为的二分法很快便抽空了这种努力的基础，使其再度泛化，进而影响到整个"行政行为教义学"在中国行政法学界的扎根与成长。这种影响同样一直延续至今，其中，最为明显和矛盾之处便在于，

---

〔1〕 赵宏：《法治国下的目的性创设——德国行政行为理论与制度实践研究》，法律出版社2012年版，第117-119页。

〔2〕 赵宏：《法治国下的目的性创设——德国行政行为理论与制度实践研究》，法律出版社2012年版，第101-103页。

〔3〕 参见张尚鷟编著：《行政法教程》，中国广播电视大学出版社1988年版，第125页。

承继德国的行政行为效力理论实则针对我国"具体行政行为"而言,但在诸多教材乃至法律法规的表述中却大而泛之地指向我国整个行政行为概念体系,由此难以将行政立法活动、事实行为等撇除出去。

在《法治国下的目的性创设》一书中,赵宏教授针对类似于上述两个例子的不少具体问题,像一名手艺精湛的园艺师那样,以德国行政行为理论为参照范本,从行政行为概念要素、效力内容、生效与无效理论、附款形式乃至新型行政行为各个部分,对中国行政行为概念体系和理论演变中的矛盾、凌乱和无用之处做了大量修剪工作,点出中国行政行为概念及其理论的病理所在,更是直接展现了基于统一行政程序法文本的行政行为教义学应当如何展开。

二、在行政行为教义学的背后

在中文世界里,《法治国下的目的性创设》最醒目的贡献体现在两个相互关联的方面:一是提供了诸多围绕行政行为理论产生的概念工具。由于前述引进行政行为概念体系的随意与混乱,这些概念工具常常被遮蔽,无法随着行政行为理论在实践中的展开而清晰显现出来。如行政行为的附款及其类似概念、暂时性行政行为等新型行政行为等,其教义化程度在国内较低,具体制度设计散见于不同单行法律法规乃至政策中,未能完全与之对应。典型者如当下成为行政审批制度改革重点的"告知承诺制",该项制度与行政行为的附款或暂时性行政行为均有近似之处,但似乎又各自有所抵牾。赵宏教授在书中对此类概念工具进行了详细的阐述和比对,对国内研究者思考本国制度实践颇有帮助。二是从比较法的角度,对《德国联邦行政程序法》进行了系统性阐述。这种阐述已经超越了长期以来我国学界对"比较法"的研究层次,即制度介绍和理论分析的层次,进入到近似于法条评注的领域。

然而,无论是概念工具的分辨与介绍,还是对《德国联邦行政程序法》近似法条评注式的穷究,均非本书的最大贡献。《法治国下的目的性创设》最具匠心和野心之处在于其标题,亦即揭示在精巧复杂的行政行为教义学背后，实际上存在着一条以“寻求法治国”为目的，对行政行为概念体系及其理论予以重塑的脉络。这条脉络绵延百余年至今，是德国行政行为理论的核心所在。至于概念要素、效力内容等，不过是这条脉络的外在显现而已。

之所以称其为匠心独具，乃是因为赵宏教授对德国行政行为的产生过程进行了极为详细的知识考古，向业内同仁呈现了法治国的目的设定——行政的法治化（依法律行政）——行政的司法化（效仿司法裁判构筑安定性和拘束力，同时接受独立法官的审查）——行政行为这一生成过程。尤为重要的是，这不仅重述了行政行为从对司法裁判的模仿中生成而来的逻辑和理念演化过程，而且直接挑明了行政行为概念体系并非仅是一种“中度抽象”，更内含法治国的价值追求。这正如德国学者施托莱斯所言，“奥托・迈耶把行政法降为法律形式，其核心是‘宪政’的法治国……如果行政法具有清晰的概念性和体系性特征，那么各种各样的主权行为措施就能在形式上得以规范”〔4〕。据此形成的行政行为教义学也必将是有价值关注的教义学，这一线索的展现对中国行政法制度设计中的价值构建颇具启发意义。譬如，长期以来，中国行政诉讼制度均承认和强调权利保障的重要性，但对该价值立场的侧重必然面对与其他价值诉求的协调和折中，由此导致不同价值立场的冲突，导致控权论、平衡论等不同理论主张的各说各话，缺少一个一以贯之的教义学体系对诸如权利保障这样的价值予以稳定的论证。但是，如果我们承认行政行为这一概念在中国同样具有贯通行政法与行政诉讼法的功能，是将形形色色行政活动输送进司法审查大门的独特通道，那么，其背后的法治国价值追求便将顺理成章地帮助确立行政诉讼制度的基本价值立场，也能为更为具体的制度设计提供论证。

三、比较有限度吗?

赵宏教授引用“目的性创设”来重新述说德国行政行为理论的努力精巧

〔4〕［德］米歇尔・施托莱斯：《德国公法史（1800—1914）——国家法学说和行政学》，雷勇译，法律出版社2007年版，第545页。

而不失深刻。如前所述,行政行为理论在德国的延展并非仅限于抽象层面上概念的自我构造,其背后的法治国追求在今日看来更是颇为值得玩味。撇开精巧的知识考古过程,《法治国下的目的性创设》在述说行政行为教义学背后的"目的性创设"过程中,还埋藏着一个理论野心。该野心可以被表述为如下提问:抛开价值追求的比较是否可能?或者更具体地说,以德国行政行为理论的历史演变反观我国行政行为理论磕磕绊绊的"继受",比较的方法是否存在天然的限度?

尽管副标题是"德国行政行为理论与制度实践研究",但赵宏教授在全书几乎每一章都不忘把当下中国的行政行为理论纳入对比和批判之中,其核心的批判点在于,在中国行政法理论和制度设计中,"行政行为"是一个几乎无所不包的庸俗概念,因此失去了其作为一项制度应有的独特内涵,无法真正撑起行政法理论体系,遑论构建一条包含价值立场的历史脉络。换言之,"价值的遗失使行政行为从一开始就在中国学理中降格为一般的学术概念"[5]。基于这一判断,可能的分析路径有两条:一是传统的比较法路径,既然我国的行政行为概念体系及其理论缺少像德国那样立足于法治国的"目的性创设",那么,当下中国的理论和制度构建便应围绕类似的"目的性创设"来展开,否则,比较便毫无意义。二是出于本土资源的比较法路径,德国行政行为理论固然可以作为镜鉴,但对其进行梳理和阐发的主要目的在于突显德国理论与众不同的制度历史背景,突显我国行政行为概念体系的与之不同,而这种不同并不涉及价值判断,甚至意味着无从比较。

那么,赵宏教授对此的立场和观点是什么呢?就文字而言,《法治国下的目的性创设》似乎隐含着敦促之意,如在开篇便点出中国法律继受以及继受不足问题,尤其是在不少章节的最后部分,这种敦促之意尤为明显,即敦促中国行政行为理论通过关注法治国背景而走上正本清源之路,实现概念的净化,避免"画虎不成反类犬"。[6] 但是在涉及具体制度时,赵宏教授也

[5] 赵宏:《法治国下的目的性创设——德国行政行为理论与制度实践研究》,法律出版社2012年版,第50页。

[6] 赵宏:《法治国下的目的性创设——德国行政行为理论与制度实践研究》,法律出版社2012年版,第4页。

不时提醒读者，她的意图绝非简单说明"彼优我劣"[7]。而纵观全书，字里行间又时时彰显德国行政行为理论自为一脉的独特性，该独特性表现为大陆法系常见的体系化构建，更表现为奥托·迈耶式法治国追求嵌入其间，由此树立起一定的效仿门槛。在笔者看来，《法治国下的目的性创设》的理论野心并不在于调和这两种路径之间的矛盾，而在于对这一矛盾的递退呈现：既然我国行政行为概念体系及其理论并非源自法治国的价值追求(继受不足)，那么，当下和未来的行政行为理论研究，如效力内容研究等，何必再将征询的目光投向德国一脉？退一步说，在面临具体法律问题时，德国行政行为教义学的某个部分或能带来启发，那么，这种启发之下的比较究竟是在比较其背后的价值追求，还是在比较某种解决问题的教义学技巧？再退一步说，如果教义学技巧的比较尤其是借用，能够为法官乃至立法者解决某个问题提供充分论证的话，又是否会因缺失了法治国这一价值内核而导致我国所谓的教义学体系发展得愈发畸形？这三层追问实则在某种意义上表明，在法学领域中，跨越时空的比较难免是有限度的。

四、多余的话：重申比较法的意义

在现今国内的法学研究中，轻视比较法的氛围似乎愈渐浓厚，其核心说辞为我国法学研究已然超越了倚赖比较法的时期，而进入更为贴近本土实践并因此必须回应国内问题的研究时代，因此，比较法在这个时代里至多不过提供一种知识的增量。这种说辞显然犯了非此即彼的判断错误，回应本土实践并因此塑造新的概念体系和理论方法固然重要，但这并不能证成比较法的不重要和边缘化。

姑且不论中国行政法理论研究与制度实践在很大程度上重启于王名扬先生的"外国行政法三部曲"，《法治国下的目的性创设》更是重申比较行政法意义和价值的绝佳范本，这一意义和价值体现在如下三个方面：

---

〔7〕 赵宏：《法治国下的目的性创设——德国行政行为理论与制度实践研究》，法律出版社2012年版，第198页。

其一,尽管赵宏教授在行文过程中,心中难舍《德国联邦行政程序法》的具体规则体系,但也并未停留在理论或制度的介绍层面,而是仔细地回溯了行政行为概念生成和重塑的历史,在行政行为教义学的背后挖掘出法治国的价值追求,揭示了中国继受行政行为概念体系及其理论过程中的自我阉割情况。在方法论上,这很好地示范了比较法研究所能具备的广度与深度,亦即超越简单的概念、制度比较,进入与之密切关联的价值内容层面。

其二,对德国行政行为概念和理论的回溯绝非为了说明某个概念、制度乃至价值追求是"彼有我无",因此要努力进行理论和制度构建,实现"彼有我亦有"。这种粗暴的比较或许在一国法治重建过程中有一定意义,但在今天已然不符合实际。作为比较法研究的范本,《法治国下的目的性创设》不仅完成了对德国行政行为理论的探寻,更推动人们去思考这么一个问题:若说每个法学概念背后均有价值关怀的话,那么,此类价值是否可以跨越时间和地理空间而得到另一国家和地区的真诚关怀(具有可通约性)? 如果不能,站在前台的法学概念及其理论是否注定是一种拙劣的低仿品? 这可谓是所有比较法作品或隐或现的核心关注点,赵宏教授对行政行为概念体系及其理论的解剖,同样触及了该问题。

其三,比较法也带有将反思导向母国自身的价值。美国政治学家路易斯·哈茨在给史学家本杰明·史华兹《寻求富强:严复与西方》撰写的序言中,认为严复出于对彼时中国积贫积弱的关注,从"集体能力"视角解读西方个人主义传统,这是西方自身所未留意和思考过的。而"严复的看法,在极大程度上,很可能最终会成为我们的看法"[8]。在这里,笔者无心也无力主张我国对行政行为理论的理解乃至"抽空",有朝一日或许会成为德国一脉法律继受国的看法。而是想重申比较法的反思功能绝非单向度的,绝非只有继受国需要反思。作为母国的德国或许也需要在比较他国行政行为理论的同时,反思其行政行为概念体系及其理论是否真的具备当初预设的"法治国"价值功能,抑或最多不过只能做到概念、学理、体系的"中度抽象"而已。所谓法治国的价值实现只是"恰好"与行政行为概念体系的成长过程发生了

〔8〕[美]本杰明·史华兹:《寻求富强:严复与西方》,叶凤美译,江苏人民出版社1996年版,第2页。

历史勾连。

赵宏教授的文章作品向来以概念稠密、逻辑紧密著称,《法治国下的目的性创设》一书再次集中体现了这一点,令读者像在簌簌雪夜温暖的屋内读悬疑小说一般,沉浸其间,难以中途释卷。德国行政行为教义学背后的法治国价值及其对概念体系的后续影响,也像悬疑小说的"真凶"那般,被逐步揭露出来。更为重要的是,全书还像中国古代山水画一般有着一些"留白",这集中体现在与中国行政行为理论的对照和反思上,这些"留白"不仅要求对中国行政行为概念体系及其理论予以进一步澄清和思考,或许也将对包括德国在内的整个行政行为理论自我反思有所裨益,继而成为未来行政行为理论研究中有待奋力开拓的新领域。

(特约编辑:叶敏婷)

德国学理的参鉴价值与我国制度的进化方向

——《法治国下的目的性创设》的写作缘由与书评回应

赵　宏*

《法治国下的目的性创设——德国行政行为理论与制度实践》一书于2012年成稿出版，迄今已近7年。该书的完成是对我此前一直进行的德国行政行为研究的阶段性总结。该书出版后，收获了很多肯定，也遇到了不少质疑，这些都激励我对这一主题的继续思考和对已有结论的不断反省。我在此后的很多研究及发表的文章，例如法律关系替代行政行为的可能与问题、行政法的体系化建构、与法律关系学理密切相关的"主观公权利"的确定等等，基本上都是以行政行为的研究为起点。行政行为的研究，完全可以说是我学术生涯的起点，也是我绵延至今对于复杂行政世界的观察线索。非常感谢《公法研究》选定本书作为推荐书目，也感谢张力教授和沈广明博士为本书所写的极富启发性的书评。本文为回应张力教授和沈广明博士的书评而作，文章大致交代研究缘起，粗略总结德国学理的参鉴价值（这部分也是对《法治国下的目的性创设》一书的简要归纳），总体性展望我国相关学理的进化可能与方向，并在此基础上，对张力教授和沈广明博士在书评中提出的问题予以回应。

一、研究缘起和思考进路

作为欧陆传统行政法的核心范畴，"行政行为"（Verwaltungsakt）仿佛

* 赵宏，中国政法大学法学院教授。

有魔力一般,在很长的时间内吸引了我大部分的学术注意力。关注这个主题最初源于,自本科学习行政法时起,老师便郑重交代,行政行为是欧陆行政法学的基石。但其何以成为基石?其基石作用又如何贯穿于学科的所有环节?这些问题无论是在教科书中,还是在授课老师那里,都无法获得明确答案。在我读书的时代,行政行为已经被视为融贯所有行政方式的上位概念,占据学科的重要位置。但与此前和此后学界为其所投入的可观学术努力,以及为其所赋予的核心学科位置不相匹配的是,这一概念在中国行政法学理中,不仅未体现出成熟的教义学内涵,甚至连清晰的轮廓都不具备,更不用谈及对整体学科的统摄作用。学界围绕这一概念范畴的宽窄限定、类型划定的争议已经太多,但这些争议似乎除了制造更多的理解障碍和理论谜团外,对于本质问题的澄清并无太大助益。鉴于此,我能够想到的更有益的研究进路,就是避免无谓的概念之争。将此概念回溯至它得以生成的法秩序背景下,通过观察其历史嬗变以及与其他制度间的纠葛关联,从而使其意涵和价值自然而然地浮出水面。我一直都有种确信,就是如果放弃对概念范围宽狭的撕扯,而将这一概念放在其原来的法秩序背景下予以细致还原,或许我们反而能够更准确地把握其概念范畴,更清晰地明了其价值意义,更客观地评价其学科地位。

在此思路下,我选择将行政行为放在德国整体的行政法秩序之下进行脉络挖掘和知识考古。而选择以德国法为背景,除了个人的知识背景外,更重要的原因还在于,尽管行政行为的概念最初是由法国法所创造,但它却是凭借德国学者的艺术性再造,才真正开始大放异彩,并一跃成为欧陆传统行政法中当之无愧的"阿基米德支点"。德国行政法历经百年发展出最完备、最成熟的行政行为教义学,也因此将行政行为的功能意涵挖掘和发挥到极致。这种"理想类型"对于我们考察和评判这个概念体系显然是再合适不过了。作为法律继受国,我国在这一领域同样受其影响。也因此,以德国行政行为理论和制度实践作为观察和比对样本,能够很好地凸显两者间的差异,映射出我国学理存在的问题,并启发我们思考我国学理进化的可能与方向。

二、德国学理的知识考古和价值揭示

本书的主标题叫作“法治国下的目的性创设”,这句话来自德国公法学者君特·平特(Guenter Puetter)对于行政行为的精要概括。[1] 行政行为之所以能够成为欧陆行政法的阿基米德支点,并非只是因为它是极负延展性和开放性的学术概念,而首先在于其鲜明的功能指向和目标追求。

我还深刻记得在德国查找行政行为方面的文献时,第一篇搜索到的论文就是费迪南德·考普(Feidinand Kopp)的《行政行为存续力》(“Die Bestandskraft von Verwaltungsakt”)[2]一文。在论及行政行为的效力时,作者是从行政行为的存续力与司法判决既判力的关联和差异中,去勾画行政行为的效力内容。这种思路对于当时深受传统教科书影响的我而言十分奇特,行政行为的效力问题为何能够与司法判决的既判力相比较,行政行为又为何会与司法判决产生关联,这些问题都开始激发我对德国行政行为的概念缘起进行“知识考古”。当时的我已经隐约觉察到,被我们作为参照对象的德国法行政行为,可能跟我们所理解,或者所想象的并不一致,其中的差异因为我们对其产生过程的不了解而被彻底遮蔽,而我希望做的正是揭开这块遮蔽了觉察和了解的幕布。

1. 概念的功能性

要对德国法上的行政行为进行知识考古,无法绕过的学者就是奥托·迈耶。正是他将法国行政法中的“行政行为”转译加工,并使其在德国法中生根开花。德国学者评价,迈耶并非行政行为的创造者(Schoepfer),但却是这一概念的重要发现者(Entdecker)[3]。从创造者到发现者,绝非是对

---

〔1〕 Guenter Puettner, *Allgemeines Verwaltungsrecht*, Ein Studienbuch, 6. Aufl., 1983, S. 78ff.

〔2〕 Feidinand Kopp, *Die Bestandskraft von Verwaltungsakt*, Deutschesverwaltungsblatt, 1983.

〔3〕 Fritz Ossenbuehl, *Die Handlungsformen der oeffenlichen Verwaltung*, JuS, 1979, S. 682.

迈耶贡献和地位的降格，事实上，正是迈耶在其法治国理想下对行政行为的艺术化再造，使这一概念超越了威权国家的时代局限，获得了学科基石的地位以及持久的生命力。迈耶的法治观因为时代局限带有明确的“形式化”烙印，“法治国”(Rechtsstaat)也因此被其简单地化约为“法律的统治”或是“根据法律的统治”。今天的我们能够轻易地指出这种形式法治观中所包含的危险和局限，但不容忽视的是，正是这种形式法治观对于国家权力运作形式化、客观化的强调，为具有高度技术化的行政法提供了发展契机。[4] 也是在此背景下，迈耶才会发出那句被后世不断援引，但也常常被曲解的感慨，“宪法消逝，行政法长存”[5]。

迈耶强调国家权力须服膺于客观理性的法律(形式意义上的法)，强调法治国的识别标准即国家权力运作的明确性、稳定性、可预测性与可计算性，这些都为其以司法判决为蓝本重设行政行为提供了前提。在迈耶的时代，司法俨然已成为公法活动的范本，应受法律约束的国家权力也就只余行政，迈耶因此将法治国的目标设定为“行政经过理性规范的国家”，并穷其一生将实现行政法治作为学术目标。鉴于司法的典范作用，要实现行政法治的重要方式也就演变为行政的司法化。据此，行政行为这一法国法概念被迈耶重新定义为“行政在个案中就什么是法所为的高权宣誓”，这一定义也使行政行为成为司法判决在行政程序中的对应物。对判决的模仿，不仅使行政行为汲取了判决“个体化和明确化”的特征，也使行政因为行政行为的作用，同样不会直接作用于个人，而是必须借助与判决一样的形式化的构造媒介——行政行为，行政的明确性、客观性和可预见性也因此得以达成。而这种明确性、客观性和可预见性在迈耶看来正是行政法治的目标和表现。[6] 在迈耶对行政行为“艺术化再造”的思路被渐次明晰时，行政行为的核心价值也自然地浮出水面：行政行为并非仅是一种学术抽象，它是为实现

---

〔4〕 参见赵宏:《法治国下的目的性创设——德国行政行为理论与制度实践研究》,法律出版社 2012 年版,第 88-90 页。

〔5〕 Otto Mayer, *Allgemeines Verwaltungsrecht*, 3. Aufl. Bd. Ⅰ, Duncker & Humblot, 1983.

〔6〕 参见赵宏:《法治国下的目的性创设——德国行政行为理论与制度实践研究》,法律出版社 2012 年版,第 41-51 页。

行政法治而创设,其本身也蕴含着实现法治国的目的和功能。而迈耶的价值注入,也使这一原本平淡无奇的概念体系,得以跨越威权国家的时代,得以屹立于德国行政法教义学的核心且百年不倒。而之前我关于德国学者为何将行政行为与司法判决并置比较的困惑,也经由这种知识考古和价值追溯而获得消除。

2. 概念的型式化和教义化

行政行为在德国法中的意义,除了是"法治国下的目的性创设"外,还在于它是德国行政法教义学整体的核心。将现实的行政要素借由教义学方法和逻辑予以整合和阐发,由此使行政彻底区别于传统行政惯例的经验总合,并充分、彻底地实现"法化"(Verrechtlichung)〔7〕,是迈耶除了将"依法律行政原则"导入学科,并对学科整体进行价值归整之外,对于德国现代行政法的另一贡献。实现行政法学科的"法化"或是教义化,是深受实证主义法学观影响的德国法律人的重要追求,迈耶也不例外。在迈耶及其他诸多德国学者实现这种学科法化的重要技术手段中,行政行为同样占据一席。

与法律关系之于德国民法一样,"教义化"的行政法同样首先需找到一种稳定的、制度化的"型式构造"(formelle Handelungsklammer)〔8〕;而学科之后的任务就是对这些行为构造,在适法性要件、效力条件和内容、法律后果等方面,尽可能地进行精密细致的学理分析,并最终拓展为一个逻辑严密、体系完备的教义整体。迈耶提供了对行政行为予以教义学处理的模板,也因此开启了德国"行政方式法教义学"(Verwaltungshandlungsdogmatik)塑成的历程。时至今日,整体的欧陆行政法都深受这种观念和模式的影响,在观察、规范复杂的行政活动时,都是首先将其提炼归纳为行政行为、行政合同、事实行为等具体类型,再抽象整理出不同类型的行为方式的构成要件和法律后果,从而使行政法整体置于行为类型的观察视角和规范框架

〔7〕 Gunther Winkler, *Die Grundbegriffe des Verwaltungsrechts und die Normativitaet des Rechtsdenkens*, in: Rechtswissenschaft und Rechtserfahrung, Forschungen aus Staat und Recht 105, 1994, S. 41.

〔8〕 Hartmut Bauer, *Verwaltungsrechtlehre im Umbruch*?, Die Verwaltung 25(1992), S. 317.

下。[9] 与行政行为自始就被赋予的法治国功能相符，这种将变动不居的多样性行政，提炼为类型化的行为单元，再使其遵守特定法律要求的教义学方法，不仅在很大程度上简化了行政机关的行为选择困难，也借由行为的制度化和形式化而有效地对抗了可能的行政恣意。[10] 德国整体的行政方式法教义学以行政行为为开端，而行政行为也属于其中形式化、制度化程度最高，因此也最具光彩的部分。

3. 概念的体系化意义

迈耶期望借助行政行为等法技术手段实现学科的教义化和法化，这种学科"法化"的构想本质上也包含了学科体系化的追求。迈耶曾宣称，行政法学的任务就是"阐述行政法各具体概念的体系"，并建立"对行政法整体内容的系统研究"[11]。今天我们也常说，德国行政法的体系化程度很高。这种高度成熟的体系构造同样与行政行为作为体系的基石和核心密不可分。

因受行为方式法教义学的支配，整体的德国行政法表现为以一张行政行为为起点，连接行政法体系的各项要素的、相互交错的"网状结构"(ein Netzweck verselbstaendigter Verwaltungseinheiten)[12]。连接这张网的"点"不仅包含平行结构上的行政行为教义学内部的适法性要件、瑕疵理论、类型区分、法律效果等内容，还包含纵向结构中的行为主体、其他形式化行为、司法救济、审查标准等所有内容。在成为传统行政法总论的体系核心后，行政行为的稳定性、制度化和形式化还使其具备了跨越复杂行政领域的功能，并成为塑造和整合行政法分论的体系支点。这一点即使连主张对传统行政法予以改革的施密特-阿斯曼都坦言，如果没有行政行为稳固性的作用，"没有任何行政分支可以形成，没有任何行政法的各论领域能够在生活

---

〔9〕 Hartmut Bauer, *Verwaltungsrechtlehre im Umbruch?*, Die Verwaltung 25(1992), S. 309.

〔10〕 Fritz Ossenbuehl, *Die Handlungsformen der oeffenlichen Verwaltung*, JuS 1979, S. 681ff.

〔11〕 施密特-阿斯曼:《行政法总论作为秩序理念:行政法体系建构的基础与任务》,林明锵等译,元照出版公司 2009 年版,第 7 页。

〔12〕 Schmidt-Assmann, *Das Allgemeine Verwaltungsrecht als Ordnungsidee: Grundlagen und Aufgaben der verwaltungsrechtlichen Systembildung*, Heiderberg, 2002, S. 189.

领域中获得实际的转化”[13]。

三、中国行政行为学理的进化可能与方向

上文再次不厌其烦地叙述德国行政行为的生成过程,一方面是再次揭示书名“法治国下的目的性创设”的来由,另一方面也是相当遗憾地提示出如下事实:这一概念中所蕴含的法治国价值,在我国曲折复杂的继受过程中在很大程度上都被稀释甚至遗失。对概念价值内核的认知阙如,也成为嗣后所有争端的起点:当行政行为不再与法治国构想相连,不再是从司法判决中获得其学理渊源时,这一概念也成为任由学者发挥填充的概念空壳,并因不断遭受撕扯而逐渐破碎空洞。与此相应,中国行政行为理论始终无法逻辑周延、体系自足,行政行为概念也始终难以对包括行政诉讼在内的学科整体产生统摄作用,也都在很大程度上来自这种认知阙如。对比德国法中的行政行为,我们的行政行为范畴的确更广,广到行政立法、规范性文件、行政合同甚至是事实行为都被包含其中,但这种范围的膨胀从来没有带来功能的澄清和意涵的确定。相反,在被掏空了鲜明的功能设定后,这一概念的学术价值及其对整个学科的统摄性和指导性,都在极大程度上受到减损。

因为上述因素的影响,一种概念清晰、逻辑周延、层级多维、体系自足的行政行为教义学同样迄今未在中国行政法秩序中生成。虽然自我读书时起至今,中国行政行为理论在很多问题上,例如行为识别、类型区分、合法确定、无效判定等都有了很大迈进,但从整体而言仍显单薄粗砺和杂乱乖张,离体系化的法教义学也还有相当距离。作为学科的核心,也因为其自身教义化程度的欠缺,行政行为在中国行政法整体学科的体系化建构过程中,未发挥如德国法中一般的定位作用。这同样在一定程度上造成中国行政法整体学科的体系化的欠缺。当然,学科体系完备性的欠缺除与行政行为概念意涵不清、功能不明、统摄性不强、与学科的其他内容间未形成有效衔接有

---

〔13〕 Hoffmann - Riem/ Schmidt - Assmann, *Innovation und Flexibilitaet des Verwaltungshandelns*, Baden-Baden, 1994, S. 199.

关,也与我们在很长时间内都并不特别关注学科的体系建构与体系均衡有关。

我曾在《行政行为作为行政法教义学核心的困境与革新》一文中尝试提出我国行政行为学理进化的可能与方向。在此对此前的观点再做些总结和补充。如果是以完备的德国行政行为法教义学为参照,那么中国行政行为学理要进化提升并最终同样演进为一种完备的教义学整体,在我看来需进行的工作就包括概念纯化、逻辑周延和制度衔接等。

1. 概念纯化:为什么坚持在其原有意义上使用"行政行为"的概念?

所谓概念纯化,是尽可能地澄清概念的基本要素,尽可能地明晰概念的边界区隔,使这一概念具有较高的纯度和辨识度。德国法迄今还在坚持行政行为的个体化和明确化、规制性(又可称调整性)、单方性和对外直接的法效性。这些要素作为行政行为的识别标志并非为研究便利,也不只体现学术创意,而是与其自始就被赋予的价值设定相关。但上述特征作为行政行为的核心要素,在我国学理中却被一再突破甚至被抛弃,行政行为也因此蜕变为无所不包但却丧失了清晰轮廓的概念谜团。

概念的纯化也因此就意味着必须将不属于行政行为范畴的行为方式从中剔除,需要剔除的首先是抽象类行为,即行政立法和规范性文件,其次还包含行政合同,以及那些毫无规制性(Regelung)的事实类行为。这种纠错的方式的确会在很大程度上挑战我们业已形成的学术习惯,但从目前观察,无论是学理研究还是制度实践都已经悄悄开始了这种操作,行政行为也从之前的臃肿不堪开始慢慢瘦身。例如在经典行政法学的教科书中,有关行政行为适法性要件和效力内容的经典论述,都开始放在"具体行政行为"或是"具体处理"的框架之下,而不是像从前一样忽视抽象文件和具体决定在上述问题上的巨大差异,笼统地将这些内容覆盖至所有的行为方式。[14] 从实定法来观察,《行政诉讼法》在 2014 年修改后,也已经不再将所有的行政方式都统称为"行政行为",也不再出现所谓抽象/具体行政行为的区分,对于传统的"抽象行政行为",诉讼法已经开始用"规范性文件"以及"具有普遍

〔14〕 参见姜明安主编:《行政法与行政诉讼法》,北京大学出版社、高等教育出版社 2015 年版,第 185-211 页。

约束力的决定和命令”替代[15]。依此表述逻辑,似乎除了仍旧包含行政合同外,中国实定法意义上的行政行为已经开始向“个体化和明确化”的德国行政行为渐渐靠近。这些变化都在很大程度上体现出我们对于此前概念的粗砺乖张的反省。

概念纯化和范畴明晰成为显见的趋势,但中国的行政行为概念是否应恢复至德国法的原点,却一直都有很大争论。在争执过程中,也有学者提出,为了不挑战已经形成的学术习惯,或许我们可以另外创设“行政处理”或是“具体处理”概念来概括具有法律行为特征的具体行政活动,并因此将欧陆法系国家对于行政行为的经典论述移植于“行政处理”的概念之下。[16]这种建议在我写作本书书稿时,也会有师友不断提出,还有师友善意提醒我,为避免引起误解,书中论及行政行为时一定要加上“具体”作为界定。但我在沉淀很久后仍旧坚持将德国法中的“Verwaltungsakt”翻译为“行政行为”,而不是另觅新词或是套用我国目前的一些表达方式的原因在于:第一,行政行为自始就是具体的、明确的。这一要素源自对判决的模仿,也与其法治国功能和目的密不可分。而本书想要揭示的也正是这种“具体化的、明确的”行政行为对于法治国建构所具有的功能和价值。从这个意义上说,我主张对行政行为的概念予以纯化,不是接受具体行政行为的概念使用习惯,而是想还原行政行为作为法治国功能载体的本来面目,并将其背后的意涵脉络清晰无误地显现出来。在我看来,如果我们还是忽略这一概念背后的功能性和目的性,还只是就概念范畴的宽窄进行撕扯纠缠,那么这一概念的框架结构、内涵要素就永远不会确定下来,学界围绕这一概念进行的随意生发也永远不会停止。第二,为弥补谬误而再造概念,除了加剧我国学理在此领域中的“概念繁殖”外,对于提高概念本身的精准度和可辩性几乎毫无助益。第三,作为具有目的论特质的“规定功能性概念”,行政行为本身既是行政法

---

[15] 《行政诉讼法》第53条,“公民、法人或者其他组织认为行政行为所依据的国务院部门和地方人民政府及其部门制定的规范性文件不合法,在对行政行为提起诉讼时,可以一并请求对该规范性文件进行审查。前款规定的规范性文件不含规章”。

[16] 参见朱新力、高春燕:《行政行为的重新定位》,《浙江大学学报(人文社会科学版)》2003年第11期;直接用“行政处理”来替代具体行政行为的可见宋功德:《聚焦行政处理——行政法上熟悉的陌生人》,北京大学出版社2007年版,第5页。

教义学的核心构成，也是行政法学科整体进行体系化建构的关键概念。如果将这个极具魅力的概念虚置为所有的行政方式，其本来的法学意涵和价值就会丧失殆尽。

2. 在逻辑周延基础上的制度衔接和体系完备

在中国行政行为学理的进化问题上，除应考虑概念的纯化外，还须顾及整体学理的逻辑周延和体系完整，这些同样受德国行政行为法教义学的启发。在德国法中，行政行为作为法治国的目的性创设，服务于法秩序本身的安定性和可信赖性。也正是因为这一要求，行政行为作为与制定法和司法判决一样的秩序构成要素，应尽可能地保持稳定持续，基于这一原因，存续力(Bestandskraft)成为德国行政行为效力的核心。这一效力的设定尝试将影响行政行为效力存续的恣意要素通过具体制度而排除，也因此，它不仅落实为行政行为撤销与废止的基本规则，也与行政行为的创设一样，背后同样服务于法治国功能，尤其是法安定性价值的达成。〔17〕但这种在行政行为学理内部各个制度间的价值一致性和逻辑周延性，在中国行政行为学理中却无法获得清晰的观察。与德国法诉诸法治国而确定行政行为的效力不同，在我国学界关于这一问题的讨论中，鲜少有人将其诉诸学科的整体目标和价值。从我读书的时代至今，"四效力说"一直都是行政行为效力问题的通说，但这四力在功能指向上都受哪种核心价值支配，它们之间在意涵要素上有何差异，又如何互相补充，这些问题似乎从未受到足够关注，也从未获得彻底澄清。如果说，所有法理论都应该是"逻辑和价值双重意义上的统一体"〔18〕，价值支配逻辑，逻辑又服务于价值。但具体至中国行政行为效力学理中，因为缺之核心价值的指引，学理对各力的具体界定并无法凭借其与核心价值之间的关联而被定位和排序，而各力在内容上的重叠交错和支离破碎，也就更经不起形式逻辑的推敲检验。

除净化概念、强化逻辑外，在建构中国行政行为法教义学时，建立起制度之间的有效衔接，并使学理与制度实践之间真正发生关联同样重要。中

〔17〕 参见赵宏：《法治国下的目的性创设：德国行政行为理论与制度实践》，法律出版社 2012 年版，第 158-187 页。

〔18〕 梁迎修：《方法论视野中的法律体系与体系思维》，《政法论坛》2008 年第 1 期。

国行政行为学理不仅在内部存在逻辑不周延的恶状,在外部也缺乏与其他制度的相互配合与有效衔接。尽管经典的教科书无一例外将“行政行为”作为重点,但因为概念本身的轮廓不清,功能不明,其作为学科基石的原因从未被彻底说明;又因为本身制度化和形式化的欠缺,行政行为也根本不具备“横跨行政法学总论”的性格特质。以实体法和诉讼法的关系为例,中国的行政诉讼,似乎除了在受案范围上与实体法上的行政行为会有关联外,在其他环节,几乎都与行政行为学理相互隔绝,两不相涉。学理和实践的相互隔绝,彼此龃龉,当然也因为学理在整体上成熟度不高,制度化和形式化不足所致。因此,要建立起行政行为与其他制度间的有效配合,并使行政行为真正具备“横跨行政法学总论”的性格,首要的仍旧是我国行政行为学理自身成长为体系化的“法教义学”整体。从这个意义上说,一种可期待的“行政行为教义学”与一种体系化的行政法之间,可以说相互作用又相互成就。

四、重要争点和未尽问题

正如我在本书后记中所感叹的,理性的局限使人永远无法像所期许的那样,彻底认清和把握复杂的现实世界。德国行政行为教义学建构过程中当然会存在着理性的不足,而我基于自身理性对德国学理和实践的理解也必定会存在偏差。这些都使本书虽然是殚精竭虑写成,但却绝无可能全然揭示德国行政行为发展的所有支脉。因此,未来无论是对德国行政行为法教义学,还是中国行政行为学理,我都还需要更持续的思考和更深入的挖掘。

本书出版后,除常常收获学界同仁的赞誉和鼓励外,同样也遭遇很多质疑。我在本书中用了大量篇幅细致描述“行政行为”在德国法中的生成过程,但作为传统行政法教义的核心构成,行政行为连带整体的传统行政法学理,都在 20 世纪七八十年代起就遭遇批判,并被认为已与现代行政现实不符。尽管在本书的第十四章“整饬调试还是彻底放弃”中对行政行为所面临的挑战与未来有简要论述,但整本书还是始终着眼于对传统法教义价值的挖掘和强调。由此,我常常被问到的第一个问题是,在现代行政结构已经发生剧变的背景下，再对这一传统学理进行所谓的知识考古，其意义究竟有多大？换言之，这一传统范畴在德国都遭遇批判，我们还有继续学习它的必要吗？另一个典型的质疑在于，我在本书有意无意地表露出，以德国法为参鉴对象来改进我国行政行为学理的趋向，但德国法是否就是我们提升本国法理论的唯一或是最佳参照，德国法自成一脉的发展历程以及高度的教义化和制式化，是否会构成我们学习和参鉴的门槛与障碍？上述质疑同样都出现在张力教授和沈广明博士的书评中。对这些争议，我在“重要争点和未尽问题”之下一并予以简要讨论。

1. 传统行政行为教义在现代行政下还有价值吗？

我在本书中所做的最重要的知识考古就是针对迈耶创设行政行为的思考脉络，所挖掘的也是以行政行为为代表的传统行政法教义的价值。但由迈耶所代表的传统行政法教义，在 20 世纪晚期的德国的确开始招致质疑和批判。其原因主要在于：德国行政行为学理虽然凸显体系均衡、逻辑完整和制度严密的形式化优势，但伴随行政实践的演进也逐渐暴露出诸多缺陷。这些缺陷尤其体现为：只关注结果，不关注过程；只关注行政权的发动与控制，不关注相对人的参与；主要着眼于“行政/相对人”的双边关系，缺乏对其他主体和多边法律关系的覆盖。针对行政行为的批评还包括，因“结果导向”所导致的“法院中心主义”“异化于行政任务的抽象性”以及对于其他行为方式的严重挤压等。[19] 事实上，“行政行为”最初是以“警察行政”为模板而发展出来的，这也使这一理论面对日趋复杂和多样的行政任务时，必定会与现实的规制需要之间产生矛盾和紧张。20 世纪七八十年代，德国一度出现行政法学的方向之争，其核心就在于是否要彻底放弃行政行为，转而寻求新的行政法学体系的“阿基米德支点”，并由此实现学科整体的典范转移。[20] 在此过程中，法律关系学理受到诸多学者青睐，被认为是能够成为取代行政行为的全新教义基础。我也曾撰文《法律关系替代行政行为的可能与困局》，对法律关系在方法论上所展示的优益性，以及法律关系学理的

〔19〕 参见赵宏：《法律关系替代行政行为的可能与困局》，《法学家》2015 年第 3 期。

〔20〕 Schmidt-Assmann, *Die Lehre von den Rechtsformen des Verwaltungshandeln*, DVBL. 1989, S. 533ff.

导引思想和基本构成,包含权利义务关系主体等进行讨论。[21]

但正如我在那篇文章的结论部分所指出的,尽管遭遇严重质疑,也历经与其他模式范畴的竞争,但行政行为作为行政法教义的核心位置,迄今并未受太大影响。其原因既包含那些竞争范畴,例如法律关系学理自身的困局和问题,也在于那些认为"行政行为已经沦为概念法学和形式法学,因此也彻底丧失了对现代行政法现象予以解释和评价功能"的极端论点,被现实证明确属夸大其词。这些论点首先忽略了行政行为学理作为一项成熟的法教义,在发挥学科稳定功能时,同样具有强大的革新能力。德国新近行政行为学理方面的发展,包括增设新的行为模式,例如暂时性行政行为、先行裁决与部分许可、对复杂决定予以分节化和序列化处理等,都是为回应针对传统行政行为缺乏弹性和灵活性的批评。[22] 而这些新模式的增设,也在很大程度上证明了行政行为的开放性以及调整改革的空间。德国学者之后也坦言,"行政行为学理存在不足和缺憾,但现阶段它仍旧是行政法教义的稳定核心,而且在可预见的时间内,会持续发挥简化行政方式、抑制行政恣意、保护公民权利以及维续行政法学体系化均衡的积极功能"[23]。

而另一个在这种新旧范畴斗争过程中经德国实践所确认的,也更值得我们省思的事实是:行政行为学理的确代表的是传统法治国(形式法治国)的价值,但这些价值在新兴行政下不仅不容放弃,反而需要在更大程度上获得彰显。事实证明,在诸多新兴行政领域,"行政行为的重要性非但没有减弱,反而增加了"[24],因为在这些领域中,行政行为作为一种媒介,"将诸多差异性的、利益交织的多元行政法律关系,纳入某种可信赖的、可预见的法律秩序中",换言之,"新兴行政的复杂性和多样性反而更需要借助行政行

〔21〕 参见赵宏:《法律关系替代行政行为的可能与困局》,《法学家》2015年第3期。

〔22〕 参见赵宏:《行政行为作为行政法教义学核心的困境与革新》,《北大法律评论》2014年第15卷,第507-536页。

〔23〕 Eberhard Schmidt-Assmann, *Das Allgemiene Verwaltungsrecht als Ordnungsidee: Grundlagen und Aufgaben der verwaltungsrechtlichen Systembildung*, Heiderberg, 2002, S. 178.

〔24〕 Eberhard Schmidt-Assmann, *Das Allgemiene Verwaltungsrecht als Ordnungsidee: Grundlagen und Aufgaben der verwaltungsrechtlichen Systembildung*, Heiderberg, 2002, S. 207.

为的这一功效,在其不可测性引入法治国的光照"[25]。这一确认也为我们重新思考传统行政法教义的价值提供启发。

事实上,针对行政行为的批评本质上代表了对传统行政法学理的质疑。这种质疑在各国都掀起巨大声浪。在德国自 20 世纪 80 年代起,就由霍夫曼·利姆(Wolfgang Hoffmann-Riem)和施密特-阿斯曼(Eberhard Schmidt-Assmann)掀起"革新运动",主张构建一种"新行政法学"(Neue Verwaltungrechtswissenschaft)。革新运动和新行政法学的基本论调都在于,现代行政的结构已经发生了根本性变化,传统行政法学理也因此与行政现实之间,出现了严重的结构性互异。新行政法学主张改弦更张,重新构建"与时代相符的行政法教义学"[26],其核心又在于摆脱传统教义学以"行政合法性"为宗旨的运作模式,将对行政的要求从合法性(Gesetzmaessigkeit)提升为正确性(Richtigkeit)。在此主张下,行政效能、行政透明、行政亲民以及行政决定的可接受性等都成为行政法革新的目标。[27]

但正如上文针对行政行为的批评所作的分析一样,新行政法有关传统行政法学理已与现代行政出现结构性互异的观念,可能同样只是一种擅断。现代行政的确呈现合作行政、风险行政、公私混同等新趋向,但在这些新趋向下,"规范和调控需求"却仍旧处于行政法的中心。即使在那些新行政法领域,我们观察到的也都只是规范工具、调整模式的变化,而绝非对规范任务的彻底放弃。从这个意义上说,学科的目的与核心本质并未发生根本更迭。除对外部世界变化的评判过于夸大其词外,新行政法主张以"行政正确"彻底替代"行政合法",作为行政的核心调控目标的观点同样值得怀疑:首先,"行政合法"背后所代表的是国家活动的确定性、可预测性、可计算性

[25] Gunther Winkler, *Die Grundbegriffe des Verwaltungsrechts und die Normativitaet des Rechtsdenkens*, in: Rechtswissenschaft und Rechtserfahrung, Forschungen aus Staat und Recht 105, 1994, S. 41.

[26] Eberhard Schmidt-Assmann, *Lehre von den Rechtsformen des Verwaltungshandelns*, in:ders, Aufgaben und Perspektiven verwaltungsrechtlicher Forschung, Tuebingen:Mohr Siebeck, 2006,S. 127.

[27] Eberhard Schmidt - Assmann, *Der Konkretisierungsauftrag der Verwaltung beim Vollzug oeffentlich-rechtlicher Normen*, DVBL. 100(1985), s. 645(646); Otto Bachof, *Neue Tendenzen in der Rechtsprechung zum Ermessen und zum Beurteilungsspielraum*, JZ 27(2972),s. 641(642).

以及可追责性等传统法治国价值，这些价值如上文所言，即使在新兴行政下也同样弥足珍贵，并不容放弃。其次，新行政法所主张的行政正确，是通过吸纳法律以外的其他学科，例如经济学、行政学、社会学、政治学中的知识支援，来构筑现代行政的全新标准。这也是新行政法一再强调的“科际整合”〔28〕。在新行政法学的鼓吹者看来，行政法也会因为这种超越传统法教义学的科际整合，转向一种全新的规制科学(Steuerungswissenschaft)〔29〕。毋庸置疑的是，从目前的发展态势来看，规制科学的确会成为未来行政法学发展的一个重要分支，但同样需要获得肯定的是，规制科学的发展并不能以离散和替代传统行政法教义为代价。如前文所述，在行政行为和其他传统行政法概念和制度背后，同样包含着以迈耶为代表的行政法学者对于学科“法”化的追求。这种“法”化是将行政法带入以“司法控制”为中心的规范学科(这一点一直以来都是规制科学对于传统法教义的批评)，但它也同样使行政法得以区别于行政管理的经验综合，得以摆脱了政治力量的纠缠控制，并最终实现了学科的独立性和自足性。行政法学作为一个法科门类，有其独特的功能，有其独特的符码，这些功能设定和符码会带来学科的有限性，但这种有限性又恰恰建立在其与其他学科的明确界分基础上，行政法也因此并不能通过消弭与其他学科的界限，来获得功能的拓展。从这个意义上说，即使现在和未来的行政法需要借助其他学科的智识成果重塑行政行为的标准，但这些有关“行政正确”的内容成果也必须通过法技术手段，整序在“行政合法”的框架之下，否则行政法与其他学科之间的界线将再次模糊，而行政法又会回到“法化”之前的原点。

从传统法教义的价值再回到对中国行政法学理未来走向的判断。在德

---

〔28〕 Eberhard Schmidt-Assmann, *Internationalisierung des Verwaltungsrechts: Akteure, Felder und Instrumente*, *in*: Eberhard Schmidt-Assmann, *Aufgaben und Perspektiven verwaltungsrechtlicher Forschung*, 2006, S. 486ff.; Wolfgang Hoffmann-Riem, *Struckturen des europaeischen Verwatungsrechts - Perspektiven der Systembildung*, in: Eberhard Schmidt-Assmann/Wolfgang Hoffmann-Riem (Hrsg.), *Strukturen des europaeischen Verwaltungsrechts*, 1999, S. 317ff.

〔29〕 Reiner Schmidt, *Flexibilitaet und Innovationsoffenheit im Bereich der Verwaltungsmassstaebe*, *in*: Wolfgang Hoffmann-Riem/ Eberhard Schmidt-Assmann (Hrsg.), *Innovation und Flexibilitaet des Verwaltungshandelns*, 1994, S. 67ff.

国所引发的新行政法运动以及对于传统行政法教义的批判，同样在我国引起震荡。很多人也因此质问，既然行政行为范畴在其本国都已经遭遇质疑，我们再学习和借鉴的必要性又究竟何在？或许更明智的做法是顺势而为，跨越传统法教义而直接建构中国的“新行政法”。这一观点也是本书出版后常常收到的反馈。但就个人体验和个人倾向而言，在多年的行政法研习过程中，我感触最深的是，我们对于传统法教义的理解和挖掘还远远不够，也因此，距离抛弃旧范畴迎接新教义还为时尚远(何况即使德国行政法也并非抛弃旧范畴)。改革开放为行政法的复兴带来契机，我们也用几十年的时间，通过法律借鉴和移植，完成了行政法体系的“快速成长”。但这种继受移植却大多以“囫囵吞枣”的方式进行。法制构建的迫切需要以及参考信息的匮乏，使我们几乎没有足够的时间和机会对外国法制度背后的脉络背景、发展嬗变、价值功能进行细致体察。这种快捷的继受移植，不仅使外国法制度在被吸纳后，并未发挥如在本国法中一样的强大功效，也使我们在面对法律变化和理论争议时，因为缺乏深刻体察而轻易地就会否定其价值。行政行为学理的确存有不足和局限，在面对新兴行政时也需要变革调整，但对于“行政行为教义”本身都还尚未完全构建的我国而言，可能要做的首先还是尽力地挖掘这种传统法教义本身的价值，尽力地使这一理论在中国法体系中实现教义化和制度化，而非在忽略背景的前提下擅自就将其抛弃。

2.德国行政行为教义的参鉴可能与障碍

尽管此书处理的主题是德国行政行为理论与制度实践，但正如本书序言所写，我还是期望本书的定位并不仅限于是对德国法的介绍评析，而是通过对经典比较法方法的操作，同样提供一本有关行政行为领域的比较法专著。因此，几乎每一章我都以德国理论为对照，对我国行政行为学理在各个环节的研究现状、制度落实和存在问题进行了梳理和检讨。也因此，我对中国问题的诊断，甚至于开出的“药方”，都仅仅是以德国法为样本。参照对象的单一不可避免地会使结论带有或然性和偏狭性。我自己在撰写有关德国公法方面的论文时，常常会写“德国经验或许会成为我们在英美法之外的其他参考”，参考对象的多元能够使我们在法制提升和改进过程中更客观和开放，但就本书而言，我的确在很多章节都表现出“应当参鉴德国法”的一厢情愿。而这种态度也引出如下两个问题：

(1)德国法是唯一或是最佳的借鉴吗?

沈广明博士在其书评中写道,“从以往的学术观点及法规范来看,我们难以从中得出我国的行政行为理论受到了德国法深刻影响的结论,亦难以将我国行政行为理论的现有困顿归因于继受德国法时‘遭遇误解(与)扭曲’导致的‘忠诚继受的缺失’”。在其看来,中国在构建行政行为理论时,是考察、比较了多国的行政行为理论,虽使用了行政行为一词,但填充了不同于德国法的内涵与外延,构筑了中国特有的行政行为制度。因此,中国行政行为学理所表现出的瑕疵以及与现实之间的相互隔阂,也不能够完全认为是对“德国法的继受不足”。依照我的理解,沈广明博士在此要表达的质疑是,我国行政行为的生成有其独特性,其产生问题也不一定就是因为和德国法的差异所致,因此,未来改进的方式也不一定就是完全仿照德国法的样式。

对于中国行政行为理论缘起,我在本书中并未涉及,只是在序言中笼统地写道,“众所周知,我国行政行为学理在很大程度上就源于德国”。这一结论的得出的确不够谨慎周延。但虽然未对我国行政行为的缘起进行过细致考察,行政行为却基本是大陆法系行政法学的专属概念范畴,因此可参鉴的也就是以德法为代表的欧陆国家。

正如我在前文中所写,这一概念虽然最初源自法国法,但却是德国法将其功能化、形式化,并最终发展为充沛完整的教义体系。但我国情形较为复杂,德国法在此问题上所提供的智识支援并非唯一,其影响往往经过了多地理论继受过滤,所以整体的行政行为学理一直都存在斑驳芜杂的弊病。学者基于各自的知识背景和价值考量,不断对这一概念进行填补生发,但这种填补生发,非但没有形成所谓“本土化”的行政行为法教义,反而在很大程度上加剧了理论本身的芜杂混乱。因此,我并不太认同沈广明博士所赞许的中国学理中的“本土化创造”。事实上,对比我读书时代和现在的教科书中有关“行政行为”的学理构成,我们会清晰觉察其中的变化,但值得注意的是,那些经过大浪淘沙而留存下的,却基本都是欧陆行政法尤其是德国行政法中有关“行政行为法教义”的核心内容,而不是什么“本土化再造”,其中最典型的例证就是行政行为的生效和无效,这一内容甚至直接落实于修改后的《行政诉讼法》中。

也许本书有意无意所流露出的“德国学理是最值得参鉴的对象”的趋

向，的确会因为情感作用而导致认知偏差，但我通过详细书写德国法制度而真正想表达的却是，作为一个法治根基并不牢固的国家，我们可能并不能太快地以自我为本位，也不能武断粗暴地对外国法予以“本土化”改造。真正的本土化首先来自对外国法的透彻理解，在于对外国法背后价值的深入挖掘，而这也正是我在书中不断提出的所谓“完整继受”的问题，即完整并切实地理解外国法理论的整体发展脉络、其作为独立体系的基本构成以及体系要素之间的相互关联，这一理论与其他法制度之间的相互牵扯，等等。此外，我一直以来都在思索的问题，也一直都隐而未发的想法还在于：在法律继受，尤其是某些核心范畴的继受过程中，对象择定的一致可能也至关重要。我国行政行为学理之所以表现出芜杂混乱，在很大程度上也是因为我们在继受过程中的“多头继受”导致。“兼容并蓄、博采众长”一向都是我们在法律继受和移植中的基本立场，但这种立场的背后可能忽略的一个事实是：几乎所有的外国法制度除了植根于自身的法秩序之外，还有其自己的逻辑和体系，甚至独享自己的概念术语。也因此，多头继受最有可能的后果就是对诸多立基于不同背景‘有着不同逻辑、使用不同概念的外国法进行随意剪裁和拼接。从这个意义上说，在法律继受时，对参照对象进行择定，继而对继受素材进行深入理解和吸收，对体系框架和概念术语予以单一化的确定，可能是提升继受成效的重要方法。而这也是我不断尝试用德国法理论去诊断我国病理，并尝试对其予以纠正的真正原因。于我个人而言，德国法的确是最佳参照，这种想法和情感支配我更深入地探究其原理，但我并不会因此否定其他有不同学术背景的学者对其他国家行政行为学理所进行的同样工作的价值。因为我也知道，对于我们学术共同圈而言，我所提供的只是和其他专研外国法的师友一样的参照样本，这些参照样本需要我们再对比选择，而真正的“兼容并蓄、博采众长”也应该是在这个意义上进行。

(2)对德国法的学习有门槛吗？

我在书中尝试详尽揭示行政行为在德国法的生成过程，但正如张力教授在书评中指出的，在德国法精巧复杂的行政行为教义学背后，“实际上存着一条以‘寻求法治国’为目的，对行政行为概念体系及其理论予以重塑的脉络。这条脉络绵延百余年至今，是德国行政行为理论的核心所在。至于概念要素、效力内容等，不过是这条脉络的外在显现而已”，而我所做的工作,就是将隐藏在行政行为法教义背后的价值关注清晰无误地揭示出来。但这一点在张力教授看来,又会引发如下问题,既然“德国行政行为理论表现出自为一脉的独特性,该独特性表现为大陆法系常见的体系化构建,更表现为奥托·迈耶式法治国追求嵌入其间”,由此也会为我们学习德国法树立起一定的效仿门槛。对于这种学习障碍,张力老师在文末谈及比较法的价值时再次写道,“若说每个法学概念背后均有价值关怀的话,那么,此类价值是否可以跨越时间和地理空间而得到另一国家和地区的真诚关怀(具有可通约性)?”张力老师从此问题出发,也引出本书有关我国行政行为理论未来发展的如下矛盾:未来我国的行政行为理论究竟是应该围绕类似的“目的性创设”而展开,补足现有学理中的价值缺失,还是说德国理论立基于与我国完全不同的历史背景,因此两者间根本无从比较,而未来的行政行为理论研究中,我们也无须再将“征询的目光投向德国一脉”?

张力教授在书评中将上述问题归结为“比较的限度”。坦白而言,最初写作这一主题时,我所考虑的只是尽可能完整地揭示德国行政行为法教义背后的法治国价值,尽可能全面地关照其制度实践嗣后的发展嬗变,尽可能将这一复杂精致的教义整体予以完整呈现。因此,尽管我在每一章都对中国行政行为理论的具体问题进行了对比评述,有时也大胆开出药方进行诊疗。但全书却几乎未从整体上对我国行政行为理论的未来发展指出大致方向。而在本文前半部分所写的“我国行政行为学理的进化可能与方向”,也是在本书出版后的总结和省思。之所以如此处理主要在于,在写作本书时,我对自己的定位就是提供有关德国法教义的知识介绍,尽管这种介绍要超越一般的制度层面而涉及其背后的思想史。中国行政行为理论本身的芜杂混乱,以及学界已经形成的固有认知,使当时的我并不敢奢望对其未来进化提出整体性方案。但对外国法的关注最终就是为提升和改进本国法,对外国法的书写也必定要求我对这一问题交代立场、提供观点。我在上文表达了期许德国行政行为教义学能够成为我国学理有益借鉴,我国同样需发展出行政行为教义学的观点,而接下来的问题就是德国法自成一脉的发展是否会对我们的效仿和借鉴树立门槛。

如我在上文中总结的,德国行政行为教义学的精髓在于:内涵的法治国价值、高度的教义化和型式化,以及对于构建行政法学科体系的基石作用。

上述三个方面或许都在一定程度上依赖于德国整体的法文化和法秩序，例如实证主义法学观、规范法学的操作方法、对法体系建构的倚重等，但如果我们将对德国法的学习和吸纳提升至“精华”吸收，而非简单的概念照抄和制度模仿的话，至少在教义化和学科体系化两个层面，德国法提供给我们的都是能够实践、能够操作的有益启发，而非强烈依赖外挂条件，从而无法企及的虚幻目标。事实上，近年来，除我之外，也有不少师友倡导行政法的教义化，主张行政法的体系建构，而在这些思考中都包含对行政行为概念体系的重新挖掘和深入省思，也在很大程度上是对德国法、日本法的借鉴和操作。

至于行政行为背后所代表的法治国价值，在我看来，同样与我们对于法治的理解相互应合，也因此具有张力教授所说的价值“通约性”，总之是可以吸收，也值得借鉴的。众所周知，德国法法治国（Rechtsstaat）的逻辑机理与英美的法治传统并不相同，其发展也历经从形式法治国到实质法治国的演变。我对形式法治国的了解是从“二战”后实质法治国思想对其的批判开始的，因此最初对于形式法治国的认识就只是局限于僵化的法律统治、对法的本质不加追问、恶法亦法等这些负面的观点。但伴随对德国行政行为理论理解的加深，我对形式法治国的判断同样开始发生转变。我开始发现其所强调的法的安定性、国家行为的可预见与可计算、国家权力的区分、法律对于行政的支配等，不仅一直都是法治的核心构成，而且直至今日仍旧具有重要的价值。与传统德国行政法教义一样，形式法治国的思考中包含有局限和不足，但这些局限和不足却不足以彻底遮蔽其价值。这些价值对于我们理解和学习欧陆行政法而言不容忽视，对于我们完成整体的法治建构而言同样有重要的参鉴意义。

五、结　语

书的出版并不意味着研究和思考的终止。《法治国下的目的性创设》一书不仅对于整个中国行政法学界而言，甚至对我个人而言，都只是对行政行为问题思考和研究的一个片段。我也希望未来能够在此领域收获更多的成果,呈现更多的作品,由此才能不负如张力教授和沈广明博士等这些师友的鼓励。我也期许中国自己的行政行为法教义学经由我们每个人的努力,最终能在本土法秩序中生根发芽、开花结果。

(特约编辑:叶敏婷)

行政法判例研读会

“行政法判例研读”是由浙江大学光华法学院教授、博士生导师章剑生老师主持举办、由浙江大学光华法学院公法领域博士生为主的研究生广泛参与的学术交流平台。“行政法判例研读”旨在引导关注中国本土司法实践，鼓励进行司法“判例”、案例研究，“在‘个案-规范’的互动中发现行政法的思想，在‘个案-规范’的分析框架中解释行政行为的合法性”。“行政法判例研读”每学年举办 2—4 期，自 2011 年 9 月以来已举办 35 期，由博士生报告论文 70 篇，其中 40 余篇已在学术期刊上发表，且有多篇被《中国人民大学复印报刊资料・宪法学、行政法学》全文转载。

2020 年第 1 期(总第 034 期)于 2020 年 6 月 29 日下午 14:00—17:30 在线上开读。本期由浙江大学光华法学院博士研究生张怡静报告:《论行政允诺解释的审查与适用——基于崔龙书诉丰县人民政府行政允诺案之展开》，以及由浙江大学光华法学院博士研究生刘雪鹂报告:《也论行政诉讼必须参加诉讼的第三人——基于〈行政诉讼法〉第 29 条、〈适用解释〉第 109 条第 3 款的分析》。

2020 年第 2 期(总第 035 期)于 2020 年 12 月 25 日下午 14:00—17:30 在浙江大学光华法学院(之江校区)5 号楼 206 室开读。本期由浙江大学光华法学院博士研究生杜昕怡报告:《地方设定行政处罚权合理性边界——以停车泊位使用费的实现为例》，以及由浙江大学光华法学院博士研究生王宏宇报告:《风险事件中应当如何认定散布谣言——一种跳出绝对真假判断的尝试》。